융 심리학과
신비로운 기독교

요한복음에 관한 심리학적 주석

존 샌포드 지음 | 심상영 옮김

한국심층심리연구소

Sanford, John A.
　Mystical Christianity: a psychological commentary on the Gospel of John / John Sanford.
　Includes bibliographical references.
　ISBN 0-8245-1230-8 (cloth)
　1. Bible. N.T. John—Commentaries. 2. Mysticism. I. Bible. N.T. John English. 1993. II. Title.

Copyright©1993 by John Sanford
All rights reserved.

THE CROSSROAD PUBLISHING COMPANY
370 Lexington Avenue, New York, NY 10017

Korean translation copyright © 2018
by CENTER FOR DEPTH PSYCHOLOGY IN KOREA
Printed in Seoul, Korea.

이 책의 한국어판 저작권은 THE CROSSROAD PUBLISHING COMPANY와의 독점계약으로 한국심층심리연구소가 소유합니다. 저작권법에 의해 보호받는 책이므로 무단전재와 복제를 금합니다.

융 심리학과 신비로운 기독교

지은이 | 존 샌포드
옮긴이 | 심 상 영
펴낸이 | 심 상 영
초판 1쇄 펴낸날 | 2018년 12월 30일

등록번호 | 제 312-2005-000017호(2005년 7월 13일)
펴낸곳 | 한국심층심리연구소
　　　　서울특별시 서대문구 경기대로 3길 7
　　　　(충정로 3가, 충정솔레디움아파트) 101-403
전화 | 02-312-4665 팩스 | 02-312-4627
이메일 | cdpk2005@naver.com
홈페이지 | www.cdpk.co.kr

ISBN 979-11-85171-15-9 (03180)

값 22,000원

융 심리학과
신비로운 기독교

요한복음에 관한 심리학적 주석

존 샌포드 지음 | 심상영 옮김

한국심층심리연구소

MYSTICAL CHRISTIANITY

A Psychological Commentary
on the Gospel of John

by

John Sanford

Korean Translation

by

Sang-Young Shim

2018

Center for Depth Psychology in Korea

기독교가 끝났다고 말하는 것이 아니다. 그 반대로 나는 오늘날 세계정세에 직면하여 시대에 뒤지게 된 것은 기독교가 아니라, 그것에 대한 관념과 해석이라고 믿는다. 기독교적 상징은 그 자체로 미래의 발전의 씨앗을 지니고 있는 살아 있는 것이다. 그것은 계속해서 발전할 수 있으며, 다만 우리가 기독교적 전제에서 다시 그리고 더 철저하게 중재하기로 마음먹을 수 있는지 없는지에 달려있다.

—C. G. 융, 『발견되지 않은 자기 *The Undiscovered Self*』

| 차 례 |

제4복음에 대한 서론 ·· 10

제1장 중심의 창조성: 프롤로그
　　　요한복음 1:1-18 ·· 29

제2장 하나님의 말씀으로서의 그리스도: 신적인 로고스
　　　요한복음 1:1-5 ··· 36

제3장 기독교인 제자들: 처음 제자들
　　　요한복음 1:35-51 ······································ 50

제4장 의식의 진화: 세례 요한의 증언
　　　요한복음 1:6-8, 19-34; 3:22-36 ····················· 66

제5장 여성적인 복음: 가나의 혼인 잔치
　　　요한복음 2:1-11 ······································· 77

제6장 분노의 심리: 성전 정화
　　　요한복음 2:13-25 ····································· 121

제7장 거듭나는 것: 니고데모와의 대화
　　　요한복음 3:1-8 ······································· 129

제8장 빛과 어둠: 니고데모와의 담화
　　　요한복음 3:9-21 ······································ 152

제9장 생수: 사마리아 여자와의 대화
　　　요한복음 4:1-42 ······································ 179

제10장 고관 아들의 치료: 믿음과 치유 과정
　　　요한복음 4:43-54 ····································· 202

제11장 질병과 죄: 베데스다 못가에 있던 병자의 치료
요한복음 5:1-18 ·· 219

제12장 자아와 자기: 예수가 자신을 비난하는 자들에게 대답하다
요한복음 5:19-47 ······································ 228

제13장 두 가지 기적: 예수가 큰 무리를 먹이다; 예수가 물위를 걷다
요한복음 6:1-15; 요한복음 6:16-21 ············ 239

제14장 내적인 양식: 하늘에서 내려오는 빵에 대한 설교
요한복음 6:22-71 ······································ 254

제15장 창조적 자아의 반응: 간음한 여인
요한복음 8:1-11 ·· 278

제16장 창조성의 원천: 예수가 예루살렘으로 가서 가르치다
요한복음 7:1-52 ·· 285

제17장 낡은 의식과 새로운 의식: 바리새파 사람들과의 논쟁
요한복음 8:12-30 ······································ 297

제18장 악의 문제: 거짓의 아비로서의 악마
요한복음 8:31-59 ······································ 318

제19장 질병의 의미: 날 때부터 눈먼 사람의 치유
요한복음 9장 ·· 329

제20장 하나님의 아들들: 선한 목자의 비유
요한복음 10장 ·· 344

제21장 죽음에서 살리심: 나사로의 부활
요한복음 11장 ·· 361

제22장 유다의 수수께끼: 베다니에서의 기름부음
요한복음 11:45-12:11 ································ 374

제23장 모습을 드러내는 자기: 메시아가 예루살렘으로 들어가다

    요한복음 12:12-50 · 397

제24장 서로 사랑하는 것: 예수가 제자들의 발을 씻기다

    요한복음 13장 · 416

제25장 심리학을 넘어서: 예수의 고별 설교

    요한복음 14장 · 434

제26장 신비로운 합일: 참 포도나무

    요한복음 15:1-16:5 · 455

제27장 보다 깊은 신비: 보혜사의 도래

    요한복음 16:5-33 · 469

제28장 우리가 하나 될 수 있는 것: 그리스도의 제사장적 기도

    요한복음 17장 · 486

제29장 그림자와의 대면: 체포된 예수

    요한복음 18:1-27 · 496

제30장 "진리가 무엇인가?": 십자가 처형과 본디오 빌라도의 딜레마

    요한복음 18:28-19:42 · 508

제31장 기독교적 구원의 신비: 십자가와 부활

    요한복음 20장 · 521

제32장 예수의 마지막 출현: 내가 올 때까지 기다리라

    요한복음 21장 · 538

희랍어 용어사전 · 547

찾아보기 · 549

옮긴이의 말 · 557

| 제4복음에 대한 서론 |

성서 해석의 상징적 방법

제4복음은 만화경萬華鏡에 비유될 수 있다. 만일 당신이 지금 당장 만화경을 이런 저런 방법으로 방향을 돌려본다면 다양한 형태가 나타나는 그것을 다르게 보겠지만, 그것은 언제나 똑같은 만화경이다. 제4복음의 경우에 있어서도 마찬가지다. 만일 당신이 당장에 이런 저런 방법으로 살펴본다면 그것을 다르게 보겠지만, 그것은 언제나 똑같은 복음서다.

여러 주석가들은 만화경의 방식으로 복음서를 다른 각도에서 보기 때문에 다른 것들을 보게 된다. 어떤 주석가들은 복음서에서 그것이 기록된 당시 교회의 상황을 반영하는 이야기를 알게 된다. 다른 사람들은 복음서에서 그들이 요한 공동체라고 부르는 교회의 상황을 반영하는 교회의 특별한 부분에 대한 생명과 믿음을 반영하는 이야기를 알게 된다. 여전히 다른 사람들은 요한복음에서 역사적 발전의 긴 과정의 결과를 보고, 이런 주석가들은 역사적 자료로 거슬러 올라가는 요한복음의 주된 관념들을 추적하려고 한다. 반면에 목회자들은 윤리적·목회적 교훈을 얻기 위해 요한복음을 살펴볼지도 모른다.

이런 현존하는 주석은 앞에서 언급된 관점들을 폄하하지 않는 동시에 요한복음을 기독교의 신비로운 측면의 표현으로 볼 것이다. 다시 말해 신비롭다는 것은 요한복음의 내적·심리학적·비의적秘義的 의미를 말하는 것이다. 내 논지는 요한복음이 **심리학적·영적 통찰의 보고寶庫**라는 것을 보여준다는 관점에서 고찰될 것이다.

요한복음의 내적 혹은 심리학적 의미를 찾으면서, 나는 새로운 해석학(성서 해석의 방법)을 창안하는 것이 아니라, 초기의 기독교 시대로 거슬러 올라가는 고대의 해석학적 전통에 서 있다. 예를 들어 한때 기독교적 가르침의 가장 중요한 중심지였던 고대 알렉산드리아에서, 오리게네스와 그의 사상을 따르는 학파에 속한 다른 사람들은 성서를 문자적 의미(역사historia는 희랍어다)와 영적 의미(이론theoria)를 둘 다 가지고 있는 것으로 간주했다.

성서의 문자적 혹은 역사적 의미는 실제 사건에 관해 이야기하는 것이었다. 그러나 영적 전통은 종종 본문에 숨겨져 있고, 다만 성서 구절의 문자적 의미는 물론 상징적 의미를 이해함으로써 밝혀질 수 있는, 성서의 보다 깊은 의미에 대한 이해에 도달하려고 노력했다. 성서를 해석하는 이런 방법은 알렉산드리아에서 잘 발전되었고, 나중에 안디옥에서 그 가장 완전한 표현법이 발견되었는데, 이것은 안디옥에서 4세기에 특히 희랍 사상과 전통에 영향을 받은 교회들 사이에서 상당히 널리 퍼졌다. 여기서 소위 카파도키아의 교부들Cappadocian Fathers, 특히 니사의 그레고리우스Gregory of Nyssa는 중요한 지지자로 알려져 있으며, 그의 『모세의 생애Life of Moses』와 다른 많은 저작들은 역사적·윤리적 의미는 물론 성서의 내적 의미를 발견하는 것이 중요하

다는 것을 보여준다.1

　대부분의 현대 주석가들은 고대의 세계관과 현대의 세계관이 차이가 있다고 생각하지 않지만, 분별력이 있는 고대의 성서 해석자들은 성서 해석의 심리학적 방법이나 신비로운 방법에 대해 개방적이었다. 우리의 현존하는 서양인의 의식意識은 그 태도에 있어서 대체로 합리적이고, 물질주의적이고, 외향적이다. 그러므로 대개 우리는 더 이상 보이지 않는 영적 세계의 실재를 믿지 않는다. 물질적 실재의 확고부동한 것으로 여겨졌던 오래된 관념을 타파한 현대 물리학자들의 통찰에도 불구하고, 여전히 우리 대부분은 다만 감각에 의해 지각될 수 있는 것, 우리의 외부에 놓여 있고 합리적이 될 수 있는 것이 존재하거나, 아니면 적어도 진지하게 받아들일 가치가 있는 것을 믿는 물질주의적 사고방식에 둘러싸여 있다. 그에 반해, 초기교회의 세계관은 초기 기독교인들에게 살아있는 실재였던 영혼의 세계로 직접 눈을 돌리도록 그들을 보다 더 내향적 태도로 이끌었다. 이것은 결국 하나님이 신적인 계획을 수행하기 위해 역사를 통해, 삶에서 그리고 영혼 그 자체 안에서 그들이 심오하고 의미가 있지만 비합리적 방식을 볼 수 있게 했다. 이런 이유로, 초기 기독교 주석가들은 타고

---

1 이런 초기의 해석학은 오리게네스와 니사의 그레고리우스뿐만 아니라 이레니우스, 알렉산드리아의 클레멘스, 테르툴리아누스, 히폴리투스, 메토디오스, 아우구스티누스와 다른 많은 사람에 의해서도 대표된다. 그것은 12세기까지 기독교 전통에 두드러지게 남아 있고, 심지어 그 시대를 넘어서 있는 몇몇 대표자들을 발견한다. 대 그레고리우스를 포함하여 클레르보의 베르나르도, 존 스코투스 에리게나, 알베르투스 마그누스, 토마스 아퀴나스, 플로라의 요아킴 등이 이후의 지지자들이다. 그것은 또한 그 자체로 가장 최근의 번역보다 더 신비하고 영적인 해석을 쉽게 제공하는 흠정역 성서 번역가들에게 어느 정도 영향을 미쳤을 것으로 보인다.

난 심층심리학자들이었다. 그들은 영혼을 원형적인 세력과 권세의 전쟁터로 보았다. 대부분 그들은 꿈과 환영幻影을 영적 실재가 인간의 의식을 침입하는 하나의 방식으로 믿었다. 실제로 그들 중 몇몇은 꿈 해석에 관한 논문을 썼다. 그들은 또한 하나님이 역사의 모든 범위 안에서 그리고 인간 영혼 그 자체 안에서도 신적인 목적을 수행하고 계셨다고 믿었다.

따라서 우리가 살펴본 대로, 초기 기독교 성서해석자들은 성서 해석의 세 가지 차원, 즉 성서의 역사적 혹은 문자적 의미, 도덕적 혹은 윤리적 의미, 그리고 영적 혹은 비의적 의미를 간파했다. 니사의 그레고리우스 같은 초기 기독교 성서 해석자들은 근본주의적 관점이나 배타적으로 문자주의적 관점과 성서의 주된 관념들이 단지 그 역사적 선례에 의해서만 이해되어야 한다는 발상에 둘 다 단호하게 반대했다. 그들에게 성서 구절은 상징적 혹은 영적 의미가 이해되고 나서야 비로소 완전히 이해되었다. 성서 이야기를 통해 감동받은 사람은 단지 이런 방식으로만 성령과 관련될 수 있었다. 초기 주석가들이 성서에 나오는 숫자를 다루었던 방식을 그 한 예로 볼 수 있다. 그들에게 있어서 성서에 나오는 각 숫자는 수적 의미와 상징적 의미를 둘 다 지니고 있었다. 아우구스티누스는 이런 견해를 가지고 있던 많은 두드러진 대표적 인물들 가운데 한 사람이었다. 그는 언젠가 "전혀 아무런 목적 없이 [숫자들]이 성서에 들어가 있다는 주장, 그리고 왜 그런 숫자들이 거기에 언급되었는지 불가사의한 이유가 없다고 주장하는 것처럼 그렇게 바보스럽거나 어리석은 사람은 아무도 없다."[2]고 말한

적이 있다. 사실상 초기 기독교 수비학이나 숫자 상징론은 매우 중요한 것이었다. 우리는 우리 자신이 그것에 관해 자주 언급하고 있다는 것을 알게 될 것이다.

그러나 가장 고대적인 성서 해석과 가장 현대적인 성서 해석의 근본적인 차이는 우리가 언급한 바 있는 다른 세계관과 관련이 있다. 고대의 관점에서 볼 때 보이지 않는 세계, 즉 오늘날 우리가 칼 융Carl Jung과 프리츠 쿤켈Fritz Kunkel의 심리학에서 "무의식"이라고 부르는 것은 우리가 몸의 감각을 통해 파악하는 세계보다 훨씬 더 현실적인 것이다. 그들에게 있어서 문자적 의미 속에 숨겨져 있는 의미는 영적 실재 그 자체를 소개해주는 것이다. 토머스 머튼은 언젠가 이런 말을 한 적이 있다. "문자적 의미 아래 숨겨진 것은 단지 다른 것이 아니고 더 많이 숨겨진 의미다. 그것은 또한 새롭고 전적으로 다른 실재다.... 그것은 신적인 삶 그 자체다."[3]

이 주석의 주된 강조점은 요한복음의 비의적 혹은 심리학적 의미를 분명히 하는 것이다. 그래서 제목을 "신비로운 기독교Mystical Christianity"

---

[2] Augustine, *On the Trinity* 4.6. 숫자 상징론은 거의 보편적으로 초기교회에서 사용되었다. 교부들의 저작들에서 인용된 모든 것들은 Alexander Roberts와 James Donaldson 편집, *The Ante-Nicene Fathers: Translations of the Writings of the Fathers down to A.D. 325* (Edinburgh, 1866-72, 10권; 재판 편집, Grand Rapids, Mich.: Eedmans, 1981) 혹은 *The Nicene and Post-Nicene Fathers of the Christian Church*, Philip Schaff와 Henry Wace 편집, (Buffalo and New York, 1886-90; 14권 중 첫 번째 시리즈, 14권 중 두 번째 시리즈; 재판 편집, Grand Rapids, Mich.: Eedmans, 1983)에서 가져온 것이다.

[3] Reinbert Herbert, "The Way of Angels," Parabola (Summer 1989):86에서 인용된, Thomas Merton, Bread in the Wilderness (Collegeville, Minn.: Liturgical Press, 1986), 166.

[이 번역서는 『융 심리학과 신비로운 기독교』라는 제목을 붙였음.—옮긴이라고 붙인 것이다. 그러나 현대 학자들이 성서의 심리학적 내용을 다루는데 늘 유용하지 않을지 모르지만, 다른 많은 방식에 있어서는 상당히 유용할 것이다. 따라서 나는 특별히 예루살렘 성서에 나와 있는, 학문적으로 유용한 각주를 발견하게 됨으로써 종종 학자들로부터 얻은 유용한 통찰에 대해 언급할 것이다. 제4복음을 연구하는 다수의 진지한 사람들은 다른 주석들을 읽음으로써 이 주석을 보충하고 싶어 할지도 모른다. 이 서론을 채워주는 대부분의 언급들은 고된 작업을 통해 그리고 복음서의 역사적 배경, 그 원저자, 그 구조에 대한 현대 해석자들의 노련한 통찰을 통해 얻은 것이다.

제4복음에 대한 역사적 배경

대부분의 학자들이 복음서 중에서 맨 나중에 기록된 것으로 생각하고 있는 제4복음은 역사적으로 뒤늦게 시작되었다. E. R. 도드라는 학자에 의하면, 어떤 로마 교인들은 요한복음을 전적으로 거부했지만, 그것을 콘스탄티누스 대제 시대(4세기 초)에 이르러 교회에서 복음서 중에서 가장 높게 평가된 복음서로 받아들여졌다.[4] 아우구스티누스는 심지어 많은 플라톤 학파 사람들이 요한복음에 의해 감동받았다

---

[4] E. R. Dodd, Pagan and Christian in an Age of Anxiety (Cambridge: Cambridge University Press, 1965), 104.

고 말한다. 그것의 인기는 어느 정도 신 플라톤 학파 사람들과 같은 지성인들의 관심을 끌었다는 사실에 있었고, 아마도 진실한 사람들이 포함되어 있는 많은 이야기 때문에 보통 사람들에게 그 인기가 계속 유지되었던 것이다.

네 복음서 중에 마태복음, 마가복음 그리고 누가복음은 비슷하기 때문에 "한 눈"을 통해 본다는 의미의 "공관복음共觀福音"이라고 불린다. 공관복음은 대부분 공통된 이야기들을 공유하고 있다. 희랍어 또한 비슷하다. "하나님의 나라/하늘나라"와 같은 표현이 공관복음 모두에 나오며, 공관복음은 예수의 생애에 대한 동일한 연대기로 되어 있다. 그리고 공관복음의 저자들이 보여주는 예수는 아주 흥미로운 비유를 말씀하고, 비교적 간단하고 함축적인 말씀으로 그의 지혜를 전해주는 갈릴리 사람이다. 그러나 우리가 제4복음에 이르게 되면, 분위기도 전혀 다르고 사실들도 종종 현저히 다르다. 요한복음에서 우리는 공관복음보다 이야기들이 적지만, 가르치려는 목적을 위해 각각의 이야기가 훨씬 더 많이 사용되었다는 것을 발견한다. 전형적으로 요한의 이야기는 그 이야기가 전해주는 주제에 대한 예수의 긴 설교가 뒤이어 나온다. 이것은 공관복음에서 발견되지 않는 기법이다. 제4복음의 예수는 공관복음의 예수와는 다른 특성을 지니고 있다. 그는 인간 예수라기보다는 신적인 그리스도이며, 그의 말씀은 고상하고 때때로 심오하게 보인다. 또한 요한복음의 희랍어는 다르다. 비록 요한복음의 사상이 복잡하긴 하지만, 희랍어는 비교적 단순하다. 신약성서 희랍어 초보자는 요한복음을 먼저 번역하고 싶어 할 것이다. 왜냐하면 그것은 가장 단순한 문장구조를 가지고 있고, 아주 비슷한 언어로 되어 있는 요한의 세 서신을 제외하고는, 신약성서의 어떤 책 중에서도 가장 기본적인 어휘를 사용하고 있기 때문이다. 제4복음의 가장 중요한 표현 또한 공관복음과는 다르다. 예컨대 하나님의 나라/하늘나라 대신, 우리는 영생에 관해 많이 듣게 된다. 그 다음에 연대기와 지리적 배경의 문제가 있다. 공관복음의 무대는 대부분 갈릴리이지만, 요한복음에서는 대부분의 사건이 예루살렘에서 일어난다. 공관복음에서는 예수가 단 한 번 예루살렘으로 가지만, 요한복음에서는 세 번 간다. 공관복음에서는 최후의 만찬이 유월절에 거행되지만, 요한복음에서는 예수가 유월절에 십자가에 못 박힌다.

자료의 문제도 있다. 요한은 마가복음과 누가복음을 알고 있었지만, 마태는 모르고 있었던 것으로 보인다. 그러나 요한은 우리가 공관복음이 아닌, 요한복음에서 발견하는 많은 이야기에서 비롯된 그 자신의 자료에 대부분 의존하고 있다. 또한 주목할 만한 헬레니즘(그리스)과 플라톤 철학의 영향이 요한복음에 들어있고, 아마도 영지주의와 에세네파[고대 유대의 금욕적인 신비주의의 한 파.—옮긴이]의 영향도 있을 것이다.

우리는 요한이 대부분의 이야기를 예수의 확대된 설교를 위한 기초로 사용하고 있다는 것을 언급한 바 있다. 이런 설교들이 확대되어 있기 때문에 요한복음은 대개 교훈적인(가르치는) 복음으로 간주되어 왔다. 이런 이유로, 어떤 성서학자들은 제4복음이 더 신학적이고, 공관복음이 더 역사적이라고 말한다. 그러나 제4복음 또한 놀라울 정도로 역사적이다. 예컨대 요한은 베드로가 귀를 자른 사람—말고—의 이름을 알고 있는 유일한 사람인 것 같다. 그리고 요한은 그것이 역사적 사실이었다는 점을 제외하고, 뚜렷한 이유 없이 이런 세부적인 것을 포함시키고 있다. 그는 또한 역사적으로 정확한 것으로 보이는 베데스다 못pool of Bethesda을 상세히 우리에게 묘사해준다. 요한은 분명히 예루살렘의 지형에 상당히 익숙해 있었으며, 니고데모와 아리마대 사람 요셉은 그와 개인적으로 잘 아는 사이인 것처럼 보인다. 이러한 역사적인 세부사항들은 요한복음이 목격자의 진실성을 지니고 있다는 것을 보여준다.

우리가 공관복음의 익숙한 비유를 듣지 못하는 반면, 이미 언급한 것처럼 제4복음에서 우리는 상당히 많은 상징적 언어와 많은 말씀의 형태를 발견하게 된다. 요한의 예수는 우리에게 "생명의 빵," "생수," "참 포도나무" 그리고 "선한 목자"와 같은 이미지에 기초한 긴 설교를 하고 있다. 우리는 또한 요한복음에서 그리스도와 아버지와의 특별한 관계에 대해 알게 된다. 그들은 분리되어 있지만 하나다. 마찬가지로 요한복음은 우리에게 예수의 부활 이후에 우리에게 와서 우리를 모든 진리로 이끌어줄 보혜사, 즉 진리의 영에 관한 많은 가르침을 준다. 신학적으로 그런 어조의 묘사들은 공관복음에 드물게 암시되어 있을 뿐이다.

아마도 모든 것 중에 가장 중요한 것은 제4복음이 프롤로그에서 다양한 주제들을 소개하고, 그 다음에 이런 주제들은 다음 장들을 통해 이런 주제들을 엮어나가는 조직적인 방식이다. 빛과 어둠, 위와 아래, 보는 것과 못 보는 것, 진리와 거짓, 삶과 죽음, 육과 영 같은 이런 이분법은 공관복음에는 나오지 않는다.

제4복음은 단단하게 구성되어 있다. 프롤로그로 시작되고, 뒤이어 두 장이 서론적인 장으로 나온다. 다음 10개의 장(3-12장)은 거의 예수의 공생애 활동에 대한 것이다. 우리는 요한의 중요한 이야기의 대부분을 바로 여기서 듣게 된다. 그리고 세 장(14-16장)이 제자들의 내부 그룹에 대한 예수의 사적인 사역에 할애되어 있고, 독백으로 되어 있는 한 장(17장)이 뒤이어 나온다. 그 다음에 비록 후대 편집자가 몇 가지 답변 없는 질문을 다루기 위해 부록으로 21장을 첨가했지만, 요한복음을 적절히 결론짓는 수난 이야기(18-20장)가 나온다. 이런 구조는 우리에게 요한복음이 자신의 저작을 아주 주의 깊게 기록했던 한 저자에 의해 쓰여졌다는 인상을 준다.

그렇다면 이 저자는 누구인가? 내가 편의상 "요한의 복음the Gospel of John"이라고 언급했지만, 사실 우리는 저자가 누구인지 확실히 모른다. 고대의 본문은 거의 저자와 동일시되지 않았으며, 그 문서를 기록했다고 언급되는 저자가 있었다면, 그는 종종 실제 저자가 아니라, 그의 이름이 단지 문서에 덧붙여진 유명한 인물이었을 것이다. 그러나 제4복음의 경우, 본문은 우리에게 당연히 저자라고 알려진 사람에 대한 어떤 흥미로운 정보, 아니면 적어도 "사랑하는 제자"라는 정보의 직접적인 자료를 제공해준다.

21:20-23에서 우리는 "예수가 사랑하는 제자"에 대해 듣게 된다. 그는 예수와 베드로를 따르고 있었다. 21:24가 "이 모든 일을 증언하고 또 이 사실을 기록한 사람이 바로 이 제자다. 우리는 그의 증언이 참되다는 것을 알고 있다."고 말하는 것으로 보아, 그것은 이 복음서

에 대한 마지막 문구인 것처럼 보인다. 이 제자는 결코 이름 붙여지지 않았지만, 그에 대한 다른 언급들(13:23; 18:15; 20:2f)은 그가 베드로의 가까운 친구였다는 것을 믿게 만든다. 전승은 거의 만장일치로 이 사람이 이 복음서의 저자이며, 그가 더욱이 제자 요한, 세배대의 아들, 베드로의 가까운 친구인 갈릴리 출신의 어부라고 언급했다.

그러나 이런 관점에 대한 심각한 이의異議가 있다. 많은 학자들은 단순하고 무식한 갈릴리 출신 어부 요한이 세련된 제4복음을 기록할 수 있었다는 것을 의심한다. 요한복음은 교육받은 사람, 철학적 사고로 훈련받은 사람에 의해 세련된 형태의 희랍어로 자유자재로 쓰여 졌다는 모든 흔적을 보여주기 때문이다. 또 다른 이의는 그 복음서를 기록한 사람이 누구였든지 간에 예루살렘에 정통한 사람이었다는 것이다. 사실상 저자는 예루살렘의 제사장 핵심층에서 잘 알려져 있던 것으로 보인다. 즉 그런 이유로, 그는 대제사장의 안뜰에 접근한다.

이런 사실 때문에 많은 학자들은 사랑하는 제자가 열둘 중의 하나가 아니라, 예루살렘에 살았으며 어느 정도 영향력 있는 위치에 있었던 잘 알려지지 않은 제자라고 생각한다. 한 가지 가능성은 그가 최후의 만찬이 있었던 다락방을 소유한 사람의 친구였다는 것이다. 시민으로서 그는 좋은 교육을 받았고, 그가 속한 시대에 통용된 철학적 사고에 정통해 있었던 것 같다. 대체로 이런 이론은 전통적 이론보다 더 많은 사실을 설명해주는 것처럼 보이며, 제4복음의 저자가 우리에게 잘 알려져 있지 않은 인물이었다는 결론에 이르게 해준다. 그런데 그는 예수의 예루살렘에서의 경험을 갈릴리에서의 경험보다 더 많이 묘사했던, 부분적으로 그 자신을 사랑하는 제자로서 드러내는 사람이다. 왜냐하면 그는 다양한 그룹의 친구들을 가지고 있었고, 니고데모와 같은 사람들과 접촉할 수 있었던, 예루살렘에서 살았으며 자신의 복음서를 서기 1세기 후반에 썼던 사람이기 때문이다. 그러나 번잡을 피하기 위해, 그리고 편의상 우리는 항상 저자가 누구인지 실제로 모른다는 것을 염두에 두고, 계속 그 복음서의 저자를 요한으로 언급할 것이고 요한복음에 관해 말할 것이다.

그가 누구였든지 간에, 독특하게 그리스도와 접촉했던 우리 복음서의 저자는 종교적 천재였다. 그의 천재성을 가늠할 수 있는 것은 우리가 제4복음에서 말하는 그리스도가 공관복음에서 말하는 역사적 예수가 아니라 부활한 그리스도 혹은 우주적 그리스도라는 사실에 있다. 이 가능성은 C. G. 융이 "적극적 명상active imagination"이라고 부른 내적 형상들과 대화하는 기술을 경험했던 사람들에게 그럴듯하게 보일 것이다.

융은 우리의 꿈이나, 우리의 다른 내적 혹은 영적 삶의 다른 현현으로부터 우리의 살아있는 상상을 통해 형상이나 이미지를 가져오고, 이미지나 형상이 자동적으로 자아와 상호작용하는 대화에 이런 형상을 참여하게 하는 것이 가능하다는 것을 보여주었다. 그런 대화에서 무의식적인 내적 영역에서 나온 이미지나 형상과 자아는 모두 자율적이고 독특한 것이다. 그런 경험으로 얻어진 결과가 적극적 명상이다. 그런 경험으로 이루어진 것이 아무 것도 없다는 것을 분명히 해야 한다. 자아가 대화하는 형상이나 이미지는 **현실적인** 것이다. 그런 형상이나 이미지는 단지 우리가 익숙해 있던 물질적 실재와는 다른 종류의 실재를 지니고 있을 뿐이다.

성서에는 적극적 명상의 좋은 예들이 몇 가지 있다. 하나는 엘리야가 이세벨 왕비로부터 도망친 후에, 시내 산에 있는 동굴에서 했던 엘리야와 야훼의 대화다. 두 번째는 광야에서 있었던 사탄과 예수의 대화다. 불타는 가시덤불에서 나오는 야훼의 목소리와 모세가 대화한 것이 그 세 번째 예다.

이 이론은 공관복음에 나오는 예수의 간단하고 함축적인 말씀과 제4복음에 나오는 긴 말씀의 차이를 설명해준다. 그것은 또한 제4복음에서 풍부한 이미지—예컨대 "참 포도나무"와 "생수"—를 사용하는 것을 설명해 주며, 우리가 마태복음, 마가복음, 그리고 누가복음에서 발견하는 비유적인 가르침의 형태를 설명해준다. 분명히 요한복음에서는 예수의 목소리가 더 원형적이고, 공관복음에서는 예수의 목소리가 더 인간적이다. 그것은 마치 공관복음이 나사렛 출신의 인간 예수의 가르침을 회상하는 것처럼 보이며, 요한은 그리스도의 부활 이후에 그가 그분과의 개인적 경험에서, 그리스도로부터 받은 가르침을 우리에게 전해주는 것처럼 보인다. 그렇기 때문에 복음서의 메시지 사이에는 모순이 없다고 볼 수 있다. 요한복음은 다른 세 개의 복음서를 단지 보충해 주고, 어쩌면 다른 세 복음서를 넘어서는 것이다.

우리의 복음서 저자가 그의 자료를 가져온 방식에 대한 이 이론이 합리적인 우리 시대에 인기가 없을지 모르지만, 20세기 전반에 글을 썼던 성서학자 B. H. 스트리터는 거의 같은 생각을 했다. 스트리터는 그가 속한 시대에 일반적으로 사용된 요한복음의 자료를 해석하는 우화적 방법을 싫어한다고 했다. 왜냐하면 이런 방법은 우화의 목적을 위해 많은 그의 이야기와 담화를 의식적으로 지어내거나 고안했다는 것을 의미했기 때문이다. 대신에 그는 요한의 이야기와 담화는 신비로운 황홀경 속에서 요한이 보고 들은 것일지 모른다고 말한다. 스트리터는 신비주의 문헌에서 예들을 인용한다. 신비주의자들은 신비주의 문헌에서 "역사와 꿈이 혼합되면 무척 당혹감을 느끼게 되지만… 거의 이해될 수 없는 꿈은 신비로운 상상력의 창조적인 힘을 인식하는 사람들로 인해 구원을 가져다준다."는 것을 보여준다. 그는 다음과 같은 결론을 내린다.

> 신비주의자들에 의해 기록된 꿈 심리학과 환영幻影에 관한 연구는, 마음이 오랫동안 그리고 깊이 숙고했던 문제들에 대한 해결책이 때때로 의식적인 마음에 의해 산출된 우화의 상징과 같은 아주 분명하고 정교한 환영 및 상징의 형태로 나온다는 증거를 제공한다. 그리고 종종 이런 환영은 그것을 경험하는 순간에 그리고 그 뒤에 이어지는 숙고에서 모두 그것이 진실을 말해주고 있다고, 즉 그것이 꿈이나 추측이 아니라 실제적인 사실이 드러난 것이라고 믿지 않을 수 없는 어떤 특성을 띠게 된다.[5]

요컨대, 그 자신의 독특한 자료를 가지고 공관복음을 보완할 때,

---

[5] B. H. Streeter, The Four Gospels (London: MacMillan and Co., 1936), 391-392.

요한이 의존하고 있는 권위는 어떤 역사적 자료나 의식적으로 고안된 우화를 규명하는 것이 아니라, 부활한 그리스도와의 적극적 명상과 비슷한 어떤 형태를 통한 그 자신의 강렬한 내적 경험에서 비롯된 것일 수도 있다.

내가 아는 한, 스트리터가 높은 평가를 받는 성서학자였지만, 요한이 내적 계시와 접촉했으며 그의 복음서가 이것으로부터 나왔다는 그의 생각은 성서학계에서 진지하게 평가되지 않았다. 그러나 심리학적 관점에서 보면, 이것은 우리가 무의식의 심리학에 대해 알고 있는 것과 상당히 일치한다.

적극적 명상에서 우리는 생각과 통찰력이 전에 우리에게 의식되지 않았던 대화에서 나온다는 것을 발견한다. 우리는 또한 우리가 이 드러나는 몇 가지 자료를 이해할 수 없을지도 모른다는 것을 발견한다. 영spirit은 우리의 꿈과 적극적 명상에서 우리가 이해하는 위치에 아직 있을지도 모르는 정신적 실재를 우리에게 보여주는 의식意識을 예견하는 경향이 있다. 영이 상징적 언어를 택하는 것은 이런 이유 때문이다. 왜냐하면 영은 우리를 지금까지 알지 못하는 진리와 통찰로 이끌어 주기 때문이다. 이것을 염두에 두고, 우리는 또한 우리의 복음서 저자가 자신이 기록한 모든 것을 전적으로 이해하지 못했을 수도 있다는 가능성을 생각해 보아야 한다. 우리의 저자와 같은 창조적인 사람은 그 시대의 전통적·집단적 이해 범위를 넘어서는 통찰력과 이해가 유입되는 통로다. 과학적 관념이 진보한 역사가 적절한 예라고 볼 수 있다. 우리는 말하자면 그 시대의 보편적 사고가 발전하기 전에 자연의 비밀에 대한 새로운 이해를 내부로부터 얻으려고 했던 어떤 사람들이 "무시되었던" 것을 과학의 발전에서 반복적으로 발견한다. 그러므로 우리는 제4복음에서 그것이 기록된 시대에 다만 부분적으로 이해될 수 있는 영적 통찰력을 발견하게 된다고 해서 놀라서는 안 된다. 물론 이것은 우리의 복음서와 같은 성스러운 문서가 대대로 살아있는 활력을 지니고 있는 한 가지 이유다. 이런 활력은 다만 영적·심리학적 이해가 발전해 갈 수 있다는 새로운 통찰력에 조만간 도달하기 위해 여러 세대의 독자들에게 전해줄 수 있는 그 능력에서 비롯된다.

그 자체로 지식의 자료가 되는 무의식의 능력은 또한 어떤 역사적 선례가 있다고 해도, 그런 것이 거의 없다고 전적으로 생각할 수 있다는 사실을 설명해준다. 우리가 언급한 것처럼 대부분의 성서학계에는 영지주의, 플라톤주의, 에세네파 또는 유대교적 사고에서 예수의 가르침의 역사적 선례를 추적하기 위한 혼신의 노력이 있다. 물론 그런 선례가 있을지 모른다. 그러나 그가 영과 접촉한 결과, 예수는 어떤 역사적 선례가 발견되지 않은 새로운 통찰력을 얻을 수 있었다. 공관복음의 예수의 비유와 제4복음의 가르침에 관한 이야기의 심리학적 깊이는 그가 전에 알려진 전통으로부터 재 단장되어 물려받은 것으로서가 아닌, 하나님으로부터 직접적으로 영감을 받은 무의식과 접촉하는 한 인간으로서의 나사렛 예수의 실존을 알려준다. 마찬가지로 요한의 환영幻影과 말씀의 깊이는 영적 실재와 관련이 있는 요한복음 저자의 실존을 알려준다.

우리는 이제 본문으로 돌아갈 준비가 거의 되었다. 그러나 먼저 이 책을 읽는 방법에 대해 약간 언급을 하겠다. C. G. 융과 쿤켈의 전문용어에서 취해온 특정한 단어들이 사용될 것이다. 예컨대 "개성화individuation," "자아ego," "중심Center," 그리고 "자기Self"와 같은 것들이다. 이런 단어들이 먼저 소개될 때 그런 것들을 정의해 볼 것이다. 만일 독자가 나중에 그런 단어들과 만나고 기억을 새롭게 할 필요가 있다면, 그녀 혹은 그는 단어들이 논의되는 본래의 위치를 발견하고, 찾아보기에서 그 단어를 찾아볼 수 있다. 찾아보기는 또한 전에 논의되었던 어떤 주제가 논의될 때 유용할 것이다. 종종 이런 일이 일어날 때 본문은 "전에 논의한 대로...."라고 말할 것이다. 만일 독자가 이전의 논의를 기억하지 못한다면 찾아보기를 이용할 수 있다. 왜냐하면 모든 중요한 주제와 단어 목록이 찾아보기에 나와 있기 때문이다.

물론 오늘날에는 성차별적 언어를 피하려는 글쓰기 방식이 권장된다. 그렇게 하기 위해 내가 앞에서 그렇게 쓴 것처럼, 나는 때때로 "그 혹은 그녀"와 같은 표현을 사용하든지, 아니면 때때로 "그"를 대체로 사용할 것인지, "그녀"를 대체로 사용할 것인지를 선택할 것이다. 이렇게 하면 종종 더 부드러운 문체가 되기 때문이다.

물론 제4복음은 희랍어로 쓰였다. 경험을 통해, 희랍어를 모르는 사람이라도 영어 번역의 바탕이 되는 몇몇 희랍어 용어를 설명하는 것이 유용하다는 것을 나는 알게 되었다. 그러므로 독자는 때때로 내가 본래 희랍어 단어를 인용하고, 그 의미를 논의해 보며, 그것을 영어로 적절하게 번역하고 있다는 것을 알게 될 것이다. 그러나 나는 다만 그 단어가 첫 번째로 제시된 것만 논의해볼 것이다. 우리가 그 단어를 나중에 주석에서 발견하게 되면, 나는 독자가 첫 번째 용법에서 묘사된 것으로 그 단어를 읽은 것으로 생각할 것이다. 그러나 이 책이 주석서이고, 한꺼번에 다 읽는 것이 아니기 때문에 독자는 종종 책의 통상적인 순서에 따라 이 책의 단락을 읽을 수도 있을 것이다. 이런 이유로, 이 책의 뒷부분에 영어의 의미를 적절하게 분석해 놓은 희랍어 단어들의 목록을 실어 두었으며, 또 이런 분석이 처음 나오는 페이지 목록을 기재해 놓았다.

성서 번역본들과 관련하여, 복음서의 특별한 부분에 맞는 희랍어 원어의 의미를 가장 잘 표현해주는 것으로 여겨지는 것에 따라, 어떤 때는 한 번역본이 사용된 것을, 어떤 때는 다른 번역본이 사용된 것을 알게 될 것이다. 나는 대체로 다음과 같은 약어를 사용하여 번역본을 인용할 것이다. 다시 말해 JB: 예루살렘 성서; NJB: 새 예루살렘 성서; KJV: 흠정역; NEB: 새 영어 성서; RSV: 개정 표준판; JB: J. B. 필립스역; LB: 루터 성서 등이다. 번역본이 인용되지 않으면, 그것은 예루살렘 성서에서 인용된 것을 의미한다. 그것은 내가 사용할 "표준" 영어 본문이다. 이따금 나는 특별한 성서 본문을 내 자신의 번역으로 제시할 것이다.

초기교회의 교부들이 얼마나 자주 언급되거나, 요한복음의 특정한 부분과 관련하여 얼마나 자주 인용되는지를 보고 독자가 놀랄지도 모른다. 이것은 이러한 초기 기독교 신학자들이 심리학자들이요 철학자들이기도 했으며, 요한복음의 내적이고 신비로운 차원에 대한 예리한 이해를 가지고 있었기 때문이다.

이런 것들을 염두에 두고, 우리는 이제 요한복음 그 자체로 나아갈 수 있다. 언젠가 요한복음에 관해 이렇게 말했던 초기 기독교 철학자 오리게네스의 정신을 가지고서 말이다. "그러므로 우리는 복음서들이 모든 성서들 중에서 첫 열매들이지만, 복음서들 중에서는 요한복음이 첫 열매라고 감히 말할 수도 있다."[6]

---

[6] Origen, *Commentary on John* 1.6.

제1장

중심의 창조성
프롤로그
요한복음 1:1-18

학자들은 프롤로그가 옛 찬가에 기초를 두고 있을지도 모른다고 말한다. 첫 14절에 리듬이 있다는 것은 분명한 사실이다. 이 리듬은 영어 번역보다 희랍어 원문에 더 분명히 드러나 있다. 왜냐하면 희랍어에서 문장이나 관용구의 결어는 자주 다음 문장이나 관용구의 여는 말이 되기 때문이다. 번역이 아주 잘 된 영어판은 이 리듬을 살려보려고 하지만, 그렇게 하는 것이 늘 가능한 것은 아니다.

그러나 이런 시적인 구조에는 예외가 있다. 세례 요한과 관련된 6-8절은 본래 찬가와 같은 본문에 삽입된 것처럼 보인다. 세례자에 대한 자료는 저자—요한 자신—에 의해서든, 다른 사람들에 의해서든 나중에 삽입된 것이라는 인상을 우리에게 남기고 있다. 우리는 뒤의 장에서 세례 요한에 대한 이런 자료를 포함하는 이유를 살펴볼 것이다.

노련한 소설가는 주요 인물들을 이야기가 시작되는 첫 페이지에서 소개한다. 나중에 자세히 논의하게 될 많은 중심 주제들, 즉 빛과 어둠의 대조, 이 세상의 믿지 않는 사람들과 믿는 사람들, 하나님의 자녀가 되는 가능성, 믿음의 중요성 그리고 인자와 아버지의 관계를 요한은 프롤로그에서 솜씨 있게 잘 소개한다. 이 장에서 그가 **말씀이 육신이 되었다**고 말할 때, 우리는 요한이 1:14에서 의미하는 것을 주로 논의할 것이며, 그 다음에 제4복음에 나오는 로고스Logos[λόγος] (말씀)라는 관념의 기원과 의미를 계속 좀 자세히 살펴볼 것이다. 프롤로그에서 요한이 제기하는 다른 문제들은 그 뒤의 장들에서 다루어질 것이다.

"말씀이 육신이 되어, 우리 가운데 거하시매, 은혜와 진리가 충만하더라"(KJV)라고 되어 있는 요한복음 1:14는 신약성서의 가장 중요한 구절 가운데 하나다. 즉 그것은 기독교의 초석이다. 그러나 그것은 현대 독자에게 이상하게 들린다. 왜냐하면 현대 독자에게 "말"은 사람이 말하거나 기록하는 것이고, "육신"은 우리의 몸을 피부로 둘러싸고 있는 것이기 때문이다. 요한의 시대에 우리가 "말씀Word"과 "육신flesh"으로 번역된 희랍어 단어는 현대적인 어휘로 표현하기가 불가능한 특별한 의미를 지니고 있었다. 왜냐하면 그런 단어들은 지금 우리에게 도저히 이해가 안 되는 어떤 사고 형식을 구체화하고 있기 때문이다.

"육신"으로 번역된 희랍어 단어 **사르크스**sarx[σαρξ]는 신약성서에서 다섯 가지 뚜렷이 구별되는 의미를 지니고 있다.

첫 번째 의미는 동물, 짐승이나 사람의 몸을 구성하는 물질이다. 우리는 여전히 "육신"이라는 단어를 이런 의미로 사용한다.

두 번째 의미는 혈족이나 결혼에 의한 인간관계다. 예를 들어 마태복음 19:5에는 이런 말씀이 나온다. "이런 까닭에 남자가 아버지와 어머니를 떠나 자기 아내와 연합하여 그들 둘이 한 육체가 될지니라"(KJV). 이 용법은 오늘날 매우 케케묵은 것이다. 그러므로 예루살렘 성서는 "한 육체"를 "한 몸"으로 번역한다. "육체" 대신에 "몸"을 사용한 것은 오늘날 그 단어를 이해할만하게 만들어 주지만, 성서적 표현의 미묘함을 잃어버리고 만다. 왜냐하면 그것은 희랍어 원어에서 육체적 연합은 물론 영적 연합의 사고思考를 표현한 관념을 구체화하고 있기 때문이다.

세 번째 의미는 다른 것들과 대조되는 인간 본성의 한 구성요소다. 신약성서에서는 "육체"(사르크스 sarx)와 "영"(프뉴마 pneuma[πνεῦμα])을 주로 구별한다. 비록 육체가 영보다 열등한 것으로 간주되었지만, 도덕적으로 나쁜 것과 도덕적으로 선한 것을 대조하는 것이 아니었다. 그 한 예로 "육"이라는 단어가 마태복음 26:41에 나온다. "참으로 영[pneuma]은 원하되 육[sarx]이 약하도다"(KJV; 로마서 2:28, 29; 고린도전서 5:5와 비교하라).

특히 중요한 네 번째 의미는 인간의 본성 안에 있는 죄의 원리와 동일시되는 것으로서의 "육"에 대한 관념이다. 이런 방식으로 사용될 경우에, "육"은 우리의 타락한 인간 본성의 결과로 인해 죄를 지을 성향이 있는 존재를 의미한다. 심리학적 표현으로, 이것은 다음과 같이 표현될 수 있다. 인간이 하나님의 의지에 반하는 방식으로 행동하려는 경향이 있다는 것은 인간 정신의 타고난, 원형적인 구조의 한 부분이다. 이것은 우리가 나중에 살펴보게 될 심리학적으로 굉장히 중요한 관념이다.

우리 안에 있는 죄의 근원으로서의 육sarx이 특별히 우리의 물질적 본성이나 우리의 이 땅에서의 몸을 언급하지 않는다는 것을 주목하는 것이 중요하다. 구약성서에서도 신약성서에서도, 몸을 본래 죄 많은 것으로 혹은 죄의 근원으로 다루지 않는다. 물론 우리의 육체적 본성과 몸의 욕구와 관련이 있는 죄가 있다. 사도 바울은 갈라디아서 5:19-20에서 그런 것들 중 몇 가지를 언급한다. 그러나 죄의 근원은 보통 말하는 그런 몸이 아니다. 오히려 그것은 악을 저지르려는 어떤 의지의 경향에서 비롯된다. 따라서 바울이 갈라디아서에서 인용한 죄의 긴 목록은 육체적 욕구와 욕망뿐만 아니라 증오, 시기, 분노 그리고 다른 많은 심리적 질병에 대해서도 언급한다. 육sark이라는 단어가 신약성서에서 죄의 근원과 비슷한 말로 사용될 때, 그것은 육적인 몸을 언급하는 것이 아니다. 4세기 초에 소아시아 올림포스의 주교였던 메토디오스는 이렇게 말했다. "육체를 얘기할 때 그[바울]는 몸 그 자체가 아니라, 영혼의 음란한 쾌락을 탐하는 비이성적 충동을 의미했다."[1]

후대에 교회가 몸에 대한 그리고 특히 성적 욕망에 대한 편견을 갖게 되었지만, 이것이 성서적인 것이 아니라는 것은 사실이다. 그것은 영지주의적 사고와 어떤 희랍적 사고에서 비롯된 것이다. 왜냐하면 몸이 죽을 때 벗어나게 될 일종의 감옥이었다는 것은 희랍적 관념이기 때문이다. 스토아학파 철학자 에픽테토스는 언젠가 이렇게 말한

---

[1] Methodius, *The Discourse on the Resurrection* 3.5.

적이 있다. "너는 시체[즉 몸]를 지니고 있는 하찮은 영혼이다."2 몸에 대한 성서적 관점은 하나님이 몸과 영혼 모두를 창조하셨다는 것이다. 그래서 그 둘은 모두 선한 것이다. 사실상 본질적 요소는 몸이다. 그러므로 죽을 때 그것은 또한 거부되는 것이라기보다는 영혼을 위해 적합한, 그리고 영원하고 거룩한 처소로 남을 수 있기 위해 영적인 몸으로 부활하고 변화될 것이다(빌립보서 3:21; 고린도전서 15:42ff와 비교하라).

마지막으로 "육체"의 다섯 번째 의미가 있는데, 그것은 일반적으로 모든 창조된 본성, 특히 창조된 인간의 본성과 같은 것이다. 보통 말하는 그런 육체는 썩기 쉽고 덧없는 것이다. 그래서 바울은 예수 그리스도가 "육체로는 다윗의 씨에서 나셨고, 거룩함의 영으로는 하나님의 아들로 권능 있게 밝히 드러나셨느니라."(로마서 1:3, KJV; 로마서 9:5; 디모데전서 3:16; 사도행전 2:17, 26, 31과 비교하라)고 말한다. 이것은 그리스도의 인간적인 출생은 다윗의 혈통으로부터 비롯되었지만, 그의 영적인 출생은 하나님으로부터 비롯되었다는 것을 의미한다. 여기서 육체는 창조되고 제한되고 썩어질 인간의 본성이다. 따라서 예루살렘 성서는 육체가 이런 의미로 사용되었을 경우에 "인간의 본성"으로 번역한다. 그것은 셰익스피어가 우리 모두가 견뎌야 할 인생의 괴로움에 대해 다음과 같이 썼을 때 염두에 두었던 것과 같은 의미다.

---

2 Bertrand Russell, *History of Western Philosophy* (New York: Simon and Schuster, 1945), 263에서 인용.

... 잠들어 육신이 물려받은 생득적인 무수한 마음의 고통이 사라진다면...

(『햄릿』, 3막, 1장)

그것이 바로 "육신"이라는 단어가 요한복음 1:14에서 사용된 이 마지막 의미다. 요한은 하나님 자신이 인간이 되었으며, 우리의 연약하고 죽어야 할 인간성과 우리의 육체적 본성을 떠맡았다고 말한다. 신학적으로 이 구절은 기독교의 구속救贖에 대한 가르침의 초석이다. 만일 말씀이 육신이 되지 않았다면 우리는 하나님을 볼 수 없었을 것이고, 십자가와 부활을 통한 구원의 행동이 불가능했을 것이며, 우리의 타락한 인간 본성이 구원받지 못했을 것이다. 왜냐하면 신성神性은 성육신을 통하지 않고서는 주입되지 못했을 것이기 때문이다. 기독교 신비신학의 모든 것이 요한복음 1:14에 달려있다고 말하는 것은 과언이 아니다.[3]

요한복음 1:14는 심리학적으로 중요하다. 그리스도가 사람이 되었을 때, 우리가 하나님을 볼 수 있었다고 말하는 것은 정말 좋은 일이다. 그러나 이것은 성육신된 그리스도가 승천한지 오랜 뒤에 태어난

---

[3] 또한 요한복음 1:14는 영지주의로 알려진 경쟁적인 가르침과 기독교의 가르침을 구별하는 데 도움이 된다. "영지주의"라는 단어는 개인적인, 심지어 친밀한 경험을 통해 얻어진 지식을 의미하는 희랍어 그노시스gnosis[γνωσις]에서 비롯되었다. 많은 영지주의 교사들은 그들의 가르침에 그리스도를 포함시켰지만, 그리스도가 실제로 인간의 몸을 지니고 있었다는 것을 부인했다. 왜냐하면 몸과 모든 물질적 실재는 악하기 때문이다. 이것은 성육신을 강조하는 기독교가 영지주의를 거부한 많은 이유 가운데 하나다. 우리가 앞으로 살펴보겠지만, 기독교가 그 자체의 영지, 혹은 비밀, 계시된 지식을 가지고 있었다고 해도 말이다.

사람들에게 어떻게 도움이 될 수 있을까? 육신을 입은 그리스도를 못 본 사람들에게 성육신은 다만 우리가 믿어야 하는 역사적 진리로 경험되어야 하는 것으로 보일 수도 있다. 그러나 초기 기독교 사상가들은 이 성육신된 그리스도가 우리 각자 안에 살았다고 지적했다. 하나님이 그리스도로 성육신되었을 때, 그것은 오리게네스가 언젠가 그것을 언급한 것처럼,[4] 요한이 프롤로그에서 말한 신적인 로고스가 "부서지고 축소된" 것처럼 보인다. 이것은 우리 각자 안에 하나님의 창조적 정신이 산다고 말하는 것이다. 이런 이유로, 바울이 우리에게 상기시켜주는 것을 좋아하듯이, 우리 모두가 "그리스도의 몸"의 일부인 것이다. 심리학적으로 말하면, 이것은 중심이 우리 각자 안에 산다는 사실에 상응한다. 우리는 하나님이 이 세상 안에서 성육신됨으로써 그리스도가 우리 각자 안에서 성육신될 수 있었다고 말할 수 있다. 이것이 심리학적 발달에 어떤 의미가 있는지는 초기 기독교가 하나님의 "말씀"에 의해 이해한 것을 우리가 더 깊이 연구할 때 더 분명해질 것이다.

---

[4] Origen, *Commentary on John* 1.42를 보라.

제2장

하나님의 말씀으로서의 그리스도
신적인 로고스
요한복음 1:1-5

> 태초에 말씀이 계셨다.
> 그 말씀은 하나님과 함께 계셨으니
> 그 말씀은 하나님이셨다.
> 그는 태초에 하나님과 함께 계셨다
> 모든 것이 그로 말미암아 창조되었으니,
> 그가 없이 창조된 하나도 없다.
> 그 안에 생명이 있었으니, 그 생명은 사람들의 빛이었다.
> 그 빛이 어둠 속에 비치니,
> 어둠이 그것을 이기지 못하였다.

기독교인들은 이런 말을 너무 자주 들었기 때문에 그들의 마음이 그 의미에 대해 무뎌졌을지도 모르지만, 다른 한편으로 이런 말을 처음 들은 사람들은 그 의미를 골똘히 생각해 보았을지도 모른다. 요한복음이 말하는 이 "말씀"은 무엇인가? 우리는 "말씀"이 무엇인지 안다고 생각한다. 사전은 "말"로 가득 차 있다. 그러나 이것이 어떻게

"하나님의 말씀"이 될 수 있는가? 그 수수께끼에 대한 답이 우리의 본문에 "말씀"으로 번역된 바로 그 특별한 희랍어 단어가 로고스인데, 영어에는 그것에 해당되는 만족스러운 말이 없다.

로고스는 보통 의미에서 "말word"이라는 뜻보다 훨씬 더 많은 것을 의미한다. 말words을 뜻하는 단어가 희랍어 사전에는 레마 rēma[ρῆμα]라고 되어 있지만, 로고스라는 단어는 "생각", "행위" 그리고 "힘"이라는 관념을 포함하고 있다. 신약성서에서 사용된 것처럼, 그것은 추상적 관념을 뜻하는 것 이상의 인격을 의미한다. 어쨌든 로고스를 영어로 번역하는 것은 영어권 독자를 오도하는 것이다. 그러니까 로고스를 번역하지 말고, 설명해주는 각주를 달아준다면 그것이 더 나을 것이다. 그때 독자들은 그들이 그들의 현대적 관점에 생소했던 관념에 직면했던 것을 이해할 것이고, 그 의미를 발견하기 위해 더 깊이 파고들 수 있을 것이다.

이 경우에 더 깊이 파고든다는 것은 로고스라는 단어가 희랍 철학에서 어떻게 사용되었는지 탐색하는 것이고, 로고스라는 단어가 구약성서에서 동등하게 표현되어 있는 것을 비교하는 것을 의미한다. 왜냐하면 요한이 그리스도가 의미했던 것을 설명하기 위해 로고스라는 관념을 선택했을 때, 그는 방대한 심리학적 유산과 영적 유산을 염두에 두고 있었기 때문이다. 로고스가 고대에 어떻게 사용되었는지 자세히 살펴보는 것은 이 작업의 범위를 벗어나는 것이다. 하지만 만일 현대의 독자가 "태초에 말씀logos이 계셨다."고 요한이 언급한 것의 깊은 의미를 희미하게나마 알려고 한다면, 적어도 간단한 설명을 하는 것은 꼭 필요한 일이다. 이제 희랍 철학자들로부터 시작해 볼 것이다.

아마 **로고스**라는 관념보다 앞서 있는 아주 오래된 것은 철학자 헤라클레이토스로부터 비롯되었을 것이다. 그는 우주를 신적인 불과 같이 만연해 있는 "이성理性"에 의해 끊임없이 변화하는, 계속적으로 움직이면서 뒤섞여지는 것으로 보았던 사람이다. 이 "이성"이 바로 **로고스**다.

플라톤은 이 세상의 물질적 실재와는 관계가 없는 영적 실재에 관한 관념을 가지고 있었고, 그것이 창조된 세계에 그 형상과 존재를 부여해준 것을 이런 영적 실재라고 믿었다. 영적 세계는 플라톤의 "이데아"의 세계, 즉 불완전한 표현에 불과한 변화가 없는 보편적 양식의 원형적인 영역이었다. 이데아의 세계는 이성과 깨달음에 의해, 물질 세계는 감각에 의해 알려졌다. 다시 말해 전자는 참된 지식을, 후자는 단지 덧없는 지식을 전해주었다. 태어나기 전에 인간의 영혼이 이전의 이런 원형적인 영역을 알고 있었고, 이 세계에서 참된 지식에 이르는 것은 선과 참다움에 대한 모든 지식에서 비롯되는 이 선행 지식을 되살려냄으로써 가능하다고 플라톤은 믿었다. 플라톤에게 있어서는, 우리가 우리의 궁극적 존재를 얻게 되는 이런 원형적인 세계에 대한 비전이 구원을 가져다주었다. **로고스**는 이런 원형적인 실재의 성격을 지니고 있다.

아리스토텔레스는 보이는 세계를 플라톤이 생각했던 것보다 더 현실적인 것으로 간주했다. 아리스토텔레스에게 있어서, 물질과 형상은 언제나 함께 존재했으며, 전자는 결코 후자 없이 존재할 수 없는 것이다. 그가 말하길, 신만이 진정으로 비물질적이고 물질의 "원동자原動者, Prime Mover"로 존재한다. 원동자로서의 신은 이성적인 목적을 가지고 일한다. 다시 말해 신은 세계의 발전 과정의 근원일 뿐만 아니라 목표이기도 하다. 아리스토텔레스는 아마 우주 및 삶의 과정의 목적론적 성격을 가정했던 최초의 철학자였을 것이다. 그가 말하길, 인간은 물질적인 몸뿐만 아니라 신과 공유하고 있는 신의 불꽃이 살고 있는 영혼으로도 구성되어 있다. 인간의 본성 안에 있는 이런 신의 불꽃은 신적인 **로고스의 요소**—영적인 힘과 신의 능력을 형성하고 있는—이며, 영원하고 비인격적인 것이다. 따라서 우리는 아리스토텔레스에게 **로고스**라는 말이 세심하게 사용되었다는 것을 분명히 알 수 있다.

  창조된 물질적 질서 속에서 그 자체를 표현하고, 인간의 영혼 안에서 그 자리를 찾는 신의 **로고스**라는 관념은 그리스의 스토아학파 철학에서 가장 잘 표현되었다. 스토아 철학은 우주가 두 종류의 물질, 즉 물질적인 몸의 재료인 천하거나 거친 물질과, 그것이 거친 물질적 영역에 스며들어서 영의 관념과 거의 구분될 수 없을 정도로 아주 좋은 물질로 구성되어 있다고 믿었다. 따라서 물질, 즉 창조된 질서는 영적 본질에 스며들어 있다. 그러나 그것은 또한 만물을 형성하고 조화롭게 하고, 만물에 침투된 필수적인 요소—헤라클레이토스의 불과 같이 따뜻한—에 스며들어 있기도 하다. 그때 이것은 다름이 아니라,

지성적이고 자의식적인 세계혼world-soul이며 내재하는 **로고스**다. 이 **로고스**가 신이며, 또한 모든 생명과 모든 지혜의 원천이다. 우리의 인간적인 이성은 그것의 본질을 지니고 있다. 왜냐하면 이 **로고스**가 우리 안에 깃들어 있기 때문이다. 이 이성으로 인해 우리는 내면의 신을 따를 수 있고 우리 자신을 신의 자손이라고 말할 수 있다.

마침내 우리는 희랍 철학에 지대한 영향을 받았던 유대 철학자 필로 Philo(기원전 20년-기원후 42년경)를 언급하지 않으면 안 된다. 필로는 **로고스** 관념을 많이 사용하여 성서를 비유적으로 해석함으로써 구약성서와 희랍 철학을 화해시키려고 했다. 필로가 말하길, **로고스**는 하나님에게서 흘러나와서 하나님이 그것을 통해 세상을 창조하는 도구가 되었다. 관념적으로 말하면, 인간은 **로고스**의 형상으로 그리고 **로고스**의 작용에 의해 창조되었다. 비록 우리의 타락한 본성 때문에 우리가 사실상 우리의 신적인 근원의 열등한 복제물에 지나지 않지만 말이다.

요한이 그의 그리스도 관념과 그의 성육신을 설명하기 위해 **로고스**라는 용어를 채택했을 때, 그는 하나님의 내재적 현존이라는 오래된 관념을 가지고 있는 희랍 철학에 영향을 받았으며, 또한 교육을 많이 받은 독자들이 이 용어가 의미하는 것이 어떤 것인지 이해하기를 기대했다. 요한에게 있어서 **로고스**는 세계에 질서를 부여하고 세계를 표현하면서, 세상을 창조하기 위해 그리고 세상에 내재해 있는, 또한 가장 밀접하게 인간의 영혼 안에서 경험되는 하나님의 내밀한 본성을 표현하는 것을 지칭하는 것이었다. 그것은 우주 만물을 초월해 있는 하나님이 또한 어떻게 우주 만물 안에 내재해 있을 수 있는지를 설명하는 방식이었다. 이런 것을 통해, 그것은 어떻게 **로고스**라는 말이 부적당한 현대적 번역이 될 수 있는지, 왜 그 말을 번역하지 않고 놔두는 것이 더 나은지 하는 논쟁이 일어날 수 있다는 것을 알 수 있다. 그렇게 함으로써, 현대 독자는 그 의미를 더 깊이 해명해 보아야 한다는 것을 알게 될 것이다. 그러나 요한의 프롤로그에서 사용된 **로고스**라는 단어가 영어로 번역된 것 중에서 아마 가장 잘 된 것이 있다면, 그것은 **바로** J. B. 필립스가 "태초에 하나님이 그분 자신을 표현하셨다."라고 번역한 것이다.

이제 희랍 철학이 요한에게 어떤 영향을 끼쳤는지 그만 살펴보고, 구약성서의 지혜 문학이 똑같이 중요한 영향을 준 것을 살펴볼 차례다. 왜냐하면 구약성서에서 우리는 우주 만물에 내재해 있고, 그리스 사람들의 것만큼이나 오래된—아니면 더 오래된—인간의 영혼 안에도 살고 있는 하나님의 창조적 영이라는 관념을 발견하게 되기 때문이다. 예컨대 모세가 죽기 직전에 이스라엘 백성들에게 말한 것을 생각해 보라. 그때 그는 그들에게 주신, 사실상 그들의 마음에 쓰여 진 하나님의 말씀을 지키라고 훈계했다.

> 오늘 내가 너희에게 내리는 이 명령은, 너희가 실천하기 어려운 것도 아니고, 너희의 능력이 미치지 못하는 것도 아니다. 이 명령은 하늘 위에 있는 것이 아니므로, 너희는 '누가 하늘에 올라가서 그 명령을 받아다가, 우리가 그것을 듣고 지키도록 말하여 주랴?' 할 것도 아니다. 또한 이 명령은 바다 건너에 있는 것도 아니

니 '누가 바다를 건너가서 명령을 받아다가, 우리가 그것을 듣고 지키도록 말하여 주랴?' 할 것도 아니다. 그 명령Word[히브리어: 다바르dabar, דבר]은 너희에게 아주 가까운 곳에 있다. 너희의 입에 있고 너희의 마음에 있으니, 너희가 그것을 실천할 수 있다. (신명기 30:11-14, [표준새번역])[1]

나중에 구약성서에서 우리는 잠언과 지혜서에 아름답게 드러나 있는 하나님의 내재하는 능력이라는 관념을 발견하게 된다. 이 책들은 구약성서의 지혜문학 가운데 일부다. 비록 그런 것들이 주로 현대 기독교인들에 의해 무시되었지만, 그런 것들은 사실상 어쩌면 구약성서의 가장 중요한 부분들이라고 볼 수 있다. 왜냐하면 여기서 우리는 하나님이 그것으로 세상을 창조하시고, 그것을 통해 인간의 마음속에 사시는 소피아Sophia[Σοφια]에 대해 읽게 되기 때문이다. 소피아는 "지혜"를 의미하는 희랍어다. 고대 학자들이 히브리어로 된 구약성서를 희랍어로 번역하기를 원했을 때, 그들은 지혜에 해당하는 히브리어 호크마chokmah[חכמה]를 희랍어로는 소피아로 번역했다. 이윽고 이 단어는 사실상 구약성서의 지혜문학이 말하고 있는 영원한 하나님의 지혜에 해당하는 적절한 이름이 되었다. 또한 지혜에 해당하는 히브리어 단어와 희랍어 단어 둘 다 성이 여성이라는 것이 큰 관심을 끄는 것이다. 우리는 뒤에 나오는 장에서 이 논점으로 돌아가 볼 것이다.

우리는 구약성서에 들어있는 놀라운 지혜문학에 대해 자세히 살펴

---

[1] 바울은 모세의 말을 로마서 10:6-8에서 인용하고 있다.

볼 공간이 없다. 왜냐하면 이제 우리는 세계를 창조했고, 세계 안에 내재해 있었으며, 인간의 마음속에 살기도 했던, 창조력의 일부였던 지혜Wisdom/Sophia에 주목해 보는 것에 만족해야 하기 때문이다. 이것은 사람들이 그 진리를 알고 그 진리에 따라 살도록 요구했고, 남자들과 여자들이 있는 곳에서는 어디에나 있었고 인류에게 기쁨을 주었지만, 모든 교만과 오만을 미워했으며, 금과 보석보다 훨씬 더 나은 열매와 혜택을 사람들에게 주었던 신적인 능력이었다. 무엇보다도 그녀[소피아를 말함.―옮긴이]는 그녀가 영혼의 여주인이기 때문에 전해줄 수 있는, 그것이 세상의 활동에 대한 지식이든, 영적이고 정신적인 지식이든 모든 인간적인 지식의 원천이었다.

하나님의 말씀으로서의 지혜의 중요성이 초기교회의 위대한 정신을 가진 사람들에게서는 상실되지 않았다. 그들은 희랍 철학자들이 신의 로고스라고 불렀고, 구약성서가 지혜라고 말했던 것이 인간 안에 구현된 것을 그리스도 안에서 보았던 사람들이다.[2] 우리가 "태초에 말씀이 계셨다"고 읽고, 나중에 이 말씀이 그리스도 안에 계셨음을 알게 될 때 우리는 혼란스러워진다. 그러나 아테나고라스, 이레니우스, 알렉산드리아의 클레멘스, 오리게네스, 테오필루스, 테르툴리

---

[2] Cf. Athenagoras, *A Plea for Christians* 10; Irenaeus, *Against Heresies* 4.20.1; Clement of Alexandria, *The Instructor* 1.10 and 3.6; Origen, *De Principiis* 1.2.3; and *Commentary on John* 1.21.39; Theophilius, *Theophilius to Autolycus* 2.10; Tertullian, *Against Praxeas* 6, *Against Hermogenes* 18; Hippolytus, *Fragments from Commentaries*; Cyprian, *Testimonies*; Gregory of Nyssa, *Against Eunomius* 3.2; Methodius, *Extracts from the Work on Things Created*; Lactantius, *The Divine Institutes* 4.6; Dionysius of Romane, *Against the Sabellians* 2.

아누스, 히폴리투스, 키프리아누스, 메토디우스, 락탄티우스, 디오니시우스 그리고 니사의 그레고리우스 같은 초기 기독교인들이 몇 마디씩 하는 것을 보면, 그리스도가 말씀이었고, 그 말씀이 대단히 신비스럽고 지대한 영향을 미치는 실재인 그리스도에게 배정되었다고 말하고 있는 게 분명했다. 그것은 우리가 앞으로 살펴보게 될, 요한이 나중에 "아버지"라고 말하고 있는, 전적으로 초월적인 하나님이 로고스라고 칭해진 자기-표현을 통해 세상을 창조하셨으며, 이 로고스 혹은 창조적인 하나님의 말씀이 우주 만물 안에 내재하고 있다는 것을 의미한다. 이 하나님의 말씀은 모든 진리의 원천으로 믿어지기도 했다. 어떤 사람이 진리를 발견할 때마다, 하나님의 말씀이 모든 참된 지식을 발견하도록 영감을 주고 인도해준 것으로 밝혀진다. 이런 이유로, 많은 초기 기독교 교부들은 로고스가 구약성서의 예언자들에게 영감의 원천이었을 뿐만 아니라, 하나님에 대한 어떤 진리를 생각하면서 포함시켰던 희랍 철학자들에게도 영감의 원천이었다고 믿었다. 따라서 그들은 그리스도의 선재를 믿었다. 즉 그들은 그리스도가 언제나 사람들이 하나님을 찾고 진리를 발견하도록 자극하는, 성육신에 앞서 태초부터 존재했던 로고스 혹은 하나님의 지혜이며, 지혜를 묘사하면서 심지어 선포된 구약성서의 지혜서들이라고 믿기도 했다. 로고스와 지혜에 대한 이 모든 생각을 알고 있는 요한은, 그의 프롤로그에서 이와 동일한 하나님의 말씀이 인간적인 몸과 더불어 소중히 간직되어 있는 실제 인간의 삶속에 성육신되었으며, 인간적인 인격의 서로 떼어놓을 수 없는 부분이 되었다는 아주 놀라운 말을 하고 있다. 이렇게 볼 때 "말씀이 육신이 되었다"는 것은 요한에게 있어서 가장 중요한 기독교의 가르침과 신비였다.

   세상을 창조하는 **로고스**는 천체의 움직임에서, 하늘의 장엄함에서 생명의 풍부함을 지니고 있는 바다에서 보일 수 있지만, 생명의 아주 작은 단위에서도 보일 수 있다. 요한은 "모든 것이 하나님의 것이다. 내가 개미를 보려고 몸을 굽혀 그의 검고 빛나는 눈을 들여다 볼 때, 나는 하나님의 얼굴을 본다."[3]고 말했던 니코스 카잔차키스에게 동의할 것이다. 그러나 초기 기독교인들에게 하나님의 말씀이 발견될 수 있는 가장 중요한 곳은, 그것이 **하나님의 형상**imago dei으로 살았고 하나님에 관한 지식을 흘려보낸 샘과 같은 **영혼 자신**soul herself 안에서였다. 타자들의 말 혹은 피조물을 관찰하는데서 비롯되는 하나님에 관한 모든 지식은 우리 바깥에서 나오는 것이지만, 우리 내면에서 비롯되는 하나님에 관한 지식은 인간의 영혼 안에서 살고 있는 로고스의 내재하는 현존에 의해 우리 안에서 영감을 받은 직접적인 지식이다. 이런 내적 혹은 영감을 받은 하나님에 관한 지식은 기독교적 **미스테리온**mystērion[μυστήριον] 혹은 "신비mystery"의 일부다. "신비"는 고대인에게 풀려야 할 수수께끼를 의미하는 것이 아니라, 다만 그것을 들여다봄으로써 개인적 경험을 통해 알 수 있는 지식의 내용이었다. 이런 이유로, 그리스 속담 "너 자신을 알라"는 말은 거의 모든 초기 기독교 교부들에 의해 표명되기도 했다. 왜냐하면 자신을 알게 되면 신적

---

[3] Nikos Kazantzakis, *The Last Temptation of Christ* (New York: Simon and Schuster, 1960), 157.

인 지혜도 알게 되기 때문이다.

　영혼이 죄의 속박에서 벗어나야만 했던 것은 바로 이런 이유에서였다. 왜냐하면 죄는 영혼을 어둡게 만들었고, 그 결과 하나님에 관한 지식이 모호해졌기 때문이다. 만일 눈이 어두워지거나 시각이 왜곡되면 아무도 제대로 볼 수 없다. 그런데 죄는 바로 그렇게 만드는 것이다. 즉 죄는 사람이 진리를 못 보게 하고 자신과 실재에 대한 지각을 왜곡시키는 것이다. 죄는 의식을 어둡게 만들었으며, 그 결과 테르툴리아누스 같은 기독교 철학자들이 "영혼의 지참금", 영혼의 위대한 보물이라고 불렀던 하나님에 관한 지식을 흐릿하게 만들거나 지워버렸다. 실제로 그것이 바로 그리스도께서 우리가 결코 성취할 수 없는 불가능한 완전을 나타낼 수 있도록 하는 것이 아니라, 그리스도 안에 완전한 의식意識과 하나님에 대한 완벽한 자각이 있었다는 것을 인식할 수 있도록 그리스도가 죄가 없어야 한다는 것을 교회가 주장한 이유였다.

　이런 하나님의 말씀에 대한 매우 신비로운 이해 때문에 그리스도는 세상에서 여러 가지 방식으로 상징적으로 나타난다고 볼 수 있다. 초기교회는 그리스도를 나타내기 위해 풍부한 상징을 사용했으며, 그런 상징들 중에 사실상 여성적인 것이 거의 무궁무진했다. 몇몇 예를 들어보면, 그리스도는 모든 피조물 안 그 어디나 있었던 "유일한 분One"이었다. 그는 또한 신적인 "우로보로스uroboros"(그 자신의 꼬리를 물고 있고 원을 이루고 있기도 한 뱀)와 같은 "만물의 시작이요 끝이었다." 또한 그는 "선한 뱀"으로 언급되기도 했다. 왜냐하면 초기교회에서 뱀은 치유의 상징이었기 때문이다.[4] 금은 신적인 말씀을 상징했다. 왜냐하면 그리스도는 부패하지 않는 특성이 있는 영혼을 갖고 있으며, 금은 결코 부식하지 않는 금속이라고 믿었기 때문이다.5 그리스도는 또한 꽃으로 상징되었으며, 특히 "성모의 꽃," 자연스럽고 여성적인 만다라 꽃으로 언급되었다.6 그리스도에 대한 다른 자연의 상징은 나무였다. 사실상 십자가는 초기 기독교인들에 의해 나무로 자주 언급되었다.7 그리스도의 순수함 때문에 그는 우유로 표현되기도 했다. 고대인의 생각으로 우유는 여성적인 것 및 순수함과 연관되어 있었다.8 그리스도에 대한 또 다른 여성적인 상징은 동굴이었다. 전승은 그리스도가 태어난 마구간이 동굴이었다고 말했으며, 제자들에게 준 그리스도의 많은 중요한 교훈들 역시 동굴에서 그들에게 전해졌다고 믿었다. 그는 또한 아름다운 젊은이9로, 그리고 신적인 불10로 나타나 있다. 불로 나타난 그는 예언자 다니엘이 말했던 드락, 메삭, 아벳느고와 함께 불타는 화덕에 있었던 네 번째 사람과 관련이 있었다.11 그 결과, 오리게네스와 다른 이들은 그리스도가 언젠가 "나와 가까이 있는 사람은 불과 가까이 있느니라."12고 말씀한 적이 있다고 믿었다. 그리스도는 또한 여러 짐승의 모습을 가지고 있었으며 독수리로, 송아지

---

4 Tertullian, *Against Marcion* 3.18을 보라.
5 Hippolitus, *Fragments of Discourses or Homilies* no 6을 보라.
6 St. Ambrose, *On the Holy Spirit* 2.8.38–39를 보라.
7 Methodius, *Banquet of the Ten Virgins* 9.3, 그리고 Tertullian, *Against Marcion* 3.19를 보라.
8 Clement of Alexandria, *The Instructor* 1.6을 보라.
9 Socrates, *Church History* 3.19를 보라.
10 Ambrose, *On the Holy Spirit* 3, 그리고 *Of the Christian Faith* 13을 보라.
11 Ambrose, *Of the Christian Faith* 13을 보라.
12 Origen, *On Jeremiah* hom. 3.3, 그리고 Cyprian, *Treaties* 2.13을 보라.

로, 양으로, 사자로, 심지어 벌레로 나타나 있다. 시편 22:6[나는 사람도 아닌 벌레요]에 나오는 이 마지막 상징은 높은 자 중에 가장 높은 자인 그리스도가 낮은 자 중에 가장 낮은 자로 표현되어 있다.13

그러나 그리스도를 나타내는 가장 중요한 동물은 물고기였으며, 우리가 살펴보게 되겠지만, 요한은 그의 복음에서 물고기 상징을 가장 많이 사용하고 있다. 그러나 그리스도는 물고기였을 뿐만 아니라 물이기도 했고, 많은 사람들에 의해 요한복음으로부터 초기교회에 의해 묘사된 상징인 "샘물"로 비유되었다. 우리는 그것을 나중에 살펴볼 것이다. 만일 그리스도가 물이었다면, 아우구스티누스가 지적한 바와 같이, 그는 또한 바다를 안전하게 건너게 해주는 배였다.14 그리스도에 대한 상징적 표현의 목록은 끝이 없어 보인다. 그는 태양, 별, 원, 숫자 8, 그리고 여러 가지의 만다라(전체성과 통합성을 나타내는 동심원 그림)로 상징되었다. 그는 또한 인류가 에덴동산에서 잃어버렸던 전체성을 인류에게 회복시켜준 대극의 합일자였다.15 만물을 온전하게 만들어 준 유일자로서의 그리스도는 또한 신적인 직조공에 비유되었다.16 그리스도는 에로스의 영역에서 배제되지 않았다. 왜냐하면 그는 영혼의 신랑이었고, 구약성서의 다른 많은 곳에서는

---

13 Ambrose, *Of the Christian Faith* 2.8, 그리고 Cyprian, *Treaties* 2.13을 보라.
14 Augustine, *On the Trinity* 4.15를 보라.
15 Irenaeus, *Against Heresies* 5.17.3, 그리고 Lactantius, *The Epitome of the Divine Institutes* 51.
16 Hippolytus, *Treatise on Christ and the Anti-Christ* 4. M. R. James 옮김, the *Act of Andrew* in *The Apocryphal New Testament* (New York: Oxford University Press, 1960)를 보라.

물론, 아가雅歌에도 아주 잘 나타나 있었기 때문이다.[17] 특히 중요한 그리스도의 상징은 도시의 상징, 요한계시록으로 되돌아가 보도록 하는 상징이요, 아우구스티누스의 신국City of God 사상의 기초였다.[18] 또한 그는 돌, 견고하고 영구적인 모든 영적 삶의 단단한 토대였다.[19]

위에 든 예들은 초기 기독교인들이 상상력을 가지고 그 현존이 육신이 된 신적인 말씀의 신비가 영혼 안에서 친숙하게 느껴졌다고 마음속으로 그려본 무수히 많은 방식들 가운데 일부에 불과하다. 이처럼 고대인들은 형언할 수 없고, 신비스럽고, 경이로운 그리스도의 실재를 묘사해 보려고, 또한 그리스도를 모든 생명에 스며들어 있는 신비로운 실재로 밝혀보려고 애를 썼다. 이런 초기의 기독교적 태도는 그리스도의 의미에 대한 따분하고 제한적이고 너무 합리적인 설명에 대한 해결책이며, 우리를 그것이 그리스도에 대해 말하려고 의미하는 데서 생긴 좁은 선입견으로부터 자유롭게 해준다. 그것은 또한 우리가 그리스도를 창조 및 인간적인 경험의 다양한 영역에서 보도록 개방시켜주며, 우리로 하여금 피조물 안 그 어디에나 있는 신적인 말씀의 기적 같은 현실과 관계를 맺게 해 주지만, 그것은 인간의 영혼 안에 가장 뚜렷이 나타나 있다.

---

[17] Cyprian, 예컨대 그리스도를 시편 24:3-6; 요엘서 2:15, 16; 예레미야서 16:9; 시편 19:5, 6; 요한계시록 21:9-11; 요한복음 3:28-29에 관한 해설에서 그리스도를 신랑이라고 언급한다. Augustine, *Exposition of the Book of Psalms*에서 시편 23편과 131편을 보라.
[18] Augustine, *City of God* 10.7. 묵시적인 *Revelation of Paul*을 보라.
[19] Irenaeus, *Against Heresies* 3.11.8; Augustine, *On the Trinity* 3.1; Cyprian, *Treatises* 2.16; Origen, *Commentary on John* 1.41을 보라.

제3장

기독교인 제자들
처음 제자들
요한복음 1:35-51

앞에서 언급한 대로, 우리는 나중을 위해 세례 요한에 관한 논의를 유보하고 있다. 결국 우리는 당분간 요한복음 1:19-34는 건너뛰고 제자들을 부르는 것으로 바로 나아갈 것이다. 우선 우리는 어떤 예비적 고찰을 시작할 것이고, 그 다음에 제자들의 부름을 기독교적 구원의 신비로 들어가는 삼위일체적인 입회의 첫 단계로 논의하게 될 것이다.

세례 요한과 그의 두 제자는 예수가 지나갈 때 보고 서 있다. 그 때 세례 요한은 그들에게 예수를 향해 이렇게 말한다. "하나님의 어린양을 보라!" 지금까지 세례 요한은 예수가 구원하시는 하나님의 아들임을 알아본 유일한 사람이다. 그러나 우리가 이 이야기에 대한 분석으로 더 나아갈 수 있기 전에, 우리는 우리의 저자가 각기 그 자체의 특별한 미묘한 뉘앙스를 지니고 있는 영어의 "보다to see"라는 동사를 표현하는 네 가지 다른 방식을 사용하고 있다는 것을 주목해야 한다. 만일 우리가 이런 네 개의 희랍어 단어들을 살펴본다면, 우리는 그 이야기를 더 간파하게 될 것이다.

우리는 이미 첫 단어를 접해 보았다. 세례 요한은 그가 "하나님의 어린양을 보라[*ide*]."고 말할 때 그것을 사용하고 있다. 여기에서 사용된 희랍어 단어가 **오라오**^(*orao*[ὁράω])인데, 그것은 관찰자의 마음으로 보이는 인상을 강조할 때 보는 행위에 대해 언급하는 것이다. 그것은 내적 실재나 외적 실재를 볼 때, 관찰자가 받은 **주관적** 인상을 강조하고자 하는 의도가 있을 때 사용된 단어다. *Ide*[보라]는 이 동사의 명령형인데, 그것은 그의 두 제자에 대한 세례 요한의 말에서, 그리고 다시 39절에서 발견된다. 그러므로 뉘앙스는 "이 사람이 너에게 감동을 주도록 하라!"는 의미다.

보는 것을 위해 사용된 두 번째 희랍어 단어는 **블레포**^(*blepo*[βλέπω])다. 이 단어는 그것의 대상과 상관없이 보는 행위를 말한다. 예컨대 누군가 어두운 방에서 촛불을 킨다면 그는 "지금 보이는가?"라고 친구에게 말할 수 있다. 이 단어는 39절에 (미래 시제인 **오페스데**^(*opsesthe*[ὄψεσθε])로) 나오며, 비교적 중성적인 단어다.

세 번째 단어는 38절에 나온다. 예루살렘 성서는 이 절을 "예수께서 돌이켜 그들이 따르는 것을 **보시고**, '너희는 무엇을 찾고 있느냐?' 하고 말씀하셨다."라고 번역하고 있다. 여기서 사용된 희랍어 단어는 **데아오마이**^(*theaomai*[θεάομαι])인데, 그것은 "바라보다, 눈으로 알아보다", 더 정확히 말하면, "알게 되다"라는 의미이며 "바라보다, 응시하다, 관심을 가지고 주목하여 보다"를 의미하는 **데오레오**^(*theōreō*[θεωρέω])와 비슷한 것이다. "극장"이라는 단어는 이런 단어들에게서 비롯된 것이다. 이 단어가 38절에서 사용되었을 때, 이것은 예수가 그들을 딱 그 순간에 우연히 보고, 그들을 의도적으로 바라보고, 그들이 누구인지 알아보고, 정확히 말하면 그들을 알게 된 것을 의미한다.

네 번째 단어인 **엠블레포**^{emblepō}[ἐμβλέπω]는 "어떤 사람을 살피듯이 혹은 의미심장하게 바라보는 것"을 의미한다. 이 단어는 36절과 42절에서 사용되었다. 36절에서 세례 요한은 예수를 동사 **엠블레포**가 의미하는, 특유한 통찰력과 집중력을 가지고 "본다." 42절에서 예수는 시몬을 이와 똑같이 집중해 "본다." 예루살렘 성서는 **엠블레포**를 그 의미와 비슷한 정확한 영어로 "뚫어져라 바라보았다."라고 번역하고 있다.

이야기를 계속 살펴보면, 우선 세례 요한은 그의 두 제자가 예수를 주목하고 그들이 그를 따라가도록 한다. 왜냐하면 요한이 우연히 보았다는 뜻이 있는 단어를 사용하지 않고 보인 것이 중요하다는 것을 강조했기 때문이다. 그때 예수는 그런 방식으로 그들을 보았으므로 그들의 중요성을 알아볼 수 있었다. 예수는 이런 통찰력을 가지고 봄으로써 그들에게 이런 질문을 하게 된 것이다. 그래서 예루살렘 성서는 이것을 "너희는 무엇을 원하느냐?"라고 번역한 것이다. 그러나 흠정역과 개정 표준판 성서는 그것을 "너희가 무엇을 구하느냐?"라고 번역하고 있다. 그런데 새 영어 성서는 "너희는 무엇을 찾고 있느냐?"라고 번역하고 있다. "너희가 무엇을 원하느냐"와 "너희가 무엇을 구하느냐"의 어조는 그 느낌이 다르다. 예컨대 영적으로 굶주린 사람은 어떤 것을 "원하는 자"가 아닌, "진리를 찾는 자"로 묘사될 수 있다. 여기서 사용된 희랍어 단어는 **제테오**^{zeteo}[ζητέω]인데, 이것은 원래

"구하다, 찾다"라는 의미를 지니고 있다. 그 뚜렷한 차이는 심리학적 의미도 지니고 있다. 만일 우리가 무언가를 "바란다"고 하면, 그것은 자아중심적인 바람wanting일 수 있지만, 우리가 무언가를 "구한다"고 하면, 그것은 진정한 영적 굶주림을 의미한다.

두 남자—곧 제자가 된—는 다만 이렇게 말한다. "랍비님, 어디에 묵고 계십니까?" 여기서 그들이 "너희는 무엇을 구하느냐?"는 질문에 대답할 수 없을 정도로 당황해서 말문이 막혀 버린 느낌이 든다. 그러나 그들은 스승을 갖기를 간절히 바라고 있었으며, 그들이 '스승'을 뜻하는 "랍비님"이라고 부른 것을 보면 이런 스승을 예수에게서 본 것이다.

그래서 두 제자는 예수와 합류하여 그와 함께 머물렀다. 본문은 우리에게 이 모든 일이 일어난 것이 "열시 쯤" 되었다고 말한다. 열시는 대략 오후 네 시쯤이다. 몇 시 쯤 이었는가 하는 세부적인 것은 상관이 없는 것 같다. 예루살렘 성서가 지적하고 있듯이, 그것은 다만 그 이야기가 해설자 혹은 개인적으로 그에게 정보를 제공해준 누군가에 의해 개인적으로 입증된 역사적 사건임을 확인해준다. 요한복음에서 많은 세부적인 역사적 사실 가운데 하나는, 그의 이야기에 개인적이고 역사적인 것과 원형적이고 영구적인 것이 뒤섞여 있는 느낌을 우리에게 준다는 것이다.

요한은 예수를 따라간 두 제자 중 하나가 시몬 베드로의 동생인 안드레라고 확인해준다. 이상하게도 두 제자 중 다른 한 사람은 이름이 밝혀지지 않았다. 이 이름이 밝혀지지 않은 사람이 다름 아닌 "사랑하는 제자" 혹은 "예수가 사랑하는 제자"라고 추측해 볼 수 있다. 그는 요한복음의 저자요 예루살렘에 있는 다락방의 주인이었을지도 모른다(서론을 보라). 이 경우에 그 이야기의 이런 부분을 보면, 우리의 복음서 저자는 이름이 밝혀지지 않았지만 그 자신을 포함시켰다. 이것은 이 모든 것이 열시쯤 일어난 것으로 알려졌다는 사실을 설명해준다.

그런데 공관복음에는 훨씬 나중에까지 나오지 않는 두 가지 통찰이 뒤따르게 된다. 첫 번째 것은 41절에 안드레가 자기 형에게 "우리가 메시아를 만났소."라고 말할 때 나온다. 두 번째 것은 예수가 베드로, 곧 바위라는 이름을 준 것이다. 여기서 우리가 이미 살펴본 적이 있는 **엠블레포**라는 단어가 사용되었다. 그 시점에서 이 단어가 사용된 것은 예수가 베드로의 마음을 들여다보았다는 것을 의미한다. 그것은 예수가 단순히 외모를 넘어서 인간의 내면을 볼 수 있는 분이라는 것이 분명하다. 예수는 그에게 시몬의 내적 정체성에 어울리는 게바라는 이름을 준다. 마태복음에 보면, 16장에 이르러서야 시몬이 베드로라는 "영적인 이름"을 부여받는다. "게바"와 "베드로"라는 이름의 차이는 중요한 것 같지 않다. 게바는 아람어이고 베드로는 희랍어다. 그러나 두 단어 모두 "바위"를 의미한다. 서신들을 보면 게바와 베드로가 같이 섞여서 사용되고 있다. 중요한 것은 예수가 베드로의 내적 존재를 바위처럼 견고하고 강한 것으로 보았다는 것이다. 우리가 앞으로 살펴보겠지만, 비록 베드로가 엄격하게 시험을 받고, 이런 내적인 힘이 나타나기 전에 그의 자아중심성이 해소되지 않으면 안 되었지만 말이다.

그러나 예수가 영적인 이름을 사용한 것은 흥미로운 일이다. 예컨대 미국 인디언들을 보면, 각 사람은 그 혹은 그녀의 개인적인 이름을 갖고 있었다. 그 사람의 이름은 그 혹은 그녀의 성격의 어떤 중요한 측면이나 강력한 영적 경험, 아니면 그 사람의 환영 탐색vision quest[영계 靈界와의 교류를 구하는 의식.—옮긴이]이나 영계와의 어떤 다른 경험이 이루어지는 동안 꿀 수 있었던 꿈에서 비롯된 것이었다. 예컨대 미국 인디언 미친 말Crazy Horse(리틀 빅혼 전투에서 커스터를 패배시킨)은 그의 인디언 이름인 빙빙 도는 말Whirling Horses을 백인이 변질시킨 것이다. 빙빙 도는 말은 그가 중심 주위를 빙빙 도는 많은 말들을 보았던 환영을 통해 받은 그의 영적인 이름이었다. 이와 마찬가지로 게바/베드로는 시몬의 영적인 이름이다.

이제 이야기는 빌립이, 그 다음에 빌립이 데려온 나다나엘이 부르심을 받는 것으로 신속히 진행된다. 나다나엘을 만났을 때 예수는, "그는 그 이름에 합당한 참으로 이스라엘 사람이다. 그에게는 거짓이 없다."(47절)고 말씀했다. 예수는 그가 시몬의 성격을 본 것과 같이 나다나엘의 성격을 꿰뚫어 보는 통찰력을 보여준다. 즉 그의 이런 능력은 그의 정신적 통찰력과 직관력에서 나온 것으로 볼 수 있다. 그러나 다른 구절에서 문제는 그것 이상으로 진전된다. 나다나엘은 예수가 그를 결코 만난 적이 없는데도 잘 알 수 있다는 사실에 놀라며, "어떻게 나를 아십니까?"라고 묻는다. 여기서 "안다"라고 번역된 희랍어 단어는 특별한 용어인 기노스코ginōskō[γινώσκω]다. 이것은 경험을 통해 무언가 친밀하게 아는 것을 말한다. 나다나엘은 이 단어를 사용하고 있다. 왜냐하면 그분이 그렇게 짧은 시간에 그를 그렇게도 깊이 알 수 있었다는 것이 놀라웠기 때문이다. 예수는 "빌립이 너를 부르기 전에 나는 네가 무화과나무 아래에 있는 것을 보았다."고 대답한다. 이것은 예수가 초자연적 능력이나, 이런 표현이 괜찮다면 초감각적 지각이 있다는 것을 보여준다. 그런 능력은 요한의 그리스도가 공관복음의 예수보다 우주적 그리스도에 대해 더 분명하게 보여주고 있다는 생각과 잘 어울린다. 그런 비상한 능력은 요한의 그리스도의 특징이며, 이런 것은 다른 많은 곳에 그 증거가 있다(2:24f; 4:17-19, 29; 6:61, 64, 71; 13:1, 11, 27, 28; 16:19, 30; 18:4; 21:17을 보라).

예수의 그런 능력은 나다나엘을 압도하고 있다. 그래서 나다나엘은 "랍비여, 당신은 하나님의 아들이시요, 이스라엘의 왕이십니다."라고 분명히 말한다. 예루살렘 성서의 각주는 우리가 이 시점에서, 나다나엘이 예수의 신적인 정체성을 알았다는 증거로 볼 것이 아니라, 이 문맥에서 "하나님의 아들"을 다만 "이스라엘의 왕"과 대충 동등한 것으로 생각할 수 있다는 확신을 우리에게 준다. 예수는 "네가 '무화과나무 아래 있을 때에 내가 너를 보았다'고 해서 믿느냐? 이것보다 더 큰 일을 네가 볼 것이다.… 내가 진정으로 너희에게 말한다. 너희는, 하늘이 열리고 하나님의 천사들이 인자 위에 오르락내리락하는 것을 보게 될 것이다."(51절)라고 말씀한다. 이 구절에서 "인자"라는 중요한 표현이 우리의 복음서에 도입되었다. 이 표현은 요한복음에 열 번 나온다. 그것은 공관복음과 공통적인 표현이다. 공관복음에도 "인자"라는 구절이 자주 나온다. 그 심리학적 의미는 우리가 나중에 살펴보게 될 것이다. 왜냐하면 지금은 "하늘이 열리고"라는 표현과 "인자"라는 표현을 사용함으로써, 그리고 천사들에 대해 언급해 봄으로써 요한의 예수가 우리에게 초자연적인 것의 영역을 소개해준 것에 주목하여 보는 것으로 충분할 것이기 때문이다. 현대인의 귀에 그런 말은 이상하게 들린다. 왜냐하면 그것은 더 이상 초자연적 영역을 믿지 않는 우리의 집단적인 의식적 태도의 일부가 아니기 때문이다. 그러나 무의식에 대한 어떤 지식은 우리에게 다시금 그런 표현을 실감나게 만들어 준다. 사실 천사라는 관념조차도 심리학적 맥락에서 보면 새로운 의미를 가질 수 있다. 그러나 그런 것을 살펴보는 것은 나중을 위해 남겨 두도록 하겠다. 왜냐하면 지금은 우리가 제자직의 의미를 기독교의 신비로 도입되는 여러 단계들 중 첫 번째 것으로 살펴보아야 하기 때문이다.

프리츠 쿤켈은 언젠가 종교와 심리학이 같은 것, 즉 의식의 진화와 관련이 있다는 것을 관찰한 적이 있다. 그는 복음서를 이런 의식의 진화를 보여주는 훌륭한 교과서로 간주했다. 하지만 우리가 스스로 복음서의 메시지를 들으려고 한다면, 우리는 그 영향력을 체험하여 보아야 한다고 지적했다. 이것은 다만 냉철하고 지적인 관점을 가지고 복음서를 살펴본다면, 복음서가 지니고 있는 메시지의 심층을 알 수 없다는 것을 의미한다. 그 대신에 "우리는 우리 스스로 시험관 속에 들어가 보아야 한다." 쿤켈은 베토벤의 음악을 이해하기 위한 비유를 사용하여 이렇게 말했다. "베토벤에 대해 논의하기 전에 우리는 그의 음악에 감동을 받아보아야 한다."1

쿤켈은 우리 자신이 복음서 경험이라는 시험관에 들어가 보는 가장 좋은 방법 가운데 하나는 제자들의 입장에서 우리 자신을 보는 것이라고 믿었다. "예수에게 무슨 일어 일어나는가?"라고 우리 자신에게 묻는 것은 물론이고, 우리는 "제자들에게 무슨 일이 일어나고 있는가?"라고도 물어보아야 한다. 왜냐하면 우리는 그리스도가 될 수 없지만, 제자들이 되려는 희망은 가질 수 있기 때문이다. 그는 우리가 제자들의 경험과 동일시하여 보는데 가장 좋은 복음서는 마태복음이었다고 믿었다. 왜냐하면 그가 요한복음 대신에, 마태복음에 관한 심리학적 주석인 『창조는 계속 된다 Creation Continues』를 썼기 때문이다. 그는 요한복음을 "위대한 영적 심포니"라고 불렀으며, 요한복음이 이미 입문한 사람들을 위해 쓰여졌으므로 보다 깊은 이해를 위해 준비된 것이라고 믿었다. 그럼에도 불구하고, 요한복음은 제자들에게 일어나는 어떤 중요한 경험들을 담고 있으며, 또한 제자도를 배우고 있는 초기 단계에 있는 우리에게 말하고 있다. 쿤켈의 정신으로, 우리는 우리가 또한 우리 자신의 영적이고 정신적인 발달상 겪어내야 할지도 모르는 경험의 모형으로서, 제4복음에 묘사된 제자들이 겪어낸 경험을 살펴보게 될 것이다. 제자들이 예수에게 부르심을 받은 이야기는 그 첫 번째 이야기다.

제자들에게 부르심이란 그리스도의 신비로 들어가는 입문에 대한

---

[1] Fritz Kunkel, *Creation Continues* 초판 (New York: Charles Scribner's Sons, 1952).

부르심이다. 입문 관념이 오늘날 우리 문화에서는 상실되고 말았지만, 그것은 기독교가 시작될 때에는 중요한 것이었다. 왜냐하면 그 당시 로마 제국에는 "신비 종교들"이 번창하여 급증하고 있었기 때문이다. 영어로 "신비"라고 번역된 희랍어가 고대 희랍어를 쓰는 사람에게는 우리에게 의미하는 것이 아니었다. 우리에게 신비는 풀리지 않는 수수께끼다. 고대인들에게 **신비**mystērion는 "입문이 필요한 지식에 대한 문제"였다. 오로지 그런 것들은 경험함으로써 알려질 수 있는 어떤 것들이다. 즉 깊이 있는 모든 영적 혹은 정신적 이해는 이런 범주로 분류된다. 이런 이유에서 신비라는 말은 신약성서에서 매우 중요하다. 예컨대 공관복음에서 예수는 그의 제자들에게 "너희에게는 하나님의 **비밀**mystērion을 맡겨주셨다."(마가복음 4:11; 마태복음 13:11; 누가복음 8:10)고 말씀한다. 마태복음과 누가복음에는 **미스테리아**mystēria(mysteries)라는 복수가 사용되었다. 바울의 저작에는 **미스테리온**이라는 말이 21번 나오며,2 그리스도는 "충만한 지식epignōsin[ἐπίγνωσιν]"으로 온전히 알게 하려고 우리를 부르신 하나님의 **비밀**mystērion이라고 언급되었다(골로새서 2:2).

    그리스의 신비 종교들에서 입문자는 **비밀전수자**mystagogue(즉 입문자를 보다 깊이 그 자신과 신에게로 입문하도록 인도하는 자)에 의해 신화적 인물의 극적인 죽음과 재생이 묘사된 경험 속으로, 그리고 그런 경험을 통해 인도를 받는다. 거기에는 많은 신비 의식이 있다. 왜

---

2 로마서 11:25과 16:25; 에베소서 3:3-4; 5:32; 6:19; 골로새서 1:26, 27; 로마서 11:25; 16:25를 예로 들 수 있다.

냐하면 거기에는 죽음과 부활을 묘사하는 많은 신화가 있기 때문이다. 가장 초기의 것은 태모Great Mother에 관한 그리스 의식이었다. 그런 의식은 엘레우시스에서 개최되었으며, 데메테르Demeter와 페르세포네Persephone의 신화를 중심으로 이루어졌다. 다른 것들은 동양에서 비롯되었으며, 아프로디테/아스타르테Astarte, 그리고 죽었다가 다시 사는 그녀의 배우자인 아도니스Adonis를 중심하여 이루어졌다. 아직 다른 것들은 이집트에서 비롯되었는데, 그 중심 신화는 이시스Isis 여신과, 죽었다가 다시 살아난 그녀의 오빠/남편인 오시리스Osiris의 신화였다. 죽었다가 다시 살아난 신의 생명과 존재에 신비스럽게 참여함으로써 입문자 또한 새로워진 생명을 얻게 된다. 이런 의식에서 얻은 일반적인 지식이 플루타르크와 알렉산드리아의 클레멘스와 같은 고대의 역사가들의 보고서를 통해 우리에게 알려졌지만, 자세한 것은 잘 알려져 있지 않다. 왜냐하면 그런 의식에 입문한 사람들은 비밀을 지켜야만 했기 때문이다. 사실상 희랍어 명사 **미스테리온**mystērion은 "입을 다물다"라는 뜻의 동사 **뮈오**myō[μύω]와 밀접하게 연관되어 있다. 우리가 나중에 살펴보겠지만, 기독교는 **비밀**mystērion이기도 하다. 그 신비 속에서 우리는 입문자가 되도록 부르심을 받았으며, 그리스도는 다만 그들 자신의 경험에 의해 이런 지식으로 적절하게 입문한 사람들에게만 알려질 수 있는 **비밀전수자**mystagogue이기도 하고 **비밀**mystērion이기도 하다.

마태복음에서처럼 제4복음에서 제자들은 입문자들이었으며, 우리는 우리 자신과 그들 안에서 비춰진 우리의 임박한 영적인 발달을 볼 수 있다. 그들은 예수가 가르치는 사람들이며, 우리가 그리스도에 의해 표현된 비밀을 알게 된다면 통과해야 할 것들과 같은 경험을 하는 사람들이다.

그의 책 『영혼 형성: 영성의 사막 방식 Soul Making: The Desert Way of Spirituality』에서 알란 존스 주임사제는, 그가 "사막 방식"이라고 부르는 기독교의 영적인 발달의 고대적인 신비로운 길에는, 기독교적 입문 혹은 그가 회심이라고 부르는 것에는 세 단계가 있다고 우리에게 말한다.3 이런 기독교적 입문 단계는 존스가 "영혼 형성"이라고 부르는 것과 관련이 있다. 즉 이런 단계는 내면의 남자 혹은 여자를 변화시키고 깊어지게 한다. 많은 고대의 기독교인들처럼 존스 주임사제는 우리가 존재에 의해 신비로운 방식으로 그리스도의 생명을 얻는다고, 말하자면 그에게 접목된다고 믿는다. 그는 또한 쿤켈이 그랬던 것처럼, 우리 자신의 경험을 위한 모형이 처음 제자들의 모형이었다고 믿는다.

존스 주임사제는 이런 기독교적 입문 혹은 회심의 세 단계를 확인하고, 각 단계가 위기로 인해 촉발되고 위기를 동반한다고 말한다. 먼저 의미 있는 위기가 오고, 그 다음에 배반의 위기가, 마지막으로 결핍 혹은 공허의 위기가 온다.4 제자들의 부르심은 첫 번째 위기, 즉 의미 있는 위기임을 분명히 보여준다.

---

3 The Very Rev. Alan Jones, *Soul Making: The Desert Way of Spirituality* (New York: Harper & Row, 1985), 165.
4 Ibid., 166.

새로운 정신적/영적 통찰에 도달하기 위해 우리는 그것을 받을 준비가 되어 있어야 한다. 이런 준비를 하려면 우리가 새로운 통찰을 갈망해야 하며, 이런 갈망은 우리의 현 존재 상태와 우리의 현재의 믿음에 만족해선 안 된다. 모든 정신치료자들이 알고 있듯이, 그들의 존재 방식에 스스로 만족하거나, 그들 자신을 의심해보지 않거나 그들 자신과 삶에 대한 신념체계가 아주 확고하게 자리 잡혀있는 사람들에게는 그 어떤 새로운 발달도 이루어질 수 없다. 그런 사람들은 성서가 "마음이 굳어져 있는 것"이라고 말한 것으로 인해 고통을 당하며, 그것은 결국 새로운 의식과 발달을 불가능하게 한다. 반면에 우리가 우리 자신을 의심하게 될 때, 우리가 가지고 있던 이전의 신념체계와 이전의 대처 방식이 위협을 받거나 산산조각이 날 때, 우리는 우리 자신이 위기에 빠져 있다는 것을 알게 된다. 그때 우리는 더 이상 우리가 누구인지, 어디로 가야할지 혹은 우리의 목적이 무엇인지 모르게 된다. 그것이 바로 의미 있는 위기이며, 그것에 빠져 든 사람들은 종종 그들 자신이 큰 위험과 방향 상실의 한 가운데 있다는 것을 알게 된다.

제자들이 의미 있는 위기를 겪고 있었던 것은 예수가 그들에게 보인 첫 번째 태도로 입증된다. 우리는 이미 예수가 그들을 예리하게 바라보았다는 것, 즉 그들의 내면 상태를 인식했고, 그럼으로써 그들이 그 시대의 현존하는 집단적 신념 체계에 만족하지 못하고 있었다는 것을 살펴보았다. 이것이 예수가 "너희가 무엇을 구하느냐?"라고 하는 예리한 질문을 한 이유다. 만일 그가 이전에 가지고 있던 것을 잃어버리지 않았다면, 그 누구도 영적으로 새로운 것을 구하지 않을 것이다. 그러므로 구하는 자가 되려면, 항상 우리의 내적 삶이라는 큰 바다에서 영적으로 혹은 정신적으로 어느 정도 표류하고 있어야 한다. 그런 사람은 의심 상태에 빠져 있고, 확신을 갖지 못하고 있는 것이다. 즉 그는 연약하고 내적으로 충족되는 어떤 경험을 하기에 앞서 종종 내적 공허감을 느끼게 된다.

제자들은 진리를 구하는 사람들이었다. 왜냐하면 그들은 그들이 진리를 소유하지 못했다고 인식했기 때문이다. 그들은 분명히 그들에게 전해진 전통적 체계를 전부 받아들이는 것에 만족하지 못했지만, 아직 따를 만한 새로운 진리를 가지고 있지 못한 사람들이었다. 따라서 그들은 옛 신념의 능력이 사라지고 있는 것과, 새로운 확신이 나타나는 것 사이의 불편한 중간 상태에 있었다. 남아프리카 공화국의 소설가 네이딘 고디머는 언젠가 그녀의 조국에 대해 논평한 적이 있다. 이 말은 낡은 정신적 준거 틀이 사라지고, 아직 새로운 것이 나타나지 않은 개개인에게도 적용된다. 즉 "낡은 것이 죽어가고 있고, 새로운 것이 태어날 수 없다. 이런 최고지도자 부재 기간에 병적 징후 가운데서 크나큰 다양성이 생기게 된다."[5]

예수가 제자들에게 나타난 것은 그들의 영적인 삶에서 이 시점이다. 학생이 준비되어 있을 때 선생님이 나타난다는 옛 중국 속담이 있

---

[5] Nadine Gordimer, *July's People* (New York: Viking Press, 1981). 권두 삽화에서 고디머는 안토니오 그람시[이탈리아 공산당의 창설자이자 혁명가(1891-1937).—옮긴이]가 쓴 『옥중수고 *Prison Notebooks*』를 인용한다.

다. 제자들이 많은 노력을 기울여 준비되어 있으면, 그 때 선생님이 나타난다. 제자들은 새로운 선생님으로 인해 매우 기뻐했고 엄청나게 감동을 받았다. 그래서 안드레는 자기 형에게 놀라고 기뻐하면서, "우리가 메시아를 만났소!"라고 말한다. 심리학적 표현으로는, 어떤 사람 쪽에서 다른 사람에 대한 그런 애착을 "전이"라고 한다. 정신치료에서 자기Self 혹은 인도자의 이미지는 치료자에게 투사된다. 이런 전이로부터 치료가 진행되면 필요한 믿음이 생긴다. 지혜로운 정신치료자는 그 혹은 그녀가 이런 전이를 받을 만한 자격이 없다는 것을 안다. 하지만 치료자는 또한 내담자가 자신 안에서 인도자를 발견할 수 있을 때까지 치료가 당분간 이루어져야 한다는 것을 안다. 그러나 가끔 구세주나 인도자에 대한 요구가 너무 크기 때문에 사람들은 그것을 받을만한 자격이 없는 사람들에게 자기Self를 투사하는 것이다. 1930년대 독일에서 구세주 상을 아돌프 히틀러에게 광범위하게 투사한 것이 그 두드러진 극단적 예라 할 수 있다. 많은 해악이 그런 사건에서 비롯될 수 있다. 왜냐하면 어떤 사람 혹은 사람들의 어떤 집단이 자신에게 주어진 권력을 비열하고 사악한 목적으로 사용하는 다른 사람을 우상화하기 때문이다. 그러나 사람들이 믿을만한 사람을 무척이나 필요로 하기 때문에 그런 비극이 일어날 수 있는 것이다. 우리가 다른 사람이 믿을 만한 사람인지 "냄새를 맡아 찾아"낼 수 있는 우리의 심원한 본능, 즉 우리 내면의 "개"에게 문의해 본다면, 우리는 이런 엄청난 위험을 피할 수 있을 것이다. 아마 제자들의 경우, 전에 그들이 믿을만하지 못한 누군가를 우연히 만났던 적이 있었던 것 같다.

그러나 그들은 건강한 영적 본능으로 말미암아 그 사람을 그들의 구세주와 지도자로 정하려는 유혹을 물리쳤다. 보아하니, 이것은 그들의 의미 있는 고통스러운 위기를 연장시켜주었을 것이다. 하지만 그것은 또한 그가 그들의 삶에 들어왔을 때, 그리스도에게 마음을 열고 그를 받아들일 준비를 하도록 해 주었을 것이다.

이제 예수와 교제함으로써 제자들이 했던 경험은 매우 의미 있고 흥분되는 것이었다. 그들은 주님을 발견하고 그분을 기쁘게 따름으로써 의식이 성장하고 열정이 커가게 되었다. 그러나 그들은 아직 완전히 입문한 것이 아니었다. 그들이 실제로 그들 자신 안에서 진실로 깊이 **알기** 전에, 그들은 처음의 것보다 훨씬 더 고통스러운 두 가지 위기를 겪어내지 않으면 안 되었을 것이다. 그러나 이런 위기는 여전히 그들 앞에 놓여 있었다.

제4장

의식의 진화
세례 요한의 증언
요한복음 1:6-8, 19-34, 3:22-36

우리는 이미 (제1장에서) 요한복음 1:6-8이, 중심인물이 요한이 아니라 예수라는 것을 처음부터 분명히 하도록 되어 있었던 원문에 나중에 삽입되었다고 알려져 있었다는 것을 살펴본 적이 있다. 학자들은 세례 요한을 열렬하게 추종하는 종교집단이 있었고, 그의 추종자들은 그들이 요한을 흠모했기 때문에 예수를 따르는 것을 반대했을 수도 있다고 믿었다. 세례 요한의 종교 집단은 에베소에 집중되어 있었다고 추정된다. 왜냐하면 사도행전에는 바울이 에베소에 가 보니, 거기에 다만 요한의 세례를 받았던 제자들을 만나는 이야기가 나오기 때문이다. 거기에는 또한 학식이 많고 주님의 도를 배워서 알고 있었던, 말을 잘했지만 요한의 세례밖에 경험하지 못했던 아볼로에 대한 설명이 나온다(사도행전 19:1-7과 18:24-28). 제4복음은 또한 요한복음 3:25에서 요한의 제자들의 집단에 대해 말하고 있다.

희랍어는 세례 요한의 중요성을 확인하는 데 우리에게 조금 도움을 준다. 1:7을 보면, "하나님에 의해 보내심을 받은 사람이 있었다."라고 되어 있다. "의해"라고 번역된 전치사가 희랍어로는 세 가지 방식으로 표현될 수 있었을 것이다. 전치사 에크*ek*[ἐκ]가 사용되었는데, 이 말은 "~에서" 혹은 "~에서 떨어져서"라는 개념을 의미한다. 아니면 전치사 아포*apo*[ἀπό]가 사용될 수도 있었는데, 이 말은 "~에서 떠나서" 혹은 "~에서 분리되어"라는 개념을 의미한다. 그러나 우리의 저자에 의해 선택된 전치사는 파라*para*[παρά]라는 말이다. 이것은 "원천이나 근원에 대한 것으로부터 벗어나서"라는 뜻이다. 따라서 본문은 세례 요한이 예수에 비해 중요도가 낮은 반면에, 그럼에도 불구하고 그의 사명, 능력 그리고 권위의 근원이 하나님께 있었다는 것을 강조한다. 나중에 7절에는 "그 사람은 그 빛을 증거 하러 왔으니, 그를 **통해** 모든 사람을 믿게 하려는 것이었다."고 하며 같은 것이 강조되고 있다는 것을 알 수 있다. 여기서는 희랍어 전치사 디아*dia*[διά]가 사용되고 있다. 이 말은 다른 저자의 의지를 대리하는 역할을 하는 사람과 관련하여 사용되는 것이다. 따라서 궁극적 대리자는 하나님이시지만, 이처럼 특별한 경우에 하나님의 의지를 수행하는 사람은 세례 요한이다.

1:24-28은 세례 요한이 예수에 비해 중요도가 낮다는 것을 더 강조하는 것뿐만 아니라, 엘리야와 "예언자"에 대해서도 이렇게 언급하고 있다. "당신이 그리스도도 아니고, 엘리야도 아니고, 그 예언자도 아니면, 어찌하여 세례를 주시오?" 바리새파 사람들이 보낸 사람들이 던진 질문은 메시아의 도래에 대한 구약성서의 두 인용문에 대해 묻고 있는 것이다. 말라기서 4:5-6은 "주의 크고 두려운 날이 이르기 전에, 내가 너희에게 엘리야 예언자를 보내겠다는 것을 알라...."고

말씀하고, 신명기 18:15는 "주 당신들의 하나님은 당신들의 동족 가운데서 나와 같은[모세] 예언자 한 사람을 일으켜 세워 주실 것이니, 당신들은 그의 말을 들어야 합니다…."라고 말씀하고, 18절에는 다시금 "나는 그들의 동족 가운데서 너와 같은 예언자 한 사람을 일으켜 세워, 내 말을 그에게 담아 줄 것이다. 그는, 내가 명한 모든 것을 그들에게 다 일러 줄 것이다."라고 말씀한다.

신약성서를 쓴 사람들은 구약성서를 탐독하여, 그것을 아주 잘 알고 있었다. 그들은 구약성서의 예언들과 예고들이 그리스도 안에서 성취되었다는 것을 보여주고 싶어 한다. 이것이 사실 그러하다는 것을 그런 것들이 입증해 줄 수 있다면, 그리스도의 메시지와 그리스도에 대한 메시지가 유대인들에게 더 받아들여질 수 있을 것이다. 그러나 그 이상으로 구약성서의 예언이 그리스도 안에서 성취되었다는 것을 보여줄 수 있다면, 그것은 또한 하나님의 전반적인 구원 계획이 완성되었음을 보여주는 것이다. 유대교와 기독교의 종교 및 신앙의 두드러진 특징은 연결되어 있다고 볼 수 있다. 거기에는 만물이 어떤 방향을 향해 움직이는 **텔로스**_telos_[τέλος], 즉 목표가 있다. 이런 목표는 단지 하나님의 계획을 성취하는 것뿐이다. 유대교/기독교의 이런 목적론적 (목표를 추구하는) 측면은 사실상 그것과 경쟁적인 다른 모든 종교적 신앙과 그것을 구별해주는 특징 가운데 하나다. 예를 들어 우리는 당대의 그리스에서 비롯된 이교나 고대 이집트 종교 혹은 바빌론 종교에서는 그것과 같은 것을 찾아볼 수 없다. 어둠의 세력(아흐리만Ahriman)과 빛의 세력(아흐라–마즈다Ahura-Mazda) 사이의 우주적 싸움이 어느 날 결정적인 우주적 전투로 끝난다고 믿는 조로아스터교가 이런 목적론적 측면을 공유하고 있을 뿐이다. 제4복음의 저자는 예수가 요한보다 우월하다는 것을 보여주고, 구약성서의 예언이 성취되었다는 것을 보여주려고 간절히 바랄뿐만 아니라, 그리스도 안에서 일어난 것이 신적인 의도가 성취된 것이고, 다만 옛날 사람들에게는 희미하게 인식되었지만, 오늘날의 사람들에게는 그리스도 안에서 분명히 인식되었다는 것도 몹시 보여주고 싶어 했다.

개성화의 심리학 또한 목적론적 측면을 가지고 있다. 그것은 우리 안에 있는 생명이 대개 의식으로는 보이지 않고 인식되지 않지만, 무의식의 어딘가에 있다고 알려져 있는 목표를 향해 움직이고 있다고 지적한다. 의식에 의해 그런 목표가 존재한다는 인식이 증대되고, 이런 목표의 성취를 위해 자아의 협력이 증진되면 정신적 발달의 중요한 부분이 이루어지게 된다. 그런 정신적 목표의 성취가 본질적으로 중요한 것처럼 보인다는 사실은 삶에 전반적인 목적이 있다는 믿음을 강화해준다. 구약성서와 신약성서에 뿌리박고 있는 이런 사고는 철학적으로 고대 세계에는 오리게네스와 같은 사람의 사고에서, 현대에는 떼이야르 드 샤르댕Teilhard de Chardin의 사고에서 꽃을 피웠다. 심리학적으로, 그것은 C. G. 융과 프리츠 쿤켈의 사고에 표현되었다고 볼 수 있다.

물에 잠기고 물로 씻는 상징성은 광범위하게 퍼져 있으며, 오랜 역사를 가지고 있다. 구약성서에는 정화하고, 치유하고, 새롭게 하는 의례적인 목욕에 대한 예들이 많이 있다. 예컨대 열왕기하 5:14에 보면, 엘리사가 시키는 대로 요단강에 가서 일곱 번 목욕함으로써 나병이 깨끗하게 나은 시리아 사람 나아만의 이야기가 있다. 70인 역 성서(구약성서의 희랍어 역)에는 도덕적 혹은 영적 오염으로부터 자신을 정화하기 위한 의식적인 세정ceremonial washing에 해당되는 여러 단어들이 사용되었다. "담그다to dip"는 의미의 단순한 동사 밥테인baptein은 몸 전체를 씻는 것을 뜻하는 동사 루오louō[λούω]가 그런 것처럼 자주 나온다. 그러나 현재 능동태 부정사 밥티제인baptizein[βαπτίζειν]은 네 번 사용되었으며, 그 한 예로 나아만의 이야기에 언급된 것이 있다.

사실상 전 세계 모든 곳에서 세례의식은 입문 혹은 의식적인 정화와 연관되어 발견된다. 세례를 상징하는 어떤 형식이 모든 인류에게 공통적인 것처럼 보이는 것은 그런 의식이 널리 퍼져 있다는 것을 보여준다. 이런 아주 오래된 어떤 세례 형식은 심지어 기독교로 개종한 사람들 사이에서도 계속 사용되었다. 옛날 아이슬란드와 노르웨이 지역에서는 아기가 태어나면 그 아이를 죽여야 할지, 아니면 살려야 할지를 아버지가 결정했다고 한다. 만일 아이를 살리기로 했으면 그 아이에게 물을 붓고 이름을 지어주었다. 그 이후에 누군가 그 사람을 죽였다면, 그것은 공동체에 의해 살인으로 간주되었다. 서기 1000년 쯤에 기독교가 노르웨이에 전해진 후에도 세례의 고대적인 의식이 기독교의 세례와 함께 계속되었다.[1]

---

[1] James Hastings 편집, *Dictionary of the Bible* (New York: Charles Scribner and Sons, 1911), 1:239.

학자들은 이교의 세례와 기독교의 세례 사이의 직접적인 역사적 연관성이 있는 것처럼 보이지 않는다고 곧바로 지적한다. 그러나 상징적 의식이 세례의 상징적 의식만큼 널리 퍼져있을 때, 우리는 그것이 원형적인 의미를 가지고 있다고 확신할 수 있다. 이 경우에 원형적인 의미는 물에 잠겼다가 물에서 다시 올라오는 것으로 상징되는 영적 정화와 삶의 갱신에 대한 보편적 요구다. 심리학적으로 물은 우리의 정신적 삶이 본래 드러난 무의식의 물을 상징하며, 물에 잠기는 것은 낡은 자아 상태의 죽음 그리고 개성화가 이루어지기 위한 필수조건인 새로운 존재의 출현을 상징한다.

이런 경우에 우리의 꿈이 아주 오래된 세례의 상징성을 연상시키는 상징들로 채워지는 것은 놀라운 일이 아니다. 세례 받는 꿈의 흔한 주제는 꿈꾸는 사람이 목욕이나 샤워를 하는 꿈에 나오며, 가끔 꿈꾸는 사람이 수영장, 개울 혹은 바다에서 수영을 하고 있는 꿈에 나오기도 한다. 그런 꿈은 정신적·영적 정화의 중요성을 암시한다. 우리가 정화될 필요가 있는 것은 우리의 죄와 실수일 수도 있다. 하지만 그것은 또한 우리 시대의 정신적 공해, 즉 소위 "집단적 오염"이라고 할 만한 것으로부터 오염된 것일 수도 있다. 우리가 가지고 있는, 그리고 우리 주위의 사람들이 가지고 있는 관념, 태도 그리고 자아중심적인 정서는 심하게 오염되고 있다. 극단적인 예를 들어보면, 1930년대 초중반에 나치 독일에 살았다면 어떠했을지 생각해보라. 분위기가 정서적으로 그리고 정신적으로 오염시키는 사고에 크게 물들어 있었을 것이다. 다만 정신적으로 아주 강하고 순수한 사람들은 그런 환경에서 오염되지 않고 살아남을 수 있었을 것이다. 세례로 정화될 필요는 급박한 것이었다. 같은 상황은 집단적 태도가 만연해 있는 어떤 사회적인 정신적 분위기에 존재한다. 그런 정신적 오염으로부터 정화될 필요가 종종 위에서 언급된 꿈에 강조된다.

연금술의 상징성은 또한 세례의 심상에 풍부하게 들어 있다. 오래된 연금술의 미술품과 저작은 경이롭고 훌륭한 "현자의 돌philosopher's stone"을 생산하려는 시도였다. 이 돌은 인류에게 치유, 삶의 갱신 그리고 부패하지 않게 되는 것을 비롯하여 온갖 종류의 혜택을 줄 것이다. 현자의 돌을 만들기 위해 연금술사는 봉인된 연금술 그릇 혹은 증류기에 "원 질료prima materia"라고 불린 원 물질을 준비해 두었다. 연금술사 각자가 스스로 발견해야 하는 이 물질은 매우 다양한 방식으로 문헌에 상징화되었지만, 언제나 흔하고 투박한 것으로, 대개 무가치한 것(즉 무의식)으로 간주되었다. 연금술사들은 증류기 안에 있는 물질에 열을 가하고, 주의 깊게 관찰하고, 기도하면서 다양한 변화를 살펴보았으며, 갈피를 못 잡을 정도로 많은 굉장한 이미지들과 상징들을 묘사했다. 연금술사와 "신비로운 누이"라고 알려진 그의 여성 동료가 많은 수고와 실패를 겪은 뒤에, 그리고 엄청난 에너지를 쏟아 부은 뒤에 만사가 제대로 되면 현자의 돌이 생겨나게 될 것이다. 계몽주의 시대 이전에 연금술은 널리 보급되어 있었으며, 알베르투스 마그누스와 토마스 아퀴나스를 비롯하여 많은 유명한 기독교인들은 연금술사들이었다. 교회가 적극적으로 지지하지는 않았지만, 갈등을 겪지 않은 것이 분명하며 억지로 모르는 척했다. 기독교인 연금술사들에게 현자의 돌은 다름 아닌 그리스도 자신이었음이 분명했다. 많은 중세 기독교인들에게 연금술은 신앙의 비교적秘敎的이고 신비로운 측면을 지니고 있었다고 말하는 것이 타당하다. 다시 말해 그것은 기독교에 어울리는 무의식의 심리학의 방식이었다.

C. G. 융의 위대한 업적 가운데 하나는 신화, 민담 그리고 그 비슷한 것들과 함께 내팽개쳐져 있던 연금술을 세상의 쓰레기 더미에서 구해낸 것이었다. 융은 그의 책 『심리학과 연금술Psychology and Alchemy』과 『융합의 비의Mysterium Coniunctionis』에서 연금술의 상징들이 개성화 과정의 상징들이며, 현자의 돌이 그가 자기Self라고 불렀던 인격의 전체성이 그 모습을 드러낸 상징이라는 것을 보여주었다. 그는 또한 그 증류기에서 적어도 성분들의 일곱 가지 전형적인 변환 단계가 일어났으며, 이런 일곱 가지 변환 단계가 개성화 과정의 기저를 이루는 전형적인 변화와 발달 단계를 상징하는 것임을 보여주었다. 이런 단계 중 하나는 연금술에서 용해solutio로 알려져 있었다.

용해에서 증류기 안에 있는 성분의 고착되고 경직된 형태가 해소된다. 다시 말해 이것은 새로운 방식으로 개선된다. 에드워드 F. 에딘저는, "몸은 그 첫 번째 물질로 축소되지 않으면 변화될 수 없다."는 고대의 문헌을 **용해**의 한 예로 인용하면서, 연금술 상징의 심리학적 의미를 드러내는 뛰어난 연구를 했다.[2] 심리학적으로 보면, 이것은 너무나 경직되고 고착되어 있어서, 그 어떤 새로운 것이 나타날 수

---

[2] Edward F. Edinger, *The Anatomy of the Psyche* (La Salle, Ill.: Open Court Publishing Co., 1985), 47. 김진숙 옮김, 『연금술의 상징과 심리치료』 (서울: 돈화문출판사, 2015) 참조.

없는 인격 형성과 자아의 상태라는 주기적인 문제를 해결하려는 필요성에 상응한다. 이런 심리학적 해결 과정은 실제로 종종 두려운 시간이다. 왜냐하면 우리의 낡은 인격이 용해된다고 느낄 때, 우리는 언제나 뭔가 다른 것이 그 자리를 차지하게 된다고 확신하지 못하기 때문이다. 이 시점에서 꽤 자주 다른 사람의 도덕적이고 정신적인 도움은 물론 어느 정도의 믿음이 필요하다.

에딘저는 분석의 어떤 효과가 더 이상 삶과 성장에 적절하지 않은 낡은 자아의 구조를 용해해준다고 말한다. 즉 "이것[용해]은 무의식의 산물을 탐색하고 기존의 자아의 태도를 문제 삼는 분석과정에 의해 이루어진다."[3] 그것은 계속해서 우리가 스스로에게 의문을 제기하는 삶 그 자체에 의해, 그리고 낡은 인격을 용해하려는 경향이 있고, 어쩔 수 없이 새로운 인격의 발달이 이루어지도록 만드는 고통을 겪음으로써 이루어진다. 앞에서 언급한 대로, 정신적 발달의 이런 특정한 단계가 나타날 때, 여러 형태의 물 상징이 우리의 꿈에 나올 수 있다. 왜냐하면 물은 용해하는 요소를 상징하기 때문이다. 우리의 현실 생활에서 누군가 진정으로 눈물을 흘릴 때마다, 그 혹은 그녀가 고대 연금술의 **용해**를 조금 경험하는 것처럼 말이다.

교회는 이 모든 것을 세례라는 성례전으로 공식화했다. 본래 초기 교회에서 세례는 신성한 의식이었다. 제3장에서 논의해 본 의미에서 볼 때, 그것은 사실상 **비의**mystērion였다. 휴고 라너가 지적했고, 우리가 앞서 논의해 본 대로, 거기에는 두 가지 기독교적 "비의mysteries," 즉

---

[3] Ibid., 48.

세례의 비의와 십자가의 비의가 있었다. 초기교회에서 세례의 비의로 이해된 것은 나중에 논의해 볼 것이다. 지금은 대부분의 사람들에게 오늘날 교회에 현존하는 의식儀式이 의미가 있고, 사회적으로 중요한 사건이라고 말하는 것으로 충분하다. 하지만 그것은 일찍이 세례가 사람들에게 주었던 신성력이 결핍되어 있다.

고대의 의식이 신성력을 상실하게 되자 그것은 무의식 속으로 사라지고 말았다. 그래서 어떤 사람들에게 그들의 세례는 이제 무의식속에 잠기는 것이다. 언젠가 사제인 나에게 그 자신의 내적 심연을 경험한 후에, "내 일지와 꿈이 이제 내 세례요 입교입니다."라고 말한 사람이 있다. 대부분의 사람들은 더 이상 고대 의식의 능력을 느끼지도 못하고 그런 것들을 더 이상 믿지 않는다. 그러나 우리는 아직 그런 것들을 정신적으로 필요로 하고 있다. 이제 어떤 사람들은 다시 한 번 그 능력을 되찾기 위해 무의식의 물속에 잠겨 보아야 한다.

3장 이후에 세례 요한은 제4복음에 단지 지나가는 말로 언급되었다(요한복음 4:1; 5:33ff; 10:41). 그의 죽음이 이 복음서에는 기록되어 있지 않았지만, 우리는 마태복음 14:3 이하와 마가복음 6:24에서 그가 헤롯의 아내 헤로디아와 헤로디아의 딸의 간청으로 헤롯 왕에 의해 참수되었다고 듣게 된다. 당시 헤로디아는 헤롯이 그녀와 결혼한 것을 세례 요한이 비판했기 때문에 그에게 몹시 화가 나 있었다. 세례 요한이 한 여자 때문에 죽었다고 언급하는 것이 흥미롭다. 그의 금욕적 삶과 어느 정도 다소 초연한 태도가 여자들을 화나게 했을 수도 있다. 이유가 어떻든지 간에 내가 아는 한, 복음서에 화가 나 있거나 예수에 대해 반감을 가지고 있는 어떤 여자에 대한 것도 기록되어 있지 않다는 것을 언급하는 것은 가치가 있다. 우물가의 사마리아 여자의 경우를 제외하고는 말이다. 우리는 그 사건을 나중에 살펴볼 것이다. 그럼에도 불구하고, 우리는 예수를 알고 있던 많은 여자들을 만나게 된다. 그들은 그와 유익한 만남이나 따뜻한 관계를 가졌던 여자들이다. 그것은 예수와 여자들과의 관계, 그리고 여성적 원리라는 주제다. 이제 우리가 그것을 살펴볼 차례다.

제5장

여성적인 복음
가나의 혼인 잔치
요한복음 2:1-11

가나의 혼인 잔치 이야기는 요한복음에서 가장 당황스러우면서도 가장 아름다운 이야기 가운데 하나다. 제자들이 부르심을 받은 지 사흘이 지난 어느 날, 예수는 제자들과 함께 그의 어머니가 참석하는 혼인 잔치에 초대를 받는다. 자신의 어머니와 흥미로운 대화를 나눈 뒤에, 예수는 우리가 거의 믿기 어려운 일종의 물리적 기적을 행한다. 아빙돈 성서주석이 언급하고 있는 것처럼, "그 경우에 초자연적 능력을 드러내 보이는 것은 적절하지 않은 것 같다."는 추가된 기사를 제외하면, 그것은 빵과 물고기의 기적과 비슷하다. 한 가지 설명은 그 이야기가 비유라는 것이다. 즉 예수가 물을 포도주로 변화시킨 것은 그리스도가 유대교라는 낡은 종교를 다가오는 그의 부활에 기초한 종교라는 새로운 포도주로 변화시킨 것과 같은 것이라는 것이다. 여기서 어려운 점이 있다면, 요한이 그의 메시지를 전달하기 위해 비유가 아닌 상징적 담론을 사용하고 있다는 것이다.

그 이야기의 어떤 상세한 내용과 관련하여 학자들이 도움이 된다.

예를 들어 물 항아리 여섯으로 약 100갤런[약 380리터.-옮긴이], 즉 꽤 많은 포도주를 담을 수 있다는 것이다. 예루살렘 성서도 티 에모이 카이 소이 *ti emoi kai soi*[Τί ἐμοὶ καὶ σοί]라는 희랍어 관용구를 "왜 나에게 의지하십니까?"라고 번역하고 있다. 그리고 흠정역은 "내가 당신과 무슨 상관이 있나이까?"라고 번역하고 있는데, 이것은 다른 사람의 간섭을 거절하고 싶은 표현을 할 때 사용되는 구약성서와 신약성서 모두에 공통적인 셈족 어에 기반을 둔 관용구다. 예루살렘 성서는 또한 12절에 나오는 "형제들"에 대한 언급이 예수의 친 형제들이 아닌, "첫 번 제자들을 말하는 친한 사람들"을 뜻한다는 것을 우리에게 확인해준다. 그들의 요점을 강화하기 위해 그들은 이 구절을 "이 일이 있은 뒤에, 그분은 그의 어머니와 형제들과 함께 가버나움에 내려가셨다...."라고 번역하고 있다. 그러나 흠정역과 다른 번역본들은 "이 일 후에 그분은 그의 어머니와 그의 형제들과 그의 제자들과 함께 가버나움으로 내려가셨다."고 표현한다. 희랍어로는 "형제들 *adelpoi*[αδελφοι]"과 "제자들 *mathetai*[μαθηται]" 둘 다 언급하고 있기 때문에 예루살렘 성서가 여기서 잘못 번역한 것 같다. 예루살렘 성서를 번역한 사람들이 마리아가 평생 처녀였고, 그런 경우에 예수가 형제들을 가질 수 없었다는 로마 가톨릭적인 견해를 지키려고 했을지도 모른다.

모든 주석가들은 저자가 예수가 기적을 행했다는 사실을 입증하기 위해 11-12절을 "덧붙인 것"으로 보는 것에 동의하는 것 같다. 이것은 특이한 것으로 보인다. 왜냐하면 예수가 제4복음의 여러 곳에서 믿음을 보여주고 지키기 위해 기적의 효과를 폄하하고 있기 때문이다(3:1, 6:29-30;

7:3, 31; 9:16, 33). 그러나 요한은 이 이야기를 해 줄 필요를 느꼈을지도 모른다. 왜냐하면 구약성서는 모든 진정한 예언자는 "표적signs"과 관련이 있어야만 한다고 말씀했기 때문이다(이사야서 7:11ff를 보라).

이 이야기의 두 측면은 중요한 심리학적 의미를 지니고 있다. 첫 번째는 예수가 참여했던 사건의 즐거운 성격이요 훌륭한 포도주를 풍성하게 제공해주는 축제를 흥겹게 만들어 준 방식이다. 세례 요한과는 달리, 예수는 말하자면 은둔자 같은 생활을 하도록 유도하는 금욕주의자가 아니었다. 그와 반대로, 그는 분명히 인간적인 따뜻한 교제와 정신적 기쁨에 참여했으며, 그렇게 살도록 권장했다. 그는 또한 여기서 그가 종종 비교되었던 에세네파 사람들과 아주 달랐던 것으로 보인다. 실제로 어떤 학자들은 예수가 에세네파였고, 그의 가르침이 그들로부터 배운 것이라고 주장한다. 우리는 나중에 그 주장을 논해 볼 것이다.

이 구절에서 기쁨을 강조하는 것은 개성화 과정에 즐거운 측면이 있다는 것을 상기시켜준다. 개성화 과정에 대한 융 학파의 묘사는 종종 그것의 어둡고 고통스러운 측면을 강조하지만, 그것이 모두 어둡고 고통스러운 것은 아니다. 한 예를 든다면, 개성화 과정은 우리로 하여금 "우리와 관련된 모든 것"과 접촉하게 함으로써 우리의 창조적 에너지와 연결되도록 한다. 언젠가 마리-루이제 폰 프란츠Marie-Louise von Franz는 "누군가 그 사람이 그 일을 하도록 창조된 대로 행할 때, 그 사람은 기쁨이나 만족을 경험하게 된다."[1]고 지적한 적이 있다. 개성

---

[1] 기억을 더듬어 다른 말로 표현한 것. 마리-루이제 폰 프란츠는 C. G. 융의 가까운 동료였으며 융 학파의 사상에 관해 많은 책을 쓴 사람이다.

화의 삶이 다양한 방식으로 자발적이고 창조적인 기쁨의 시기를 제공해준다는 사실을 간과하는 심리적인 비관론자들이 없어도 삶은 충분히 힘든 것이다. 비록 힘들지만, 누군가 개성화되고 있는 삶을 사는 것은 또한 개화되지 않는 삶을 사는 것보다 더 보상을 받게 된다고 할 수 있을 것이다. 물을 포도주로 변화시킨 요한의 이야기는 우리에게 이것을 떠오르게 한다.

개성화의 본질에 대해 말하고 있는 이 이야기의 두 번째 측면은 예수의 여성적인 것과의 관계에 관심을 갖고 있다. 이제 우리는 이것을 다루어 볼 차례가 되었다.

3-4절에는 예수가 그의 어머니와 대화를 나누는 것이 나온다. 그것은 현대의 독자에게 심하게 들린다. 마리아는 예수에게 "그들에게 포도주가 떨어졌다"고 말한다. 이 말에는 예수가 이것에 대해 무언가를 해야 한다는 의미가 분명히 함축되어 있다. 예수는 "여자여, 왜 나에게 의지하십니까? 내 때가 아직 오지 않았습니다."라고 대답한다. 아빙돈 성서주석은 이처럼 "여자여"라는 말을 사용한 것이 그 당시에는 경멸적이거나 무례한 것이 아니었다고 우리에게 말한다. 그러나 예루살렘 성서는 요한복음 19:26의 매우 긍정적 측면에서 보면, 보기 드문 호칭의 형식이라고 되풀이해서 말한다. 예수가 포도주가 모자라는 상황에 대해 무언가 조치를 취해야 한다고 마리아가 넌지시 내비췄다는 사실은 그녀가 자기 아들이 비범한 능력을 가지고 있다고 믿었다는 것을 암시한다. 마리아에게 예수가 그런 대답을 한 주된 취

지는 어떤 인간의 의지나 재촉을 따를 수 없으며, 오로지 하나님의 인도만 받겠다는 것이다. 겉으로 보기에 예수의 무뚝뚝한 태도에도 불구하고, 마리아는 전혀 언짢아하거나 낙담하지 않고, 또 자신이 알고 있는 여성의 방식으로, 자기 뜻대로 하기 위해 그가 시키는 대로 하라고 일꾼들에게 당당히 말한다. 그 이야기는 예수와 그의 어머니 사이의 친밀하고 따뜻한 관계, 그리고 예수가 혼인 잔치에 우호적으로 참여하는 것을 묘사한다. 결혼은 신부와 여성적인 것을 존중하기 위해 축하하는 것이다. 따라서 이 이야기는 중요한 주제인 예수와 여성적 원리 및 여성들과의 관계의 문제를 제기하고 있다. 왜냐하면 개성화 과정에서 남자나 여자의 여성적인 것과의 관계가 가장 중요하기 때문이다. 제4복음이 이 문제에 기초해 있다는 것을 이해하기 위해 우리는 먼저 성서 전체에서 여성적인 것과 관련되어 있는 상황을 이해해야 한다.

우리 시대에 개성화의 심리학은 여성적 가치, 여성의 남성적인 지배로부터의 해방, 그리고 정신에서의 여성적인 원형상archetypal images이 회복되는 것을 다시 강조하도록 요구받고 있다. 그것은 또한 가부장제와 가부장적 가치, 즉 남자들이 여자들을 지배하고, 사회 구조가 남자들에게 유리하게 되어 있고, 여성적 가치가 폄하되고, 여성적 이미지가 남성적 이미지에 의해 가치가 퇴색되는 심리적 상황을 끝내도록 요구받고 있다.

가부장적 체계와 가치가 서구 문화—교회를 포함하여—를 그렇게 오래 동안 지배했었기 때문에 여성들이 남성들과 사회적이고 경제적 평등을 위해 애쓰고, 가부장적 가치가 우리의 사회를 지배하고 그들 자신에 대한 감각과 존중에 상처를 주었던 방식을 자각하면서, 그들은 종종 남성이 지배하고 있다는 낌새가 보이는 것에 대해 분노하게 된다. 여기에는 종종 성서, 기독교 그리고 교회가 포함되어 있다. 왜냐하면 많은 여성들—그리고 선한 많은 남성들 역시—이 성서를 가부장적 문헌으로 보기 때문이다. 결국 하나님을 "그^{he}"라고 하지 않는가? 야훼가 대단히 남성적인 하나님이며, 신약성서의 하나님은 그런 남성적인 하나님의 결과물이 아닌가? 하나님이 성육신된 예수는 남성이 아닌가? 사도 바울은 여성들을 폄하하고, 그들에게 열등한 사회적·영적 역할을 맡기지 않는가? 이런 것에 대해 지적하면서 산드라 슈나이더스는, "가부장적 신상神像, God-image이 너무 고착되어 있으므로 많은 여성주의자들이 기독교의 신을 완전히 버리기로 결정하자, 그들의 자아상이 성에 대한 열등감을 치유하고, 그들의 세계상이 일반적인 가부장제와 특정한 가부장제를 치유할 수 있는 유일한 길이 여성들에게 열렸다."[2]고 말한다.

"성서에 관해 학식이 많은 여성주의자"로 불릴 수 있는 슈나이더스는 성서에 나오는 하나님의 성sex과 성별gender에 대한 매우 통찰력 있고 명쾌한 논법으로 글을 썼다. 왜냐하면 성서는 하나님이 순수한 영이시고 영은 성을 가지고 있지 않다고 말하기 때문이다. 그녀는 이와 관련하여 요한복음 4:24를 인용한다. 거기서 예수는 사마리아 여자에게, "하나님은 영이시다. 그러므로 하나님께 예배를 드리는 사람은 영과

---

[2] Sandra M. Schneiders, *Women and the Word: The Gender of God in the New Testament and the Spirituality of Woman* (New York: Paulist Press, 1986), 19.

진리로 예배를 드려야 한다."고 말씀한다. 하나님을 **성부**_Father_와 **성자** _Son_로 나타내는 표현에 대해, 그레고리우스는 "그가 삼위일체의 위격에 쓰이는 '성부'와 '성자'라는 말을 본성이나 본질에 대한 명칭이 아니라 관계에 대한 명칭이며… [더욱이]… 그 말이 은유적으로 사용되었다는 것을 확인했을 때 그 전승을 제대로 묘사했다."고 그녀는 말한다.

그러나 우리가 신학의 영역을 떠나서 종교적 상상력의 세계에 발을 들여놓을 때 상황이 더 복잡해진다. 슈나이더스가 지적하듯이… 우리의 신상神像은 주로 우리의 상상력에 의해 결정되며, 우리의 상상력은 유대교와 기독교가 신봉하는 하나님의 본성을 묘사하는 데 사용되는 은유에 의해 형성된다. 알려진 대로, 교회와 성서가 하나님에 대해 그렇게도 많은 남성적 은유를 사용하기 때문에 그것은 성서가 "여자를 우선 남자들에게 지배받고, 궁극적으로 가부장적 세계 기구를 수립했던 무한한 남성적인 신에게 지배를 받는 열등한 인간의 유형으로 보아야 한다."[3]고 읽는 상황을 만들어낸다. 필요한 것은 그녀가 말하길, "종교적 상상력이라는 치료다."

슈나이더스는 구약성서에서 하나님에 대한 은유적 표현을 계속해서 탐구한다. 우선 그녀는 우리가 아는 하나님에 대한 유일한 명칭—결코 발음할 수 없게 되어 있는 히브리어 "단어," YHWH[유대인은 이 낱말을 발음하지 않았는데, 이는 거룩한 지존자의 칭호이므로 함부로 발언할 수 없도록 금지되었기 때문이다.—옮긴이]를 "나는 스스로 존재한다_I am_"로 번역하는 것 같고, 그 명칭에 어떤 성별과도 연관 짓지 않고 있다고 말한다. 둘째로, 그녀는 구

---

[3] Ibid., 18.

약성서에서 하나님의 가장 중요한 인격화는 여성적이고, 이것은 우리가 이미 제2장에서 상세히 논의해 본 지혜/소피아Wisdom/Sophia의 인격화다. 거기에는 또한 신비스럽게 보이는 하나님에 대한 표현에 대해 랍비가 지어준 명칭이 있다. 그것은 성서에서 발견되는 하나님의 사람들 사이에 사시는 쉐키나Shekinah[이것은 구약성서에 없는 말로서 유대인들이 사람들 사이에 "사시는" 하나님의 가시적 현존을 표시하기 위해 사용한 말이다.—옮긴이]다. 쉐키나와 소피아는 문법 구조를 봐도, 상상력을 통해 보아도 모두 여성적이다. 셋째로, 비유에 관해서는 사용되는 것 대부분이 남성적이지만, 그 중 많은 것이 성적으로 중립적이며 많은 것이 여성적이다. 예컨대 하나님이 비유적으로 샘(예레미야서 1:31), 암곰(호세아서 13:7-8) 그리고 어미 독수리(신명기 32:11-12)로 묘사되었다. 이스라엘의 부모로서의 하나님은 실제로 아버지(신명기 1:31)로 자주 묘사되었지만, 종종 아버지-이미지는 모성적인 비유와 결합되어 있다. 예컨대 모세는, 그가 아니라 하나님이 이스라엘 백성을 "배었으며," 하나님이 "젖먹이를 품에 품는 양아버지" 같이 그들을 품에 품고 가는 것, 혹은 어떤 번역본으로 보면 하나님이 이스라엘 백성을 "은신처"로, 말하자면 하나님의 자궁이나 유방(히브리어로 호브chob, 즉 "은신처")으로 데려간다고 말한다. 또 한편 이사야서에서 하나님은 이스라엘에게 "어머니가 자식을 위로하듯이, 내가 너희를 위로할 것이다."(이사야서 66:13)라고 말씀하신다. 실제로 슈나이더스가 지적하듯이, 하나님의 자비 혹은 긍휼을 나타내는 구약성서의 전형적인 단어는 히브리어로 자궁을 뜻하는 레헴rehem이다(이사야서 63:15을 보라). 하나님을 나타내는 또 다른 흥미로운 여성적인 비유는 이사야서 42:14에 나온다. 거기서는 이스라엘을 향한 하나님의 고통이 아이를 낳는 고통과 이렇게 비교되고 있다. "내가 오랫동안 조용히 침묵을 지키며 참았으나, 이제는 내가 숨이 차서 헐떡이는, 해산하는 여인과 같이 부르짖겠다." 더욱이 여기서 그녀는 하나님에 대한 많은 여성적인 비유가 더욱더 주목할 만하다는 중요한 점을 지적한다. 왜냐하면 그런 비유가 대부분 가부장적 문화에 반대하기 때문이라는 것이다.[4]

하나님의 여성적 본질의 중요한 다른 측면은 "하나님의 은혜"라는 관념에서 찾아볼 수 있다. 영어 단어 "은혜grace"는 성이 여성인 희랍어 단어 카리스charis[χάρις]를 번역한 것이다.[5] 카리스는 "한 사람이 다른 사람에게 자발적으로 베푼 호의, 은혜로운 돌봄이나 도움, 값없이 그리고 도움을 주는 사람이 얽매이지 않고 보여준 행동"을 뜻한다. 그것은 로마서에만 21번이나 나오는 신약성서에서 중요한 단어다. 하나님의 은혜는 신의 주된 속성 가운데 하나이지만, 신적인 카리스는 종종 지혜가 인격화되고 현실적이라고 상정된 것과 거의 동일한 방식으로 인격화되고 현실적이라고 상정되었다. 이것은 영어에서보다는 희랍어에 더 분명하게 나온다. 예를 들어 로마서 3:24에서 우리는 "수단의 여격the dative of means"으로 알려진 희랍어 구문을 발견한다. 그런 구문에서 명사는 그 수단을 보여주기 위해 행동의 동인動因으로서 여격에 위치해 있다. 그래서 흠정역은 이 구절을 "그분의 은혜로 값없

---

4 이 부분의 성서는 모두 새 예루살렘 성서에서 인용했다.
5 그리스인들 사이에는 인류 가운데서 은혜가 넘치는 호의를 베푼 세 여신이 있었다. 그들은 삼미신三美神, the three Charitae(Graces)이었다.

이 의롭다 하심을 얻어....''(디카이우메노이 도레안 테 아우투 카리티dikaioumenoi dorean tē autou charitii....[δικαιούμενοι δωρεὰν τῇ αὐτοῦ χάριτι....])라고 번역하고 있다. 사도행전 15:11에 보면, **카리스**charis의 준 독립적인quasi-independent 상태가 전치사 **디아**dia를 사용하는 희랍어 구문에 더 강하게 표현되어 있다. 이 전치사는 그것을 통해 무언가가 성취되는 준-독립적 동인을 나타내기 위해 사용된다. 영어 번역은 "그러나 우리는 주 예수의 은혜dia tēs charitos[διὰ τῆς χάριτος]로 우리가 구원을 얻는다고 믿습니다."라고 되어 있다.

예수는 비유를 사용하는데, 우리는 그가 여성적인 비유를 많이 사용하고 있다는 것을 알게 된다. 예를 들어 예수가 니고데모와 대화하는 이야기를 살펴보라. 제4복음의 모든 곳에서처럼 이 구절에는 우리가 살펴본 대로, 하나님이 성별이 없는 영으로 언급되어 있다. 그러나 그는 위대한 신적인 어머니 자궁 속에 들어갔다가 다시 나는 것처럼, 니고데모가 물로 다시 나야 한다고 말한다. 우리는 이 이미지를 나중에 더 깊이 있게 탐구해 볼 것이다.

슈나이더스가 쓴 책의 특히 흥미로운 구절에서, 그녀는 잃어버린 양을 찾는 목자의 비유를 그 뒤에 나오는 잃어버린 동전을 찾는 여인들의 비유와 비교한다.(둘 다 누가복음 15장에 나온다.) 그녀가 처음의 비유에서 주석가들과 전승이 처음 비유에 나오는 목자를 하나님(따라서 남성)과 동일시하는 것을 주저하지 않았지만, 그들이 두 번째 비유에서 여성을 하나님과 동일시하지 않았다고 지적하는 것은 주목할 만하다. 그렇게 하는 것이 논리적인 것으로 보이겠지만 말이다.

"목자"와 "찾는 여인들"은 둘 다 하나님에 대한 비유로 이해되어야 한다는 것이 예수의 의도였음이 분명하다. 그러나 우리가 성서의 하나님이 남성적인 존재임에 틀림없다고 추정하기 때문에 제대로 못보고 분명한 것, 말하자면 남성적 이미지와 여성적 이미지 모두 신을 묘사하고 있다는 분명한 사실을 간과하는 것이다. 동일한 것이 마태복음 13:33과 누가복음 13: 20-21에서 빵 만드는 여인의 비유에도 해당된다. 이 비유에서 **우리**는 누룩을 갖다 넣으면 전부 부풀게 되는 밀가루이며, 그것을 섞는 여인은 하나님을 비유한 것이다. 마태복음 23:37에서 예수는 그 자신에 대해 말하면서, 자신을 "병아리를 날개 아래 품는 암탉"으로 묘사한다. 이런 것과 다른 많은 여성적인 비유는 인상적이며, 여전히 하나님에 대한 남성적인 비유가 더 많음에도 불구하고, 성서적 이미지에 관한 한, 신적인 특성을 묘사할 때는 이 둘을 모두 살펴보아야 한다.

그러나 우리는 예수 자신이 그의 하나님과의 관계를 묘사하기 위해 사용한 아버지와 아들의 관계를 사용하고 있는 것에 아직 만족해야 한다. 만일 하나님이 남성적인 존재는 물론 여성적인 존재로 생각된다면, 그는 왜 아버지와 아들의 관계에 근거해 있는 것은 물론, 어머니와 아들의 관계 이미지를 사용하지 않는 것인가? 아버지와 아들의 이미지를 배타적으로 사용하는 것은 가부장적 문화의 지배 때문이라는 것이 슈나이더스의 대답이다. 그녀는 예수가 하나님에 의해 세상으로 **보내심**을 받은 것으로 묘사되었기 때문에 그 당시의 유대교 문화에서는 다른 부모의 관계가 사용될 수 없었으며, 당시로서는 여성들과 어머니들이 그들을 훈련시킬 수 있는 사회적 지위가 부족해서 어떤 목적을 성취하기 위해 그들의 아들들을 세상에 보냈다고 주장한다. 그녀는 이렇게 말한다. "예수가 살았던 가부장적 문화에서 어머니와 아들의 관계는 이런 의미[보내심을 받는다는]를 가질 수 없었다. 왜냐하면 어머니들은 독립적인 사업을 가질 수 없었으며, 그들의 아들들이 성인이 되어서 일할 수 있는 훈련을 시키지 못했기 때문이다."6 만일 예수가 그가 자신의 하나님과의 관계를 설명하기 위해 사용했던 것 이외에 어떤 다른 부모의 은유를 사용했다면, 그것은 이해되지 못했을 것이다. 더욱이 그가 이런 관계를 아버지에 대한 아들의 관계로 말했지만, 그는 **가부장적** 언어나 심상을 사용하지 않았다. 왜냐하면 아버지가 반드시 가장은 아니기 때문이다.

가부장적 제도에서 지배하는 사람은 모든 재산, 소유물 그리고 가족들에 대한 지배권과 통제권을 가지고 있고, 심지어 삶과 죽음까지도 좌지우지 할 수 있는 남자다. 예수는 그가 하나님을 "아버지"라고 언급할 때, 하나님에 대해 결코 이런 식으로 말하지 않는다. 왜냐하면 아버지는 반드시 가장이 아니고 어머니처럼 보호하고 자신을 희생하고 양육할 수 있기 때문이다. 사실상 예수는 하나님에 대해 언급할 때, 종종 아람어 "아빠Abba"라는 말을 사용한다. 이것은 "아빠Dad"와 같은 것을 의미하는 애정을 담은 편안한 말이다. 슈나이더스는, 현대의 번역자들이 예수가 하나님을 "아빠"라고 말했다는 생각을 불편해하기 때문에 그 의미가 분명한데도 불구하고, 그 아람어를 그것에 해

---

6 Schneiders, *Women and the Word*, 43.

당하는 영어로 번역하려고 하지 않는다고 지적한다. 사실상 그녀는 예수가 하나님의 부성父性에 대한 자신의 생각을 보여주는 유일한 비유인 탕자의 비유에서 우리가 접하게 되는 하나님의 이미지가 "가부장제와 전혀 다르다."7는 것에 주목한다. 그녀는, 가부장제와 가부장적 가치를 지지하기보다 예수는 근본적으로 그런 것들에 도전하고 있다고 지적한다. 그녀는 다음과 같이 결론짓고 있다.

> 예수의 문화에서 아버지와 아들의 비유는 하나님에 의해 시작된 구원 사역에 그가 온전히 참여한다는 의미를 전달할 수 있는 유일한 비유다. 둘째로, 그가 하나님에 대해 "아빠"라는 말을 사용하고 하나님을 탕자의 아버지로 소개함으로써, 예수는 전적으로 하나님의 이미지를 변화시킬 수 있었다. 그는 인간적인 권력 구조의 이미지로 가부장적으로 되어버렸던 아버지 비유를 환영했으며, 그것을 사랑 안에서 사랑을 통해 신적인 창작의 근본적 의미로 회복시켰다. 셋째로, 그는 가부장제가 신적인 제도라는 주장이 틀렸다는 것을 입증함으로써 그것을 합당하지 않은 것으로 만들었다.8

그러나 예수 자신이 남성이었지 않은가? 또한 그가 성육신된 하나님이었기 때문에 이것이 신의 남성적 이미지와 여성적 이미지의 대립을 지지하는데 영향을 미치지 않을까? 슈나이더스는 재빠른 반응을 한다. 성육신의 목적 가운데 하나는 모든 문화를 사로잡고 있던 가부장적

---

7 Ibid., 46.
8 Ibid., 48.

지배를 약화시키는 것이었다. 이것은 하나님이 여성으로 성육신하게 할 수 없게 했다. 왜냐하면 여성으로서의 하나님은 모든 사람에 의해 그 역할이 거부를 당했을 것이기 때문이다. 그가 속했던 문화에서는 남자들의 목소리에만 귀를 기울였으며, 이런 이유로, 성육신은 오로지 남자에게 일어나야만 했기 때문이다.9 그녀는 이렇게 결론을 내린다.

> 다만 남자로서 그는 남성성에 대한 수용된 정의定義를 뒤엎어버릴 수 있었고, 남자들에 의해 경시된 소위 여성적 덕목을 인정했지만, 다행히도 여자들과 남자들 사이의 관계를 평등하고 상호적인 관계로 재정립했으며, 하나님이 가부장제를 허용했다는 주장을 파기했다.10

산드라 슈나이더스가 우리에게 주의를 환기시키는, 예수의 여성적 가치와의 긍정적 관계는 예수가 여러 여성들과 매우 밀접한 관계를 갖는 것으로 묘사되고, 여성들이 남성들보다 더 정신적으로 발달된 역할을 하는 제4복음에서보다 더 귀감이 된 곳은 어디에도 없다. 우리가 다음 장에서 살펴보게 될 성차별적 용어를 피하기 위해 요한에 의해 세심하게 시도된 좋은 예에 더하여, 이것에 대한 네 가지 좋은 예들이 있다.

---

9 성육신이 남자 안에서 있었던 반면, 완전("신화神化, deification")에 도달한 최초의 인간이 여성, 곧 예수의 어머니인 마리아였다는 고대 기독교 전승이 오늘날 동방 기독교에 매우 생생하게 살아있다.
10 Schneiders, *Women and the Word*, 63.

우선 요한복음 4장에 기록되어 있는 사마리아 여자와 예수와의 만남이 있다. 우리는 이 이야기를 자세히 살펴볼 것이다. 우선 이 이야기의 끝에서 예수가 비범한 사람이라는 것을 사마리아 여자가 확신하게 되었으므로 자신의 경험을 동네 사람들에게 말했을 때, 그들이 "그 여자의 증언에 힘입어 그를 믿게 되었다."(4:39)는 것에 주목해 보는 것으로 충분하다. 그녀가 말한 것에 그들이 감동을 받았고, 예수에게 가서 그들과 함께 시간을 좀 보내 주기를 그에게 청하므로 예수는 그들과 함께 이틀 동안 거기에 머무르면서 그들을 가르쳤다. 그래서 더 많은 사람들이 믿게 되었다. 이것은 동네 사람들이 그 여자에게 "우리가 믿는 것은, 이제 당신의 말 때문만은 아니오. 우리가 그 말씀을 직접 들어보고, 이분이 참으로 세상의 구주이심을 알았기 때문이오."(4:42)라고 말하게 했다.

슈나이더스의 주장은 레이몬드 E. 브라운에 의해 강화되었다. 브라운은 그의 책 『사랑하는 제자의 공동체 The Community of the Beloved Disciple』에서 사마리아 여자가 첫 사도였으며, 사마리아 동네 사람들이 그녀가 그들에게 말했고, 그녀가 말한 설득력 있는 방법 때문에 예수를 믿었다고 주장한다.[11] 사도처럼, 그녀는 믿음과 말로 다른 사람들을 믿게 했다. 물론 마을 사람들이 예수를 만난 다음에야 충분히 납득된 것은 사실이다. 그러나 이것은 사도로서의 그 여자의 잘못이 아니다. 다시 말해 그들이 예수를 만날 때까지는 아무도 충분히 믿지 않는다. 브라운은 이 여자의 이런 사도직이 요한에 의해 의식적으로 의도

---

[11] Raymond E. Brown, *The Community of the Beloved* (New York: Paulist Press, 1979), 187.

되었다고 느낀다. 그는 17장의 대사제의 기도에서 예수는 "그들의 말로 말미암아," 즉 제자들의 말로 말미암아(17:20) 그를 믿게 되는 사람들에게 언급하고 있다고 지적한다. 요한복음 4:42에서 사람들은 사마리아 여자의 말 때문에 믿는다. 희랍어 문법 구조를 살펴보면, 한편으로 그 여자의 말과, 다른 한편으로 사도들의 말이 거의 같다고 본다.

두 번째 예는 우리가 이미 가나의 혼인 잔치 이야기에서 접해 본 예수의 어머니의 말이다. 이것은 우리가 이 복음서에서 마리아에게서 듣는 마지막 말이 아니다. 다시 말해 그녀는 십자가에 달려 죽는 현장에 다시 나타난다. 그녀는 자신의 아들이 죽어가는 동안 십자가 아래에 있었던 세 여자 중 한 사람이다. 19:26을 보면, 십자가에서 아래를 내려다보며 예수는 자신의 어머니와 연합되었으며, 예수를 사랑했던 제자(우리가 살펴본 대로, 우리의 복음서 저자 혹은 그것의 뛰어난 작가인)에 대해 "여자여, 이 사람이 당신의 아들입니다."라고 말씀한다. 그 다음에 그 제자에게 "'이분이 네 어머니시다'라고 말씀했다. 그때부터 그 제자는 그녀를 자기 집으로 모셨다." 브라운에 의하면, 예수는 그가 죽은 후에 자기 어머니를 위해 집 그 이상을 마련해준 것이다. 그는 부활 이후에 그의 주된 영적 중심을 발전시킨 독특한 기독교 공동체가 요한복음이었으며, 이 공동체의 지도자들이 사랑하는 제자 **와 주님의 어머니 마리아** 둘 다였다고 믿는다. 요컨대, 브라운은 십자가에서 예수는 요한의 공동체에서 마리아를 남자 사도들의 위치와 대등한 권위 있는 위치로 높였다고 믿는다. 브라운의 논지는 동방 교회에서 마리아는 신화神化—기독교인의 삶의 궁극적 목표인—에 도달한 최초의 인간으로 간주되었다는 사실에 의해 입증되었다.

세 번째 예는 부활한 그리스도가 제일 먼저 만난 사람이 여자, 곧 막달라 마리아였다는 사실에서 발견된다. 요한의 설명을 보면, 예수가 고통당할 동안에 십자가 옆에 있던 네 명의 여자들이 있었는데, 이들 중 하나는 예수가 죽고 무덤에 묻힌 뒤에, 주간의 첫 날 아직 어두울 때에 무덤에 왔던 막달라 마리아였다. 그 여자는 무덤이 비어있다는 것을 발견하자 베드로와 다른 사람들에게 달려가서, 누군가 무덤에서 시신을 가져간 것이 틀림없다고 말했다. 제자들은 그녀와 함께 무덤으로 가서 그것이 비어있다는 것을 알게 된다. 나중에 마리아가 다시 혼자 무덤으로 가서 무덤에서 부활한 그리스도를 만나게 된다. 그녀는 달려가 제자들에게 말하고, 그 후에 예수가 그녀에게 나타난다.

이 사건은 굉장히 중요하다. 왜냐하면 초기교회에서는 부활한 주님을 본 것이 사도직의 표시였기 때문이다. 요한의 설명은 부활한 그리스도를 처음 본 사람이 베드로라고 하는 공관복음에서 발견되는 설명과 다르다. 요한의 설명을 보면, 그때 우리는 교회에서 영적으로, 그리고 여성의 권위와 관련해서 모두 복음서 저자에 의해 여성이 아주 중요한 위치로 높여진 것을 보게 된다.

네 번째와 다섯 번째 예는 나사로와 함께 예수의 가까운 친구였던 마리아와 마르다의 이야기에서 비롯된 것이다. 예수는 그들과 가까운 친구였으므로 그들을 방문해서 그들의 집에 머물렀다. 이 이야기를 나중에 자세하게 살펴보겠지만, 우리가 지금 중요하게 고려해 보아야 할 것은 제4복음에서 예수의 메시아 정체성에 대한 첫 번째 신앙고백이 여성의 입에서 나왔다는 것이다. 왜냐하면 마르다는 예수에게 이렇게 말하고 있기 때문이다. "당신은 그리스도시요 이 세상에 오시는 하나님의 아들이심을 내가 믿습니다."(11:27)

잘 알려진 대로, 베드로의 신앙 고백은 기독교 교회에서 크게 칭송된 사건이다. 사실상 로마 가톨릭 교회는 베드로가 예수의 메시아적 본질과, 예수가 그리스도였음을 처음으로 알아보았다는 사실에 근거하여 그를 으뜸이라고 주장한다. 그러므로 베드로는 그 위에 교회가 세워진 "반석"이었으며, 베드로가 로마에서 교회를 시작했으므로 로마 교회는 탁월하다. 그러나 왜 거기에는 마르다의 신앙고백에 관해서는 비슷한 주장이 없었을까? 우리는 다만 이것이 누락된 것에 대한 책임을 가부장적 태도에 돌릴 수밖에 없다. 이런 태도는 교회가 발전시킨 문화의 부분이었지만, 성서가 설명하는 부분은 아니었다.

제4복음에서, 그리고 예수가 보기에 여성들을 강조하는 마지막 사건은 마리아, 마르다 그리고 나사로의 이야기에서도 발견된다. 11:5에 보면, "예수께서는 마르다와 그의 자매와 나사로를 사랑하셨다."는 말씀이 나온다. 이상한 일이지만, 우리는 예수가 제자들을 사랑했다고 분명히 말씀했다는 것을 다른 복음서에서 듣지 못한다. 예수가 틀림없이 그들을 사랑했겠지만, 이런 취지로 특별한 말씀을 하지 않은 것은 분명히 그 두 여자를 더욱 더 사랑했다는 것을 두드러지게 보여준다. 그들은 예수에 의해 남자들과 동등한 영적 권위와 탁월한 위치를 부여받았을 뿐만 아니라, 그의 애정에서도 특별한 자리를 차지하고 있었던 것이다.

우리는 그 당시의 가부장적 문화에 대해 여러 차례 언급한바 있다. 이제 우리는 이 문화를 좀 더 면밀히 살펴볼 필요가 있다. 다만 우리는 제4복음에서 예수의 급진적인 사회의식을 높이 평가해 볼 수 있으며, 우리가 신약성서에서 발견하는 여성들과 여성적 가치를 그가 변호했다는 것은 상당히 주목할 만하다. 우리는 구약성서에서, 그리고 예수 당시의 유대 문화, 그 당시의 아랍 문화, 로마 문화 그리고 희랍 문화에서 여성들의 역할을 살펴보고, 그 다음에 이런 태도들을 요한복음의 태도와 비교해 볼 것이다.

구약성서에는 상냥한 룻으로부터 이스라엘의 사사들 가운데 하나가 되었던 공격적인 지도자 드보라에 이르기까지 주목할 만한 여자들의 여러 가지 예가 있다.[12] 구약성서에는 또한 남자가 자신의 아내를 깊이 사랑하고 존중한 예들이 나온다. 예를 들어 야곱의 라헬에 대한 사랑이 그런 것이다. 랍비들 중에는, 그들 대부분은 여자들을 남자들보다 열등하게 간주했고, 따라서 그렇게 가르쳤지만, 그들 중 어떤 이들은 놀라울 정도로 개화된 사람들이 있었다. 그럼에도 불구하고, 구약성서에서 여자들의 근본적인 법적·사회적 위치가 남자들의 위치보다 분명히 열등했다. 예를 들어 소년들이 교육을 받아야 한다는 것은 법적으로 의무화되어 있었다. 하지만 소녀들의 교육은 의무화되어 있지 않았으며, 가사를 처리하는 문제를 훈련시키는 것을 제외하면, 그런 교육이 이루어지는 것은 거의 드물었다. 법적으로 여자는 남

---

[12] 자세한 참고 자료는 Morton and Barbara Kelsey, *The Sacrament of Sexuality* (Warwick, N.Y.: Amity House, 1986), 75 이하와 John T. Bristow, *What Paul Really Said about Women* (San Francisco: HarperCollins, 1988), 18을 보라.

자에게 속하여 있었으며, 남자의 재산이나 소지품보다 더 나은 것이 아니었다. 모든 중요한 면에서 그녀의 남편은 그녀의 지배자요 주인이었다. 그녀는 자신이 결혼하게 될 남자에 대해 아무 말도 할 수 없었다. 그녀의 아버지가 그녀를 어떤 남자에게 주어야할지 선택할 권리를 가지고 있었다. 그렇지 않으면, 그녀는 첩이 되거나 전쟁에서 전리품으로 넘겨질 수밖에 없었다. 남자는 집에서도 다스렸다. 여자들은 남자들과 함께 식사를 하지도 못했다. 착한 아내는 남편의 식사를 준비하고 시중을 들었지만 그와 따로 먹었다.

남자는 어떤 이유로 자기 아내와 이혼할 법적 권리를 가지고 있었다. 사실상 유대교 율법은 자기 아내가 10년간 아이를 갖지 못하면 그녀와 이혼하고 다시 결혼하든지, 아니면 둘째 아내를 얻으라고 요구했다. 일레인 페이걸스는 그녀의 책 『아담·이브·뱀』에서 이 율법이 높은 출생률을 유지하기 위한 명령이었던 고대에서 유래했다고 말한다.[13] 물론 그 시대에는 그 누구도 아이가 없는 것이 남자와 관계가 있을 수도 있다는 생각을 하지 않았다.

간음을 해도 남자는 처벌을 받지 않았다. 그러나 여자가 간음을 하면 죽임을 당할 수도 있었다. 이 율법은 예수 시대에도 여전히 시행되고 있었다. 요한복음 8:1-11에서 그 이유를 찾아볼 수 있는데, 거기서 우리는 여자가 간음을 하면 돌로 쳐 죽이도록 되어 있었다는 것을 읽게 된다. 이것은 이혼과 간음에 대한 예수의 태도를 더욱 더 주목할

---

[13] Elaine Pagels, *Adam, Eve and the Serpent* (New York: Random House, 1988). 류점석·장혜경 옮김, 『아담·이브·뱀』 (고양: 아우라, 2010) 참조.

만하게 해준다. 그녀가 간음을 했기 때문에 돌에 맞아야 했던 여자를 저주하기를 그가 거부했을 때, 제자들조차도 놀랐을 것임에 틀림없다. 그가 "자기 아내와 이혼하고, 다른 여자와 결혼하는 남자는 아내에게 간음을 범하는 것이다."(마가복음 10:12; 마태복음 5:32; 누가복음 16:18)라고 말씀하는 것을 들었던 사람들은 모두 충격을 받았다.

예수 당시의 아랍 문화에서 여자들의 역할은 윌 듀런트에 의해 잘 요약되어 있다. 아랍 남자는 여자들의 "온 마음을 사로잡는 미"를 높이 평가했다고 말한 뒤에, 듀런트는 계속해서 이런 말을 하고 있다.

> 마호메트 이전에—그리고 그 이후에도 별로 나아지지 않았지만—아랍 여자의 삶은 잠간 숭배를 받다가 평생 고된 일에 시달리는 것으로 변했다. 그녀는 아버지가 그렇게 하려고 하면 태어나자마자 땅에 묻힐 수도 있었으며, 딸이 태어나면 그는 애석해 할 뿐이었고 친구들을 볼 낯이 없었다. 무언가 그가 최선의 노력을 다했지만 실패로 끝났다고 여겼다. 그녀는 어린 시절에 애교를 부리며 몇 년 동안 사랑을 받았지만, 7-8살이 되면 그의 아버지가 신부의 몸값을 지불한 어떤 집안의 젊은이에게 시집을 갔다. 그녀의 애인과 남편이 그녀의 인격이나 명예를 지키기 위해서는 세상과 싸워야 했다. 기사도 정신의 근원과 호언장담의 일부는 스페인의 열정적인 애인들에게 어울리는 것이었다. 그러나 여신女神이었던 여자는 재산이기도 했고 아버지, 남편, 혹은 아들이 가진 부동산의 일부였으며 다른 재산과 더불어 상속되었다. 여자는 늘 종이었지, 남자의 동지인 적은 거의 없었다. 남자는 여자가 많은 자녀를 낳

제5장 여성적인 복음 | 97

아주거나, 아니 좀 더 정확히 말하면, 많은 아들을 낳아주기를 요구했다. 즉 여자의 의무는 전사들을 생산하는 것이었다. 그녀는 많은 경우에 그러했고, 그의 여러 아내들 중 하나에 지나지 않았다. 남자는 여자를 언제든 마음대로 버릴 수 있었다.14

여자들에 대한 대부분의 이런 지독하게 가부장적 태도는 코란에 전수되었으며, 그중 많은 것이 여전히 오늘날 아랍 문화에서 시행되고 있다.

로마에서는 상황이 셈족 문화에서 보다 그리 나아지지 않았다. 공화국 시대에서 가장*fater-familias*의 지배가 만연하게 되었으며, 지배하는 가장(가족의 아버지)은 절대적이었다. 그는 가정에서 법적 권리를 가지고 있는 유일한 사람, 즉 재산을 사고 소유하거나 팔 수 있는 유일한 사람이었다. 만일 그의 아내가 죄를 지었다면 그는 그녀를 심판할 수 있었다. 그녀가 간음을 했다면 그는 그녀에게 사형을 내릴 수 있었다. 그는 그의 딸의 남편을 선택했다. 그녀가 결혼을 했다고 해도 그녀는 아버지의 법적으로 승인된 지배 아래 계속 남아 있었다. 그의 권한은 그가 정신이 온전치 못하게 되어도 지속될 정도로 강한 것이었다. 여자에 관해 말하자면, 그녀는 결코 자유롭지 못했다. 그녀의 인생의 매 단계마다 남자, 즉 아버지, 형제, 남편, 아들, 후견인이 그녀를 지배했다. 그럼에도 불구하고, 이처럼 혹독하게 가부장적 법규는 여론, 흔히 남녀사이에 널리 퍼져있는 자연스러운 사랑으로 인해, 그

---

14 Will Durant, *The Age of Faith* (New York: Simon and Schuster, 1950), 158.

리고 그녀에게 가정을 돌보는 품위 있는 여성의 위치를 부여함으로써 완화되었다.

로마에서 부가 증진됨에 따라 더 큰 자유가 여자들에게 주어졌지만, 아우구스투스가 기원전 18년에 간음한 딸을 죽일 수 있고, 간음한 아내를 재판에 회부할 수 있도록 아버지의 권리를 재확인할 정도로 상황은 극단적이 되고 말았다. 간음이 확인되면, 아우구스투스의 법으로 여자는 죽을 때가지 추방되었으며, 그녀의 것이었을지도 모르는 재산은 대부분 박탈당했다. 반면에, 남자는 간음으로 기소되지 않을 수 있었고, 합법적으로 창녀들과 관계를 가질 수도 있었다.

호메로스 시대부터 기독교가 들어올 때까지는 그리스의 어떤 지역에서 여자들의 지위는 상대적으로 좋은 편이었다. 그것은 올림포스 신들의 신화 이전에 있었던 초기의 모성적인 신화의 영향이 고대 세계에서 가장 유리했던 여자들에게 남겨주었던 유산 가운데 하나인 것처럼 보인다. 예를 들어 스파르타에서 남자들과 여자들은 법아래 평등했고, 여자들은 재산을 상속받을 수 있었으며, 자신들의 이름으로 그것을 소유할 수 있었고, 죽은 다음에 그것을 물려줄 수 있었다. 이혼은 드문 일이었고, 간음을 해도 일방적으로 처벌받지 않았다.

그러나 아테네에서는 상황이 현저하게 달랐다. 어떤 사람들은 이런 차이를 희랍 철학의 영향으로 돌린다. 예컨대 소크라테스, 아리스토텔레스, 데모스테네스, 제논 그리고 에픽테토스와 같은 사람들은 모두 여자들을 남자들보다 열등한 것으로 간주했고, 여자들이 다만 남자들에게 유용했기 때문에 중요했으며, 여자들은 철학자들이 집중하는 것을 방해했고 그들을 유혹했기 때문이라고 말했다고 존 브리스토우는 지적한다. 사실상 아테네에 있던 여자에게는 세 가지 대안이 있었다. 즉 그녀는 창녀나 헤타이라*hetairai*나 아내가 될 수 있었다. 특히 여성들의 소규모의 여성 계층으로 구성되어 있는 헤타이라는 남자들의 동반자가 되도록 특별히 훈련을 받는 것과는 별도로, 소규모의 여성들의 계층으로 구성되어 있었다. 즉 그들은 가사 문제 이외에 어떤 교육을 받았던 유일한 여자들이었으며, 그들 대부분은 그리스인들이 아니라 외국인이었다. 법률상 아테네 여자들은 법정에 서지 못했으며 자신의 남편의 재산을 물려받을 수 없었다. 그녀는 집에 조용히 살면서 아이들을 낳고 남편의 요구를 살펴야 했다. 남자들은 스포츠를 즐겼고, 아고라*agora*[ἀγορά](시장)에 자유롭게 돌아다녔고, 교육을 받았으며, 철학 토론을 했다. 여자들은 거의 고립되어 있었고, 가족들을 방문하는 것 외에는 결코 집을 떠날 수 없었으며, 심지어 집 창문을 통해서도 밖을 내다볼 수 없었다. 만일 어떤 남자가 그녀의 남편을 방문하러 오면, 그녀는 여자들의 숙소로 물러나야 했다. 페리클레스의 시대에 그리스에는 문학과 시에 기여한 유명한 많은 여자들이 있었지만, 철학자의 시대에는 그런 여자들이 아무도 없었다는 것은 놀라운 일이 아니다.

예를 들어 에우리피데스*Euriides*의 연극에서 메데이아*Medea*가 자신의 이름으로 연설한 것을 생각하여 보라. 자신의 남편 이아손에게 배신을 당한 메데이아는 남편을 잃어버린 것에 대해, 그리고 고대 아테네의 많은 여자들의 고통에 대해 분노하며 이렇게 통탄한다.

나는 뜻밖의 타격으로 상심했어요.
이젠 끝났어요. 삶의 기쁨도 잃었고, 죽고 싶을 뿐이어요.
친구들이여, 내 삶이었던 그 남자, 내가 잘 알지만,
내 남편이 가장 비열한 인간으로 변했어요.
생명과 이성을 가진 모든 창조물 가운데 우리 여인들만큼
비참한 존재는 없어요.
우리 여자들은 거금을 주고 남편을 사지요.
거기다 더 고통스런 거래는 남편을 상전으로 모시거든요.
중요한 것은 우리가 얻는 남편이 좋은지 나쁜지의 문제입니다.
이혼은 여자 측에 불명예스런 일이고,
구혼자를 거절할 수도 없어요![15]

안타깝게도 지중해의 동부지역에 영향을 미친 것은 스파르타의 문화가 아니라 가부장적 아테네의 문화였다. 알렉산더 대제가 소아시아, 페르시아, 고대 유대, 시리아 그리고 이집트를 정복했을 때, 그는 그와 함께 아테네의 문화를 가지고 갔다. 그리스의 문화, 언어 그리고 태도는 로마 제국의 동쪽 부분이 되었던 전 영역에 걸쳐 규범이 되었다. 이런 과정은 "그리스 화Hellenization"로 알려졌으며 유대인들과 이방인들에게 똑같이 영향을 미쳤다.

기독교 초기에 살았던 사람들의 태도에 영향을 미쳤던 반여성적 편

---

[15] 왜냐하면 그리스 처녀의 부모들은 그녀에게 남편을 선택해 주었기 때문이다. 이것은 A. S. Way가 번역하여 Leob Classical 판으로 나온 『메데이아Medea』, 225ff 행에서 인용한 것이다. 에우리피데스, 송옥 옮김, 『메데이아』(서울: 동인, 2015), 37에서 인용한 것임.

견을 가지고 있었던 다른 영향은 영지주의의 어떤 형식에서 비롯된 것이다. 서기 150년경에 영향력이 있던 영지주의 철학자 발렌티누스는 여성적 측면이 타락에 중대한 역할을 했다는 가르침을 세상에 퍼뜨렸다. 발렌티누스에 의하면, 많은 것들이 모든 존재의 원초적 근원에서 유출되었다는 것이다. 이런 것들 중에 마지막의 것이 소피아였다. 그러나 소피아는 어리석게 행동했다. 사물의 우주발생적인 계획 안에서의 그녀의 위치에 만족하는 대신에, 그녀는 근원(성부聖父)과 가까워지기를 간절히 바랐다. 그녀가 자신의 위치에 만족하지 않았기 때문에 고통, 두려움, 혼란, 슬픔 그리고 무지가 생겨났다.

여성적인 것에 대한 영지주의적인 평가절하가 여자들이 구원을 받을 수 없다는 것을 분명히 했던 어떤 영지주의 저작에 똑같이 나온다. 예를 들어 나그함마디에서 1945년에 발견된 문서들 중 하나인 『도마복음 Gospel of Thomas』은 시몬 베드로와 예수 사이의 논의로 결론을 내린다. 베드로는 "마리아를 우리 가운데서 떠나가게 하십시오. 왜냐하면 여자들은 생명을 얻을 자격이 없기 때문입니다."라고 예수에게 말한다. 그러나 예수는 너그럽게 이런 대답을 한다. "보라, 내가 그 여자를 남자로 만들도록 인도할 것이다. 그리하면 그 여자도 너희 남자들을 닮은 살아있는 영이 될 수 있을 것이다. 이렇게 남자가 된 여자는 누구나 천국에 들어갈 것이다."(114절) 여자들에 대해 영지주의자들이 생각하는 베드로와 예수의 태도와, 우리가 제4복음에서 발견하는 태도 사이에는 두드러진 차이가 있다.

우리가 요약해 본 가부장적 율법과 태도가 실제로 늘 관찰되지 않았는지도 모른다는 것은 사실이다. 여자들은 그들에게 사형이 적용될 수 있음에도 불구하고, 불륜 관계를 갖기 위한 방법을 알아냈다. 비록 법이 그들에게 법적 권리를 인정하지 않았지만, 남자들은 아마 그들의 아내들을 사랑했고 그들을 잘 대했을 것이다. 그들은 분명히 종종 집에서 존중받았다. 또한 그들은 분명히 남자들에게 그들의 심리적·정서적 영향을 행사하고, 그들이 간절히 바라던 것을 얻을 수 있는 방법을 찾았을 것임에 틀림없다. 그럼에도 불구하고, 기독교가 출현했던 문화에서 여자들의 사회적·법적 지위, 그리고 결혼한 상태에서의 지위는 남자들의 지위에 비하여 분명히 열등했다. 그리스도가 여자들과 여성적 가치가 중요하다는 메시지를 가지고 왔을 때의 분위기가 그러했다. 그의 메시지는 그분의 말씀에, 그분의 여자들과의 관계에, 여자들에 대한 그분의 호소에 그리고 여자들이 그 안에 있는 신적인 실재를 처음으로 인정했다는 사실에 분명히 드러나 있다. 여자들과 여성적인 것에 대한 이런 긍정적 평가는 더욱 주목할 만하다. 왜냐하면 그것의 가치가 지배적인 가부장적 문화의 평가와 너무나 다르기 때문이다.

그러나 사도 바울은 어떤가? 그는 가부장적 가치를 구현하고 있지 않는가? 그리고 그의 태도가 그리스도의 태도와 확연히 대조되지 않는가? 그것은 그의 저작의 일부를 너무나 피상적으로 살펴본 것처럼 보인다. 왜냐하면 그가 여자들을 남자들보다 못하고, 그들이 남자들에게 순종해야 하고(당신이 바울이 디모데전서에서 쓴 것을 수긍한다면), 남자들이 그리스도를 통해 영적으로 구원을 받은 반면, 여자들은 다만 아이를 낳는 일로 구원을 얻을 수 있다고까지 말하고 있기 때문이 아닌가? 존 브리스토우는 그의 책 『바울이 실제로 여자들에 대하여 말한 것 What Paul Really Said about Women』에서 상황이 아주 반대라는 설득력 있는 주장을 한다. 즉 전혀 여자들에게 반대하지 않았던 바울은 그리스도 못지않게 남녀평등주의자였다는 것이다. 우리가 이제 이 쟁점으로 돌아가 볼 차례다.

우선 바울이 여자들을 사회적으로 그리고 일반적인 기능에서 차별하기를 요구했던 일반적인 사회적 관습을 무시했고, 그가 많은 여자들을 초기교회에서 영향력 있는 자리에 임명했으며, 여자들이 동등한 교육을 받는 것을 찬성했다는 것이 지적되어야 한다. 브리스토우는 다음과 같은 사실들을 지적하면서, 이것과 관련된 바울의 기록을 다음과 같이 요약하고 있다.

- 바울이 유럽에서 얻은 첫 개종자는 루디아라는 여자였다(사도행전 16:11-15).
- 그의 메시지는 언제나 남자들과 여자들을 모두 대상으로 한 것이었으며, 두 성 모두 그것에 응답했다(사도행전 17:4, 11-12).
- 많은 여자 신자들의 이름이 언급되었고 바울에 의해 개인적으로 알려졌다(사도행전 17:34).
- 바울은 자주 그리고 공개적으로 여자들을 교회의 지도자들로서 여자들의 중요성을 인정했다(빌립보서 4:2-3).

- 바울은 종종 여자들을 자신의 동역자로 묘사하며, 적어도 기독교인 부부에 대해 한 번 언급하면서 여자의 이름을 먼저 부르고 있는데, 이것은 여자를 중시한다는 것을 보여주는 것이다(로마서 16:3-4).
- 로마서를 끝맺는 부분에서 그가 호명하는 26명 중에서 7명이 여자이고, 여자의 이름을 제일 먼저 부르고 있다.
- 로마서 16장에서 바울은 유니아라는 여자를 사도라고 부르는데, 요한네스 크리소스토무스John Chrysostom는 나중에 "오! 이 여자가 얼마나 크게 헌신했는지, 그녀는 사도로 칭함을 받을 만한 자격이 있었다."고 분명히 말했다.16

이런 언급들은 인상적이지만, 이미 주목해 본대로, 바울이 여자들을 남자들보다 열등한 것으로 분명히 간주한 것처럼 보이는 곳을 서신에서 찾아보는 것은 어떨까? 가장 중요한 언급이 세 번 되어 있는데, 그것은 에베소서 5:21-23, 고린도전서 11장과 디모데전서 2:9-15이다. 브리스토우는 그의 책에서 이런 구절들을 희랍어 원어의 의미와 그 시대의 문화적 상황을 살펴보면서 특별히 면밀하게 검토한다. 그가 발견한 것들은 이해하는데 도움이 되며, 그 책 전체를 읽어보는 것은 충분한 가치가 있다. 그의 언어학적 주장의 요점은 다음과 같다.

에베소서의 구절 중에서 중심적인 절은 5:21-24이다.

---

16 *Nicene and Post-Nicene Fathers*, 11:554 및 13:515.

여러분은 그리스도를 두려워하는 마음으로 서로 순종하십시오. 아내 된 여러분, 남편에게 하기를 주님께 하듯 하십시오. 그리스도께서 교회의 **머리**가 되심과 같이, 남편은 아내의 머리가 됩니다. 바로 그리스도께서는 몸의 구주이십니다. 교회가 그리스도께 **순종**하듯이, 아내도 모든 일에 남편에게 그렇게 해야 합니다.

나는 이 구절에서 남자들의 역할보다 열등한 순종적인 역할을 하도록 여자들을 격하시키는 것처럼 보이는 중심 단어들을 강조했다. 첫 단어는 "머리"라는 단어다. 물론 신약성서는 영어가 아니라 희랍어로 쓰였다. 그래서 정확하게 하기 위해 우리는 영어로 "머리"로 번역된 희랍어 원어를 언급해 보아야 한다. 여기서 우리는 "머리"에 해당하는 단어가 영어로는 하나밖에 없지만, 희랍어로는 두 단어가 있고 그런 것이 확연히 다르다는 것을 발견한다. 이런 단어들 가운데 하나는 "중요성, 힘 그리고 근원이라는 점에서 첫째"를 의미하는 **아르케** arche[ἀρχή]다. 두 번째 희랍어 단어는 **케팔레** kephale[κεφαλή]인데, 이것은 "몸의 지배자로서의 머리"를 뜻한다. 케팔레는 결코 "지배하다"라는 의미로 사용되지 않았지만, 가끔 "부대의 선두에 서서 전쟁터에 출정하는 사람"을 뜻하는 군사 용어로 사용되었다. 브리스토우는, 이런 두 희랍어의 별개의 의미를 모르는 영어권 독자는 바울이 에베소서에서 여자를 지배하는 것으로 사용하고 있다고 결론을 내릴 것이라고 지적한다. 그러나 만일 브리스토우가 옳다면, 바울은 남자가 자신의 아내를 다스리고 지배해야 하는 것이 아니라, 보호자요 용감한 사람으로서 위험한 상황을 마주하러 나가는 지도자가 되는 것을 말하고 있는 것이다. 더욱이 브리스토우는 바울이 두 희랍어 단어 **아르케와 케펠레**에 대해 정확히 알고 있었으며, 전자의 함축된 의미를 피하기 위해 후자를 신중하게 선택했다고 부언한다.

　이것은 우리를 "순종"에 대해 분명히 언급되어 있는 에베소서 5:24에 이르게 한다. 그런데 어떤 번역으로는 "~에게 지배를 받다(RSV, NEB)"로, 다시 말해… "교회가 그리스도께 지배를 받듯이, 아내도 모든 일에 남편에게 지배를 받아야 합니다."(JB)라고 되어 있다. 또 다시 우리는 서로 다른 의미가 있는 두 개의 희랍어가 있다는 것을 알아야 한다. 그런데 영어로는 이 두 단어가 모두 같은 표현으로 번역될 수밖에 없었던 것이다. 이 단어들 중 하나는 **휘파쿠오** *hypakouō* [ὑπακούω]다. 이것은 "복종하다" 혹은 "~에게 예속되다"는 의미이며, 종이 필연적으로 그 혹은 그녀의 주인에게 복종해야 하는 것을 언급할 때 사용되곤 했다. 이것은 비록 그가 에베소서 6:5에 나오는 이 단어를 다른 상황에서 사용하고 있지만, 어떤 여자의 자기 남편과의 관계와 관련하여 바울이 사용한 단어가 아니다. 그 대신에 바울은 능동태로 된 **휘포타소** *hypotassō* [ὑποτάσσω]라는 단어를 사용하고 있는데, 이것은 "~에게 복종하다"로 번역될 수 있다. 그러나 이 경우에 그 단어는 능동태도 수동태(영어에는 두 "태"가 있다)도 아닌, "중간 태"(영어에는 없는 태)다. 이제 만일 동사가 능동태라면, 그것은 그 동사의 주체가 행동하고 있다는 것을 의미한다. 만일 동사가 수동태라면, 그것은 동사의 주체가 지시를 받고 있다는 것을 의미한다. 그러나 희랍어에서 동사가 중간 태라면, 그것은 주체가 스스로 행동한다는 것을 의미한다. 이 경

우에 그것은 여자가 그녀 자신에게 어떤 태도가 필요하다는 것을 의미한다. 즉 그것은 그녀에게 부과된 것이 아니라는 것을 의미한다. 그러므로 그것은 바울이 여자가 기꺼이 그리고 적극적으로 남편에게 순종하기를 청하고 있는 자발적 행동이다.17 그러나 "~에게 예속되다"라고 번역한 것은 논의가 되고 있는 희랍어를 어설프게 그리고 오해의 소지가 있게 번역한 것이다. 만일 예속이 필요한 것이었다면, 바울이 앞에서 언급된 동사 **휘파쿠오**를 사용했을 것이다. 이런 문맥에서 그 단어에 대한 더 좋은 번역은 "자신을 양도하다" 혹은 "~를 지지하다 혹은 ~에게 반응을 보이다" 정도가 될 것이다. 그것은 에베소서 5:21에서 바울이 에베소 교회 신자들에게 "그리스도를 두려워하는 마음으로 서로 순종하라."고 청하는 것으로 볼 수 있을 것이다. 이 구절에서 우리는 같은 동사 **휘포타소마이**|*hypotassomai*[ὑποτάσσομαι]가 사용된 것을 보게 된다. 그것은 분명히 한 무리의 사람들 사이에서 그들이 모두 그 무리의 다른 모든 사람의 지배나 권위에 복종해야한다는 것을 말하려는 의미가 아닐 것이다. 그러나 그것은 그들이 서로의 요구에 반응을 보이고, 다른 사람들에게 자신을 양도해야 한다는 것을 말하려는 의미일 것이다. 바울은 21절에서 **휘포타소마이**를 사용한 것과 마찬가지로 그것을 24절에서도 사용했다.

고린도전서 11:1-16에는 바울이 여자들에게 남자들에 비해 열등한 위치를 부여하려는 것처럼 보이는 여러 주장이 나온다. 에베소서의 구절과 마찬가지로, 브리스토우는 이 구절에 대한 영어 번역이 호

---

17 Bristow, *What Really Said about Women*, 40.

도하고 있고, 잘못된 인상을 주고 있다는 것을 희랍어 단어들을 본보기로 주장한다. 우리는 다만 하나의 예를 들어 볼 것이다. 고린도전서 11:9를 보면, 예루살렘 성서에는 "남자가 여자를 위해 지음을 받은 것이 아니라, 여자가 남자를 위해 지음을 받았습니다."라고 되어 있다. 브리스토우는 이 구절이 다음과 같이 번역되어야 한다고 생각한다. "남자가 여자를 위해 지음을 받지 않은 것도 아니고, 여자가 남자를 위해 지음을 받은 것도 아닙니다." 여기서 의미하는 요점은 **남자들이 여자들을 필요로 한다**는 것이다. 그러므로 여자들은 남자들이 그들 자신을 번식시키는 수단인, 단지 아이들을 낳기 위해 존재하는 것이 아니라, 하나님께서 "남자가 혼자 있는 것이 좋지 않다."(창세기 2:18)고 보신 것처럼, 태초부터 남자들은 여자를 몹시 간절하게 필요로 했다. 바울의 입장에서 그런 말을 한 것은 여자들을 폄하하는 것이 아니고, 특히 남자의 정서적·심리적 충족감에 기초한 문화에서 오히려 그들을 높이는 것이다.

살펴보고자 하는 마지막 구절은 디모데전서 2:9-15에 나온다. 이 구절은 남녀 기독교인들이 모두 가르침을 받기 위해 모여 있었을 때, 여자의 역할과 위치와 관계가 있었다. 이것이 우리에게는 이상하게 보이지 않을 수 있겠지만, 그것이 그 시대에는 보기 드문 일이었다. 왜냐하면 앞에서 언급한 대로. 그 당시의 유대인들과 그리스인들 모두의 전통에서 여자들은 가사 기술을 제외하고는 교육을 받지 못했기 때문이다. 그러므로 기독교인들이 여자들을 포함하여 교실에서 가르침을 받고 있었던 것이 비방 받을 수 있다는 것을 바울은 알고 있었다. 남자들이 침묵을 지키도록 주의를 받았다는 것은 이런 이유에서였다고 브리스토우는 주장한다. 왜냐하면 그 모든 생각이 비방을 받을 수 있고, 그런 모임에 여자들을 포함시킨 기독교인들의 의도에 대해 근거 없는 비난과 악한 소문이 쉽게 날 수 있었기 때문이다.

브리스토우는 이와 관련된 희랍어 단어들의 의미에 관해 더 많은 설명을 하며 이 주장을 강력하게 옹호하고 있다. 우리가 여기서 집중하게 될 한 구절은 그 모임에 참여했던 여자들에 대해 논의하고 있는 마지막 구절, 즉 여기에는 "그럼에도 불구하고, **그녀가** 계속 믿음과 사랑과 거룩함을 지니고, 정숙하게 살면, **그녀는** 아이를 낳는 일로 구원을 얻을 것입니다."(JB)라는 디모데전서 2:15이다. 나는 이 단어에 주목하기 위해 "그녀"라는 표현을 강조했다. 왜냐하면 우리는 여기서 대부분의 영어 번역에 나타나지 않는 중요한 의미의 뉘앙스를 발견하기 때문이다. 희랍어에서 동사의 주어는 인칭 대명사가 사용되거나, 동사의 형태가 바뀌어 사용되어 표현될 수도 있다. 즉 동사의 어미는 우리에게 동사의 주어가 단수형인지 복수형인지를 말해줄 것이다. 디모데전서 2:15의 경우에 첫 절에서 동사의 주어, 즉 "구원을 얻을 것입니다."라는 주제는 단수형이며, 이전 구절에서 "죄에 빠진 여자"에 대해 다시 분명히 언급하고 있다. 그러나 두 번째 절에서 그 동사의 주어는 복수형이다. 희랍어 원어를 문자 그대로 분명하게 번역하면, "그러나 **그들이** 믿음과 사랑과 거룩함을 지니고, 건전한 마음으로 살면, **그녀는** 아이를 낳는 일로 구원을 얻을 것입니다."(저자가 강조하고 번역한 것)[18]가 될 것이다.

흥미로운 것은 다만 몇몇 영어 성서 번역만이 디모데전서 2:15를 희랍어에 정확하게 일치되도록 번역했다는 것이다. 이런 것들 중에서 흠정역과 필립스역이 있다. 다른 대부분의 영어 번역은 예루살렘 성서의 방식으로 되어 있다는 것을 보여준다. 다시 말해 두 번째 절에 나오는 동사의 복수형을 단수형으로 바꾸어 놓았다. 예를 들어 개정 표준판 성서는, "그러나 여자가 정숙함을 지니고, 계속 믿음과 사랑과 거룩함에 머물러 있으면, 여자는 아이를 낳음으로써 구원을 얻을 것입니다."라고 되어 있다.

매우 분명하고 간단한 희랍어 본문으로 보이는 것으로 의롭다고 인정받을 수 있을지 모르겠다. 브리스토우는 현대의 번역자들이 현대 독자들에게 혼란을 주는 문장을 이해할 수 있도록 그렇게 번역한 것이라고 말한다. 그 문장을 예루살렘 성서가 흠정역보다 더 잘 이해될 수 있도록 번역한 것처럼 보이는 것은 분명한 사실이다. 어쨌든 희랍어 성서와 흠정역에 "그들"이라고 언급된 이 불가사이한 사람들은 누구란 말인가? 그것은 독자가 혼란을 겪지 않도록, 그리고 그 혹은 그녀의 지적인 능력에 지나치게 부담을 주지 않기 위해 예루살렘 성서와 다른 번역본들이 성서 본문을 자유롭게 번역한 것처럼 보인다.

만일 성서 본문의 난해함을 극복하기 위해 현대 번역자들이 임의적

---

18 희랍어로는 sōthēsetai de dia tēs teknogonias, ean meinōsin en pistei kai agapē kai hagiasmō meta sōphposynēs[σωθήσεται δὲ διὰ τῆς τεκνογονίας, ἐὰν μείνωσιν ἐν πίστει καὶ ἀγάπῃ καὶ ἁγιασμῷ μετὰ σωφροσύνης]로 되어 있다.

인 수단을 동원하는 이런 경향을 우리가 거부한다면, 우리에게는 "그녀"가 "그들"로 바뀌어 진 것을 설명해야 하는 문제가 남아 있게 된다. 계속 믿음과 사랑과 거룩함에 남아 있음으로써 여자가 아이를 낳는 일로 구원을 받을 수 있게 해 줄 이런 다른 사람들은 누구인가? 브리스토우는, "그들은" 기독교적 생명을 충실하게 전달하는 여자들을 언급하는 것이라고 말한다. 더욱이 그는 바울 혹은 디모데전서를 쓴 사람은 출산을 일상적 방식으로 아기를 낳는 것이 아니라, 심리학적으로 아기 그리스도Christ-child를 전해주는 사람이라고 믿는다. 그는 디모데전서 2:15의 희랍어 본문을 문자 그대로 번역하여, "즉 **바로 그 아기**the child의 탄생을 통해 구원을 받아야" 한다고 새 영어 성서가 각주에서 표현하고 있다는 것을 지적하며 이 입장을 지지하고 있다. 이것을 현대적 언어로 옮기면, 디모데전서 2:15 이하의 의미는, 여자가 그녀 자신의 내면의 심오한 과정에 충실하면, 그녀가 그녀 자신의 개성화를 통해 그리스도를 낳음으로써 구원을 얻게 될 것이라고 말할 수 있을 것이다.

만일 이 본문에 대해 비스트로우가 제안한 해석이 옳다면, 바울은 여자들이 스스로 그리스도를 통한 구원의 도구임을 지적하고 있는 것이다. 이런 관점은 여자들을 높이는 것이고, 우리가 여자들을 영적인 문제에 있어서 남자들보다 열등하게 간주했던, 우리가 살펴 본 성서 시대의 일반적인 관점과 현저하게 다른 것이다.

브리스토우는 여자들에 대한 바울의 언급이 우리가 앞서서 요약해 보았던 반여성적인 희랍적 사고에 큰 영향을 받은 이방인 개종자들에 의해 오해되었다고 주장한다. 여자들을 멸시했고, 여자들이 도덕적으로 그리고 정신적으로 열등하다는 생각이 교회 안에서 잘못 영구화시킨 신학자들뿐만 아니라, 바울이 말한 것을 잘못 해석하기도 했던, 이후의 기독교 사상가들도 희랍적 태도에 큰 영향을 받았다고 그는 믿는다. 그가 뚜렷한 예들로 인용하는 이후의 기독교 신학자들로는 테르툴리아누스, 성 아우구스티누스, 알렉산드리아의 클레멘스 그리고 (훨씬 뒤에) 매우 영향력이 있는 토마스 아퀴나스가 포함되어 있다.

여자들의 도덕적 열등함에 대한 교부들의 많은 논쟁은 아담과 이브에 대한 그들의 해석에 기초해 있었다. 이런 이야기와 그것의 반여성적인 해석의 영향은 교회 안에서 강력했으며, 오래 지속되었다. 통상적으로 취해진 입장은 이브가 죄를 지은 최초의 인간이며, 이것이 그녀가 도덕적으로 나약하고 정신적으로 열등하다는 증거였다고 지적하는 것이었다. 이것에 대한 많은 예들이 있지만, 어쩌면 가장 가증스러운 말은 3세기 초의 신학자 테르툴리아누스에게서 나온 것이다. 그는 이렇게 말했다.

여자여,.... 너는 네가 (각자) 이브라는 것을 모르는가? 하나님은 너를 평생 여자로 살도록, 또한 필연적으로 죄책감을 가지고 살도록 선고하신 것이다. 너는 (금지된) 악마의 나무를 개봉한 악마의 통로다. 너는 처음으로 하나님의 법을 어긴 자다. 너는 공격할 수 있을 정도로 충분히 용맹하지 못했던 마귀에게 설득을 당한 여자다. 너는 그렇게 쉽게 인간 안에 있는 하나님의 형상을 파괴했다. 당연히 받아야 할 너의 벌— 즉 죽음—때문에 심지어 하나님의 아들이 죽어야만 했다.19

이것은 오랫동안 끈질기게 교회의 성서시대 이후의 사고思考에 자리 잡고 있었던 삶이었다. 16세기에 에라스무스는 아담과 이브의 이야기를 분석하면서, 아담의 의지가 그의 아내에 대한 과도한 사랑으로 인해 약화된 반면, 이브의 의지박약이 그녀의 이성과 지성에 까지 영향을 미쳤다고 말한다.

… 이브는 의지뿐만 아니라, 모든 선이나 모든 악의 근원인 이성과 지성도 약화되었다. 뱀은 그녀를 설득하는데 성공함으로써 주님이 생명나무의 열매를 먹지 못하게 했던 것은 허사가 되고 말았던 것 같다. 아담은 하나님의 명령보다 자신의 아내에 대한 지나친 사랑의 욕망을 더 좋아했기 때문에 그의 의지가 더 약화되었던 것 같다.

그러나 그 다음에 그는 이런 말을 덧붙인다.

… 그렇지만, 내가 생각하기에 의지의 원천인 그의 이성역시 약화되었다.20

---

19 *On the Apparel of Woman* 1.1.
20 Erasmus, *Discourse on Free Will* (New York: Contimuun, 1988), 22.

아담과 이브의 이야기가 후기 교부들의 사상이나 이런 교부들의 가부장적 태도가 그 이야기에 대한 그들의 해석을 구체화했는지는 말하기 어렵다. 어느 경우에나 남자들보다 여자들의 중요성은 상대적으로 결과적으로 평가절하 되었다. 예컨대 아우구스티누스가 한 이런 말을 생각해보라.

> 당신[하나님]은 욕정을 만족시키기 위해서가 아니라 자식을 번식시키고 대중 사회를 위해, 여자들이 남편에게 지배를 받고 순결하고 충실하게 복종하게 하셨다. 당신은 약한 여자를 무시하는 것이 아니라 진정한 사랑의 법으로 남자들에게 그들의 아내들을 지배할 권위를 주셨다.[21]

여자가 성적 유혹에 책임이 있었다는 생각이 널리 퍼져 있었다. 교부들은 남자들이 여자들을 유혹했을지도 모르고, 남자들이 성적으로 음탕해져서 성적으로 도를 넘게 되었다는 생각을 하지 않은 것 같다. 이 정도로 성이 통제 불능이 된 것을 여자들의 책임으로 돌렸다고 볼 수 있다. 이것은 이런 책임을 가능한 최대한도로 여자들에게 철저하게 덮어씌웠으며, 그들을 꾸짖는 알렉산드리아의 클레멘스의 다음과 같은 문구에 잘 나타나 있다.

> 그녀가 집에 있지 않을 경우에 여자가 이것을 알게 하고, 더 나아가

---

[21] Augustine, *On the Morals of the Catholic Church*, 30.

그녀를 온통 옷으로 가리게 하라. 왜냐하면 이렇게 옷을 입는 것이 중요하며, 또 이것은 사람들이 그녀를 바라보지 못하도록 하는 것이기 때문이다. 그리고 그녀가 단정하게 옷을 입고 숄을 걸치면, 그녀는 결코 죄를 범하지 않을 것이다. 다시 말해 그녀가 얼굴을 드러내지 않으면 다른 사람을 죄에 빠지게 하지도 않을 것이다.[22]

위에서 언급한 대로, 속사도 시대[사도 요한이 죽은 후부터 콘스탄티누스 대제가 밀라노 칙령으로 기독교를 공인하기까지의 시기.—옮긴이]의 교회에는 원죄의 책임을 이브에게 돌리기 위한 단호한 노력이 있었다. 그런 노력에도 불구하고, 먼저 이브를 유혹한 것은 뱀이 아니었는가? 그러나 브리스토우는 교부들—희랍 철학의 성향에서 전승된 여자가 열등하다는 선입관을 가지고 있던—이 전혀 생각하지 못했던 것을 통찰력 있게 지적한다. 그 이야기를 보는 이런 방식에 따르면 뱀이 이브를 먼저 유혹했다는 것은 전적으로 가능하다. 왜냐하면 그녀는 도덕적으로 약한 것이 아니라 강했기 때문이다. 이브는 그가 그녀를 이길 수 있었다고 해도, 아담이 만만했다는 것을 알고 있었던 것이다. 이런 점은 뱀이 이브를 유혹하기 위해 모든 책략을 사용한 반면, 이브가 아담이 그녀와 어울리려고 나무 열매를 따서 그에게 준 것이 전부였다는 사실로 인해 입증된다.

테르툴리아누스와 성 아우구스티누스의 말과, 사도 바울이 갈라디아서 3:27-28에서 한 다음과 같은 말 사이에는 심리학적으로 큰 차이가 있다.

---

[22] Clement of Alexandria, *The Instructor* 3.11.

> 그리스도 안에서 모두 세례를 받아 여러분은 모두 그리스도를 옷
> 으로 입었습니다. 유대 사람도 그리스 사람, 종과 자유인, 남자와
> 여자 사이에는 차이가 없습니다. 여러분 모두가 그리스도 예수
> 안에서 하나입니다.(JB)

그 이후의 교회에서, 그 기원이 희랍 철학과 영지주의로 거슬러 올라가는 반여성적인 가부장적 심리가 발달되었고, 우리가 오늘날 그것에 영향을 받았으므로 예수와 바울이 이런 사태에 책임이 있다고 생각하기 쉽다. 그러나 우리가 방금 살펴본 대로, 상황은 정반대였다.

더욱이 우리가 막 언급한 바 있는, 그 이후의 교회에 가부장적 태도가 있었다는 것조차 인정한다고 하더라도, 우리는 또한 상황이 전혀 일방적인 것이 아니었다는 것에 주목해야 한다. 예를 들어 여자들에게 적절한 옷차림에 관해 우리가 막 인용해 본 알렉산드리아의 클레멘스가 같은 사람인데도, 그는 또한 남자와 여자가 본질상 동등하다고 믿고 있었다. 그는 영혼의 완성에 관해서는 남자와 여자가 동등하게 공유하고 있으며, 여자들은 남자들과 동등하게 철학적으로 사색한다고 믿었다. 그는 또한 남자들과 여자들이 동일한 본성을 가지고 있으므로 그들은 동일한 덕성을 가지고 있다고 말했다. 그의 말을 인용하면 이런 것이다.

> 따라서 남자는 물론 여자도 자제력과 의 그리고 다른 모든 덕성을
> 실행할 수 있으며, 둘 다 구속되어 있기도 하고 자유롭기도 하다.

때문에 동일한 본성과 동일한 덕성을 지니고 있다는 것은 어울리는 결과다. 우리는 여자인 그녀의 본성이 남자의 본성과 같다고 말하는 것이 아니다. 한 사람이 여자이고 다른 사람이 남자이기 때문에 그들 각자 사이에 당연히 어떤 차이가 있어야 한다는 것은 의심할 여지가 없다. 우리는 임신과 출산이 여자에게 속해 있다고 말한다. 그녀가 한 인간이기 때문에 그렇게 말하는 것이 아니라, 여자이기 때문에 그렇게 말하는 것이다. 그러나 남자와 여자 사이에 아무런 차이가 없다면, 둘 다 같은 일을 하면서 고통을 당할 것이다. 더욱이 영혼을 존중하는 한, 같은 것이 있다면 그녀는 같은 덕성에 이르게 될 것이지만, [그 때 그에게는 적어도 오늘날의 기준에 따라 가부장적 방식이 추가될 것이다.] 몸의 독특한 구조를 존중하는 것만큼 차이가 있으므로 출산을 하고 가사를 돌보도록 운명 지어져 있다.[23]

마지막으로, 우리는 교회가 여자들의 주장을 많이 옹호했다는 것에 주목해야 한다. 교회는 여자들을 위해 싸워서 마침내 여자들이 결혼생활의 권리와 재산권을 동등하게 얻게 되었고, 간음에 대한 일방적인 법을 맹공격하고 여자들의 권리를 변호해 주어 법정에서 여자들이 남자들과 동등하게 서 있게 되었으며, 아버지의 기분에 따라 아기들(거의 모두가 여아들이었던)이 처분되던 관행이 없어졌다. 이 모든 것이 예수의 태도와 더불어 시작된 신약성서의 유산이라고 해도 지나친 말은 아니다.

---

[23] Clement of Alexandria, *The Stromata*, 4.8.

개성화의 심리학의 관점에서 보면, 여성적인 것에 대한 쟁점은 매우 중요하다. 남자들과 여자들 모두의 전체성은 그들의 남성적 측면뿐만 아니라 여성적 측면과 그들의 여성성을 충분히 표현할 수 있는 삶의 기회도 인정하고, 예우하고, 존중하기를 요구한다. 남자들은 그들이 그들 자신을 일방적으로 남성 심리와 동일시하는 한, C. G. 융이 **아니마**anima라고 불렀던, 그들 존재의 여성적인 모형과의 접촉을 잃게 되고, 남자들을 그들의 **영혼**에 이르게 한다. 남자 안에 있는 아니마가 적절하게 연관되어 있을 때, 남자는 그의 심층으로 들어가서 무의식과 접촉할 수 있고, 그의 남성성을 바로잡고, 균형 잡고, 온전하게 할 수 있는, 미묘하지만 강력한 정신적인 힘과 접촉할 수 있다.[24] 그들의 여성성으로부터 단절되어 있거나, 그것의 가치와 중요성을 경시하게 된 여자들은 타당한 심리학적 관점과 종교적 전통으로 인해 강화된 그들의 여성적인 자신감을 가질 필요가 있다. 성서가 영적으로 자양분을 준다는 것을 발견하는 여자들은 신약성서의 관점이 여자들로서 그들 자신을 문화적으로 그리고 정신적으로 표현하려는 그들의 노력과 조화를 이루고 있으며, 요한복음보다 더 분명하게 이런 것을 강화하고 입증해주는 곳이 성서 그 어디에도 없다는 것을 아는 것이 도움이 될 것이다.

---

[24] John A. Sanford and George Lough, *What Men Are Like: The Psychology of Men for Men and the Women Who Live with Them* (New York: Paulist Press, 1988). 그리고 John A. Sanford, *The Invisible partners: How the Male and Female in Each of Us Affects Our Relationships* (New York: Paulist Press, 1980).

그럼에도 불구하고, 이렇게 말하기 위해서는, 혹 다른 어떤 종교적 전통이 신약성서에 없는 여성적인 것에 대한 원형적인 표상들을 담을 수 있는지 주목하여 보아야 한다. 그러므로 여성적인 것에 대한 좀 더 폭넓은 이해를 찾고 있는 어떤 남자들과 여자들은 신화에서 발견된 원형적인 자료에 관심을 돌리고 싶어 할지도 모른다. 하나의 풍부한 원천이 바로 그리스 신화다. 왜냐하면 희랍 철학이 남성적 편견을 가지고 있었던 반면, 그리스 신화는 원형적인 여성성의 이미지가 풍부하게 들어 있기 때문이다. 예를 들어 올림포스신들 가운데는 아프로디테, 아테나, 아르테미스, 헤라 그리고 다른 여신들이 있다. 심리학은 이런 여신들이 집단적 무의식의 의인화 및 우리 자신의 정신 안에 있는 여성적인 것의 원초적 이미지로 간주한다. 여하간 제우스가 모두를 지배하는 부성 신이었으므로 그리스 신화의 올림포스 신격이 어떤 남성적 성향을 가지고 있었다는 것이 사실이지만, 우리는 또한 그리스 신화의 올림포스 시대 이전으로 거슬러 올라가 보면, 그런 고대의 신격이 가이아Gaia(모성 대지Mother Earth), 데메테르, 코레, 에리니에스[그리스 신화에 나오는 복수의 여신들.―옮긴이] 그리고 모권 사회에서 나타난 여성적인 것의 다른 많은 원형적인 표상들을 발견할 수 있다.

제6장

분노의 심리
성전 정화
요한복음 2:13-25

학자들은 사람들이 성전 경내에서 물건을 팔고 돈을 바꾸는 것이 드문 일이 아니었다고 말한다. 그런데 색달랐던 것은 예수의 성난 반응이었다. 예수의 갑작스런 행동—성전에서 돈 바꾸어 주는 사람들과 장사꾼들을 채찍으로 내쫓고 상을 둘러엎어버린—은 그런 관행을 묵인해 주었던 성전 당국에 대한 도전이었다. 그러므로 그의 적대자들은, "당신이 이런 일을 하다니, 무슨 표징을 우리에게 보여주겠소?"라고 하며 예수의 권위에 도전했다. 예수는 이런 수수께끼 같은 대답을 한다. "이 성전을 허물어라. 그러면 내가 사흘 만에 다시 세우겠다." 전형적인 요한의 방식으로, 복음서 기자는 예수께 질문을 한 사람들이 그의 말을 문자 그대로 이해하여, 이 성전을 짓는데 46년이나 걸렸는데, 그가 이것을 어떻게 사흘 만에 세울 수 있는지 묻고 있다고 말한다.

학자들은 여기서 언급된 46년은 헤롯이 대략 기원전 20-18년에 그 성전을 다시 짓기 시작한 해와, 요한이 묘사하고 있는 사건이 일어났던 때 사이에 경과된 시기라고 믿는다. 그렇다면, 그때 이 이야기의 시기는 약 기원후 26-28년이 될 것이다. 만일 일반적으로 추정하는 것처럼 예수가 기원전 4년에 태어났다면, 사역을 시작했을 때 그는 30세나 32세쯤 되었을 것이다. 그들을 너무나 당황스럽게 했던 예수가 그의 적대자들에게 했던 대답은 나중에 십자가 처형을 당할 때 제자들의 믿음을 지지해 주려는 의도였는지도 모른다. 왜냐하면 예수가 십자가 위에서 죽고 다시 부활하게 될 자신의 몸을 성전이라고 언급하고 있었던 것이 분명하기 때문이다.

23-25절이 흥미롭다. 왜냐하면 그들이 다시 예수를 심리학자로 보고 있기 때문이다. 요한은 많은 사람들이 예수가 보여준 표징으로 인해 감동을 받았다고 말한다. 그러나 그는 또한 예수가 그들을 의심스러워했으며, 사람들에 대해서는 어느 누구의 증언도 필요하지 않았다고 말한다. 왜냐하면 그가 그 자신의 직관력이나 초자연적 인식 능력에 의해 그들을 평가할 수 있었기 때문이다. 예수는 사람들의 외모("페르소나persona")뿐만 아니라, 그렇게 자주 어떤 사람의 의식적 열망 및 가식과 상반되는 어떤 사람의 인격의 숨겨진 무의식적 측면("그림자shadow")도 감지할 수 있는 능력을 가지고 있었기 때문이다. 그는 이런 사람들을 신뢰하지 않는다. 왜냐하면 그들 자신과 세상에 어떤 얼굴을 드러내지만 그들의 무의식적 동기와 의도를 인식하지 못하는, 겉보기와 다른 사람들은 믿을 수 없기 때문이다.

그러나 아마 이 이야기가 예수의 인격에 대해 우리에게 보여주는 가장 두드러진 측면은 그가 화를 냈다는 것이다. 우리는 화는 나쁜 것이고 피해야 한다고 하는 이야기를 종종 듣는다. 만일 예수가 화를 냈다면 어떻게 그럴 수 있었을까? 이 분노에 대한 문제는 면밀히 살펴 볼 만한 가치가 있다.

우리가 신약성서에서 사용된 네 가지 다른 희랍어 단어들을 살펴본 다면 분노의 심리를 이해하는데 도움이 될 것이다.

이런 단어들 가운데 우리가 살펴보려고 하는 첫 번째 단어는 **파로르기스모스**parorgismos[παροργισμός]다. 이것은 "자극받은 분노" 혹은 "촉발된 분노"를 의미한다. 그것은 대개 신약성서에서 용납되지 않았으며 위험한 것으로 간주되었다. 많은 신약성서의 용법을 보면, 우리는 **파로르기스모스**와 자아중심적인 분노를 동일시할 수 있다.

자아중심적인 분노는 그 사람의 자아중심적인 태도 혹은 방어책이 도전을 받았거나 드러났을 때 그 사람 안에서 분출된다. 우리가 자아중심적일 경우, 우리의 심리에는 약한 부분이 있게 된다. 만일 누군가 약한 부분에서 우리와 대면하게 되면, 우리는 두려움이나 맹목적 분노 둘 중 하나를 경험하게 될 것이다. 공주가 이름을 알아맞히고 그녀의 아기를 데려가려는 룸펠슈틸츠킨의 악마적 의도를 저지시키는데 성공한다는 내용이 민담에 나온다. 우리가 이 민담의 룸펠슈틸츠킨처럼 되면 화가 날 것이다. 그런 분노의 의도는 우리의 숨겨진 죄책감, 약점, 혹은 악마적 의도를 폭로함으로써 우리를 화나게 한 사람을 파괴하는 것이다. 이런 분노의 충동이 일어나면 살인을 저지르게 된다. 성서에서 그것이 비난받은 것은 당연하다.

신약성서에 사용된 이 단어의 동사형도 있는데, 그것은 "분노를 일으키다"를 의미하는 **파로르기조**_parorgizō_[παροργίζω]다. 그것은 에베소서 6:4에서 "부모는 자녀를 노엽게[_parorgizō_]하지 말고, 주님이 하시는 것처럼 그들을 타이르고 인도하며 기르십시오."라고 한 바울의 매력적인 말에 나온다. 이 경우에 자아중심성은 부모에게서 발견된다. 왜냐하면 부모는 그들 자신의 콤플렉스를 처리하지 않으면 그들 자신의 분노를 자녀에게 물려주게 되기 때문이다. 다시 한 번 바울은 그 자신이 훌륭한 심층심리학자임을 보여준다. 만일 그가 현 시대에 살았다면 그는 훌륭한 가족상담사가 되었을 것이다.

또한 자아중심적인 분노는 문자 그대로 "톱으로 켜다" 혹은 "분노로 이를 갈다" 혹은 수동적으로 "마음이 찔리다" 혹은 "분노하게 되다"를 의미하는 두 번째 희랍어 단어 **디아프리오**_diaprio_[διαπρίω]로 성서에 예시되어 있다. 사도행전에서, 베드로는 사도들을 고소하고 있는 공의회 회원들에게 말할 때, 그들이 듣고 싶어 하지 않는 말을 한다. 그는 이런 말을 한다. "그들이 이 말을 듣고 마음이 상했다[**디에프리온토**_dieprionto_: διεπρίοντο]"(사도행전 5:33, KJV). 우리는 같은 방식으로 사용된 단어를 사도행전 7:54에서 발견한다. 즉 스데반이 대제사장과 고소인들에게 대답하는데, 그가 말해야만 했던 것을 듣고 매우 격분해서, 그들은 "이것들을 듣고 마음이 상하여 그를 향하여 이를 갈았다"(KJV).

우리가 살펴볼 분노를 나타내는 세 번째 희랍어 단어는 **뒤모스**_thymos_[θυμός]인데, 이것은 "마음의 강한 격정이나 정서, 화 혹은 분노," 아니면 심지어 "화의 팽창"을 의미한다. 그 예가 누가복음 4:28, 사도행전 19:28, 고린도후서 12:20 그리고 갈라디아서 5:20에서 발견된다. 이 단어는 대개 충동과 격정을 나타낸다. 고전적인 희랍어 단어 **뒤모스**가 "영혼soul"을 의미한다는 것이 흥미롭다. 영혼으로서, 그것은 분노의 자리를 나타내지만, 정신과 용기를 나타내기도 한다.

이런 분노는 위험하지만, 그것은 또한 열광적이고 격정적이고 이해할만 한 것이다. 예를 들어 당신이 작은 집에 살면서 병든 아내를 돌보는 노인이고, 가끔 응급처치를 위해 그녀를 병원에 데려가야 한다고 생각해 보자.[1] 그러나 길 건너에 사는 젊은 남자들이 태연히 그들의 차를 당신의 진입로에 세워 둔다. 당신이 그들에게 그렇게 하지 말아달라고 부탁했는데도 그들은 당신을 무시한다. 당신이 경찰을 불렀지만, 그들은 더 중요한 범죄로 바빴다. 당신은 그 젊은 남자들에게 도리에 맞게 다가가서 말을 하려고 하지만, 그들은 오히려 오만하게 대한다. 당신은 또한 그들이 마약을 취급하고 있다는 의심을 갖게 된다. 어느 날 다시 그들의 차가 당신의 진입로에 주차되어 있을 때, 당신은 길을 건너가서 그들에게 그것을 옮겨줄 것을 부탁한다. 그러나 이때 당신은 장전된 권총을 가지고 간다. 다시 한 번 그들은 당신의 요구를 거절한다. 말을 주고받는다. 권총이 발사된다. 그 두 젊은 남자가 총에 맞아 죽는다.

그것은 비극이다. 노인은 기소되어 살인죄로 복역하게 되어야 할 것이다. 그러나 누가 그에게 동조하지 않을 것인가? 그가 왜 그 젊은 남자들을 죽였는지 누가 이해하지 못하겠는가? 사회는 이런 행동을 용납할 수 없지만, 우리 가운데 누가 그를 비난하기보다는 오히려 그

---

[1] 이 예는 실제로 있었던 일이다.

를 위해 슬퍼하지 않겠는가?

그런 경우에 분노는 우리의 자아중심성에서 나오는 것이 아니라, 깊은 우리 내면에 있는 격정적 반응에서 나온다. 그것은 도를 넘었거나 너무 성급하게 가해진 근본적으로 건강한 분노와 같은 것이다. 왜냐하면 건강한 분노도 있을 수 있기 때문이다. 그것은 견디기 힘든 상황에 대한 건강한 반응으로 표현되어 왔다. 이런 분노는 위험에 직면한 사람에게 용기를 주고, 도덕적으로 분노하고, 분개할 수 있는 능력을 우리에게 부여해준다. 그것은 우리에게 용기를 주고, 도덕적 결의를 다지게 해준다. 하지만 그것이 우리를 압도하면 그것은 비극으로 이어질 수도 있다.

뒤모스가 그것의 제대로 된 목표를 달성하려면 그것이 엄격한 의식과 결합되어야 한다. 그리스인들은 이것을 인식했고, 전투와 관련되어 있었던 두 신을 가지고 있었다. 하나는 피와 살육과 싸움을 좋아하고 인간들과 신들 모두에 의해 멸시를 받았던 신 아레스였다. 흥미롭게도 아레스는 거의 언제나 패했다. 다른 신은 아테나 여신이었다. 아테나는 교양 있는 냉철한 여신, 영웅들의 여신, 방어전의 여신이기도 했다. 그녀는 싸움을 좋아해서 싸운 것이 아니었다. 하지만 그녀는 그것이 필요했기 때문에 싸운 것이다. 싸울 때 그녀는 냉철한 두뇌와 기민한 전략을 사용했으며, 언제나 싸움에서 승리했다. 아테네라는 도시 이름이 그녀에게서 비롯된 것은 놀랄 일이 못된다. 아테나로 의인화된 정신과 결합된 **뒤모스**는 유용한 목적으로 사용된다. 이것은 가끔 로마서 2:8에서처럼, 그것이 우리가 살펴볼 진노를 나타내는 다음 단어, 즉 **오르게**orge[ὀργή]와 서로 바꿔 쓰인다.

뒤모스를 경험하고 아테나의 냉철함을 유지하려면 강한 자아가 필요하다. 이것은 자아가 약한 사람으로 특징지어지는 자아중심적인 분노와 대조되는 것이다(모든 자아중심성은 약한 자아의 한 형태이다). 강한 자아는 바라던 결과에 도달하기 위해 분노를 의식적으로 그리고 목적을 가지고 통제할 수 있다. 분노가 이런 식으로 통제될 때, 신약성서는 "분노의 확고한 목적"을 뜻하는 희랍어 단어 **오르게**를 사용했다.

신약성서가 예수의 분노 혹은 하나님의 분노를 말할 때, 대개 **오르게**가 사용되었다는 것이 흥미롭다. 예를 들어 마가복음은 예수가 손 마른 사람을 만날 때의 이야기를 우리에게 들려준다. 그러나 그것은 안식일이었으며, 예수는 그가 사람을 고쳐주려고 하면, 주위에 서있는 사람들이 그를 고발할 것을 알고 있다. 그때 우리는 이런 말을 듣게 된다.

> 그들의 마음이 강퍅하므로 그분께서 근심하사 분노[orge]하시며, 그들을 둘러보시고 그 사람에게 이르시되, 네 손을 앞으로 내밀라, 하시니 그가 내밀매 그의 손이 다른 손과 같이 온전하게 회복되니라 (3:5, KJV).

이런 분노는 신약성서에서 하나님과 예수에 의해 악이 파괴되는 수단으로 사용되었다. 그것은 "견디기 힘든 상황에 대한 건강한 반응"으로서의 분노의 본질이다. 그것은 하나님의 목적에 이바지하며 (자아중심적인 분노에서 비롯되는 것이 아니라) 인간의 마음 깊은 곳에 있는 자기Self에서 비롯된다. 이런 분노의 도움으로 죄 없는 사람이 보호받을 수 있으며 악이 파괴될 수 있다.

이제 우리는 가장 잘 알려져 있는 분노에 대한 성서의 언급이 어떤 의미인지 이해할 수 있게 되었다. 그것은 바로 에베소서 4:26-27에 있는 바울의 말이다. 그는 이렇게 말한다.

> 분을 내어도 죄를 짓지 말며 해가 지도록 분을 품지 말고 마귀로 틈을 타지 못하게 하라.(KJV)

혹은

> 화를 내더라도, 죄를 짓지 마십시오. 해가 지도록 노여움을 품고 있지 마십시오. 악마에게 틈을 주지 마십시오.(RSV)

이 경우에 흠정역과 개정 표준판의 번역이 더 잘 되어 있다. 왜냐하면 이 둘은 희랍어 단어 **파로르기스모스**를 충실히 번역했기 때문이다. 우리가 살펴본 대로, 그것은 우리의 무의식성 속에서 나오는 위험한 자아중심적인 분노다. 바울은 이런 분노가 올라와도, 하루가 끝나서 날이 완전히 저물 때까지 그것을 가지고 있지 말라고 우리에게 명령했다. 이것은 우리가 이해할 필요가 있는 분노이며, 그 때 우리는 우리의 콤플렉스와 자아중심성을 처리할 수 있다. 이것은 위대한 심리학자의 훌륭한 조언이다.

제7장

거듭나는 것
니고데모와의 대화
요한복음 3:1-8

니고데모의 이야기는 역사적 사건, 즉 실제적인 회고담의 특징을 지니고 있다. 니고데모가 "밤에" 나타났다고 자세하게 밝히는 것은 요한이 묘사한 대로 그 사건이 일어났다는 것을 보여준다. 그러나 요한은 다만 그 이야기의 역사성에 대한 이야기는 하지 않는다. 전형적인 요한의 방식으로, 그는 그 이야기를 빛과 어둠 그리고 영생에 대한 상징적 담론을 위한 "발사대"로 사용한다. 여기서 이 이야기를 둘로 구분지어 주는 것은 9절이다. 이 부분에서 우리는 예수와 니고데모의 실제 만남에 대해 먼저 논의해 보고, 빛과 어둠 그리고 생명에 대한 더 긴 논의는 다음 장을 위해 남겨둘 것이다.

니고데모에 대해서는 학자들 사이에서 두 이론이 있다. 하나는 그가 진지한 탐구자였다는 것이고, 다른 하나는 예수와 합의를 보려는 방식을 발견하려고 하든, 그가 옹호했던 것을 폄하하려는 방법을 찾아보려고 하든, 그가 속해 있는 바리새파 계급의 대표자로 왔다는 것이다. 전자가 사실이라면, 우리는 니고데모가 보다 심오한 진리를 찾고 있었지만, 그는 그의 문자주의와 구체주의적인 사고방식으로 인해 제한되어 있던 사람이었다고 추정해야 한다. 후자가 사실이라면, 우리는 그의 예수에 대한 질문과 그에 대한 태도가 진지하지 않았다고 추정해야 한다.

두 번째 관점의 경우는 그의 질문에 대한 예수의 대답이 퉁명스럽게 들리고, 니고데모의 대답이 따지기 좋아하는, 심지어 예수가 말하는 것을 조소하는 것처럼 보인다는 사실에 의해 강화되었다. 따라서 니고데모가 "사람이 늙으면 어떻게 태어날 수 있나이까? 그가 모태에 들어갔다가 다시 날 수 있나이까?"라고 말할 때, 이것은 풍자로 해석될 수 있다. 이와 비슷하게, 10절에 나오는 니고데모에 대한 예수의 마지막 말—"너는 이스라엘의 선생이면서, 이런 것들을 알지 못하느냐?"—은 예수가 진실 되지 못하다고 여겼던 사람을 퉁명스럽게 무시했다고 여겨질 수 있다.

이것이 사실이라면, 그것은 영적인 것에 관심이 있는 사람이 영적 신념을 논박하고 조롱하려는 잠재적 동기를 가진 누군가와 영적인 문제에 대한 논의를 진행하려고 하는 것이 소용없다는 것을 보여주는 완벽한 예다. 그들 자신이 그런 상황에 처해 있다는 것을 아는 사람들이 예수의 본보기를 따르고 대화를 짧게 줄이는 것은 현명한 일이다.

그러나 다른 관점을 보여주는 훌륭한 주장도 있다. 그것은 니고데모가 진실했었다는 것이다. 우선 그가 밤에 왔었다는 것을 자세하게 밝히고 있다. 그가 드러나지 않기 위해 밤에 왔었지만, 그가 바리새파 사람들에 의해 보냄을 받았다면, 그는 자신이 드러났든지 드러나지 않았든지 신경 쓰지 않았을 것이라고 생각하는 것이 합리적이다. 밤에 예수를 방문한 것은 그가 감지하고 있는 어떤 것에 대해 신경질적으로 묻고 있는 사람이 어느 정도 진실성을 가질 수 있으나, 예수를 적으로 보는 그의 동료들을 불쾌하게 하거나 화나게 하지 않으려는 것이었고, 그의 방문을 비밀로 하려고 애썼다는 것을 시사해준다.

두 번째로 니고데모가 그 복음서에 나중에 또 나타난다는 것은 사실이다. 요한복음 19:39는 예수가 죽고 아리마대 요셉에 의해 묻힌 뒤에, (시신을 방부처리하려고) "처음에 예수님께 밤에 왔던 니고데모도 몰약과 알로에 섞은 것을 백 근쯤 가지고 오니라."고 말한다. 만일 요한이 3장에서 말하는 이 이야기에서 니고데모가 적개심을 품고 알아보려고 온 사람이었다는 게 사실이라면, 우리는 나중에 그가 근본적인 마음의 변화를 겪었다고 추정해야 한다. 요한복음 19:39의 관점에서 보면, 니고데모가 서툴기는 했지만 진실했고 다소 신경질적인 탐구자였으며, 그는 예수에게 한 말이 적개심을 나타내고 있는 게 아니라 문자 그대로 보기 때문에 예수가 말씀하고 있는 것을 이해하는데 어려움이 있었으며, 예수가 그를 묵살하고 있는 게 아니라 심도 있게 깨우쳐 주려고 한다고 믿는 게 더 믿을만하다. 우리의 목적에 맞게 우리는 후자의 상황이 사실이었다고 추정하려고 한다.

니고데모는 질문이 아닌, 예수를 존경하는 말로 대화를 시작한다. 그가 영적 진리를 갈망하고 있다는 것을 감지하고 있는 예수가 그에게 이렇게 말씀한다.

내가 진정으로 진정으로 너에게 말한다. 남자man가 위로 부터 나
지 않으면, 하나님 나라를 볼 수 없다.

겉으로 보기에 간단해 보이는 이 말은 희랍어 원어에서 의미하는 많은 뉘앙스를 가지고 있다. 첫 번째 관심은 요한이 이 사건을 전하면서 사용하는 말이 존재하지 않는다. "남자가 위로부터 나지 않으면...."이라고 한 말을 생각하여 보라. 이 표현은 분명히 성차별적 태도를 보여준다. 왜 "남자"라고 했을까? "여자"라고 하면 어떠했을까? 여기서 "man"이라는 단어가 남자나 여자를 가리키기 위해 포괄적 의미에서 사용되었다고 해도, 그것은 여전히 성차별적 의미를 지니고 있다. 이런 표현이 성차별적인 것이 아니라는 것을 이해하기 위해서는 희랍어를 살펴보아야 한다.

희랍어에는 이런 의미로 사용될 수 있던 단어가 셋이 있다. 첫 번째 것은 아네르anēr[ανηρ]("남성중심의androcentric"에서처럼, "안드로스andros"는 이 희랍어의 인습화된 영어 번역이다)라는 단어다. 아네르는 "성인 남자"를 의미하며, 남편을 나타내는 단어이기도 하다. 그것은 기네gynē[γυνη], 즉 여자의 반대이며 "부인과gynecology"라는 단어가 거기서 나온 것이다. 그러나 이것은 요한복음 3:3에 사용된 단어가 아니다.

두 번째는 안드로포스anthrōpos[ἄνθρωπος]라는 단어다. 이것은 대개 "인간man"이라고 번역되기도 하며, 영어 단어 "인류학anthropology"이 그 말에서 나왔다. 이 단어는 "인간"을 의미하지만, 그것이 남성 정관사 (호 안드로포스ho anthrōpos)를 취하고 있기 때문에 그것은 대개 "남자

man" 혹은 "한 남자a man"라고 번역된다. 만일 **안드로포스**가 요한복음 3:3에 사용된 단어였다면, 이 단어는 아직 다소 성차별적 의미가 함축되어 있지만, 여전히 어떤 성차별적 의미가 함축되어 있는 **아네르**보다는 덜 성차별적인 것이었을 것이다. 그러나 사실상 여전히 세 번째 희랍적 표현은 요한복음 3:3에서 사용되었다.

이 세 번째 표현은 "어떤 사람", "누구"를 뜻하는 희랍어 비인칭 대명사 **티스**tis[τις]를 사용한다. 이 **티스**라는 단어에는 그 어떤 성적인 의미가 들어있지 않다. **티스**가 사용될 때는 성이나 나이나 그 어떤 다른 인간적으로 구분하는 범주가 내포되어 있지 않으며, 이것은 요한복음 3:3과 3:5에 모두 사용된 단어다. 우리가 숙고하고 있는 문맥에서 이 단어가 사용된 것이 특이하다. 이미 언급한 대로, **안드로포스**가 사용되었다면, 그것은 훨씬 더 편한 표현이었을 것이다. 사실상 니고데모가 "사람이 늙으면 어떻게 태어날 수 있나이까? 그가 모태에 들어갔다가 다시 날 수 있나이까?"라고 말할 때, 그는 **안드로포스**라는 단어를 사용한다. 우리의 저자가 일부러 그것에 어떤 성차별적이거나, 어떤 다른 구분하는 의미를 지니고 있지 않은 유일한 단어를 찾으려고 했다는 것이 분명하다. **누구든지** 올바른 영적 조건을 만나면 다시 날 수 있는 것이다.

그렇다고 해도, 우리는 흠정역, 필립스역, 새 영어 성서, 예루살렘 성서 그리고 다른 번역에서 "man"이 사용된 것을 발견한다. 그러나 개정 표준판 성서와 새 예루살렘 성서는 비인칭 영어 대명사 "one" 혹은 "no one"을 사용하고 있으며, 마르틴 루터는 그 희랍어를 비인칭 독일어 단어 **예만트**_jemand_[어떤 사람이란 뜻.—옮긴이]로 번역했다. 그것은 적어도 이 경우에 다만 어떤 번역자들이 다른 사람들보다 희랍어 원어와 그것의 중요한 현대적인 의미의 뉘앙스에 더 민감한 것이라고 할 수 있다.

그러나 우리가 이 구절에 사용된 희랍어에 들어있는 다른 의미의 뉘앙스를 살펴보는 것이 중요하다. "사람이 **위로부터** 나지 않으면"이라는 표현에서 사용된 희랍어는 "위로부터" 혹은 "다시"를 의미하는 **아노덴**_anōthen_[ἄνωθεν]이다. 이 경우에는 어떤 의미가 바른 것인가? 어떤 번역본들(예컨대 예루살렘 성서)은 "위로부터"를 사용하고 있지만, 다른 번역본들(예컨대 흠정역과 개정 표준판 성서)은 "다시"를 사용하고 있다. 두 가지 의미가 모두 요한에 의해 의도된 것이라고 추측해 볼 수 있다. "위로부터 난"이라고 해석하면 우리가 "천상적 위치"라는 문제로 여기게 되고, "다시"라고 해석하면 우리가 "기독교적 신비"로 생각하게 된다. 우리가 그것을 제4복음에서 발견되는 천상적 위치의 문제로 시작해 보자.

우리가 서론에서 그리고 이전의 장에서 간단히 언급했던 위/아래는 제4복음의 주제 중 하나를 구성하고 있다. "위"는 "위쪽, 하늘, 창공," 그리고 어쩌면 가치의 측면에서 "상위에 있는" 것을 의미한다. "아래"는 "아래쪽, 땅, 땅 아래 있는 것" 그리고 어쩌면 가치의 측면에서 "하위에 있는" 것을 뜻한다. 이 경우에 "위로부터"("아래로부터"가 아니라) 난다는 사실은 땅과 "아래 있는 것들"에게 불리한 것으로 들린다. 사실상 제4복음에서 하나님은 위에 계시지만 우리는 아래에 있고, 마지막에 그리스도는 "위로 올라가고," "아래로 내려오지" 않는다. 우리는 우리가 땅에 대한 기독교적 편견을 가지고 있고, 어쩌면 아래 있는 것을 악과 연관시키는 것이 아닌가 생각한다.

어느 정도 이것은 사실이다. 기독교인들은 하데스Hades 혹은 죽은 영혼이 사는 곳이 아래에 있고, 땅속이나 아래 있다는 생각을 그리스인들, 구약성서의 유대인들 그리고 다른 이들과 공유했다. 그래서 신명기 32:22에 보면, 야훼의 분노가 "스올의 깊은 곳까지 불사르며"(NJB)라고 되어 있다. 또한 누가복음 10:15에서 예수는 회개하지 않는 가버나움에 대해, "가버나움아, 네가 하늘에까지 높아지고 싶었느냐? 네가 지옥에까지 떨어질 것이다."라고 말씀한다. (예수가 사용한 표현은 이사야서 14:13에서 차용한 것이다.)

위에 있는 하늘을 좋게 보는, 아래 있는 땅에 대한 이런 편견은 기독교 건축 양식에 반영되어 있다. 왜냐하면 교회 꼭대기에 첨탑이 있고 그 첨탑들이 하늘 "높이" 치솟아 있는 것은 거기에 천국이 있고 하나님이 거기 계신다고 믿기 때문이다. 첨탑들은 하늘로부터 신적인 에너지를 받으려고 하는 영적인 피뢰침과 같은 것이라고 말할 수 있다. 예배를 드리는 어떤 기독교인들은 이런 태도를 보여준다. 그들은 기도할 때 손바닥을 위로 높이 들고, "높은 곳"으로부터 (그들 내면으로부터가 아닌) 그들에게 임할 신적인 은혜를 받기 위해 위쪽을 바라본다. 이것은 모두 너무나 아주 흔한 일이기 때문에 대체로 기독교인들은 그것을 당연한 것으로 여긴다. 그러나 어떤 이들 중에는 그 문제를 반대로 보는 사람들도 있다. 예컨대 호피 족 사람들과 푸에블로 인디언들 사이에서 "교회" 혹은 키바[북미 푸에블로 인디언의 지하실 큰 방으로 종교의식이나 회의에 쓴다.—옮긴이는 지하에 있는 둥근 방이다. 그곳에 들어가려면 사다리를 타고 내려가야 한다. 키바의 바닥에는 **시파푸***sipapu*라고 알려져 있는 작은 구멍이 있으며, 이것은 땅으로 내려가는 좁은 통로다. 왜냐하면 신은 위로부터가 아니라 아래로부터 오기 때문이다.

이 모든 것은 심리학적으로 교훈적이다. 우리의 현대 서양적인 의식적 태도는 수 세기에 걸쳐 위에 있는 것이 아래 있는 것보다 우월하다고 간주했고, 땅보다 하늘에 호의적이었으며, 인간적인 의식이 땅의 영을 폄하하고 하늘의 영을 강조함으로써 형성되어 온 것이다. 심리학적 차원에서 보면, 이것은 지하계적인(지상적인) 남성이나 여성을 폄하하고, 본능을 평가절하하고, 땅에서 비롯되는 우리 안에 있는 영을 악마적인 것으로 보고, 여성적인 것보다 남성적인 것을 선호하는 것이다. 또한 환경적인 차원에서 볼 때, 이것은 모성 대지와 그녀의 힘을 자아의 열망이 지닌 힘보다 경시하는 것이다.

개성화 과정에서 과장된 이런 의식적 태도는 보상되고 조정되어야 하며, 사람은 그럼에도 불구하고, "모성 대지"가 의미하는 것을 가치 있게 생각하는 것을 배워야 한다.

그러나 우리는 이 문제를 지나치게 과신할 수도 있다. 요한복음이나 기독교가 엄밀한 의미의 그런 땅을 폄하하지는 않는다. 구약성서에서는 물론, 신약성서에서도 땅은 하나님의 창조물이고 좋은 것이다. 기독교 역사와 전통에서 중요한 많은 사건들이 땅위에서 그리고 땅 안에서 일어났으며, 그 중에서 성육신 그 자체는 결코 하찮은 것이 아니다. 예를 들어 우리가 살펴본 대로, 그리스도는 동굴에서 태어난 것(주님이 태어난 마구간은 동굴이었던 것이 거의 확실하다)으로 보이며, 기독교 전통은 제자들에 대한 예수의 가장 중요한 많은 가르침이 동굴에서 전해졌다고 말한다. 소위 마리아의 지하 무덤은 이스라엘에 있는 기독교적 성소와 같으며, 교회 건축물과 관련하여 교회의 영적으로 가치 있는 구역은 크립트crypt, 즉 지하실인데, 그것은 "숨겨져 있는, 비밀스런"이라는 뜻을 가진 희랍어 크립토스*kryptos* [κρυπτός]에서 온 것이다. 크립트는 기독교 신앙과 교리의 상부구조를 정신적으로 뒷받침해주는, 숨겨져 있는, 비밀스런 기독교의 가르침이 저장되어 있던 장소다. 사실상 카이로에 가면 성가족 교회를 방문할 수 있는데, 그것은 헤롯으로부터 요셉이 마리아와 아기 예수와 함께 도망갔을 때, 성聖 가족이 은신처로 삼았던 것으로 추정되는 동굴 위에 지어진 콥트 교회다. 실제로 땅과 아래 있는 것에 대한 현대적인 영적 편견은 본래 기독교에서 나온 것이 전혀 아니라, 땅을 열등하고 악의 영역이며, 빛의 자녀들을 무지의 어둠을 통해 그의 물질적 영역 속에 가두어 놓았던 사악한 데미우르고스Demiurge[영지주의자들은 이 말을 최고신 하나님과 구별하여 물질세계의 기원이 되는 하급 신을 가리키는 말로 썼다.—옮긴이]로 폄하했던 영지주의에서 유래된 것이다. 기독교가 영지주의적인 가르침을 거부했던 주된 이유는, 땅과 물질세계 그리고 아래 있는 것에 대한 영지주의적인 부정적 태도 때문이었다.

    그러므로 그것은 신약성서에서 "위"와 "아래"는 있는 그대로의 지리적 위치가 아니라, 내적 혹은 영적 위치를 말하는 것으로 이해하는 것이 가장 좋다. "더 높은 것"은 현재 우리의 제한된 자각을 초월하는 통찰과 진리를 언급하는 것이며, 만일 하나님이 "높은 곳"에서 오신 다면, 그것은 하나님이 우월한 통찰과 능력을 주시기 때문이다. 분명히 제4복음에서 그 모든 "지리적" 용어는 이런 식으로 상징적으로 다루어져야 한다.

우리는 위에 있는 것에 대한 관념이 샤머니즘적 영성에서 거의 동일한 방식으로 사용되었다는 것을 발견한다. 미국 인디언들과 같은 일반적인 샤머니즘적 문화를 공유했던 세계 도처에 있는 사람들 사이에는 위의 세계와 아래의 세계가 있었다. 남자 샤먼이나 여자 샤먼은 독특한 영적 경험을 통해 평면 대지에서 위 혹은 아래의 세계로 여행을 했고, 거기서 특이한 통찰을 얻었던 사람이었다. 대개 그것은 상부 세계로의 여행이었다. 한 예가 바로 블랙 엘크다. 혼수상태에 있을 때 그는 환상 속으로 들어갔고, 그 속에서 샤먼 혹은 치유자로서 그의 미래 역할이 시작되었으며. 아주 높은 산으로 옮겨져서, 거기서 그가 알게 되었던 것들을 그에게 가르쳐준 "조상들"과 대화를 했다.

우리는 아노덴이라는 단어의 의미가 "위로부터"라는 의미라는 것을 살펴보았다. 이제 우리는 이 단어가 의미하는 것이 "다시" 난다는 뜻과 관련이 있다는 것을 살펴볼 것이다. 다시 난다는 것은 개개인의 완전한 정신적·영적 변화와 새로워짐을 의미한다. 사도 서신에서 말하는 그런 근본적 변화는 옛 사람의 죽음과 새사람의 출현(로마서 6:1-7)과 같은 것이다. 다른 신약성서에서 이것과 비교되는 것은 외적인 인간성이 사라지고 내적 인간성이 강화되어 나타나는 것이다(고린도후서 4:16). 이런 새로운 인간 안에서, 인격의 중심은 더 이상 낡은 자아가 아니라 우리의 존재의 내적 중심인 그리스도이다(갈라디아서 2:20). 그리스도를 통한 이런 근본적인 인격의 변화는 기독교적 신비mystērion의 본질이다.

이전의 장에서 우리는 신약성서에서 신비, 즉 인격의 변화와 계시된 지식의 융합으로 이어지는 입문 의례의 중요성을 살펴보았다. 기독교적 신비는 개개인의 영혼을 새로운 중심(그리스도)을 통해 낡은 자아가 죽고 새로워지는 과정으로 인도한다. 요한복음에는 신비 mystērion라는 단어가 나오지 않지만, 거기에는 새로 난다는 관념이 들어있다. 새로 나는 것은 인식 가능한, 묘사될 수 있는 정신적 경험이다. 그것은 모든 개성화 과정의 중심을 이룬다. 그것이 일반적인 방식으로 묘사될 수는 있지만, 그것이 집단적 방식으로 이루어질 수는 없다. 개개인은 각자 그 사람 자신의 방식으로 죽고 다시 태어나는 과정을 겪어야 한다. 그러나 그런 과정을 겪어낸 많은 사람들만큼 이것이 성취되는 다른 방식이 많이 있지만, 각기 재생이 이루어지는 핵심에는 동일한 중심 원형이 있다. 즉 그 원형으로 인해 거짓된 인격의 중심으로서의 자아가 새롭고 진정한 중심으로 바뀌는 것이다.

쿤켈과 융은 이 인격의 새로운 중심을 "자기Self" 혹은 "진정한 자기Real Self"라고 부르며, 신약성서에서는 그것을 내면의 그리스도라고 칭한다. 개성화의 심리학은 신약성서가 신화적 혹은 초자연적 용어로 묘사하는 그 과정을 경험적으로 묘사한다. 심리학은 더 중립적인 과학 용어를 사용한다. 왜냐하면 그것이 폭넓고 다양한 문화적·종교적 배경에서 온 사람들을 다루려면 과학적이기도 하고 보편적으로 받아들여질 수도 있는 용어를 찾아야 하기 때문이다. 종교는 영혼에게 말을 하고 심리학적 과정을 형이상학적 배경과 연결하여 주는 용어를 선택한다. 그것이 사실이라면 신약성서가 말하고 있는 것처럼, 거기에는 다시 태어나는 것으로 묘사된 매우 근본적인 변환 과정이 있다. 그런데 융과 쿤켈 같은 경험심리학자들이 인간 영혼과 그것의 변신을 탐구하면서 이런 과정을 우연히 발견했다는 것에 놀라서는 안 된다. 사실상 이것이 사실이 아니라면 우리는 진지하게 질문해 보아야 할 것이다. 이런 효과에 대한 종교적 진술이 결국 살아있는 현실에 근거를 두지 않은 단순한 희망 사항이나 형이상학적 진술에 불과했다면 말이다. 어떤 사람들은 이런 자기Self에 대한 관념을 싫어한다. 왜냐하면 그들은 그것이 종교를 "심리학화"하는 것으로 믿기 때문이다. 그러나 다른 사람들은 그것을 기독교가 계속 말해왔던 것을 옹호하는 것으로 본다. 어떤 성직자는 그것을 이렇게 말한다. "인간이 하나님으로 충만해 있으면 하나님의 존재가 증명된다."[1]

예수는 계속해서 거듭남rebirth을 하나님의 나라를 "볼 수 있는" 조건으로 만든다. 그는 "사람이 위로부터 [다시] 나지 않으면 하나님의 나라를 볼 수 없다"고 말한다. "하나님의 나라(또는 천국)"는 공관복음에 여러 번 나오지만, 요한복음에는 단 한 번 나온다. 다른 곳에서 요

---

[1] Origen, *Commentary on John* 2.2. 그리스 학자 Samuel G. Green의 다음과 같은 말과 비교해 보라. "관사가 분명히 필요한 곳에 생략되어야 한다거나, 전혀 불필요하거나 엉뚱한 곳에 사용되어야 한다는 것은 결코 있을 수 없는 일이다." (Samuel G. Green, *Handbook to the Grammar of the Greek New Testament* [New York: Fleming H. Revell, 1912], 181.)

한은 "영생"을 그것과 동등한 표현으로 사용한다. 하나님의 나라는 다만 "영적인 눈"이 열려 있는 사람들에 의해서만 "보일" 수 있는 심리학적으로 그리고 영적으로 사람들에게 영향을 주는 형언할 수 없는 실재처럼 보일 것이다. 신약성서에서 동사 "보다 to see"는 앎 knowing 에 대한 관념과 밀접하게 연관되어 있다. 우리는 희랍어가 지식의 어떤 측면을 각기 표현하고 있는 앎에 대해 이미 논평하여 보았다. 이런 단어 가운데 하나는 오이다 oida[οἶδα]이다. 오이다는 "내가 본다"는 것을 의미하는 에이도 eidō[εἴδω]의 완료시제다. 그러나 이 단어는 가끔 희랍어에 나오는데, 이 경우에 완료시제가 현재라는 의미와 함께 사용된다. 그래서 오이다가 객관적 실재를 가지고 있는 것으로 여겨진다는 의미에서 "나는 안다"를 뜻하지만, 그것이 지금 마음속으로 표명하기 때문에 그것은 지식의 항목이 된다. 요한복음 3:3은 하나님의 나라가 다만 어떤 내적 조건이 맞을 때에만 알려질 수 있는 영적 실재임을 볼 수 있도록 영향을 준다.

고지식한 생각을 가진 니고데모는 이것을 이해하기가 힘들다는 것을 알게 된다. 오늘날 우리들 가운데 많은 이들과 마찬가지로 상징적으로 생각할 수 있는 능력이 없었기 때문에 그의 영적인 이해는 제한되어 있었다. 상징적 사고는 우리가 진리를 이해할 수 있게 해준다. 상징적 사고를 하지 않으면 우리는 진리를 파악할 수 없다. 우리가 살펴본 대로, 우리가 우리의 꿈에서, 그리고 이 경우에 예수의 가르침에서 발견하는 것과 같은 수수께끼는 우리를 "더 멀리까지" 이르게 해준다. 그래서 우리는 우리가 전에 인식하지 못하고 있던 심리학적 의미와 영적 의미를 파악할 수 있다. 아직 그가 남의 말을 잘 못 믿지만, 니고데모는 이해하려고 노력하고 있다. 그래서 그는 예수께 "사람이 늙으면 어떻게 태어날 수 있나이까? 그가 모태에 들어갔다가 다시 날 수 있나이까?"라고 묻는다.

우리가 여기서 접하고 있는 강렬한 이미지, 즉 새로운 사람으로 다시 태어나기 위해 어머니 뱃속에 들어가는 이미지가 어떤 것인지 생각해 보라! 니고데모는 구체적으로 받아들였지만, 예수는 그것을 상징적으로 받아들였을 것이다. 예수는 "하나님의 자궁"이라고 불릴 수 있는 것에 대해 말하고 있으며, 여기서 우리는 산드라 슈나이더스가 우리에게 지적해 주었던, 하나님에 대한 성서의 여성적인 비유 가운데 하나를 접하고 있다. 만일 하나님이 우리가 다시 태어날 수 있는 엄청난 정신적인 자궁을 가진 분이라면, 그때 하나님은 "남성적인 분"은 물론이고 "여성적인 분"이고, "부성적인 분"은 물론이고 "모성적인 분"임에 틀림없다.

우리는 니고데모가 실제로 예수에게 이런 질문을 했는지, 우리의 저자가 예술적 감각이 있는 생각으로 표현했는지 확신할 수 없다. 어떠한 경우에도, 그 질문은 다시 태어나는 것의 의미를 더 상세히 말할 기회를 예수에게 주고 있다.

> 내가 진정으로 진정으로 너에게 말한다.
> 누구든지 물과 성령으로 나지 아니하면,
> 하나님 나라에 들어갈 수 없다.

육에서 난 것은 육이요,
영에서 난 것은 영이다.
너희가 위로부터 [혹은 다시] 태어나야 한다고 내가 말한 것을,
너는 이상히 여기지 말아라.
바람은 불고 싶은 대로 분다.
너는 그 소리는 듣지만
어디에서 와서 어디로 가는지는 모른다.
성령으로 태어난 사람은 다 이와 같다.

(요한복음 3:5-8, [표준새번역])

예수는 사람이 "물"과 "성령"으로 다시 태어나야 한다고 말씀한다. 우리는 이제 "물"과 "성령"이라는 단어가 심리학적으로 어떤 것을 의미하는지 살펴볼 것이다.

"물과 성령[the] spirit으로 다시 태어나는 것"이라는 표현에서, 우리는 희랍어 문법의 미묘함이 어쩌면 번역 과정에서 없어져 버린 의미의 중요한 뉘앙스를 추가해주는 다른 경우를 알고 있다. 희랍어에서 정관사 "the"가 쓰였는지, 생략되었는지가 늘 중요하다. 오리게네스가 언젠가 프롤로그에서 관사의 사용에 관해 말한 바와 같이, 이것은 특히 요한복음에서 사실이다.

이어서 우리는 요한이 이 문장에서 관사를 사용한 것을 주목해야 한다. 그는 이 점에 있어서 아무렇게나 글을 쓰지도 않고 희랍어의 미묘함을 잘 모르는 것도 아니다.[2]

정관사 "the"가 명사 앞에 나올 때, 그것은 그것의 일반적인 부류와 구별되는 것으로 명사를 더 돋보이게 하고, 별개의 독립체로서 그것에 주의를 환기시킨다. 정관사가 빠져 있을 때, 논의가 되고 있는 명사가 다른 명사들이나 그 부류의 다른 구성원들과 덜 뚜렷하게 구별된다. 우리가 막 인용한 예루살렘 성서의 번역에서 우리는 "물과 성령the Spirit"이라는 말을 읽게 된다. 흠정역, 개정 표준판 성서 그리고 새 영어 성서와 같은 다른 번역들 또한 "성령Spirit"이란 단어 앞에 정관사를 포함하고 있다. 그러나 희랍어에서는 "물"이라는 단어나 "영spirit"이라는 단어 앞에서 정관사가 발견되지 않는다. 그리고 새 영어 성서와 필립스역에는 단지 "물과 영water and spirit"으로 번역되어 있다.

이런 겉보기에 미묘한 차이의 영향이 중요하다. 만일 정관사가 "물과 영"이란 단어 가운데 하나나 둘 모두와 함께 나타난다면, 그것은 거듭남의 경험이 이중적 의미를 지니고 있다고 시사해준다. 즉 그것은 먼저 물로 인한 경험으로, 그 다음에는 영으로 인한 경험으로 이루

---

2 Origen, *Commentary on John* 2.2. 오리게네스는 아마 모든 초기 기독교 사상가들 중에서 가장 훌륭했을 것이며, 주로 알렉산드리아에 있던 유명한 기독교 교리문답 학교의 발전에 책임이 있었다. 그러나 그는 후대 교회에서 영혼선재설[영혼이 육체와 별도로 먼저 존재하고 있다가 잉태 또는 출생과 함께 육체와 결합된다는 교리.—옮긴이] 때문에 거부되었다. 또한 그가 나중에 윤회설과 관련되었다는 것은 정도에서 벗어난 것이다. (내 책 *Soul Journey: A Jungian Analyst Looks at Reincarnation* [New York: Crossroad, 1991, 제5장]을 보라. 동방교회는 그를 매우 존경하고 있지만, 교부의 한 사람으로 간주하지는 않는다. 그는 자신의 동료들 몇몇과 의견의 차이가 생기게 했던 매우 신비로운 성향과 탐구심을 가지고 있었다. 그러나 오리게네스는 그 자신을 기독교인으로 생각했고, 그리스도 안에서 자신의 신앙을 철회하는 것을 거부했기 때문에 힘든 고문을 받다가 죽었다. 나는 그것으로 충분하다. 나는 그를 진정한 사변적인 초기 기독교 신학자로 간주한다.

어진다. 관사가 거기에 없다는 사실은 비록 거듭남의 경험이 이중적 측면을 지니고 있지만, 그것은 우리가 말하자면 물-성령을 통과하는 어떤 경험이라는 것을 보여 준다.

관사가 빠져있는 것의 두 번째 영향은 이 경우에 희랍어 단어 **프뉴마**pneuma를 "영spirit" 보다는 "바람"으로 번역하는 것이 중요하게 보이도록 하는 것이다. 프뉴마라는 단어는 "바람," "움직이고 있는 공기" 혹은 "영"을 의미한다. 이 경우에 우리는 물이 살아 있는 이미지인 것처럼, **프뉴마**를 신적인 바람과 같은 것으로 생각함으로써 살아 있는 이미지에 이르게 된다.

이런 차이의 영향 가운데 더 많은 것은 짧게 생각해 볼 것이다. 그러나 우리는 우선 "물"로 태어난다는 생각으로 돌아가 볼 것이다.

대부분 학자들은 예수가 물을 통해 태어나야 한다고 말했을 때, 그가 기독교의 세례에 대해 언급하고 있었던 것으로 본다. 이것은 물론 예수가 성례전, 신조, 성직자, 교단의 규칙을 가진, 곧 나타나게 될 교회를 염두에 두고 있었다는 것을 의미한다. 교회가 나중에 예수의 말씀의 이런 의미(eisegesis)로 거슬러 올라갈 것이 당연하지만, 예수는 물을 변화의 매체였던 영적 실재의 상징으로 사용했던 이 구절의 전체 취지와 어울릴 것 같다. 초기교회에서 세례가 신자에게 강한 영향을 미치지 않은 것은 아니다. 우리가 다른 장에서 살펴보겠지만, 그것은 분명히 기독교적 **신비**의 주된 표현 가운데 하나였다. 그러나 오늘날 적어도 대부분의 사람들에게는 세례의식에서 신성력이 사라져 버리고 말았으며, 세례는 종종 그런 의식에 참여하는 사람들에게 종교적 의미보다 더 사회적·인습적 의미를 지니고 있는 의식이다. "물"이 상징적으로 말해 줄 수 있는 것을 이해하기 위해 물의 특징에 대해 깊이 생각해 보고, 물이 우리의 꿈에서 상징으로 나타나는 방식을 살펴보도록 하자.

물은 어두운 것이고, 사막에 활기를 주고 생명체가 열매를 맺게 하는 습한 것이다. 물은 자궁 같은 것이고, 찬 것이고, 여성적인 것이다. 물은 온갖 장애를 극복한다. 다른 장애물을 만날 때 물은 그 아래로 흐르고, (증발을 통해) 위로 올라가거나 그 둘레를 돌아 바다를 향해 흘러간다. 물은 여성적이다. 고대 중국의 심리학으로 보면, 그것은 음yin이다.

우리가 이미 살펴본 대로, 꿈에서 물은 무의식을 나타내는 모든 상징 중에서 가장 일반적인 것이다. 물은 우리의 꿈에서 생명을 주는 무의식의 에너지를 상징하기 위해 흐르는 (물은 이런 식으로 시편에 나온다. 예컨대 시편 46:4에는 "강이 있어 그 줄기들이 하나님의 성을 즐겁게 하는구나."[NJB]라고 되어 있다) 것으로 나타난다. 물은 치유하고 생명을 불어 넣어주는, 우리의 내적 심연에서 나오는 것을 상징하는 샘으로 나타난다. 물은 하나님의 축복과 고통스런 내적 긴장으로부터의 해방을 상징하는 비로 내린다. 물은 우리가 우리 자신의 정신이라는 바다에서 안전하게 수영할 수 있을 정도로 심리학을 배우는 것이 중요하다는 것을 상징하는, 우리가 수영해야만 하는 큰 수역으로 나타난다. 또한 물은 살아있는 유기체의 생명과 영혼의 생명이 모두 본래 그것에서 나온, 모든 생명체의 위대한 어머니요 모체인 무의식을 상징하는 바다 그 자체로 나타난다. 여기서 물은 "오래된 바다 모성Old Sea Mother," 즉 모든 정신적인 생명의 근원적 원천이다.

이제 우리는 물의 이미지와 바람의 이미지를 비교하여 볼 것이다. 바람은 관통한다. 바람은 우리 집의 극히 작은 틈을 통해 들어오기도 하고, 아주 울창한 숲을 관통하기도 한다. 바람은 그것이 접촉하는 천지만물과 대상에게 영향을 미친다. 즉 바람은 여행자의 외투를 잡아당기고, 나뭇잎을 바스락거리게 하고, 바위를 침식시켜 그 모양이 바뀌게 하며, 돛단배가 바다를 항해하도록 한다. 강한 바람은 매와 독수리가 하늘 높이 날도록 해준다. 허리케인은 거칠게 불어와서 파괴하기도 한다. 그러나 바람은 비를 내리게도 한다. 성서적 이미지에 나오는 대로 바람은 비와 밀접하게 연관되어 있다. 비를 내리게 하는 바람은 모든 생명체에게 실체를 제공해주는 지표면을 가로 질러 움직인다. 창세기 1장의 설명을 보면, 비슷한 방식으로 "신적인 바람과 같은" 하나님이 수면 위에 움직이다가 세상을 만들려는 생각을 곰곰이 생각하셨다고 한다. 만일 물이 습하고 수용적인 음yin이라면 바람은 움직이는, 생식력 있는 양yang이다.

우리의 꿈에서 바람은 꿈에 나오는 집으로 들어가서 파란을 일으키고 신비로운 영향을 준다. 가끔 그것은 꿈에서 위험한 폭풍으로 나타난다. 다시 말해 그것은 "그 때에 주께서 욥에게 폭풍이 몰아치는 가운데 대답하셨다."(욥기 38:1, RSV)고 하나님이 욥에게 바람 가운데 말씀하신 것처럼, 우리에게 말씀하시는 중심Center의 이미지로 나타난다. 그것은 "영," 즉 "불고 싶은 대로 불고, 네가 그 소리는 듣지만, 어디에서 와서 어디로 가는지 알 수 없는," 예측할 수 없고 창조적이고 위험하고 영감을 주는 정신에 대한 모든 것을 상징한다. 그것은 너무나 깊고 생명 그 자체의 능력과 연결되어 있어서 그것을 하나님의 성령이라고 부르는 것이 당연한, 우리 내면의 원천에서 비롯되는 정신의 창조적이고 비합리적인 남성적 힘을 상징한다. 그때 이 바람이 우리를 "육"에서 "영"으로 변화시키는 것은 놀랄 일이 아니다. 우리가 이미 이전의 장에서 살펴본 대로, 육은 다른 것들 중에서 "하나님의 바람," 성령에 의해 변화된 우리의 통상적인 인간 본성을 나타낸다. 그때 우리는 신약성서의 용어로, 무의식적으로 살고, 행동하는 인간으로부터 안드로포스 프뉴마티코스 *anthrōpos pneumatikos* [ἄνθρωπος πνευματικός], 즉 영적 인간으로 변화되는 것이다.

이 두 세력—정신의 음과 양, 즉 만물의 두 활력 있는 양극—은 요한복음이 보다 높은 의식意識이라는 매체를 통해 "다시 나는 것"과 "위로부터 나는 것"과 같은 존재의 변화에 영향을 끼치기 위해 우리 안에서 함께 작용한다. 그것은 제4복음의 저자가 잘 알고 있는 과정일 뿐만 아니라, 개성화의 신비로운 과정을 연구하는 사람들이 경험적으로 묘사할 수 있는 과정이기도 하다.

예수의 거듭남의 관념에 대한 의미의 뉘앙스가 하나 더 있다. 그것이 희랍어에는 나타나지만, 영어권 독자는 그것을 놓칠 수 있다. 요한복음 3:5—"사람이 물과 성령을 통해 나지 아니하면"(NEB)—은 "중심으로부터 밖으로"라는 뜻의 희랍어 전치사 에크*ek*를 포함하고 있다. 그러므로 다시 난 사람은 비록 그 혹은 그녀가 정신적 혹은 영적 요소를 통과했다고 하더라도 물과 바람 "으로부터" 나온 사람이다.

요한복음에 나오는 거듭남의 관념은 그 안에 통과의 관념을 담고 있다. 본래 우리 모두는 태어날 때 질의 "터널"을 통과했다. 다시 난 모든 사람은 어둡고 좁은 길(예수가 마태복음 7:14에서 말하는 "좁은 길"에 비유되는)을 통과하여 다른 쪽으로 나오는 것과 같다. 우리가 이렇게 통과하는 신적인 도움을 받거나 영적인 선생과 심리학적인 의사의 도움을 받든, 아니면 둘 다의 도움을 받든 우리는 말하자면 다른 쪽에서 새 사람으로 나오려면 거듭남의 터널을 통해 밀쳐지고 끌어당겨져야 한다. 우리가 이제 경험하는 "새로운 것newness"은 희랍어 카이노스kainos[καινος]로 표현되었다. 이것은 시간의 관점에서 새로운 것이 아니라, 질적으로 새로운 것을 뜻한다. 이런 과정에서 우리를 돕는 의사, 성직자, 혹은 다른 사람은 "우리가 빠져 나오도록 잡아당겨준다." 융은 이 모든 것에 주목하며 다음과 같이 말한다.

> 우리의 언어는 우리가 인식하지 못하는 가장 특이한 것들로 가득 차 있으며, 우리는 그런 것들을 생각하지 않고 사용한다. 예를 들어 당신이 "나는 아무개 박사에게 치료를 받고 있다."라고 말할 때, 당신은 라틴어 단어 트라헤레trahere, 즉 잡아당기다 라는 말을 사용하고 있는 것이다. 의사는 거듭나게 하는 구멍을 통해 당신을 잡아당기고 있으며, 그가 당신을 온전하고 건강하게 만들 때, 당신은 "의사가 나를 잡아당겨 주었다."라고 말한다.[3]

---

[3] C. G. Jung, *Dream Analysis: Notes of the Seminar Given in 1928-30 by C. G. Jung*, William McGuire 편집 (Princeton: Princeton University Press, 1984), 65.

요한이 말한 이 구절에 담겨있는 내적 지혜는 오랜 역사를 가지고 있다. 두 측면을 지니고 있는 살아있는 실재로 경험된 "물"과 "바람"은 모두 거듭남의 통로요 거듭남의 매체다. 우리가 이미 살펴보았던, 구약성서와 외경에 들어 있는 지혜문학의 심상에서 이런 실재는 다름 아닌 소피아 그녀 자신이다. 우리가 살펴본 대로, 소피아는 로고스 혹은 활동 중인 하나님의 정신Mind of God이다. 그러므로 지혜서 구절을 인용하는 것은 적합한 일이다. 거기서 우리는 신적인 소피아가 모든 살아있는 것들을 (바람처럼) "관통하는"힘이요, 물처럼 "억누를 수 없는" 영향력이라는 것을 알 수 있다.

나는 감추어진 것도 드러난 것도 알게 되었으니
모든 것을 만든 장인인 지혜가 나를 가르친 덕분이다.

그녀 안에 있는 정신은 명석하고 거룩하며
유일하고 다양하고 섬세하며
민첩하고 명료하고 깨끗하며
분명하고 손상될 수 없으며 선을 사랑하고 예리하며
자유롭고 자비롭고 인자하며
항구하고 확고하고 평온하며
전능하고 모든 것을 살핀다.
또 명석하고 깨끗하며 아주 섬세한
모든 정신들을 관통한다.
지혜는 어떠한 움직임보다 재빠르고

그녀의 순수함으로 그녀는 모든 것을 통달하고 통찰한다.

그녀는 하나님 권능의 숨결이고

전능하신 분의 영광의 순전한 발산이기에

어떠한 오점도 그녀 안으로 기어들지 못한다.

그녀는 영원한 빛의 광채이고

하나님께서 하시는 활동의 티 없는 거울이며

그분의 선하심의 형상이다.

그녀는 혼자이면서도 모든 것을 할 수 있고

자신 안에 머무르면서 모든 것을 새롭게 하며

대대로 거룩한 영혼들 안으로 들어가

그들을 하나님의 벗과 예언자로 만든다.

그래서 하나님께서는 지혜와 함께 사는 사람만 사랑하신다.

그녀는 해보다 아름답고

어떠한 별자리보다 빼어나며

빛과 견주어 보아도 그보다 더 밝음을 알 수 있다.

밤은 빛을 밀어내지만,

악은 지혜를 이겨 내지 못한다.

그녀는 세상 끝에서 다른 끝까지

힘차게 도달하며 만물을 훌륭하게 다스린다.

(지혜서 7:21-8:1, RSV)

제8장

빛과 어둠
니고데모와의 담화
요한복음 3:9-21

니고데모는 거듭나는 것에 관한 예수의 말씀에 대해 "어떻게 가능할 수 있습니까?"라는 질문으로 대답한다. 필립스는 "어떻게 이 세상에서 이런 일이 일어날 수 있습니까?"라고 의역을 한다. 예수는 "너는 이스라엘의 선생이면서, 이런 것들을 알지 못하느냐?"라며 그 자신의 질문으로 대답한다. "안다"는 것으로 사용된 단어는 **기노스코**다. 이것은 우리가 이미 잘 알고 있는 것이며 경험을 통해 얻는 지식을 뜻한다. 그래서 예수는 "너는 아직 이런 것을 경험하지 못했으며, 그것을 네 지식의 일부로 만들었느냐?"고 말씀하고 있는 것이다. 예수의 질문은 반어와 풍자 이상의 의미가 있다. 다시 말해 그것은 니고데모가 이런 것을 알아야만 한다고 예수가 믿는 것을 의미한다. 왜냐하면 그런 것이 그가 보여주는 종교적 신앙에 내포되어 있기 때문이다.

거듭나는 것에 대한 가르침은 심오한 것이다. 그것은 신자의 신앙의 기저를 이루고 있는 내적이고 심리학적인 과정이다. 이런 신비스러운 혹은 심리적인 과정은 요한복음에서는 물론 구약성서에서도 발견되며, 그것은 니고데모가 그것에 대해 알아야 한다고 예수가 생각하는 이유다. 그러나 니고데모는 유대교라는 제도화된 종교를 대표하며 종교가 제도화될 때, 그것은 그 내적이고 심리학적 차원을 잃어버리기 쉽다. 어떤 사람들이 대개 받아들여졌지만 권위, 교리, 그리고 고정된 의례를 가진 제도로 옮겨진 하나님과의 역동적이고 변환시키는 심리적 경험을 가지고 있는 것은 통상적인 양식樣式이다. 이것은 소수에서 비롯된 종교 경험의 혜택을 광범위한 사람들에게 제공해주는 이득이 있지만, 내적 경험을 외적 체제로 대체하는 약점도 있다.

니고데모의 질문은 제4복음 저자에게, 역사적 회상에서 영적 담화로 옮겨갈 수 있는 다른 기회를 준다. 요한복음 3:11-21에 나오는 이 담화는 이 복음서를 읽게 될 미래의 모든 독자들을 위해 의도된 것이 분명하다. 우리는 이 담화에서 제기된 몇몇 쟁점들을 인자Son of Man 그리고 빛과 어둠이라는 서로 대비되는 중요한 주제에 특별한 관심을 갖고 살펴볼 것이다.

11절은 "우리"와 "너"를 대조하며 소개한다.

> 내가 진정으로 진정으로 너에게 말한다.
> 우리는, 우리가 아는 것을 말하고,
> 우리가 본 것을 증언한다.
> 그런데 너희는 우리의 증언을 받아들이지 않는다.
> (RSV, 지은이가 강조한 것임)

영어에서 명사 "you"는 수에 관한 한 모호한 것이다. 즉 그것은 한 사람을 의미할 수도 있고 많은 사람들을 의미할 수도 있다. 우리가 살펴본 대로, 희랍어에서 각 동사 형태는 단수로 쓰려고 했건, 복수로 쓰려고 했건 의심의 여지없이 "수"를 가지고 있다. 이 경우에 "너희는 받아들이지 않는다."는 표현은 많은 사람들을 언급하는 것이다. 이것은 예수가 니고데모에게만 말씀하고 있는 것이 아니라, 그의 방식으로 생각하는 모든 사람들에게도 말씀하고 있다는 것을 의미한다. 우리는 이 절의 "너희"를 바리새파 사람들과 동일시하고 싶은 유혹을 받는다. 왜냐하면 니고데모가 그 집단의 일원이기 때문이다. 그러나 오늘날의 당면 목적상, 우리는 그리스도의 말씀을 종교적 이해가 문자에 머물러 있고 관점이 인습적이어서, 결과적으로 종교적 진리의 보다 깊은 의미를 경험하지 못하는 모든 사람들에게 한 것으로 이해할 수 있다.

그러나 예수가 "우리"는 우리가 아는 것을 말한다고 할 때, 그가 말씀하고 있는 대상은 어떤 사람들인가? 한 가지 가능성은 예수가 그 자신과 제자들에게 말씀하고 있다고 보는 것이다. 다른 가능성은 "우리"가 제4복음에 초점을 맞추어 영적인 삶을 사는 기독교 공동체의 구성원들과, 레이몬드 브라운이 요한 공동체라고 부르는 사람들에게 말씀하고 있다고 보는 것이다. 요한 공동체가 종종 유대인들의 불신앙과 싸우지 않으면 안 되었다는 입장을 지지하는 것이 브라운의 주장이다. 그러나 심리학적 관점에서 보면, 그 "우리"는 내적 영역을 경험해서 그것을 알고 있는 모든 사람들을 말하는 것이다.

이런 식으로 이해하면 "유대인들"에 대한 제4복음의 언급은 상징적으로 이해될 수 있으며, 내면세계에 대한 직접적 경험을 배제시키는 고착된 의식을 가지고 있는 사람들을 말하는 것이다. 그 표현을 보면 종교적 계층이나 민족적 계층의 사람들이 아닌, 심리적 태도를 말하는 것이다.

3:12는 제4복음의 특별한 관념, 즉 "이 세상"이라는 관념을 소개하고 있다.

> 내가 이 세상의 일들을 말하여도
> 나를 너희가 믿지 않는다면,
> 내가 하늘의 일들을 너희에게 말할 때
> 어떻게 너희가 나를 믿겠느냐?
> (지은이가 강조한 것임)

제4복음의 영어 번역에 무심한 독자에게 "이 세상"에 대한 언급은 별 문제가 없어 보인다. 우리 모두는 세상에 대해 말하는 것이 무슨 의미인지 알고 있든지, 아니면 우리는 우리가 알고 있다고 생각한다. 그러나 제4복음에서 표현된 희랍어 표현은 매우 특별하다. 사실상 "이 세상"이나 "세상"은 요한복음 3:17에 세 번 나오며, 3:19에 한 번 더 나온다. 우리는 또한 프롤로그에서 그것을 세 번 발견할 수 있다("그가 세상에 계셨으며 세상이 그로 말미암아 생겨났는데도, 세상은 그를 알아보지 못했다"). 사실상 요한은 그의 복음서에서 이 표현을 우리가 지금 생각해 보고 있는 12절에서 그가 그렇게 하듯이, 그가 대개 "이 세상"을 하늘나라와 대조하면서 67번을 사용하고 있다.

늘 그렇듯이, 그런 중요한 관념에 사용하는 특별한 희랍어는 **코스모스**^{kosmos}다. 코스모스는 단순히 우리 인간들이 살고 있는 지구뿐만 아니라 인류 가운데 만연해 있는 영적 질서도 말하는 것이며, 그것은 종종 하나님의 의지에 반하는 것이다. 예수 시대의 사람들은 하나님의 목적에 적대적이었던 사람들 가운데 만연되어 있는 영적 질서가 있었다고 믿었다. 이것이 제4복음에서 "이 세상"이라는 표현으로 언급된 것이다.

사실상 우리들 가운데는 "집단의식" 혹은 "집단적 정신상태"(집단적 무의식과 혼동되어서는 안 되는)에 지배를 받고 있는 사람들이 있다. 이런 집단의식은 대집단 사람들의 일반화된 사고방식, 사람들이 공통적으로 가지고 있는 지배적 태도, 신념과 편견의 총화로 구성되어 있다. 가끔 이런 집단의식은 다소 상냥하게 보인다. 하지만 가끔 그것은 적극적으로 그리고 아주 위험할 정도로 사악하다. 예를 들어 1930년대 독일에서 악의에 찬 집단의식이 모든 사람들 전체에 만연되어 있었다. 따라서 "세상"은 의견, 인간의 생각에 대한 제한, 문화에 명시되어 있는 자아중심적인 허세 그리고 총체적인 무의식성의 집대성이다. 결과적으로 일단의 사람들은 그들이 다소 무의식적인 세력에 의해 지휘를 받는 "세상"을 구성하고 있는, 일반화되고 검토되지 않은 집단의식 속에 반성도 없이 갇혀있다. 우리의 복음서를 계속 살펴보면서, 우리는 하나님이 가져다 주려고하는 보다 높은 의식의 세계와 대조되는, "이 세상"이란 관념의 중요성에 주목해 볼 수 있는 더 많은 경우를 발견하게 될 것이다.

다음 세 구절에서 우리는 두드러진 이미지를 발견한다.

> 하늘에서 내려온 자
> 곧 하늘에 있는 사람의 아들 외에는
> 아무도 하늘에 올라가지 아니했느니라.
> 모세가 광야에서 뱀을 든 것 같이
> 사람의 아들도 반드시 들려야 하리니
> 이것은 누구든지 그를 믿는 자는 멸망하지 않고
> 영원한 생명을 얻게 하려 함이니라.
>
> (13-15절)

모세가 광야에서 든 뱀 이야기는 민수기 21:4-9에 나온다. 이스라엘 백성은 이집트에서 도망을 나와서, 음식이나 물도 없이 광야에서 오랫동안 방황했다. 그들은 여행에 지쳐서 용기를 잃어버렸고, 참을 수 없게 되자 오히려 이집트에서 데리고 나오지 않았으면 그런 끔찍한 여행을 하지 않아도 되었을 것이라고 하면서 하나님과 모세를 원망했다. 하나님은 그들의 태도에 화가 나서 그들에게 독사를 보내셨으며, 그 뱀에 물려 많은 사람들이 죽었다. 회개하며 백성이 모세에게 와서 그들이 뱀에게서 구원받을 수 있도록 야훼에게 탄원해 달라고 부탁한다. 야훼는 노여움을 푸시고 모세에게 구리 뱀을 만들어 그것을 장대 위에 달아 놓으라고 말씀하신다. 뱀에게 물린 사람은 그 구리

뱀을 쳐다보면 치유 받게 될 것이다.

요한복음 3:14에서 요한은 그리스도를 모세의 뱀과 비교한다. 뱀이 모세의 장대에 달린 것처럼 그리스도 역시 십자가에 달릴 것이며, 심지어 뱀을 쳐다보면 치유를 받듯이, 십자가 위의 그리스도를 바라보고 이해하는 모든 사람들은 치유 받게 될 것이다. 그러나 뱀의 치유는 다만 사람들이 독에 물린 것을 치료했지만, 그리스도의 치유는 영원한 생명으로 인도한다.

아담과 이브의 이야기에서 뱀의 의심스러운 역할 때문에 뱀은 대개 악에 대한 기독교적인 생각과 관련이 있었다. 이런 이유로, 그리스도가 초기교회의 많은 교부들에 의해 "좋은 뱀"으로 칭해졌다는 것은 놀라운 것으로 다가 올 수도 있다. 그러나 다른 문화의 신화에는 뱀에 대한 편견이 없으며 뱀은 긍정적 관점으로 드러나 있다. 예를 들어 바빌론의 길가메시 이야기에서 영웅 길가메시는 바다 밑에 "노인이 젊은이가 되는 것"이라는 이름의 놀라운 식물이 있고, 누구든지 그 식물을 먹으면 젊음을 되찾게 될 것이라는 이야기를 우트나피쉬팀 신에게 듣는다. 길가메시는 바다 밑으로 수영을 해서 그 식물을 발견하여 그것을 지상으로 가져온다. 그러나 그것을 가져오느라 너무 지친 나머지 잠이 들고 만다. 그가 잠에 깨어났을 때, 그는 뱀이 그 식물을 마지막 부분을 먹어치우고 있는 것을 보게 된다. 그 이후로 낡은 허물을 벗고 새로운 것이 나오게 할 수 있는 능력을 전형적으로 보여주는 뱀이 불멸의 선물을 가지고 있다고 알려져 있다.

그리스 신화에서 치유의 신 아스클레피오스는 종종 뱀이나 뱀의 동료의 형상으로 나타났다. 이 뱀은 신의 치유력의 상징이었다.

우리의 꿈에 뱀이 자주 나오지만, 그것은 많은 미묘한 뉘앙스를 지니고 있는 인상적인 상징이다. 넓은 의미에서 뱀은 무의식이 우리의 실패의 원인이나 치유 둘 중의 하나를 야기하도록 작용하는, 이상하고 객관적이고 자연스런 방식을 상징한다. 우리 안에 있는 뱀의 능력을 경험하는 방식은 우리의 내면세계에 대한 우리의 태도에 달려 있을 것이다. 우리의 꿈에서 뱀이 마치 우리와 접촉하려는 것처럼 접근할 때, 그것은 대개 우리의 개성화를 촉발시키려는 무의식의 "의도"를 상징한다. 이것은 언제나 운명적인 결과를 가져 오지만, 우리가 의식과 성장에 대한 내적 요구에 응할 때, 그것은 우리에게 치유를 가져다준다. 사실상 가끔 뱀이 꿈에 나타나면 아주 분명한 방식으로 치유를 예상하게 된다.[1] 뱀의 치유적인 측면은 초기교회에 널리 퍼져있던 치유의 상징인, 성 요한의 성배聖杯에 관한 기독교 전설에 나온다. 전설에 의하면, 성 요한은 독이 든 성배를 마시고 죽을 선고를 받았지만, 독이 뱀의 형상으로 성배를 떠나갔으므로 사도가 안전하게 마실 수 있었다.[2]

다음 구절들은 이 복음서에서 가장 아름답고 중요한 것 사이에 나온다. 우리가 지금 그런 것들을 언급해 보겠지만, 우리는 그런 것들의 내적 의미를 살펴볼 준비가 더 되어있을 때 나중에 더 자세히 알아볼 것이다.

---

[1] 내 책 *Healing and Wholeness* (Ramsey, N.J.: Paulist Press, 1977)의 제3장, 특히 52를 보라.
[2] 이 이야기는 외경인 요한행전 20에 나온다. M. R. James 옮김, *The Apocryphal New Testament* (New York: Oxford University Press, 1960), 263을 보라.

하나님께서 세상을 이처럼 사랑하사
자신의 독생자를 주셨으니
이것은 누구든지 그를 믿는 자는 멸망하지 않고
영존하는 생명을 얻게 하려 하심이라.
하나님께서 자신의 아들을 세상에 보내신 것은
세상을 정죄하려 하심이 아니요,
그를 통해 세상을 구원하려 하심이라.
그를 믿는 자는 정죄를 받지 아니하거니와
믿지 않는 자는 하나님의 독생자의 이름을
믿지 아니했으므로 이미 정죄를 받았느니라.
(16-18절)

우리는 특히 심판이라는 의미를 지니고 있는 정죄라는 관념의 중요성에 주목해볼 수 있다. 지금 우리는 13절에 언급된 인자라는 관념 그리고 빛과 어둠이라는 서로 대비되는 관념을 살펴볼 것이다.

13절과 14절은 지금 우리가 더 세심하게 관심을 가져볼 가치가 있는 "인자"로서의 예수에 대한 관념을 다시 소개하고 있다. 신약성서에 "인자"(호 휘오스 투 안트로푸 ho huios tou anthrōpou[ὁ υἱὸς τοῦ ἀνθρώπου])라는 표현에 대한 문제는 복잡한 문제이고, 신약성서 학자들은 사실상 그 의미에 대한 동일한 합의에 이르지 못했으며, 가끔 학자들마다 그것에 대한 많은 생각이 있는 것 같다. 우선 우리는 이런 표현에 대한 어떤 역사적 배경을 고려해 본 후에 그 표현이 개성화의 심리학의 관점에서 무엇을 의미하는지 제시할 것이다.

"인자"라는 표현이 구약성서에 자주 나온다는 것을 주목하여 보는 것은 중요한 일이다. 인자—바 나샤*bar nasha*—를 번역한 히브리적인 표현에서, 그 표현은 "사람이 무엇이기에 주께서 그를 깊이 생각하시나이까?"(KJV)라고 되어 있는 시편 8:4의 의미에서 보면, "사람"에 대한 시적인 동의어로 이해될 수 있다. 이런 용법의 한 예로는 시편 144:3이 있다.

> 야훼여, 사람이 무엇이기에 그렇게 생각하여 주시며,
> 아담의 자손이 무엇이기에 이토록 생각하여 주십니까? (NJB).

이런 표현은 예언자 에스겔이 "인자"(에스겔서 2:1, 2; 3:1)라고 호칭된 에스겔서에서 더 특이한 의미로 사용되었다. 이런 표현의 세 번째 용법은 다니엘서에 나온다. 예언자는 그가 본 천상의 환상을 이렇게 말한다.

> … 인자 같은 이가 오는데,
> 하늘 구름을 타고 와서. (다니엘서 7:13, NJB)

여기에는 종種으로서의 인간을 지칭하는, 시적이고 포괄적인 이름이 선택을 받고 영감을 받은 예언자를 칭하는 용어로, 신비로운 천상적 존재에 대한 칭호로 진척되어 있다.

신약성서에서 "인자"라는 용어는 공관복음에 69번, 제4복음에 12번, 사도행전(7:56)에 한 번, 요한계시록(1:13; 14:14)에 두 번 나오

며, 서신에는 전혀 나오지 않는다. 이 표현이 서신에 사용되지 않은 것은 요한계시록과 사도행전의 언급을 제외하면, 그 용어가 예수가 그 자신을 언급하는 것으로 독점적으로 사용되었다는 사실로 설명될 수도 있다. 그가 그 용어를 사용하는 데에는 여러 가지 방식이 있는 것처럼 보인다. 예를 들어 가끔 그는 "인자"라는 용어를 그분의 이 세상에서의 일을 언급하기 위해 사용한다. 그 한 예가 마태복음 9:4-7에 나오는데, 그것은 예수가 그의 죄를 용서함으로써 중풍병자를 고친 것에 대해 비판했던 사람들에게 말씀한 것이다.

> "어찌하여 너희는 마음속에 악한 생각을 품고 있느냐? '네 죄가 용서받았다' 하고 말하는 것과 '일어나서 걸어가거라' 하고 말하는 것 가운데서, 어느 쪽이 더 말하기가 쉬우냐? 그러나 인자가 땅에서 죄를 용서하는 권세를 가지고 있다는 것을 너희들이 알게 하겠다." 그리고 예수께서 중풍병자에게 "일어나서, 네 침상을 거두어 가지고 집으로 가거라" 하시니, 그가 일어나서, 자기 집으로 돌아갔다. [표준새번역]

적어도 한 번 예수는 그 용어를 그의 초라한 상태를 언급하는 하나의 방식으로 사용한다. 예를 들어 마태복음 8:20에서 그는 이렇게 말씀한다.

> 여우도 굴이 있고, 하늘을 나는 새도 보금자리가 있으나, 인자는 머리 둘 곳도 없다. [표준새번역]

다른 경우에 이 초라한 상태가 언급되어 있는데, 다가오는 그의 십자가 처형에 대한 언급에 포함되어 있다. 그는 마태복음 20:28에서 이렇게 말씀한다.

인자는 섬김을 받으러 온 것이 아니라 섬기러 왔으며,
많은 사람을 위해 자기 목숨을 몸값으로 치러 주려고 왔다.
[표준새번역]

"인자"라는 용어를 이렇게 사용하는 것은 이 세상에서의 그의 일을 모두 언급하는 것이지만, 예수가 그 자신을 다니엘서 3장에 많이 나오는, 종말론적·형이상학적 의미에서 인자라고 언급하는 다른 곳도 있다. 시대의 종말에 대해 예수는 마태복음 13:41-43에서 이렇게 말씀한다.

인자가 천사들을 보낼 터인데, 그들은 죄짓게 하는 모든 일들과 불법을 행하는 모든 사람들을 자기 나라에서 모조리 끌어 모아다가, 불 아궁이에 쳐 넣을 것이다. 그러면 그들은 거기서 울며 이를 갈 것이다. 그 때에 의인들은 그들의 아버지의 나라에서 해와 같이 빛날 것이다. 귀 있는 사람은 들어라! [표준새번역]

앞에서 언급한 대로, 학자들은 이 구절이 의미하는 바를 밝혀줄 일관된 이론을 찾아내기 위해 수세기 동안 애를 썼다. 고안되어 온 다양한 이론들은 우리로 하여금 이 작업의 범위를 넘어서게 해준다. 그러나 거의 모든 학자들이 "인자*ho huios tou anthrōpou*"라는 희랍어 표현과, "인자Son of Man"라는 영어 번역이 언어상의 파격 용법이라는 것에 동의하고 있는 한 가지 주장이 있다. 이런 사실은 희랍어 표현이 원래의 아람어 표현을 번역하려는 시도라는 가정에 의해 설명된다. 학자들은 대개 예수가 아람어(고대 유대에서 쓰였던 히브리어의 특별한 방언)로 이야기했다는 것에 동의한다. 이 문제는 다소 중요하다. 왜냐하면 우리가 이미 언급해 본 대로, **바 나샤***bar nasha*라는 히브리어 표현은 그 포괄적 의미에서 "사람"이라는 의미를 지니고 있기 때문이다. 안타깝게도, 히브리어/아람어의 희랍어 번역본과 희랍어의 영어 번역본은 "사람Man"을 강조하는 것으로부터 "아들Son"을 강조하는 것으로 바꾸어 버렸다. 실제로 "사람"은 이 표현을 본래 강조하는 말이며, "인자"는 "인간의 원형"이라고 불릴 수 있는 것에 대해 이야기하는 특별한 방식이다. 어떤 학자들은 더 나은 번역은 단지 **호 안드로포스***ho anthrōpos*, 즉 "그 사람the Man"일 것이라고 믿는다.

특히 한 학자는 "인자"라는 표현이 원초적 혹은 원형적 인간이라는 관념을 의미한다고 주장했다. 프레데릭 H. 보르쉬는 기독교 시대 훨씬 이전의 자료까지 인자 관념을 추적했다. 그는 중국과 스칸디나비아처럼 이질적인 세계의 지역들의 전설적인 인물 중에 원초적 인간 Original Man에 대한 관념과 이미지의 핵심에 주목했다. 비록 그런 것들이 특히 근동에 풍부하지만 말이다. 이 최초의 인간은 여러 시대와 여러 장소에 걸쳐 엄청난 전쟁을 치러야 했던 사람으로 신화에서 묘사되었다. 그런 전쟁에서 그는 어둠과 악의 세력에 의해 일시적으로 압도되었지만, 그런 세력으로부터 승리를 거둔 영웅적인 챔피언이 나타남으로써 결국 구조되었다. 전설에 의하면, 언젠가 이 세상에 있었던 이런 원초적 영웅은 또한 하늘에 사는 우주적 인간이다. 이런 인간은 인간적인 운명과 실존을 공유했지만 악과 죽음에서 의기양양하게 나왔으며, 그의 지지자들은 그의 승리로부터 혜택을 입을 수 있다. 보르쉬는 그리스도가 그 자신의 존재 안에 있는 이런 원초적이고 전설적인 인간의 모든 측면을 갖추고 있었다고 믿는다. 그리스도 안에서 우리는 새로운 방식과 새로운 상황으로 다시 태어난 고대의 원초적 인간을 보게 된다.

보르쉬는 그의 책을 『신화와 역사에 나타난 인자 The Son of Man in Myth and History』3라고 부른다. 책 제목에 그리고 심리학 and Psychology이라는 말을 덧붙이지 않은 것에 주목해 볼 가치가 있다. 그런 학자들이 심리학 그 자체에 관심을 두지 않는 것은 이해할만하다. 그러나 우리는 심리학에 관심이 있다. 따라서 우리는 그의 이야기가 고대의 전설에서 들었고, 구약성서에 언급되었고, 신약성서에서 예수가 동일시했던 이 땅에 영웅으로 살았던 우주적 인간에 대한 전설의 심리학적 의미에 관심이 있는 것이다. 심리학은 이 "인자"가 원형原型, archetype이라고 설명해준다. 여러 곳에서 보르쉬 자신이 원초적 인간에 대한 그의 생각을 정당화하기 위해 "원형"이라는 단어를 사용하고 있다는 것이 흥미롭다. 어느 순간 그는 "인간의 이야기에는 거의 원형적인 특성이 담

---

3 Frederick H. Borsch, *The Son of Man in Myth and History* (Philadelphia: Westminster Press, 1967), 407. 68, 87, 그리고 98과 비교해 보라.

겨 있을 수도 있다."고 결론 내린다. 우리가 의미하는 원형은 전형적이고 보편적인 양식이다. 보르쉬는 틀림없이 신화에서 발견되는 전형적이고 보편적인 양식을 염두에 두고 있었을 것이다. 그러나 심리학적 관점에서 보면, 그런 양식은 원형적인 신화와 전설이 생겨나는 정신 안에 원형이 있을 때 신화에서 발견된다.

심리학의 관점에서 보면, 인자는 영혼 안에 존재하며, 우리의 개성화를 위한 안내자요 우리의 개성화의 목표인, 우리의 온전한 인간 본성의 원형에 대해 언급하고 있는 하나의 길이다. 인자로서의 그리스도는 우리를 우리의 인간성과 관련지어 준다. 이런 관점이 니사의 그레고리우스에 의해 언급되었다. 그는 이렇게 말한다.

> 그의 육친에 의해 그가 인자라고 불린 것과 마찬가지로, 그는 그가 자신의 존재를 얻게 된 그의 본질과 연결됨으로써 분명히 하나님의 아들로 잉태되었다…. "아들"이라는 단어는 그가 사람의 인성과 하나님의 신성이라는 특성을 둘 다 가지고 있다는 것을 보여 준다.[4]

이것은 우리가 역사적 예수와 하나님 사이의 관계를 이해하는데 도움을 준다. 역사적 예수는 우리가 오늘날 자기Self, 혹은 종교적 용어로 영혼 안에 있는 **신상**imago dei의 실재라고 부르는 것을 독특하게 인식했던 사람으로 이해될 수 있다. 공관복음의 비유와 말씀을 보면 분

---

[4] Gregory of Nyssa, *Against Eunomius*, 3.4.

명히 알 수 있는 것처럼, 이것으로부터 그의 시대의 다른 사람들의 의식을 초월했던 의식, 즉 근본적으로 독특한 의식이 나온다.5 히브리 학자요 융 학파 분석가였던, 고인이 된 제임스 커쉬James Kirsch의 표현으로 하면, 그는 "무의식을 직접적으로 읽을"6 수 있는 사람이었다. 역사적 예수는 독특하게 원형과 접촉하며 살았고, 또 그것을 아주 철저하게 표현했다. 그 안에서 인간 본성과 신성은 뚜렷이 구별되는 것이었지만, 한 존재로 밀접하게 연관되어 있었다. 제4복음을 보면 이런 신비가 성부와 성자 사이의 관계에 반영되어 있다. 우리는 그런 구절이 나오면 그것을 살펴보게 될 것이다.

신학자들은 "인자"라는 표현의 다른 의미 역시 끌어내고 싶어 할지도 모른다. 그러나 심리학적 의미를 살펴보는 것이 우리의 주된 관심사다. 그러나 우리의 삶과 정신 발달의 이런 심리학적 의미를 인식하기 위해 우리는 인자로서의 그리스도의 형이상학적 혹은 신학적 의미를 숙고해 보아야 할뿐만 아니라, 이런 실재가 하나님의 말씀으로 존재하며, 그 결과 우리의 정신 구조의 친밀한 부분으로 존재한다는 것을 인식하기도 해야 한다. 무의식으로부터 작동되어 자아를 무의식과 관계를 맺도록 이끌어 내는 인자 원형Son of Man archetype은 우리에게 내면의 자석처럼 영향을 주며, 우리의 인간성을 초월적 실재와 결합시키고 또 그것과 관계를 맺게 한다.

---

5 내 책 *The Kingdom Within: The Inner Meaning of Jesus' Sayings*, 개정판 (San Francisco: HarperCollins, 1987)을 보라.
6 사적인 대화에서 한 말.

알렉산드리아의 클레멘스는 그 문제를 간결하게 이런 말로 표현한다.

> 우리에게 주신 강하고 영향력이 있는 말씀의 능력은 그것을 받아들이고, 그것을 마음속에 지니고 있는 모든 사람의 전 인격이 통합되도록 은밀하게 그리고 보이지 않게 이끌어준다.[7]

니고데모와의 담화는 프롤로그에서 "그 빛이 어둠속에 비치니, 어둠이 그 빛을 이기지 못했다"라는 말씀으로 소개된 주제, 즉 빛과 어둠이라는 요한복음의 중요한 주제로 마무리 지어진다. 이 논의는 이렇게 시작된다.

> 심판을 받았다고 하는 것은,
> 빛이 세상에 들어왔지만
> 그들의 행위가 악했으므로,
> 사람들은 그들이 빛보다 어둠을
> 더 좋아한다는 것을 보여주었다. (19절) [표준새번역]

요한복음에서 "빛"(토 포스 to phōs[τὸ φῶς])과 "어둠"(헤 스코티아 hē skotia)이라는 단어는 "낮은 밝고 밤은 어둡다"는 자연 현상을 말하는 것이 아니라 영적 현상을 지칭하는 것이다. 이런 단어는 한편으로 진리의 빛과 영적 조명을, 다른 한편으로 도덕적·영적 어둠의 원리를 나타

---

[7] Clement of Alexandria, *The Stromata* 5.13.

내기 위해 은유적으로 사용된 것이다. 예루살렘 성서는 신약성서에 빛/어둠의 이분법이 연관되어 있으나 구분되어 사용된 것이 세 번이라고 지적한다. 먼저, "해가 길을 가는 사람을 비추듯이, 하나님께 나아가는 길을 그에게 보여주는 것이 '빛'이다."[8] 둘째로, 빛은 "만족과 기쁨을 상징하는 것이고, 어둠은 죽음, 불행 그리고 비참함을 상징하는 것"이다. 셋째로, 빛과 어둠을 "선과 악이라는 서로 적대적인 세계를 말하는 것"으로 사용하는 것이다. 요한복음에서 첫 번째 용법을 보여주는 예는 요한복음 1:1-9, 9:1-39 그리고 12:35에 나온다. 요한복음에서 두 번째 용법을 분명히 보여주는 예는 없다. 그러나 세 번째 용법은 요한복음 12:36, 9:39, 12:46에 그리고 지금 살펴보고 있는 구절에 나온다. 이 구절은 우리가 빛을 택하느냐, 아니면 어둠을 택하느냐에 따라 "심판을 받는다."고 말한다. 다시 말해 이 문제에 어떤 입장을 취하느냐 하는 것이 각자의 영혼에 매우 중요한 것이다. 이 구절은 빛의 원리와 어둠의 원리 모두 이 세상(**코스모스**_kosmos_)에 존재한다는 것을 분명히 하면서 계속 말하고 있다.

한편으로 자연 현상으로서의 빛과 어둠과, 다른 한편으로 영적 현상으로서의 빛과 어둠이 분명히 구분될 필요가 있다는 것을 염두에 두어야 한다. 밤의 어둠은 아무 문제가 없다. 사실상 우리의 영혼은 이 어둠을 갈망한다. 만일 빛이 하루 24시간 지속된다면, 우리는 우리 마음이 쉴 수 있는 어두운 곳을 절실히 필요로 할 것이다. 자연 질서에서 빛과 어둠은 삶에 균형과 질서를 가져다주며, 서로 번갈아 나

---

[8] 예루살렘 성서 8장의 각주 "b"를 보라.

타나는 양陽과 음陰처럼 서로 균형을 이루고 있다. 그러나 영적 원리로서의 빛과 어둠은 서로 싸우며, 그 둘 중 하나를 선택하도록 우리에게 요구하는 도덕적 대극의 한 쌍을 이루고 있다. 우리는 영적 원리로서의 빛과 어둠을 모두 따를 수 없다. 왜냐하면 어둠은 빛을 극복하려고 하기 때문이다. 우리가 나중에 더 자세히 살펴보겠지만, 제4복음이 말하고 있는 심판은 이런 선택과 관련이 있다.

19절에서 희랍어와 영어 사이의, 또 다른 미묘하지만 중요한 차이를 볼 수 있다. 영어 번역본들은 "사람들이 빛보다 어둠을 더 사랑했다"(RSV), 혹은 "사람들은 그들이 빛보다 어둠을 더 좋아한다는 것을 보여주었다"(JB)라고 되어 있다. 여기서 주목해야 할 것은 개역 표준판 성서와 다른 영어 번역본은 "어둠"과 "빛" 앞에 정관사를 포함시키지 않고 있고, 예루살렘 성서는 "빛" 앞에는 정관사를 쓰지만, "어둠" 앞에는 정관사를 쓰지 않고 있다. 희랍어에는 정관사가 빛과 어둠 앞에 모두 포함되어 있다. 우리가 살펴본 대로, 희랍어에서 정관사 용법은 언제나 특정한 목적을 위해 있는 것이다.[9] 이 구절의 문맥에서 이 두 단어 앞에 모두 정관사가 나오는 것은 제4복음이 그 두 단어를 빛과 어둠이라는 일반적인 관념과 "그the" 어둠과 "그the" 빛을 구분하고, 그렇게 함으로써 그 둘을 독립적이고 영적인 원리로 실체화하며, 특별히 강조하기 위해 두 단어를 선정하고 있다는 것을 의미한다. 빛과 어둠과 함께 같은 정관사 용법이 프롤로그(요한복음 1:5, 9)에 쓰였으며, 거의 언제나 이 두 단어가 나올 때마다 이 복음서 전체에 걸쳐 사용되었다.

---

[9] 7장의 각주 1을 보라.

영적 원리로서의 빛의 심리학적 의미는 그것이 의식, 조명, 인식 그리고 깨달음에 이르게 한다는데 있다. 영적 원리로서의 어둠의 심리학적 의미는 그것이 마음을 어둡게 하고, 무지와 도덕적·정신적 둔감함과 알아차리지 못함unawareness에 이르게 한다는데 있다. 이런 것의 심리는 거의 과대평가될 수 없으며 개성화의 심리학에 지극히 중요한 것이다. 왜냐하면 개성화는 빛 속을 걸을 때에만 진행될 수 있기 때문이다. 실제로 개성화 과정에 도움이 되기 위해 심리학적 분석을 사용하는 개성화 과정에서 자신의 삶을 반성하고, 꿈을 분석하는 전 과정은 빛 속에서 살고 빛으로 사는 훈련이다. 그러나 그것은 제4복음이 말하고 있는 빛이 엄밀한 의미에서 자아의 특징이라고 추정되어서는 안 된다. 이 경우에 우리는 자아를 그것이 불꽃으로 환해질 때 빛을 발해주는 초와 비슷한 것으로 생각해야 한다. 빛은 자아 보다 깊은 실재로부터 나오며, 그것은 우리를 비춰주고, 우리의 의식을 크게 확장시켜준다. 빛에 속하는 것은 의식화되는 것이며, 빛을 거부하는 것은 어두워지는 것이다. 유럽이 나치 독일에 휩싸여 암흑 속에 빠져 있던 시기에 그의 친구 메리 멜런과 헤어지면서 C. G. 융이, "나는 밤이 유럽에 몰려들었다고 생각합니다. 혹시 우리가 다시 만나게 된다면 어떤 상황에서 만날지 하늘만이 알 겁니다."라고 언급했던 것이 바로 이런 빛이다. 거기에는 다만 확실한 것이 하나있다. 즉 "**내면의 빛을 내쫓을 수 있는 것은 아무 것도 없다.**"[10]는 것이다.

---

[10] 볼링겐 재단에서 발행하는 *The Princeton Alumni Weekly*, 17에 나오는 C. G. 융의 글 (지은이가 강조한 것임).

개성화의 심리학은 의식화 하고 깨닫는 것의 중요성을 강조한다. 왜냐하면 이런 일이 일어나려면 자아가 내면으로부터 나오는 빛과 접촉하고, 의식화할 수 있는 능력을 발휘할 필요가 있기 때문이다. 따라서 빛은 같은 이유로 심리학과 신약성서에서 중요하다. 알렉산드리아의 클레멘스가 그것을 약 1800년 전에 이렇게 말한 바 있다.

> 진정한 빛의 아들들인 우리가 눈[무의식]을 환하게 밝혀주는, 그리고 진리 그 자체를 응시하면서 그리고 그 흐름을 받아들이면서 이런 빛이 나오는 문을 닫지 말고, 우리 스스로 내면을 향하면서 우리가 그런 흐름이 사실로 분명하고 이해할 수 있게 드러내도록 하자.[11]

그러나 사람이 오직 빛에 집중함으로써 깨닫게 되는 것이라고 상상해서는 안 된다. 요한복음은 빛에 대해 심사숙고하는 것은 물론, 어둠의 작용을 이해하라는 권고로 가득 차 있다. 융은 이것을 매우 잘 설명하며, "빛의 형상을 상상함으로써 깨닫게 되는 것이 아니라 **어둠을 의식화함으로써 깨닫게 되는 것이다.**"[12]라고 말한다. 다른 그 무엇보다도 우리가 의식화해야할 어둠은 우리 자신의 어둠이다. 그런데 그런 의식화는 우리의 자아중심성을 철저하게 인식함으로써 시작되는 것이다.

이 구절에 나오는 희랍어를 중심으로 전개되는 세 가지 다른 쟁점은

---

[11] Clement of Alexandria, *The Instructor* 2.9.
[12] C. G. Jung, *Psychological Reflections* (Princeton: Princeton University Press, 1970), 220 (지은이가 강조한 것임).

주목할 만한 것이다. 첫 번째 것은 "사람들" 그리고 "더 좋아한다"와 관계가 있다. 즉 "사람들은 그들이 빛보다 어둠을 더 좋아한다는 것을 보여주었다...."라고 되어 있다. "사람들"에 관해서 "다시 한 번 희랍어는 정관사를 쓰고 있다. 그것은 또한 **안드로포스**라는 단어를 사용하고 있다. 우리가 이것을 이전의 장에서 이것이 남자들이 아닌, 인류를 말하는 것이라고 논의해 본 것이 생각날 것이다. 따라서 이것을 정확하게 번역하면, "인류의 일원"이 될 것이다. 그래서 제4복음은 인간 본성 안에 있는 일반적이고 뿌리 깊은 성향을 언급하고 있는 것이다.

희랍어는 영어보다 훨씬 더 강하며 이 더 강한 의미가 예루살렘 성서에는 "더 좋아했다"라고 번역되었는데(새 영어 성서와 필립스역에서도 그렇게 번역되었지만, 흠정역과 개정 표준판에는 그렇게 번역되어 있지 않다), 이것이 희랍어에는 훨씬 더 잘 드러나 있다. 이 단어는 잘 알려져 있는, 다름 아닌 **아가파오** *agapaō*[ἀγαπάω]다. 이것은 모든 성서 학도가 보다 깊고 가장 완벽한 의미의 "사랑"을 의미하는 것으로 알고 있는, 명사 **아가페** *agape*[ἀγάπη]에서 유래한 것이다. 어떤 것을 "더 좋아하는" 것이 그 하나이고, "사랑하는" 것이 다른 것이다. 우리의 구절은 인간이 빛보다 어둠을 사랑하고 싶어 한다(혹은 "확고하게 혹은 열정적으로 애착을 느낀다."고 말할 수 있다)고 말하고 있다. 이런 인간이 의식보다 무의식성을 지향하는 성향은 무의식을 탐구하는 사람에게 잘 알려져 있으며, 일간 신문을 무심하게 읽는 것으로 증명되고 있다.

그것은 또한 성 아우구스티누스에게 잘 알려져 있었다. 그는 언젠가 프롤로그에 나오는 "빛"과 "어둠"이란 용어를 사용하는 것에 대해 논평을 한 적이 있다. 이제 우리가 그 논평을 이해해 볼 입장에 와 있다. 그는 어둠 속에서 비치는 빛, 어둠이 이길 수 없는 빛에 대해 이렇게 말했다.

> 어둠이란 악한 나쁜 욕망과 불신앙으로 인해 눈이 멀게 된 사람들의 어리석은 생각이다. 그리고 "그 말씀은 육신이 되어 우리 가운데 사셨다"고 한, 천지만물을 만든 그 말씀은 그런 것들을 보살피고 치유할 수 있다. 왜냐하면 우리가 깨닫는 것은 그 말씀을 취하는 것, 즉 사람들의 빛인 그 생명에 참여하는 것이기 때문이다.[13]

우리가 이 복음서의 미묘함을 더 깊이 파악하기 위해서는 이 문장의 결론 부분에 나오는 악을 나타내는 희랍어 용법을 이해해 보는 것도 중요하다. 우리는 "그들의 행위가 악했으므로…"라고 되어 있는 본문에서 이 단어를 발견한다.

악의 관념을 표현하기 위해 사용되어 왔을지도 모르는 여러 단어들이 있다. 하나는 **카코스** *kakos*[κακός]라는 단어다. 그러나 이 단어는 단지 도덕적으로 혹은 다른 것으로, 어떤 식으로든 나쁜 것을 의미한다. 또한 **파울로스** *phaulos*[φαῦλος]라는 단어가 있는데, 그것은 "후회스러운, 비열한, 악한, 사악한"이라는 뜻이며, 사실상 이것은 그 다음 절에서 "악을 행하는 모든 사람…."이라고 말할 때 사용된 단어다. 그러나 이런 단어 중 그 어떤 것도 의도된 의미를 전달하기에 충분할 정도로 강

---

[13] St. Augustine, *On the Trinity* 4.2.

한 것은 아니다. 그러므로 우리는 그 대신에 **포네로스**_ponēros_[πονηρός]라는 단어를 발견하게 된다. 이 단어는 신약성서에서 악을 적극적인 원리의 동인으로 언급하기 위해 사용되었다. 이 단어는 주기도문에서 사용되었다. 거기서 그것은 "우리를 악에서 구하소서." 혹은 "우리를 악한 자에게서 구하소서."라고 번역될 수 있다. 어느 경우에나 그것은 악을 이 세상에서 작용하고 있는 악한 원리로 묘사한다. 악을 나타내는 이 특별한 단어를 사용하는 데 있어서 본문은 인간이 빛보다 어둠을 사랑하는 한, 그들의 행동과 그들의 영혼이 악 그 자체의 성격을 취하게 된다고 가능한 한 가장 강한 방식으로 말하고 있다.

우리의 본문은 의식을 피하려는 우리 안에 있는 이런 심각한 성향에 대해 계속 설명한다.

> 실제로 악한 일을 저지르는 모든 사람은
> 빛을 미워하고 그것을 피한다.
> 그의 행동이 드러날까 두려워하기 때문이다.
> 그러나 진리를 따라 사는 사람은
> 빛으로 나아온다.
> 그것은 그가 행하는 것이 하나님 안에서
> 행한 것임을 분명히 드러내려는 것이다.
> (20-21절)

분명히 우리가 우리 자신의 악을 직시하기를 원하지 않기 때문에 무의식성이라는 어둠을 더 좋아한다는 것이 문제다. 특별히 우리는 삶에서 우리의 행동이 드러나는 것을 원하지 않는다. 심지어 우리는 그것이 우리 자신에게 드러나는 것도 원하지 않는다고, 특히 우리 자신에게 드러나는 것을 원하지 않는다고 말할 수 있을 것이다. 이처럼 자신이 드러나는 것으로부터 우리 자신을 보호할 수 있는 유일한 방법은 그것이 반드시 가져다주는 빛과 의식을 거부함으로써 악의 원리를 지지하는 것이다.

우리가 살펴본 대로, 융은 언젠가 빛을 인식하는 것은 어둠을 의식화하는 것에서 비롯된다고 말한 적이 있다. 그가 의미했던 것은 우리가 우리 안에 있는 어둠을 스스로 보게 될 때 빛의 원리를 옹호할 수 있다는 것이다. 개성화의 용어로 표현하면, 이것은 그런 통찰이 우리의 자아중심적인 주장과 야망에 상반될 것이기 때문에 우리가 통상 보고 싶어 하지 않는 그림자, 즉 우리 자신의 어두운 측면을 대면함으로써 이루어질 수 있다. 그림자와의 대면은 개성화에 필수적이다. 예수가 공관복음에 나오는 여러 구절에서 분명히 해준 것처럼 말이다.[14] 그림자는 은밀하게 움직이기를 더 좋아하지만, 하나님은 "모든 비밀을 아시는 분"이며, 하나님의 빛은 우리가 어둠을 틈타 행한 모든 행위, 우리가 부끄러워하고 직면하기를 두려워하는 행위를 자각하게 하려고 노력한다. 왜냐하면 그런 것들은 우리를 어쩔 수 없이 변하게 만들 것이기 때문이다. 그러나 "진리를 따라 사는" 사람은 빛의 능력과 영향 아래 있게 된다. 그때 그런 사람은 그 자신에게, 그리고 다른 사람들에게 열린 상태로 살 수 있다. 그는 하나님에 의해 드러나는 것

---

[14] 내 책 *The Kingdom Within*을 보라.

을 두려워하지 않는다. 자신의 그림자를 대면하게 되면, 자신의 있는 그대로의 모습을 보는 것을 더 이상 두려워하지 않게 된다. 그는 자신을 의식하게 되는 것이다. 악은 숨을 수 있는 어둠을 찾지만, 개성화를 위한 모든 특질 중 가장 본질적인 자기-정직성self-honesty과 진정한 종교적 삶은 빛을 찾는다.

"진리the truth"라고 한 것에서 우리는 다시 한 번 정관사와 함께 쓰인 희랍어를 발견한다. 그것은 바로 그 진리the truth, 즉 헤 알레데이아he alētheia[ἡ ἀλήθεια]다. 이것은 오류가 없는 것, 진정성과 진실성을 지니고 있는 것이라는 뜻이다. 우리가 발견하고자 하는 진실은 우리 자신에 대한 진실이다. 진리를 따라 사는 것은 자신과 자신의 행동을 빛에 드러내며 내적인 자기-정직함을 가지고 사는 것이다. 그것은 합리화로, 다른 사람들을 탓하거나 우리의 그림자를 다른 사람들에게 투사하는 것으로 성취될 수 없다.

의식화하는 것—"빛 속에서 사는 것"—은 어려운 일이다. 가끔 어둠의 길을 따르는 것이 더 쉽게 보인다. 이 모든 것은 어떤 일을 "행하는 것"을 나타내는 다른 두 희랍어를 사용하고 있는 우리의 저자에게 잘 알려져 있었다. 우리가 앞서 살펴본 대로, 한 단어는 프라소prassō [πράσσω]이며, 다른 단어는 포이에오poieō[ποιέω]다. 프라소라는 단어는 대개 쉽게 하게 되는 행동과 관련하여 사용되었으며, 신약성서에서 그것은 거의 언제나 악한 일을 하는 것과 관련하여 사용된 단어다. 반면에, "창조하다"는 것을 뜻할 수도 있는 포이에오라는 단어는 대개 어떤 노력을 필요로 하는 어떤 것을 하는 것과 관련해서 사용되었다.

신약성서에서 누군가 선하거나 창조적인 일을 할 때 선택되는 단어가 **포이에오**라는 단어다. 예를 들어 내가 아는 한, 예수는 결코 **프라소**로 행하는 것이 아니라, 항상 **포이에오**로 행하는 것으로 언급되었다.

하나의 좋은 예가 지금 우리가 살펴보고 있는 구절에 있다. 요한복음 3:20에 "악한 일을 저지르는 모든 사람"에 대한 언급이 있다. 여기서 사용된 희랍어는 **프라소**다. 조금 뒤에 "진리를 따라 사는 사람"이라는 말이 나온다. 여기서는 **포이에오**라는 단어가 사용되었다. 여기에는 분명한 차이가 있다. 의식과 진리의 삶은 노력이 필요하고, 무의식성과 악의 삶은 가장 쉬운 방법을 따르게 된다.

개성화 과정에 착수하는 사람들은 이것이 사실이라는 것을 알고 있다. 의식적으로 살려면 힘이 든다. 자신의 내적·외적 삶을 면밀히 조사하고 숙고하는 것은 쉬운 일이 아니다. 만일 어떤 사람이 도움을 받으려고 꿈을 따르고 일지를 적는 것으로 도움을 받으려고 하면 시간과 정력을 쏟아야 한다. 그러나 이런 삶을 사는 사람의 노력에는 보상이 따르게 마련이다. 왜냐하면 그런 사람은 내면으로부터 에너지와 지지를 받을 수 있기 때문이다. 종교적 표현으로 하면, 우리가 의식적으로 살려고 노력할 때 "하나님이 우리와 함께 해 주신다." 더욱이 우리는 무의식의 창조성을 경험하기도 한다. 에너지를 사용함으로써 우리는 에너지를 얻게 된다. 우리의 어려움을 직면함으로써 우리는 내적인 길이 더 쉽다는 것을 발견하기도 한다. 그에 반해서, 악을 행하는 사람은 내면으로부터 반대를 받는다. 다시 말해 그 사람은 마치 보이지 않는 힘이 방해를 하고 있는 것처럼 살게 된다.

제9장

생수
사마리아 여자와의 대화
요한복음 4:1-42

우리가 요한복음 3장에 관해 논의하면서 살펴본 것처럼, 우리의 저자는 우리에게 고지식한 마음과 상징적인 마음의 차이를 소개하고, 상징적 사고를 할 수 있는 능력이 변환시키는 물을 통해 우리를 거듭나게 해 줄 수 있다는 것을 보여준다. 그는 그리스도와 사마리아 여자 사이의 대화에서 이 주제에 대해 자세히 설명한다. 그 이야기는 예수가 사마리아를 통해 유대를 떠나 갈릴리로 다시 갈 필요가 있었던 여행에 대한 설명으로 시작한다(1-3절). 사마리아는 예루살렘 북쪽에 있는 비옥한 땅이다. 일찍이 사마리아는 이스라엘의 열 부족에 의해 점령되었다. 반면에, 유대의 두 부족은 남쪽 지방을 점령했다. 그러나 아시리아 사람들이 북 왕국 이스라엘을 정복했을 때 주민들은 대부분 강제 추방당했으며, 다른 나라에서 온 사람들을 데려와서 그 지역에 정착시켰다. 이것은 미래의 반란 사태를 막으려고 했던 아시리아의 정책의 일환이었다. 사마리아인들이라고 불리게 된 이 사람들은 결국 그들의 땅을 정복했던 유대인들의 신인 야훼를 섬기기 시작했다. 그러나 그들은 예루살렘에 있는 성전을 존중하지 않았으며, 그 대신에 사마리아에 있는 높은 언덕에 세워진 여러 제단에서 하나님을 섬겼다. 사마리아인들이 외국인 혈통이었고, 유대인들처럼 예배를 드리지 않았다는 사실은 그들이 같은 하나님을 섬겼다고 하더라도, 두 집단의 사람들 사이에 적대감이 생기게 만들었다. 그 이야기는 우리에게 이렇게 말한다.

> 그분이 수가라고 불린 사마리아 마을에 이르셨다. 이 마을은 야곱이 아들 요셉에게 준 땅에서 가까운 곳이며, 야곱의 우물이 거기에 있었다. 예수께서 길을 가시다가, 피로하셔서 우물가에 앉으셨다. 때는 여섯 시쯤이었다.

여섯 시는 하루 중 가장 뜨거운 시간인 정오다. 그러므로 예수는 여행으로 피곤하고 목이 말랐다. 더욱이 제자들이 먹을 것을 사러 동네에 들어갔으므로(7절) 분명히 제자들이 줄과 두레박을 가지고 갔기 때문에 예수는 우물에서 물을 길을 방법이 없었다. 전체 배경은 성스런 역사를 지니고 있는 해묵은 것이다. 왜냐하면 구약성서를 보면 많은 중요한 조우와 만남이 우물이나 샘에서 일어났기 때문이다(창세기 24:10f, 29:1f; 출애굽기 2:15f). 이것은 자연스러운 것이었다. 왜냐하면 이스라엘의 메마른 땅에 있는 우물과 샘은 가장 중요한 장소였으며, 종종 신성한 것으로 간주되었기 때문이다. 상징적으로 우물은 "사건이 일어나는 곳"을 대변한다고 우리는 말할 수 있다. 결국 사마리아 여자가 물을 길으러 우물에 왔고, 예수는 그 여자에게 "물을 좀 달라"(7절)고 말씀했다.

그 여자는 놀라서 이렇게 대답했다. "뭐라고요? 유대인으로서 어찌하여 사마리아 여자인 나에게 물을 달라고 하십니까?" 이 대답에 대해서 우리의 해설자는 유대인들과 사마리아인들 사이의 적대감을 분명하게 잘 모를 수도 있는 독자들의 편의를 위해서 "유대인은 사마리아인과 상종하지 않기 때문이다"(9절)라는 말을 덧붙였다. 예수는 이렇게 대답했다.

> 네가 만일 하나님의 선물과
> 또 네게 말하는 사람이 누구인지 알았더라면,
> "우리가 마실 물을 주십시오."하고,
> 네가 그에게 청했을 것이고,
> 그가 너에게 생수를 주었을 것이다.

"**생수**"는 희랍어로 **휘도르 존**$^{hyd\bar{o}r\ z\bar{o}n}$[ὕδωρ ζῶν]이다. 여기서 "살아있는^{living}"을 나타내는 단어는 우리가 "그 안에 생명[zoē]이 있었으니 이 생명은 사람들의 빛이라."(요한복음 1:4)고 되어 있는 프롤로그에서 접해보았던 단어와 연관되어있다. 우리는 무의식의 상징인 물의 의미를 생각해 본 적이 있으며, 이제 물을 나타내는 비슷한 상징적 의미를 성서에서 발견하게 된다. 구약성서에서 예언자 이사야는 구원의 물에 대해 이야기한다.

너희가 기쁨으로 구원의 우물들에서
물을 길으리로다.
(이사야서 12:3; 이사야서 55:1;
예레미야서 2:13, 그리고 다른 것들과 비교하라)

물은 또한 우리가 앞서 논의해 본, 지혜의 선물에 대한 성서적 상징이다. 그래서 바룩^{Baruch}은 "지혜의 샘"(바룩서 3:12)에 대해 말하고 있고, 시락은 "지혜의 물"(집회서 15:3)에 대해 말하고 있다. 어떤 것이 영혼을 새롭게 하는 인간 영혼의 내면에서 그리고 생명과 지혜에서 솟아나온다. 이것은 물로 상징되었으며, 그것이 바로 예수가 "생수"라는 이미지로 말씀하는 것이다.

그러나 사마리아 여자는 단지 예수의 말씀을 문자 그대로 받아들 수 있을 뿐이다. 그래서 그 여자는 당혹해 하며 이렇게 말한다.

당신에게는 두레박도 없고, 이 우물은 깊은데, 어떻게 생수를 구하실 수 있다는 말입니까? 당신은 우리 조상 야곱보다 더 위대한 분이라는 말입니까? 그는 우리에게 이 우물을 주었고, 그와 그 자녀들과 그 가축까지, 다 이 우물의 물을 마셨습니다.

우리의 이야기는 이제 다만 영어로 번역된 본문을 가지고 있는 독자가 모면할 수 있게 해 줄 미묘한 의미의 뉘앙스를 소개한다. 사마리아 여자가 깊은 우물에 대해 이야기할 때, 희랍어 단어 **프레아르**^{phrear} [φρέαρ]가 사용되었다. 이 단어는 인간이 만든 우물 혹은 수조를 말하는 것이다. 그러나 예수는 우리가 앞에서 살펴본 적이 있는, 샘처럼 땅에서 솟아나오는 천연 수원을 의미하는 **페게**[pēge[πηγή]라는 단어를 언제나 사용한다. 이것은 예수가 그 여자에게 대답할 때 사용하고 있는 물의 이미지다.

이 물을 마시는 사람마다
다시 목마를 것이다.
하지만 내가 주는 물을 마시는 사람은
결코 다시 목마르지 않을 것이다.
내가 주는 물은
그 사람 속에서 영생에 이르도록 솟구쳐 나오는
샘물[pēge]이 될 것이다.

그래서 우리는 희랍어에서 그것과 대조되는 것을 발견한다. 그 여자가 이렇게 말한다.

당신에게는 두레박도 없고, 이 우물[phrear]은 깊은데...

예수는 이렇게 말씀한다.

... 내가 주는 물은
그 사람 속에서 샘물[pēge]이 될 것이다...

첫 번째 수원은 인간이 만든 우물과 같은 어떤 것이다. 그런 것은 말라버리거나 수조가 깨지면 그 속에 든 것이 다 없어지기 쉽다. 두 번째 수원은 무한한 원천에서 솟아나오며 결코 고갈되지 않는다. 야훼가 그의 백성에 대해 예언자 예레미야에게 말씀하신 것이 대조가 된다.

> 그들은 생수의 근원인
> 나를 버렸으며,
> 물을 담을 수 없는
> 터진 웅덩이를 스스로 팠다. (예레미야서 2:13, NJB)

우리 내면에는 우리가 직접 경험할 수 있고, 또 예수가 말씀하고 있는 샘과 비슷한 실재가 있다. 앞서 우리는 에티 힐레줌이 이것에 대해 알고 있었고, "실제로 내 안에 깊은 우물이 있고, 그 안에 하나님이 사신다."고 말했다는 것을 살펴보았다. 그것은 예를 들어 우리의 꿈이 솟아 나오는, 우리 안에 있는 생명의 근원, 우리의 영혼으로부터 나오는 그리고 우리의 영혼을 위한 영원한 생명의 근원이다.

심리학자이기도 했던 초기교회의 신학자들은 이 물과, 그들이 "생명의 샘"[1]이라 불렀던 그리스도를 동일시하는 것을 주저하지 않았다. 아무나 흉내 낼 수 없는 신비스럽고 심리학적인 방식으로 말하면서, 알렉산드리아의 클레멘스는 물에 대해, 그것은 "물이라는 요소가 없

---

[1] 물과 관련된 이것과 그 뒤의 것은 Clement of Alexandria, *The Discourse on the Holy Theophany*, 제2부에서 인용된 것이다.

이는 그 어떤 사물의 현 질서도 존속할 수 없는" 모든 생명의 자연스런 근원일 뿐만 아니라, 그것 없이는 영혼의 생명이 존재할 수 없는 영적 요소이기도하다고 말한다. 사실상 이 물은 그분 자신이 비로 내리고,2 샘으로 알려져 있고, 강으로 흘러나오고, 요단강에서 세례를 받은, 다름 아닌 "만물의 창조자 그리스도"다. 그리스도는 어디에나 계시고 안 계신 곳이 없고, 천사들에게는 이해될 수 없고, 인간에게는 보이지 않고, 모든 사람들에게 생명을 주는 끝이 없는 무한한 샘인, "하나님의 성을 기쁘게 하는 끝없이 흐르는 강..."(시편 46:4)이다. 그는 사마리아 여자에게 어쩌면 이렇게 말씀하실 수 있었을지 모른다고 결론짓는다. "사랑하는 자여, 네가 이런 말을 들을 때 그것을 마치 문자 그대로 말한 것처럼 받아들이지 말고, 어떤 상징figure으로 나타난 것으로 받아들여라"고.

  이것은 내면에서 솟아나오고, 지친 자아를 낫게 하고, 영혼을 다시 채우는 치유하는 물이다. 이 물은 또한 수원, 특히 샘과 흐르는 시내의 위쪽이나 가까운 곳에 있던, 치유의 신 아스클레피오스의 시설들인, 그들의 치유 신전들을 세웠던 그리스 사람들에게 알려져 있었다. 이런 신전들은 교회에 의해 점유되었고, 기독교가 그리스-로마 세계의 이교를 바꾼 후에 곧 치유력이 있는 여러 성자들에게 바쳐졌던 것들이다. 그것은 또한 그리스 작가 소포클레스에게 알려져 있었다. 그의 희곡 『콜로누스의 오이디푸스Oedipus at Colonus』에서 고통 받는 오이디푸스는 그리스 합창단에게 죄를 범한 신들에게 어떻게 속죄를 받을

---

2 호세아서 6:3: "그분은 소나기같이, 땅을 적시는 봄비같이 우리에게 오실 것이다."

수 있는지 묻는다. 그들은 그에게 이렇게 대답한다.

먼저 더럽혀지지 않은 손으로
생명 샘에서 길어온 물로 신주神酒를 만들어라.3

그런데 예수가 말씀하는 물은 다음과 같은 특징을 가지고 있다. 먼저, 그것은 특별한 물, 즉 이 세상의 물이 아니라 영적인 물이다. 이전에 지적한 대로, 그와 같은 것은 종종 우리의 꿈에 나오는데, 가끔 대단히 맑은 물로 나온다. 예를 들어 어떤 사람이 친구와 함께 참여했던 성찬 예배에 대한 꿈을 꾸고 이렇게 말한다. "우리는 정규적으로 작은 계곡에서 내려오는 굉장히 맑은 물에 찍어서 성찬 제병을 받았어요. 이 물은 놀라울 정도로 매우 맑았어요." 다른 사람은 어떤 도시에 도착했는데, 엄청난 물줄기가 들어 닥치는 꿈을 꾼다. "그것은 그 도시를 통과하는 바다의 일부, 아니면 강일 수 있어요. 그 물을 그렇게 놀랍게 만들어 주는 것은 그것이 색다른 특성을 부여해주는 너무나 맑고 깨끗하기 때문이에요. 그것은 또한 특이하고 매력적인 특성을 더해주는 맑고 깨끗한 바닷물일 수도 있어요."

둘째로, 우리는 그리스도가 수원이라는 말을 듣는다. 이것은 **그가 우리에게 줄 물이며, 우리가 우물이나 도시의 상수도에서 받는 평범한 물과 대조되는 것이다. 우리가 앞서 언급한 대로, 알렉산드리아의**

---

3 F. 스토어가 번역한 책의 470 행. 소포클레스는 샘을 나타내는 다른 희랍어 페게*pēge*와 비슷한 크레네*krēne*를 사용하되, 프레아르*phrear*와 반대되는 의미로 사용했다 (Liddell and Scott's *Greek-English Lexicon*).

클레멘스는 그리스도가 우리에게 그 물을 줄뿐만 아니라, 그리스도를 신비로운 방식의 물 그 자체이기도 하다고 생각한다.

셋째로, 우리는 이 물이 우리 자신 안에서 길어 올리는 샘물과 같은 것이며, 아무도 우리를 떠나서는 이 물을 얻을 수 없을 것이라는 말을 듣는다.

우리는 제4복음이 비전적秘傳的이고 신비로운 문서라는 것을 알 수 있다. 어떤 사람들이 그것을 "영지주의적인 복음"이라고 부르게 했던 것은 그 복음서의 이런 비전적인 특성이다. 그러나 우리는 이미 제4복음이 초기 기독교 시대에 번창했던 영지주의 문헌에 속한 것이며, 영지주의로 알려지게 되었다고 말할 수 없는 이유가 있다는 것을 언급한 바 있다. 우리가 언급했던 대로, 영지주의는 물질성이 죄와 오류의 원인이라고 가르쳤으나, 제4복음은 죄와 오류는 근원적으로 어둠을 지향하려는 의지가 있고 진리와 빛을 거부할 때 생긴다고 말한다. 영지주의자들에게 몸과 형태를 지니고 있는 피조물은 본래 악한 것이었지만, 제4복음에는 물질세계를 포함하여 말씀이 모든 것을 창조했다고 되어 있다. 영지주의자들에게 있어서 그리스도의 구원의 효능은 축소되었다. 왜냐하면 제4복음에서 영혼 안에 살아 있는 영구적인 말씀인 그리스도는 구원에 필수적인 것이기 때문이다. 영지주의자들에게 있어서 죄로 인해 타락하게 된 원인은 중대한 실수를 저질러서 인간의 삶에 비극을 가져온 여성적인 영체靈體인 소피아 때문이었다. 우리가 앞으로 살펴보겠지만, 제4복음은 그 문제가 생긴 것은 세상에서 악이 적극적으로 작용했기 때문이라고 보았다.

영지주의와 초기 기독교가 공유했던 것은 **그노시스**gnōsis, 즉 내적 진리의 경험을 통해 생긴 지식이 구원의 효능을 가지고 있었다는 믿음이었다. 이런 그노시스를 얻기 위해 초기 기독교인들은 성서가 상징적으로 해석한 꿈과 환영visions으로부터 통찰을 얻으려고 했고, 말씀에 대한 인식이 영혼을 통해 왔으며, "너 자신을 알라"는 격언을 하나님에 대해 인식할 수 있는 길이라고 믿었다. 따라서 제4복음은 "영지주의적인 복음"이 아니다. 오히려 그것이 시작되었을 때의 기독교가 영지주의적인 종교였다. 다시 말해 그리스도의 핵심적인 의미가 내적 경험을 통해 알려질 수 있는 **신비**mystērion였다.

우리의 본문은 예수와 사마리아 여자 사이에 다음과 같은 교류가 계속되고 있다는 것을 보여준다.

> "선생님, 그 물을 나에게 주셔서, 내가 목마르지도 않고, 또 물을 길으러 여기까지 다시 나오지도 않게 해주십시오." 예수께서 그 여자에게 말씀하셨다. "가서, 네 남편을 불러 오너라." 그 여자가 대답하였다. "나에게는 남편이 없습니다." 예수께서 여자에게 말씀하셨다. "남편이 없다고 한 말이 옳다. 너에게는, 남편이 다섯이나 있었고, 지금 같이 살고 있는 남자도 네 남편이 아니니, 바로 말하였다." (15-18절, [표준새번역])

그 여자가 예수에게 하는 대답은 두 가지를 보여준다. 첫째로, 그녀가 문자 그대로 생각하는 데서 자유롭지 못하며, 아직도 그리스도가 말씀하는 물을 우물에서 긷는 물과 비슷한 것으로 생각하고 있다는 것이다. 둘째로, 그것은 그녀가 아직 자아중심적인 사고에 사로잡혀 있다는 것을 보여준다. 왜냐하면 그녀에게 가장 중요한 것은 그녀가 그리스도께서 말씀하는 이 물을 가지고 있었다면 우물로 가서 두레박으로 마실 물을 긷는 수고를 덜어줄 것이기 때문이다. 우리가 단순히 자아중심적인 관점에서 내면세계에 접근하는 한, 우리는 그것의 본질을 납득할 수도 없고 그것의 신비를 이해할 수도 없다.

우리는 이것을 분석 과정에서 잘 알 수 있다. 우리들 대부분은 자아가 어딘가에서 상처를 받고 있기 때문에 분석을 받기 시작한다. 우리는 고통스런 상태가 완화되고, 우울증에서 나오고, 관계의 문제가 해결되기를 **원한다**. 이것은 당연한 것이며, 분석이 진행되는 얼마 동안은 무의식에 의해 허용되는 것 같다. 그러나 때가 되면, 분석의 역점을 자아에서 영혼으로 변화되는 것에 두어야 한다. 우리는 심리학적 작업을 다만 우리 자신을 위해 하도록 더 이상 요구받지 않고, 뭔가 다른 것을 위해 하도록 요구받는다. 이런 역점의 변화에 대한 요구는 가끔 꿈꾸는 사람이 다만 분석가가 다른 사람들과의 관계에 몰두하고 있는 것을 보려고 약속을 하러 분석가에게 오는 꿈에 나타나 있다. 꿈꾸는 사람의 분노가 격화되는 것은 그녀가 부주의하게 취급받고, 약속을 했는데도 불구하고, 분석가가 이 낯선 사람들에게 관심을 기울이고 있는 동안 기다릴 수밖에 없다는 것이다. 이런 꿈의 메시지는 "이봐요, 중요한 건 당신, 즉 자아만이 아니란 말이요."라고 말하는 것과 같은 것이다. 당신은 당신의 영혼을 우선적으로 인정하고, 그 다음에 당신의 자아를 인정할 필요가 있다. 주께서 "사람이 만일 온 천하를 얻고도 제 목숨을 잃으면 무엇이 유익하리요."(마태복음 16:26, KJV)라고 말씀한 것을 기억하면서 말이다.

자아가 그 태도를 바꾸기 위해서는 그 사람이 그의 자아중심성으로 인해 그 안에 있게 된 어둠을 보아야 한다. 이것은 우리가 앞에서 말했던 그의 인격의 그림자 측면을 직면하는 것을 의미한다. 그림자 문제가 다루어지지 않을 때, 사람들은 종종 오염된 물에 대한 꿈을 꾼다. 우리가 막 언급했던 물이 대단히 맑았던 꿈은 다만 그의 어둠을 직면하고, 그것이 내면생활을 오염시키는 무의식 속으로 밀쳐 넣어 버리지 않은 사람만이 꿀 수 있다.

우리가 우리의 그림자를 볼 수 있는 한 지점은 해결되지 않은 우리의 관계 안에 있으며, 이것이 그리스도가 그녀에게 남편이 다섯이나 있었다는 사실을 직면하게 함으로써 그 여자와 대화를 계속해 나가는 이유다. 사람의 마음속에 놓여 있던 것이 무엇인지 인식할 수 있는 (분석가가 그렇게 할 수 있을지 모르지만) 그의 초자연적 능력을 이용하여, 그는 깨어진 관계로 생긴 이 불편한 문제를 화제로 꺼낸다. 그는 약간의 덫을 놓음으로써 (무의식 역시 우리가 우리 자신에 대한 불쾌한 현실을 직면하도록 덫을 놓을 수도 있을 것이다) 그렇게 한다. 즉 그는 가서 남편을 불러오라고 그 여자에게 요구하고 있다. 그녀가 "나는 남편이 없습니다."라고 보고할 때, "네가 남편이 없다고 한 말이 옳다. 너에게는, 남편이 다섯이나 있었고, 지금 같이 살고 있는 남자도 네 남편이 아니다. 너는 바른 대로 말했다."라고 날카롭게 지적하는 것은 예수에게 그녀의 방어벽을 뚫을 기회를 주는 것이다. 그때 그가 (조금 빈정거리는 것으로 우리가 생각할 수도 있지만) "너는 바로 말했다."는 말을 덧붙인다.

우리들 가운데 많은 이들이 비슷한 상황에 놓이게 되면 그렇게 하듯이, 사마리아 여자는 화제를 다른 것으로 바꿈으로써 불편한 주제를 논하는 것을 피하려고 한다. 그래서 그녀는 하나님께 예배를 드려야할 장소를 두고 유대인들과 사마리아인들 사이에 있던 오래된 쟁점을 꺼내고 있다. 그것은 "A"라는 주제가 불편하게 하면 대화를 "B"라는 주제로 바꾸는, 오늘날에도 많은 사람들이 즐겨 쓰는 속임수다.[4] 그래서 그녀는 이렇게 말한다.

> 선생님, 내가 보니 당신은 예언자이십니다. 우리 조상들은 이 산에서 예배를 드렸는데 당신은 예루살렘이 우리가 예배를 드릴 곳이라고 말씀하십니다. (19-20절)

그러나 예수는 그렇게 쉽게 궤도에서 벗어나지 않는다. 그녀의 저항이 너무나 강해서 그녀의 그림자에 대한 더 이상의 논의를 할 수 없다는 것을 똑바로 의식한 후에, 그는 그녀에게 남편이 다섯이나 있었고, 지금 그녀의 애인도 그녀의 남편이 아니지만, 그 문제를 내버려두고 다만 그녀의 질문을 하나님에 대해 그녀도, 그녀의 조상들도 여태까지 생각하지 못했던 것들을 그녀에게—그리고 우리에게—가르쳐 주기 위한 방법으로 이용한다.

---

[4] 내 책 *Between People* (Mahwah, N.J.:Paulist Press, 1982), 제6장

여자여, 나를 믿어라. 이 산에서도 예루살렘에서도 아니고 아버지께 예배를 드릴 때가 올 것이다. 너희는 너희가 알지 못하는 것을 예배하고, 우리는 우리가 아는 분을 예배한다. 구원은 유대 사람들에게서 나오기 때문이다. 그러나 참되게 예배를 드리는 사람들이 영과 진리로 아버지께 예배를 드릴 때가 올 것이다. 지금이 바로 그 때이다. 아버지께서는 이렇게 예배를 드리는 사람들을 찾으신다. 하나님은 영이시다. 그러므로 예배를 드리는 사람은 영과 진리로 예배를 드려야 한다. (21-24절)

예수가 했던 이 놀라운 말씀은 이 이야기의 절정, 즉 우리의 저자가 처음부터 목표로 했던 중요한 요점이다. 예수와 사마리아 여자 사이의 실제 대화를 역사적으로 회상하는 것으로 시작하여, 이 이야기는 널리 퍼져있는 하나님의 본질에 대한 생각과 하나님이 어떻게 예배를 받으시는가에 대한 생각—유대인들과 사마리아인들 모두가 가지고 있던—을 근본적으로 바꾸어주는 예수의 말씀으로 끝난다. 이 본문을 자세히 살펴보는 것은 가치 있는 일이다.

22절에서 예수는 예배와 아는 것을 연결시킨다. 우리는 개인적 경험에 대해 모르고, 올바르게 예배를 드리기가 어렵다. 이렇게 예배가 문제가 될 때, 사마리아인들도 아니고 유대인들도 아닌 사람들, 곧 예수가 말씀하는 "우리"는 누구인가? "우리"는 하나님에 대해 그리고 결과적으로 예배하는 방법이 변화되었다는 것을 아는 사람들을 가리킨다.

그런데 22절에는 "구원은 유대 사람들에게서 온다."라는 흥미로운 말씀이 나온다. 희랍어를 보면, 여기에 중요한 의미의 뉘앙스가 있다. 이 경우에 희랍어는 헤 소테리아 에크 톤 이우다이온 에스틴*he sōtēria ek tōn Ioudaiōn estin*[ἡ σωτηρία ἐκ τῶν Ἰουδαίων ἐστίν], 즉 "구원*the salvation*은 유대 사람들에게서 [나온다]"로 되어 있다. 여기서 중요한 것은 대부분의 영어 번역본들에 나오지 않는 (필립스역을 제외하면) 중요한 말인, 정관사 "the"가 "구원" 앞에 포함되어 있다는 것이다. 정관사가 포함되어 있다는 것은 언급된 구원이 일반적인 구원이 아니라, 유대 사람들의 종교사에서 구체적으로 표현되어 온 구원의 특정한*the particular* 방식인, 특이한 구원을 의미한다. 그것은 예수가 이 구원이 유대 사람들에게서 온다고 계속해서 말씀할 수 있는 이유다.

개성화의 심리학의 관점에서 보면, 매우 중요한 것이 유대 사람들의 종교사에서 일어났던 것이다. 말하자면 인간의 자아와 하나님 사이에는 직접적인 관계가 있었던 것이다. 심리학적으로 보면, 이것이 자아*ego*와 자기*Self*의 관계에 초석을 마련해 주었으며, 이것은 이제 현대적인 방식으로 개성화가 가능하게 되었던 자아 발달과 의식의 진보가 이루어졌음을 보여준다. 사실상 우리가 주목해 본 대로, 구약성서에는 야곱, 요셉, 그리고 모세 이야기가 나오는 세계 그 어디에서도 발견되는 첫 번째로 현존하는 대단히 완벽한 개성화의 본보기들이 나온다.5 인간의 의식과 하나님의 신성력 사이의 살아있는 관계는 예언자들과 야훼 사이에 존재했던 관계에서 지속되었다. 이사야, 예레미야, 엘리야 그리고 에스겔 같은 사람들은 중심*Center*과 대화하는 관계

---

5 내 책 *The Man Who Wrestled with God*, 개정판 종이표지 책 (Mahwah, N.J.: Paulist Press, 1987)을 보라.

에 있던 영적 거장들이다. 하나님과의 관계를 통해 얻은 그들의 경험으로부터, 계약을 통해 간직되고 유지된 관계, 즉 이스라엘 백성과 하나님과의 공동 관계라는 관념이 나온다. 그러나 여기서 하나님과의 개별적인 관계는 하나님과의 공동 관계 속에 침수되었으며, 개별적인 자아는 국가적 의식意識과 정체성 속에서 상실되고 말았다. 같은 일이 기독교에서 그랬던 것처럼 유대교에서도 일어났다. 다시 말해 어떤 개개인들(구약성서의 족장들과 예언자들과 신약성서의 제자들, 믿음이 좋은 여자들 그리고 사도 바울)의 직접적인 경험에서 생긴 종교가 집단화(이스라엘 국가/교회)되고 구체화(사원 예배의 필요성/교회 당국의 맹목적인 숭배)되었다. 이런 발전으로 인해, 개성화를 향한 추진력은 집단적 영역에 남아 있게 되고, 또 다시 지하로 사라지고 만다. 유대인들이든 기독교인들이든, 아니면 그 밖의 다른 사람들이든 간에, 그들은 그런 과정을 기꺼이 수행하려고 하고, 또 그것을 수행할 수 있는 개개인들에게 가능한 때가 도대체 언제 나타날지를 기다리고 있다.

예수는 예배의 문제로 넘어가서, 사마리아 사람들이나 유대 사람들이 아니라, 참되게 "예배를 드리는 사람들"에 대해 말씀한다. 이렇게 참되게 예배를 드리는 사람들은 그들이 하나님께 예배드리는 장소에 관심이 있는 게 아니라, 그들이 예배드리는 내적 상태에 관심이 있을 것이다. 그들은 "영과 진리|en pneumati kai alētheia[ἐν πνεύματι καὶ ἀληθείᾳ]"로 예배를 드릴 것이다. 영과 진리를 모두 언급하기 위해 엔en[ἐν]이라는 전치사를 사용한 것은 "영과 진리"가 하나의 경험으로 구성되어 있

고, 이 경우에 영과 진리가 분리될 수 없다는 것을 보여준다. "진리" —알레데이아*alētheia*[ἀληθεία]—라는 단어는 도덕적으로 참되고, 성실하고, 진실하다는 것을 말하는 것이다. 이것은 우리가 오로지 도덕적 진실성에서 나온 내적 정신, 성실한 성격 그리고 현실적 자각으로만 하나님을 예배할 수 있다는 것을 함축하고 있다. 이런 예배가 드려질 수 있는 장소—산에서든 예루살렘에서든, 아니면 성전에서든—에 대한 쟁점은 예배드리는 사람들의 정신과 그들의 영적 진실성에 대한 쟁점에 비해 이차적인 것이다. 24절에서 우리는 하나님이 영이시다는 것이 하나님의 본질이기 때문에 우리가 영과 진리로 예배드려야 한다는 말을 다시 듣게 된다. 이 후자의 언급이 오늘날 우리들에게 꽤 인습적으로 보일 수도 있는 반면, 그것은 예수의 시대에는 급진적인 것이었다. 왜냐하면 구약성서에서 하나님이 영이라고 칭해진 적이 전혀 없었기 때문이다.6

산드라 M. 슈나이더스가 말한 대로, 영이신 하나님은 성sex이 없다는 것도 언급되어야 한다.7 영이신 하나님은 만물에 스며들어 계시며, 특히 인간의 영혼에 스며들어 계신다. 영이신 하나님은 어디에나 계시며, 우리는 결코 신적인 실재와 분리되어 있지 않다. 영이신 하나님의 본질과 실재는 문화의 정신적 공해에 오염될 수 없다. 하나님이 영이시기 때문에 우리의 내적 상태가 올바로 되어 있으면 예배는 어디서나

---

6 *Dictionary of the Bible*, James Hastings 편집 (New York: Charles Scribners and Sons, 1911)에 들어 있는 A. B. Davidson의 논문을 보라.

7 Sandra M. Schneiders, *Women and the Word: The Gender of God in the New Testament and the Spirituality of Woman* (New York: Paulist Press, 1986), 186.

드려질 수 있다. 우리의 영적 상태에서 참된(진정한) 예배가 나오는 것이며, 다른 것들은 이차적인 것으로 고려되어야 한다. 이것이 바로 예수가 이 구절에서 우리에게 주는 근본적인 메시지인 것이다.

예수의 이런 강력하고 탐색적인 말씀에 대해, 그 여자가 "나는 그리스도라고 하는 메시아가 오실 것을 압니다. 그가 오시면 우리에게 모든 것을 알려 주실 것입니다."라고 한 대답은 한 번 더 주의를 다른 데로 돌리려는 시도로 볼 수 있다. 그것은 "나는 당신이 내게 하나님과 나 자신에게 말하는 것을 들을 필요가 없습니다. 왜냐하면 어느 날 그리스도가 오시면 그가 나에게 내가 듣기를 원하는 것을 말씀하실 것이기 때문입니다."라는 뜻이다. 이것은 또 다시 그리스도로 하여금 "너에게 말하고 있는 내가 그다."(요한복음 4:26)라는 강력한 말씀을 하도록 만들었다.

무심한 독자가 이런 말의 의미를 이해하지 못할 것은 거의 확실하다. 왜냐하면 희랍어 본문은 "내가 그다 am he"라고 말하지 않고, "나는 곧 나다 am"라고 말하고 있기 때문이다. 희랍어로 "나는 곧 나다"라는 구는 대개 "내가 그다" 혹은 "내가 그리스도다" 혹은 "**나는 선한 목자다**"(요한복음 10:11의 에고 에이미 호 포이멘 호 칼로스*egō eimi ho poimēn ho kalos*[Ἐγώ εἰμι ὁ ποιμὴν ὁ καλός] 처럼)라는 말처럼 서술하는 것이다. "나는 곧 나다"라는 희랍어 표현은 에고 에이미*egō eimi*이며, 그것은 어떤 술어가 없이도 제4복음에 여러 번 나온다. 성서학자들은 이것을 "나는 곧 나다는 절대 용법"이라고 부르며, 이런 희랍어 구문을 문법적으로 특이하고 또 매우 중요한 것으로 간주한다. 그것이 중요한 이유는 구약성서에서 백성들이 누가 그에게 이런 것들을 말했느냐고 물을 때, 하나님이 그에게 "너는 이스라엘 자손에게 이르기를, 나라고 하는 분이 너를 그들에게 보냈다고 하여라."(출애굽기 3:14)고 한 것으로 알 수 있다. 에고 에이미라는 구는 "나는 곧 나다"로 번역된 히브리어 구와 같은 표현이다. 따라서 그리스도는 그 자신과 관련하여 하나님의 신성한 이름을 사용하고 있는 것이다. 이것이 심리학에 그리고 제4복음을 이해하는데 왜 둘 다 중요한지는 나중에 더 자세하게 논해 볼 것이다.

제자들이 돌아왔기 때문에 예수와 그 여자 사이의 논의는 여기서 끝나고 있다. 비록 그들이 그것에 대해 그에게 묻지는 않았지만, 그들은 그가 여자와 이야기를 하고 있는 것을 보고 (어쩌면 이제는 그들이 이 특이한 스승에게 놀라는 게 익숙해졌을지 모르지만) 상당히 놀랐다. 반면에, 그 여자는 급히 마을로 들어가서 사람들에게 이렇게 말한다.

> 내가 행한 모든 일을 내게 말한 사람을 와서 보십시오. 그분이 그리스도가 아닐까요? 사람들이 마을에서 나와서, 그에게로 모여들기 시작하였다.

그녀도 모르게 예수가 이 여자에게, 특히 에고 에이미, 즉 "나는 곧 나다"라는 그의 마지막 말로 감동을 준 것 같다. 왜냐하면 그녀가 이제 그가 그리스도일 수도 있다는 시사를 받았기 때문이다. 요한복음에 그리스도의 본질에 대한 첫 번째 시사가 한 여자의 말에 나타나 있으며, 이 시점에서 제자들조차 가지고 있지 못한 통찰력을 가지고 있는 게 그녀라는 사실이 놀랄만하다. 더욱이 우리가 39-41절에서 알게 되는 것처럼, 그녀가 스스로의 자격으로 설득력 있는 전도자가 된 것으로 드러나 있다.

"그가 나에게 내가 행한 모든 일을 말하였다."고 말한 그 여자의 증언에 힘입어 많은 사마리아 사람들이 그를 믿었다. 그래서 사마리아 사람들이 그에게 와서, 그들과 함께 머무시기를 청하였다. 그는 이틀 동안 머무르셨고, 그가 그들에게 말씀하셨을 때 더 많은 사람들이 그를 믿게 되었고, 그들은 그 여자에게 "이제 당신이 우리에게 말한 것을 우리가 믿기 때문만이 아니고, 우리가 그 말씀을 직접 들어보고, 그가 참으로 세상의 구주이심을 알았기 때문이오." (39-42절)

여기서 우리는 다시 예수의 급진적 성격을 보게 된다. 그는 여자와 이야기하는 것과 관련된 사회적 인습을 무시하고 있고, 여자가 그리스도에 대한 어떤 시사를 처음 갖게 된 사람이고 그를 위한 첫 전도자다. 예배에 대한 낡은 전통이 깨어졌고, 그리스도는 에고 에이미라는 신성한 말을 그 자신을 언급하는 말로 사용하고 있고, 참된 예배가 내적 범주로 정의되었으며, 바람이 모든 피조물을 관통해 불듯이, 하나님은 영이시므로 어디에나 "계신다."

그것은 그것과 더불어 새로운 심리에 이르게 하는 새로운 메시지이지만, 그것을 위한 때가 34-38절에 분명히 나타나 있다.

나의 양식은
나를 보내신 분의 뜻을 행하고,
그분의 일을 완성하는 것이다.
너희는 넉 달이 지나야
추수 때가 된다고 하지 않느냐?
그러나 나는 너희에게 말한다.
눈을 들어서 밭을 보아라.
이미 곡식이 익어서, 거둘 때가 되었다!
추수하는 사람은 품삯을 받으며,
영생에 이르는 열매를 거두어들인다.
그리하면 씨를 뿌리는 사람과 추수하는 사람이 함께 기뻐할 것이다.
그러므로 한 사람은 심고, 한 사람은 거둔다는 말이 옳다.
나는 너희를 보내서,
너희가 수고하지 않은 것을 거두게 하였다.
수고는 다른 사람들이 했는데,
너희는 그들의 수고의 결실에 참여하게 된 것이다.

이런 구절은 때가 된 영적 발달에 대해 이렇게 말하고 있다. "밭을 보아라! 이미 곡식이 익어서, 거둘 때가 되었다." 중요한 새로운 생각은 역사를 가지고 있다. 새로운 생각—예컨대 과학에서—은 각기 이전의 생각에 기반을 두고 있다. 그것은 아인슈타인이 언젠가 그가 만일 다른 이들보다 더 멀리 볼 수 있다면, 그것은 바로 거인들의 어깨 위에 서 있었기 때문이라고 말했던 이유다. 마찬가지로 새로운 영적 발달이 이루어지는 것은 그것이 이전의 영적 상태에 의해 생기기 때문이다. 의식意識은 바로 다양한 생명체의 종種이 보다 원시적 형태로부터 보다 복잡한 형태로 진화한 것처럼 진화한다. 개성화의 심리학 역시 진화하는 과정에 있다. 등불처럼 그것은 구약성서에서 어떤 사람들의 삶에 잠시 나타났었지만, 그리스도의 삶과 의식意識에 제일 완벽하게 표현되어 있다는 것을 알 수 있다. 그러나 그리스도의 말씀은 우리에게 인간의 의식이 적어도 부분적으로는 많은 사람들이 새로운 생각을 받아들일 준비가 되어 있을 정도로 진화했다고 알려준다. 사실상 많은 사람들은 그 몫을 받았으며, 이것은 고대 세계에서 주목할 만한 현상인 기독교가 출현할 수 있는 에너지를 공급해 주었다. 사실 모든 사람이 새로운 정신을 선뜻 받아들였거나 새로운 의식을 가지고 등장했던 것은 아니다. 다만 이것은 통상적인 방식에 지나지 않는 것이다. 왜냐하면 우리가 묘사하고 있는 그런 의식은 집단적으로 전달될 수 없기 때문이다. 우리는 그것을 학교에서 배우거나 교회에서 그것을 떠먹을 수 있는 것이 아니다. 각 개개인은 그것을 힘들여서 고통스런 통찰력을 개발함으로써, 그리고 하나님의 은혜로 직접 얻어야 한다. 더욱이 새로운 모든 발달처럼, 이 새로운 정신적 발달은 저항에 부딪칠 것이 틀림없다. 새로운 과학적인 생각은 종종 과학계로부터 저항에 부딪치게 된다. 왜냐하면 노친 네들은 자기들의 입장을 철저히 고수하고 있고, 그들의 권력을 포기하고 싶어 하지 않을 것이기 때문이다. 개개인의 정신적 발달은 또한 동료들의 저항에 부딪칠 수도 있다. 왜냐하면 그것은 또한 그들을 억지로 변화시키려고 할 것이기 때문이다. 마찬가지로 새로운 종교적이고 영적인 생각은 특히 낡은 생각이 제도, 집단화된 교훈, 그리고 개인적인 권력 구조에 명시되어 있을 때 새로운 저항에 부딪치게 된다. 우리가 우리의 복음서 이야기 속으로 더 들어가면서 우리는 이런 저항이 어떻게 배정되고, 결국 십자가 죽음으로 어떻게 이어지는지 보게 될 것이다.

제10장

고관 아들의 치료
믿음과 치유 과정
요한복음 4:43-54

우리는 이제 요한복음에서 고관의 아들이 고침 받은 첫 번째 치유 이야기에 이르게 되었다. 어떤 학자들은 이 이야기가 마태복음 8:5-13과 누가복음 7:1-10에 나오는 백부장의 종이 치유 받은 이야기의 변형이라고 믿는다. 이것은 그럴 수도 있지만, 거기에는 뚜렷한 차이가 있다. 요한복음에서 예수에게 온 것은 백부장이 아니라 궁중의 고관이다. 아픈 것은 그의 종이 아니라 그의 아들이며, 치유도 가버나움이 아니라 갈릴리의 가나에서 일어난다. 그러나 두 이야기에서 모두 믿음과 치유의 밀접한 관계에 주목해 보아야 한다. 공관복음에 보면, 예수는 그 백부장의 믿음에 매우 놀라서, "내가 너희에게 말한다. 나는 이스라엘 중 아무에게서도 이런 믿음을 본 적이 없다."고 말씀한다. 요한복음에는 그 고관의 믿음이 매우 커서, 예수가 그의 아들을 보러 내려오기만 한다면 그 아들이 고침을 받을 것이라고 확신했으며, 예수가 그의 아들이 살아날 것이라고 말씀한 후에, 우리는 복음서 기자를 통해 "그는 예수가 말씀한 것을 믿었다."는 말을 듣게 된다.

요한은 예수가 사마리아를 떠난 후에 나사렛이 아닌 갈릴리로 간 이유를, "그가 친히 밝히시기를 예언자는 자기 고향에서는 존경을 받지 못한다 하셨다."고 설명하며 그의 치유 이야기를 시작하고 있다. 희랍어 구문은 일반적인 언급을 하는 것에서 **특이한 사실(엔 테 이디아 파트리디**en tē idia patridi[ἐν τῇ ἰδίᾳ πατρίδι])을 말하는 것으로 바뀌고 있다. 신약성서 문장의 참뜻은 예언자가 자기 고향에서 존경을 받지 못한다는 것이 대체로 사실인 반면, 그것이 예수에게 특별히 사실이었다는 것에 있다. 우리는 이런 진술의 의미를 짧게 더 살펴볼 것이다. 그러나 우리는 치유에 그렇게도 중요한 이런 신앙의 본질을 이해해야 한다.

심리학에서는 인식이 매우 강조된다. 프로이트와 융은 둘 다, 만일 어떤 사람이 다만 어떤 힘이 그 사람의 인격을 형성했는지 알고 무의식속에 저장되어 있는 것이 무엇인지 안다면, 그 결과 치유가 일어난다는 것에 동의했다. "무의식을 의식화하는 것"이 모든 심층심리학의 특징이며, "진리가 너희를 자유하게 하리라."는 것이 정신치료자가 치료를 진행해 나가는 격언이다. "분석analysis"이라는 바로 그 단어는 치유를 위해 인식이 중요하다는 것을 보여준다. 그 단어는 **아나**ana[ἀνά] 와 **리시스**lysis[λύσις]라는 두 개의 희랍어 단어에서 유래된 것이다. 리시스라는 단어는 용해되거나 느슨하게 되는 것을 의미한다. 그러므로 분석은 전체가 부분으로 용해되는 과정이다. 따라서 분석에서 우리는 우리의 행동과 고통의 기저를 이루고 있는, 개개인을 구성하고 있는 힘이 무엇이며, 이것이 우리의 기본적인 인격구조가 재형성 될 수 있도록 "상황을 느슨하게 하는 효과"가 있다는 것을 알게 된다.

그에 반해서, 대개 신앙은 단지 정신치료의 한 요소로 경시되었다. 왜냐하면 결국 정신치료는 무언가 과학적인 것을 주장하고, 믿음은 종교적 용어이기 때문이다. 그렇지 않은가? 그리고 믿음이 언급될 때 그것은 대개 폄하되며, 심지어 자기-인식에 이르려는 우리의 시도에 반하는 장애물로 여겨지기도 한다. 예를 들어 스티븐 휄러는 영지주의와 융 심리학의 관계를 다룬 그의 책에서 내적 지식에 도달하는 가치를 강조하고, 그것을 그가 지식과 반대되는 것으로 보는, 신앙과 대조되는 삶의 의미 및 목적과 동일시한다. 그는 이렇게 말한다.

> 따라서 삶의 의미와 목적을 얻기 위해서는 맹목적 신앙과 마찬가지로 맹목적 억압을 강조하는 신앙도 아니고, 그들의 외향적 사회 개량주의를 표방하며 일하는 것도 아닌, 내적 통찰력과 변환, 요컨대 심층심리학 과정이 필요한 것 같다.[1]

휄러가 신앙을 경시하는 것이 기원전 2-3세기의 영지주의적인 태도에 그 뿌리를 두고 있다는 것을 주목해 보는 것은 흥미로운 일이다. 약 1800년 전에 이레니우스는 영지주의자들에게 반대했다. 왜냐하면 그의 견해로는 그들이 "하나님에 대한 완전한 지식에 도달했던 영

---

[1] Stephen A. Hoeller, *The Gnostic Jung and the Seven Sermons to the Dead* (Wheaton, Ill: Guest Books, 1982), 11.

적인 사람들"이라고 오만하게 주장했기 때문이다. 이레니우스는 이런 영지주의자들이 그들 자신을 "동물적인 사람들"이라고 불렀던, 기독교인들과 대비시켰으며, 이것은 기독교인들이 지식이 부족하고 영지주의자들의 "완전한 지식"과 대조되는 "단순한 믿음"으로 특징지어지는 사람들이었기 때문이라고 말했다.2

알렉산드리아의 클레멘스는 같은 것을 말했다. 언젠가 그가 말하길, "발렌티누스의 추종자들은 우리의 단순한 신앙 탓으로 돌리지만, 동물적인 사람들에게서 나오는 [그들의 지식]이 영적인 사람들의 믿음과 전연 다르다고 말하면서, 그 지식이 뛰어난 탁월함의 싹이 지닌 이점을 통해 그들 자신들 안에서 생겨난다는 것이 사실이라고 주장할 것이다."3

융 자신은 종종 신앙에 대해 폄하하는 말을 했으며, 그것을 지식에 반하는 것으로 보았다. 그는 언젠가 "기독교인들이 서로 함께 할 수 없듯이, 신앙과 지식은 합치할 줄 모른다."고 말한 적이 있다. 신앙은 "맹목적이 되게 만드는 것"이고, "순진한 것"이며, 사람들로 하여금 "어린아이들 **같이** 되기보다는 어린아이들로 **남아있도록**" 권장하는 것이다. 그와 같은 것은 늘 우리를 "신앙과 지식 사이의 갈등"에 연루시킨다.4

---

2 Irenaeus, *Against Heresies* 1.6.2.
3 Clement of Alexandria, *Stromata* 2.3.
4 C. G. Jung, *Aion*, in *The Collective Works of C. G. Jung*, R. F. C. Hull 옮김, 20 vols. (Princeton: Princeton University Press, 1953-1979), vol. 11, para. 269; *Psychology and Religion*, in *Collective Works* 11, paras. 765와 864.

융의 신앙에 대한 폄하는 그의 아버지의 신앙을 목도했던 어린 시절의 개인적 경험에서 비롯된다. 그는 그의 자서전 『회상, 꿈, 사상 Memories, Dreams, Reflections』에서 소년 시절 입교식 공부를 할 때 목사인 그의 아버지에게서 오랫동안 그를 당황스럽게 하기도 했고 매혹시키기도 했던, 수수께끼 같은 삼위일체 교리의 의미를 듣게 되기를 간절히 기대했었다. 그러나 안타깝게도 입교식 공부를 하게 되었을 때, 그의 아버지는 삼위일체 문제를 다루지 않고 급히 넘어가고 말았고, 어린 칼Carl이 그것에 대해 물었을 때, 그는 그것을 이해하려고 하지 말고 "믿어라"고만 했던 것이다! 그 일로 인해 융의 신앙은 끝장나고 말았다. 왜냐하면 융은 이해할 수 없는 뭔가를 믿으려고 서성거리던 사람도 아니었고, 질문을 멈추지 않았을 뿐더러 맹목적 신앙을 통해 믿으려고 하지도 않았던 정신을 가지고 있었기 때문이다. 융과 스티븐 휄러와 같은 다른 사람들이 신앙은 순진한 태도를 권장하고, 의식적 이해와 질문을 못하게 한다고 결론내린 것은 당연하다. 그때부터 융에게 치유와 온전함에 이르는 길은 신앙이 아니라 지식을 통해 마련되었다고 말할 수 있다.

　어떤 신학적 태도가 지식과 질문의 정신에 반反할 정도로 신앙을 왜곡시킨 것은 사실이다. 융의 아버지의 경우가 그 좋은 예다. 그러나 우리가 앞에서 살펴본 대로, 초기 기독교에서 믿음과 지식은 서로 적대적인 것으로 볼 수 없고, 오히려 가까운 동반자로 간주되었다. 특히 제4복음에서, 믿음은 지식에 적대적인 것이 아니라 지식에 부속되어 있는 것이다. 초기 기독교인들이 이해했던 믿음은 이해될 수 없는 것을 믿게 만든다든지, 이해할 수 없는 교리적인 공식에 맹목적으로 동의하는 것과는 전혀 관계가 없었다. 이 점에서 우리가 고관 아들의 치유 이야기에서 살펴본 대로, 그가 어떤 사람의 믿음의 특성에 큰 관심을 두긴 했지만, 예수가 어떤 사람의 신학적 신념에 별 관심을 보이지 않았다는 것은 주목할 만하다. 성서적 관점에서 보면, 믿음은 지성이 아니라 영혼의 범주에 속한다. 어둠 속에 살지 않도록 정신이 알 필요가 있는 것처럼 영혼은 믿음을 필요로 한다. 그렇지 않으면 그것은 살아갈 힘과 의지를 잃어버리게 된다. 또한 정신과 영혼은 서로를 필요로 하며, 그 둘이 서로에게 가져다주는 지식과 믿음이라는 선물을 필요로 한다.

"믿다"로 번역된 피스튜오 *pisteuō*[πιστεύω]라는 희랍어 단어는 제4복음이 의미하는 믿음이 무엇인지 이해하는데 도움이 된다. 그 단어는 단지 어떤 것을 "확신하게 되는 것"을 의미할 수 있다. 그래서 우리가 만일에 "나는 태양이 지구 주위를 도는 것이 아니라, 지구가 태양 주위를 돈다는 것을 믿는다."라고 말한다면, 우리는 우리의 과학적 신념에 대해 말하는 것이 될 것이다. 그러나 그 단어가 종교적 의미로 사용될 때, 그것은 더 복잡한 방식으로 사용된다. 종교적 의미에서 **피스튜오**는 어떤 것을 신뢰하는 것을 의미한다. 이 경우에 우리가 신뢰하는 그 신뢰의 대상이 여격與格으로 표현될 수도 있다. 아니면, **피스튜오**라는 동사가 "into"를 의미하는 전치사 에이스*eis*를 동반할 수도 있다. **피스튜오 에이스***Pisteuō eis*[πιστεύω εἰς]는 "어떤 것에 대해 신뢰를 두다"를 의미한다. 이 희랍어 구문은 요한복음에 약 26번 나온다.5 그것은 신앙이 증명될 수 없는 어떤 것을 우리로 하여금 믿게 만드는 지적인 행위가 아니라, 어떤 사람이 자신의 신뢰를 살아 있는 실재에 둘 수 있게 하는, 영혼에서 우러나온 행동이라는 것을 보여준다.

"신앙"으로 번역된 명사 피스티스*pistis* [πίστις]에 관한 한, 희랍어 구문 역시 도움이 된다. 영어에서 우리는 "신앙을 갖는 것"은 그것이 마치 어떤 소유물인 것처럼 생각한다. 우리는 또한 우리가 열심히 노력하기만 한다면, 이 "신앙"이 우리가 스스로 떠올릴 수 있는 어떤 것이라고 상상한다. 그러나 신약성서에서 그리스도나 하나님과 관련이 있을 때, **피스티스**라는 단어는 대개 "목적 소유격"으로 알려진 특정한 문법상의 구문의 일부다. 전에 언급한 대로, 희랍어에서 어떤 격어미를 가지고 있다는 것을 의미하는 명사는 격이 변화된다. 이런 격 가운데 하나가 소유격이다. 소유격은 영어에 있는 유일한 특별한 격이며, 그것은 대개 소유를 의미한다. 그래서 우리가 "그 집의 지붕이 수리될 필요가 있다"고 말할 때, 우리는 소유물 또는 "~에 속하는 것"을 의미하기 위해 집을 소유격으로 사용하는 것이다. 희랍어에서 소유격은 단순한 소유를 의미하기 위해 사용되기도 하지만, 그것은 더 미묘한 의미를 가지고 있기도 하며, 이런 미묘한 의미 중 하나는 "신앙"이라는 단어와 관련이 있는 목적 소유격 용법에서 발견된다.

그것이 작용하는 방식은 다음과 같다. 즉 가끔 두 명사는 그런 방식으로 결합되어 있어서, 두 번째 명사는 첫 번째 명사의 에너지의 대상처럼 보이지만, 그것은 또한 첫 번째 명사의 에너지의 원천이기도 하다. 한 예로, 마가복음 11:22를 생각해 보라. 거기서 예수는 제자들에

---

5 그 예로는 요한복음 2:23, 3:36, 6:35, 7:31, 11:25, 14:12, 17:20 등이 있다.

게 "하나님을 믿어라" 하고 말씀한다. 그것은 아주 단도직입적인 것처럼 들린다. 얼마나 자주 설교자들이 우리에게 이같이 할 것을 촉구하지 않았는가? 그러나 희랍어로는 **엑세테 피스틴 데우**^{exete pistin theou} [Εχετε πίστιν θεοῦ]라고 표현되어 있다. 이 구문에서 하나님을 나타내는 단어는 데우이며 소유격으로 되어 있다. 이것은 우리가 하나님을 믿으려고 하는 것은 그 자체가 하나님에게서 비롯된 것이고, 하나님에 의해 촉발되었다는 것을 뜻한다. 그리스 학자 사무엘 G. 그린은 그것을 "소유격의 근본적인 의미는, 그것을 다른 관점에서 보면 감정적 존재의 대상, 즉 그 존재의 근원이나 근거임이 매우 분명하다. 따라서 **엑세테 피스틴 데우**[하나님을 믿는 것/하나님에 대한 믿음을 갖는 것]는 실제로 '그의 성격이 자극하는/흥분시키는 것과 같은 신앙을 갖는 것'을 의미한다."6고 말한다. 이런 믿음은 하나님, 그리스도, 그리스도의 이름 등을 믿는 것과 관련해서 신약성서에 여러 번 나온다.7 희랍어 문법상의 구문은 우리가 믿음이 어떤 것을 맹목적으로 믿는 것과 관련이 없는 활력이 넘치는 살아 있는 특성이지만, 영혼에서 비롯되고 믿음의 대상에 의해 영혼에 영양이 공급되는 영혼의 특성이라는 것을 알 수 있도록 도와준다.

우리는 우리가 배터리에 들어 있는 에너지를 생각하는 것과 같은 방식으로 이런 신앙의 에너지를 생각할 수 있다. 배터리에는 우리가

---

6 Samuel G. Green, *Handbook of the Grammar of the Greek New Testament* (New York: Fleming H. Revell, 1912), 218.

7 그 예로는 로마서 3:22, 26; 갈라디아서 2:16; 에베소서 3:12; 빌립보서 3:9; 야고보서 2:1 등이다.

우리의 목적을 위해 사용할 수 있는 에너지가 들어 있지만, 이런 에너지를 얻으려면 무언가 더 큰 에너지의 근원으로부터 배터리가 충전되어야 한다. 그리고 배터리에 있는 에너지가 고갈되지 않으려면 에너지의 근원에 의해 가끔 다시 채워져야 한다. 그것이 정말 하나님을 믿는 것이다.

예수가 믿음에 대해 말할 때 염두에 두고 있던 이런 생각은 네 복음서 모두에 나오는 치유 이야기에 나타나 있다. 성서의 치유 이야기에서, 예수가 병든 사람을 치유한 것을 언급하기 위해 다양한 희랍어가 사용되었다. 이런 단어 가운데 가장 흔히 쓰인 두 가지가 데라퓨오$^{therapeu\bar{o}}$[θεραπεύω]와 이아오마이^{iaomai}[ἰάομαι]다. 데라퓨오에서 "치료^{therapy}"라는 단어가 나온 것이다. 예를 들어 고전 희랍어에서 데라페이아^{therapeia}[θεραπεία]는 신들에 대한 신적인 예배 또는 봉사를 나타내는 단어였다. 그것은 또한 치유하거나 치료하는 것, 그리고 땅을 경작하거나 정원을 가꾸는 것을 의미할 수 있다. 명사 이아오마이는 의사를 말하는 희랍어 이아트로스^{iatros}[ἰατρός]와 관련이 있다. 오늘날 우리는 이 희랍어에 기반을 두고 있는 "의사의 부주의로 생기는^{iatrogenic}"이라는 새로운 표현을 가지고 있다. 그것은 의사에 의해 생긴 병을 말한다. 신약성서에서 데라퓨오와 이아오마이는 종종 교체 사용이 가능한 것으로 보인다. 예를 들어 사도행전 28:8(이아오마이^{iaomai})과 28:9(데라퓨오$^{therapeu\bar{o}}$)에서 우리는 이 두 단어가 거의 같은 의미로 사용되었음을 알게 된다. 누가복음 14:3과 14:4에서 우리는 이 경우에 어떤 면에서 이 두 단어가 예수의 의해 교체 사용된 것을 다시 발견한다. 사실상 이런 단어들은 병든 사람의 치유와 관련해서 사용된 흔한 단어들이며, 예수는 종종 이런 단어들이나 이와 맞먹는 표현을 사용했다.

그러나 예수가 치유를 언급하기 위해 사용한 다른 단어가 있었는데, 그것이 바로 소조 sozo [σῴζω]라는 단어다. 이 단어는 보통 말하는 치유를 의미하지 않았다. 오히려 그것은 "구원하다"라는 의미였다. 구원 받는 것은 단지 치유 받는 것과 다르다. 예를 들어 우리가 치료된 발가락을 가지고 있었다면, 우리는 그것이 치유되었다고 말할 수 있겠지만, "구원받았다"고 말하진 않을 것이다. 소조는 데라퓨오와 이아오마이보다 훨씬 더 완전한 단어이며, 고통스러운 증상의 완화뿐만 아니라, 어떤 사람의 인격의 완전한 회복도 의미한다. 그러므로 이 단어의 통상적인 영어 번역으로는 "건강해 지거나 온전해 지는 것"이다.

복음서의 치유 이야기를 살펴보면, 고통 받는 사람이 고침을 받기 위해 개인적인 노력을 한 경우에, 예수가 소조라는 단어를 사용한 것을 알 수 있다.[8] 다른 경우에, 예수가 다른 누군가의 간청으로 어떤 사람을 치유했을 때, 예수는 치유를 나타내는 덜 중요한 단어 가운데 하나를 사용했다. 고관 아들을 치료한 이야기에서, 예를 들어 예수는 소조를 사용하지 않고 있다. 그에 반해서, 누가복음 8:40-48(마태복음 9:18-26과 마가복음 5:21-43)에 나오는 이야기를 생각해 보라. 이 이야기에는 12년이나 혈루증으로 고통을 당하며, 여러 해 동

---

[8] 이것에 대해 더 많은 것을 보려면 내 책 *Healing Body and Soul* (Louisville: Westminster/John Knox Press, 1992)을 보라.

안 의사들에게 고침을 받아 보려고 애썼지만, 아무 소용이 없었던 여자가 나온다. 그 여자는 군중을 헤치고 예수에게 이르자 그의 옷단을 만질 수 있었다. 즉시 예수는 누군가 고침을 받으려는 목적으로 그를 만진 것을 알게 된다. 왜냐하면 그가 그 순간 "능력이 내게서 빠져 나갔다"고 말했기 때문이다. 자신이 드러나자 그 여자는 질책을 받을까 봐 두려워했다. 그러나 예수는 그 여자에게, "딸아, 네 믿음[pistis]이 너를 구원[sozo]하였다. 평안히 가라"고 말씀했다.

여기서 우리는 그녀가 인내함으로써 자신의 신앙으로 인해 치유를 발견하게 되었던 성서적 신앙의 특성의 전형적인 예를 보게 된다. 그녀의 치유의 궁극적 원천인 예수에게 그녀를 데려다 준 것은 신앙이었다. 예수는 그녀의 신앙이 담겨질 수 있는 그릇이었다. 그녀는 예수에 "대한" 믿음을 가지고 있었다. 그녀는 혹시라도 그녀가 그에게 가는 길을 발견한다면 무슨 일이 일어날지 "알 수" 없었다. 그러나 그녀의 영혼은 신앙을 가지고 있었으며, 이것이 그녀를 올바른 원천으로 이끌어 주었다. 이런 믿음은 또한 정신치료가 성공할 수 있게 만드는 특성이다. 그것은 치유 작업이 성공하려면 내담자와 정신치료자 사이에 관계가 있어야 한다는 것은 정신치료자들에게 잘 알려져 있다. 우리는 내담자가 이런 관계를 야기하는 특성을 전이라고 부른다. 전이는 심리학자들에 의해 이리저리 왔다 갔다 하는 것으로 분석되었으며, 여러 가지 요소들을 표함하고 있는 것으로 알려졌다. 사람들은 치료자들과의 관계로 들어가는 모든 요인들을 제공할 수 있거나, 치료자에게 아니마anima나 아니무스animus, 혹은 자기Self와 같은 다양한 심리적인 이미지들을 투사할 수 있지만, 우리가 이전의 장에서 살펴본 것처럼 전이의 핵심은 믿음이다. 내담자는 적어도 치료적 관계에 대한 약간의 믿음이 있어야 한다. 그렇지 않으면 그는 처음부터 거기에 없을 것이며, 그 치료가 성공하려면 믿음의 특성이 분명히 있어야 한다. 그러므로 가능한 한 어떤 사람이 그 자신의 치료자를 선택하는 것은 치료에 있어서 중요한 일이다. 왜냐하면 이것은 믿음이라는 요소가 존재할 가능성이 크다는 것을 의미하기 때문이다. 만일 내담자가 치료자에게 "믿음을 가지고" 있지 못하다면 그 치료는 아무 성과 없이 곧 끝나고 말 것이다.

흥미롭게도 내담자만이 아니라, 치료자도 믿음을 가져야 한다는 것이다. 치료자는 자신의 내담자와의 작업이 성공할 수 있다는 믿음을 가질 필요가 있다. 이것은 내담자의 최대한의 진실성과 정직에 대한 어떤 믿음 그리고 치유 과정에 대한 믿음 역시 필요로 한다. 내담자가 약해지기 시작할 때, 내담자의 믿음을 지탱해주는 것은 종종 치료자의 믿음이다. 자신이 병들었다가 치유된 적이 있다면 치료자의 믿음이 강화될 것이다. 우리가 병들었다가 건강이 회복된 적이 있다면, 우리는 치유가 일어날 수 있고 치유에 이르는 과정이 의미가 있다는 것을 알게 된다. 정신치료적인 관계에서 우리는 희랍어의 목적 소유격에 대한 좋은 예를 접하게 된다. 치료자는 내담자의 믿음의 수혜자이기도 하고, 적어도 부분적으로는 그 믿음의 원천이기도 하다.

꿈 역시 믿음을 지탱해주는데 중요한 역할을 한다는 것은 주목할 만한 일이다. 분석 과정에서 꿈을 기억하고, 기록하고, 그 의미를 살펴보게 된다. 우리의 어떤 꿈은 그런 꿈이 우리에게 우리의 내적 상황을 보여주고, 가끔 힘든 상황에서 길을 가르쳐 준다는 점에서 분명히 묘한 것임을 알 수 있다. 우리의 꿈은 우리에게 우리가 "내면의 음성"으로부터 "듣고"있다는 느낌을 준다. 그러나 우선 우리는 꿈에 대한 믿음을 다소나마 가지고 있어야 한다. 그러면 꿈을 적는 것을 귀찮아하지 않게 될 것이다. 이런 처음의 믿음은 "꿈이 당신을 도와줄 수도 있으니까, 꿈을 기억하고 기록하기 시작해 보세요."라고 말해주는 치료자에 의해 채워질 수도 있다. 우리가 치료자에 대한 믿음을 가지고 있기 때문에 우리는 기꺼이 꿈을 기억하고 기록하게 된다. 그러나 때가 되면 상황이 뒤바뀌게 된다. 우리가 꿈이 의미심장하다는 것을 알게 되면서, 꿈이 증가하고 의미 있는 과정이 우리 내면에서 진행되고 있고, 결국 희망이 없는 것이 아니라는 우리의 믿음이 입증된다. 따라서 꿈은 기능하고 있는 "목적 소유격"의 좋은 예인, 우리의 믿음의 대상이기도 하고 원천이기도 하다.

또한 치료의 어떤 지점에서 내담자가 치료자에 대한 믿음을 잃어버리게 되면, 치료의 효과가 없어지는 결과가 뒤따르게 되기도 한다. 예를 들어 치료자가 그의 지식, 기술, 혹은 진실성이 결핍되어 있다는 것을 보여주면, 다른 말로 그의 내담자의 믿음을 담을 수 있는 적절한 그릇이 아니라는 것이 드러나면 이런 일이 일어날 수도 있다.

내담자가 치료자에게 자기^{Self}, 안내자 혹은 치유자를 투사할 때, 그 운반자인 치료자는 언제나 그녀가 자신의 기술, 관심 그리고 지식을 가지고 할 수 있는 한 최선을 다하는 평범한 인간에 불과하다는 것을 알아야 한다. 그렇지 않으면, 그녀는 팽창에 빠질 수 있는데, 이것은 내담자에게 파괴적인 것이다. 그녀는 또한 결국 내담자가 그녀 자신의 내면에 있는 자기^{Self}를 발견해야 하며, 치료자로부터 투사를 철회해야 한다는 것을 인식해야 한다. 그것은 진정한 치유자가 그녀 자신의 영혼 안에 있다는 것을 내담자가 발견할 때까지, 치료자가 당분간 치유자의 투사를 붙들고 있기로 동의하는 것과 같은 것이다.

우리는 믿음이 치유에 이르도록 우리를 개방시켜주는 영혼의 특성이라고 말할 수 있다. 그것은 딱딱한 땅에 떨어져서, 그것을 적심으로써 새로운 생명으로 자라도록 땅이 씨앗을 잘 받아들이도록 해주는 비와 같다. 영혼이 잘 참아낼 수 있도록 해주는 것은 바로 이런 믿음이며, 또한 믿음을 키워주는 것은 영혼의 인내다. 실제로 영혼은 믿음이 없이는 거의 살 수가 없다. 앞서 살펴본 대로, 그것이 바로 우리가 믿음을 간절히 원하는 이유다. 그러므로 우리가 우리의 믿음을 위한 적합한 그릇을 발견할 수 없다면, 우리는 누군가를 믿거나 아무 가치가 없는 무언가를 믿을 수도 있는 것이다.

우리가 앞서 살펴본 대로, 종종 오늘날 사람들의 사고에서 인위적으로 분리되어 있는 믿음과 지식이 신약성서의 사고에서는 하나의 과정의 일부인 사랑과 더불어 언급되었던 것이다. 그래서 사도 바울은 이렇게 말했다.

> 믿음으로 말미암아 그리스도를 여러분의 마음속에 머물러 계시게 하여 주시기를 빕니다. 여러분이 사랑 속에 뿌리를 박고 터를

잡아서, 모든 성도와 함께 여러분이 그리스도의 사랑의 너비와 길이와 높이와 깊이가 어떠한지를 깨달을 수 있게 되고, 지식을 초월하는 그리스도의 사랑을 알게 되기를 빕니다. 그리하여 하나님의 온갖 충만하심으로 여러분이 충만하여지기를 바랍니다.
(에베소서 3:17-19, [표준새번역])

구원의 과정에 대한 이 인용문은 개성화의 상징성으로 채워져 있다. 그것은 우리의 마음속에 있는 그리스도(내밀한 존재)가 뿌리를 내리게 되는 것으로 묘사된, 과정으로 시작된다. 이런 과정은 믿음(**피스티스**^{pistis})을 통해 시작되었다. 왜냐하면 우리가 알 수 있기 전에, 우리는 인내를 가지고 그 에너지와 영혼의 갈망을 따라가야 하기 때문이다. 그 과정은 시작되었으며, 그것은 사랑(**아가페**^{agapē})을 통해 증대되고 의식意識에 의해 파악되는 너비와 길이와 높이와 깊이라는 4중의 방향인 만다라의 표현 형식으로 이어진다. 마침내 **그노시스**^{gnōsis}, 즉 친밀한 경험을 통해 얻은 지식에 이르게 되며, 결국 그것은 그리스도에 의해 우리 마음속에 뿌리내리게 된 씨앗으로 시작된다, 하나님에 대한 충만한 경험(충만 또는 온전함을 의미하는 **플레로마**$^{plerōma[πλήρωμα]}$)에 이르게 된다.

그래서 종교적 발달 과정은 믿음, 지식 그리고 사랑 사이의 복잡한 관계와 관련이 있는 것이다. 알렉산드리아의 클레멘스는 이것에 대해 많은 이야기를 했다. "믿음이 없는 지식도 없고, 지식이 없는 믿음도 없다." 또한, "믿음은 구원을 향한 최초의 운동이며… 우리를 사랑과 지식에 이르게 한다는 것이 우리에 의해 밝혀졌다," 왜냐하면 "지식은 믿음이 없이 도달할 수 없기" 때문이다. 반면에, "지식은… 믿음에 의해 특징지어지며, 믿음은 일종의 신적이고 공통적인 상호간의 교류에 의해, 지식에 의해 특징지어진다."9

믿음과 지식의 이런 관계는 제4복음에 분명히 나온다. 거기에는 믿음의 중요성이 약 90번 언급되어 있으며, 지식의 중요성과 관련되어 있는 표현이 118번 정도 나온다. 사실상 어떤 경우에 믿음과 지식의 관계는 너무나 밀접해서 그 둘 사이의 구분이 명확하지 못하다. 이것은 믿음이 알려고 하는 욕망이 일어나지 못하게 하는 태도와는 거리가 먼 것이기 때문이다. 오히려 믿음은 알려는 욕망을 북돋아주고 강화해주는 것이다. 신약성서와 초기 교부들의 믿음은 융이 그렇게도 당연히 폄하했던 "맹목적 믿음"이 아니라, 우리로 하여금 부지런히 진리를 추구하도록 재촉하는 것이다. 다시 한 번 알렉산드리아의 클레멘스는 믿음에 대해 노련하게 이렇게 말한다. "믿음은… 타성적이 되고 고립되어서는 안 된다. 오히려 그것은 탐색이 동반되어야 한다." 그는 탐색을 못하게 하는 어떤 태도를 거부하며 계속 이렇게 말한다. "나는 우리가 탐색하지 말아야 한다고 말하는 것이 아니다." 그리고 그는 예수가 "찾아라. 그리하면 너희가 찾을 것이다."(마태복음 7:7)라고 말씀한 것을 인용함으로써 자신의 주장을 입증하고 있다. 그 다음에 그는 계속해서 그리스 극작가 소포클레스가 "찾으려고 했던 것은 획득될 수도 있지만, 도외시된 것은 사라지고 만다."고 한 말

---

9 Clement of Alexandria, *The Stromata* 5.1, 2.5, 2.4.

을 인용한다. 또한 "가장 지혜로운 사람이 말하기를, 모든 것들을 찾으려면 열망하는 사고思考가 필요하다."는 그리스 시인 메난드로스의 말도 인용한다.10

과학적 진리를 찾는 사람들을 포함하여, 모든 진리의 탐구자들에게 배어있는 것이 바로 이와 같은 정신이다. 과학자는 지식으로 시작하지 않고, 지식을 찾아볼 수 있는 믿음으로 시작한다. 융 자신도 그의 작업을 무의식의 실재에 대한 어떤 암시와 함께 시작했다. 그 자신의 경험, 그의 꿈, 그의 영혼으로부터의 암시가 그로 하여금 집단적 견해를 무시하게 했고, 그의 연구를 위한 그 어떤 외적인 지원도 없이 그는 집단적 무의식의 존재를 알게 되었다. 융은 성 아우구스티누스가 "믿음은 아직 그 실체가 보이지 않는 것을 희망 속에서 기다릴 때만이 믿음이다."11라고 말한 그런 믿음으로 계속 나아갔다고 말할 수 있다.

하나의 과정에서 그런 믿음과 지식이 동반자라는 것은 놀랄 일이 아니다. 왜냐하면 그 둘은 영혼에 대한 믿음을 고무시켜주기도 하고, 우리에게 이해의 길을 가르쳐주기도 하는 지혜와 로고스인, 그리스도 안에 다름 아닌 동일한 원천을 가지고 있기 때문이다.

---

10 Clement of Alexandria, *The Stromata* 5.1.
11 St. Augustine, *The City of God* 13.4.

제11장

질병과 죄
베데스다 못가에 있던 병자의 치료
요한복음 5:1-18

요한복음에 있는 두 번째 치유 이야기는 베데스다 못가에 있던 남자의 이야기이며, 첫 번째 치유 이야기에 뒤이어 나온다. 첫 아홉 절(5:1-9)은 치유 기적에 대한 것이고, 그 다음 절들(5:10-18)은 예수가 안식일에 병을 고쳤다는 사실에서 비롯된 유대인들과의 논쟁에 대한 것이다. 많은 학자들은 이 구절이 요한복음에서 증언의 주제(1-4장)에서 논쟁의 주제(5-11장)로 넘어가는 전환을 나타내는 것이라고 믿는다.

    요한은 우리에게 다시 한 번, 우리의 저자가 예루살렘에 아주 친숙해 있었으며, 역사적 추억담을 전하고 있다는 것을 시사해주는 베데스다(그 이름이 고대의 다른 사본에서 다양하게 표기되어 있는) 못에 대해 자세히 묘사해준다. 그것은 어떻게 그리고 왜 물이 가끔 움직이는지를 묘사하고 있는 3절 하반절과 4절은 가장 선호된 사본에 원래 나오지 않으며, 나중에 첨가되었다고 많은 학자들에 의해 추정되었다. 그럼에도 불구하고, 그것은 못의 물이 지하의 동요에 의해서든,

일정한 간격으로 새로운 물의 유입에 의해서든 주기적으로 휘저어졌던 것으로 보인다. 천사가 물을 휘저어놓았다는 사실은 우리로 하여금 성서 시대에 사람들이 천사에 대해 어떻게 생각했는지를 엿볼 수 있게 해 주고, 또한 그 세계를 신화화하기 위해 인간의 마음의 성향을 들여다 볼 수 있게 해준다. 이런 신화적 경향은 천사가 물을 휘저어놓은 후에 못에 처음으로 들어가는 어떤 사람들이 (아마 천사에 의해) 고침을 받을 것이라는 생각을 하게 만들었다. 사람들이 이런 것을 믿었기 때문에 이 때 물에 맨 먼저 들어가는 사람들이 치유 받았다는 것이 전적으로 가능하다. 따라서 이것은 마음 psyche[ψυχή]이 몸 soma[σῶμά]에 강한 영향을 미칠 수 있다는 것을 보여준다. 앞서 살펴 본대로, 그것은 한편으로 물과, 다른 한 편으로 치유 및 새로워짐 사이의 긴밀한 관계를 보여주는 한 예이기도 하다.

많은 병자들―눈먼 사람들, 다리 저는 사람들, 중풍병자들―이 못가에 모여 있었지만, 예수는 특히 물이 휘저어진 후에 처음으로 물에 들어가지 못하고, 38년간 명시되지 않은 병으로 고통을 받으며 기다리고 있었고, 못가에서 기다리며 대부분의 시간을 보냈다고 우리가 추측할 수도 있는 사람에게 관심을 두었다. 예수의 관심을 끌었던 이 사람에게는 무언가가 있었다. 왜냐하면 그는 자신이 말한 거기 있었던 많은 사람들 가운데 하나였기 때문이다. 예수가 그에게 한 질문은 "네가 낫기를 원하느냐?"라는 의미를 내포하고 있다. 나는 "원하다"는 단어를 강조했다. 왜냐하면 "원하다"로 번역된, 의도하는 것, 의식적인 의지력을 발휘하는 것을 뜻하는 희랍어 단어가 델로*thelo*[θέλω]이기 때문이다. 예수가 그 사람에게 한 질문은 단지 욕망이나 희망하는 것과 관련이 있는 것이 아니라 의지와 선택과도 관련이 있다. 그것은 의식이 제기하는 질문이라고 불릴 수 있는 것이다. 다시 말해 그 사람이 그 질문을 솔직하게 숙고해 보았더라면, 그는 자신에 대해 어떤 중요한 통찰에 이를 수 있었을 것이다.

그러나 그가 그렇게 하지 못한 것은 사실이다. 그의 대답은 자신이 맨 먼저 못에 들어갈 수 있는 능력이 없다는 핑계를 대며 그 질문을 회피하는 것이다. 그가 "선생님, 물이 움직일 때에, 나를 들어서 못에다가 넣어 주는 사람이 없습니다. 내가 가는 동안에, 남들이 먼저 못에 들어갑니다."라고 한 것을 보면 그가 죄책감을 가지고 있었던 것이 분명하다. 이 사람은 38년간 이 못가에 있었지만, 아직 물속에 들어가지 못했던 것이다! 여기에는 그 사람이 치료받기를 원하지 않으며, 그가 건강한 삶을 위해 수고하는 것보다 그냥 병으로 고통당하는 것을 더 원하고 있는 게 분명하다는 의미가 함축되어 있다. 왜냐하면 물론 건강해지기 위해 치러야할 대가는 건강한 삶을 사는 것, 즉 우리들 대부분에게는 일, 책임 그리고 삶의 긴장과 부담을 떠맡는 것을 의미하기 때문이다. 어떤 사람들이 건강해지기 위해 대가를 치르기 보다는, 오히려 아픈 것이 낫겠다고 생각하는 것은 충분히 있을 수 있는 일이다. 우리가 이미 살펴본 대로, 사람들의 마음을 들여다볼 수 있는 놀라운 능력을 가지고 있던 예수는 이 사람의 육체적인 병이 그의 결함이 있는 의식적 태도와 뒤얽혀 있었다는 것을 감지했던 것이 분명하다. 요컨대,

우리는 여기서 정신신체질환의 한 예를 본다.

쿤켈은 이 점에서 네 가지 주요한 자아중심적인 유형에 대해 묘사함으로써 우리에게 도움을 주고 있다. 그 중 하나—거북이—는 삶을 너무나 두려워해서 삶의 요구로부터 자신을 은폐하기 위해 보호해주는 껍질과 환경 속으로 움츠러 들어간다. 어떤 경우에 거북이는 원하지 않던 것이 자신의 정서 생활에 침입해 들어오는 것으로부터 자신을 보호해주는 심리적 방어체계로 자신을 감쌀지도 모른다. 다른 경우에 그는 가능한 한 적은 요구가 그에게 부과되는 삶의 상황을 찾을지도 모른다. 그런 상황이 병일 수도 있다. 그의 자아중심적인 방어체계에서 비롯된 병을 가지고 있는 사람은 병이 낫는 것을 반대할 것이다. 왜냐하면 그는 건강과 삶이 병보다 더 위험하고 요구가 많다고 인식하고 있기 때문이다. 그런 사람은 자신의 병에 대해 불평할 수도 있고, 그것을 공감을 얻기 위해 사용할 수도 있는 동시에, 그는 또한 치료를 막기 위해 비밀리에 (심지어 그 자신에게조차도 비밀로 하며) 자신의 병을 조심스럽게 돌볼지도 모른다. 그 이야기의 문맥을 보면, 베데스다 못가에 있던 사람이 바로 그런 사람이었음이 분명하다.

이런 경우에, 예수가 그에게 "일어나 네 자리를 들고 걸어가라!"고 말씀한 것이 놀랄만한 것임에 틀림없다. 희랍어의 동사는 예수가 말씀한 것이 제안이 아니라 명령이었음을 보여주는 위엄 있는 표현으로 되어 있다. 이런 말씀을 듣자 그 사람은 즉시 고침을 받았고—이것은 그의 의지에 상당히 반한 것이다!—아무 대안이 없었지만, 반갑지 않은 은인에게 고마워하지 않고 자리를 들고 걸어갔다.

그 이야기는 이제 병든 사람의 운명과 반응뿐만 아니라, 이 치유가 바리새파 사람들과 일어났던 논쟁도 포함하기 위해 그 범위가 넓어진다. 병을 앓아왔던 그 사람이 자리를 들고 가는 것을 주시하던 바리새파 사람들은 "오늘은 안식일이니, 자리를 들고 가는 것은 옳지 않소."라고 하며 그에게 맞섰다. 그 사람이 "그러나 나를 낫게 해 주신 분이 나더러 '네 자리를 들고 걸어가라'고 말씀하셨소."라고 대답한 것을 보면, 다시 한 번 그가 얼마나 수동적인지, 그리고 그 자신, 그의 행동, 그리고 그런 결과에 대해 책임을 지지 않으려고 하는지 알 수 있다. 누군가 안식일에 일을 했다는 정보를 듣고 관계자들이 그가 누구였는지 알려달라고 따지지만, 병들었던 그 사람은 예수가 기적을 행한 뒤에 재빨리 군중 속으로 사라졌으므로 그들에게 말해줄 수 없었다.

그러나 나중에 예수는 그 사람을 다시 만나자 그에게 "이제 네가 나았으니 더 나쁜 일이 너에게 생기지 않도록 다시는 죄를 짓지 말라."고 단호하게 말씀했다. 이것은 예수가 보았던 빛을 우리에게 밝히 드러내는 말씀이다. 희랍어를 좀 더 문자적으로 번역하면, "보라, 네가 좋아졌으니…."가 될 것이다. "좋아졌다"로 번역된 희랍어는 튼튼한, 건전한, 건강한 이라는 의미의 **휘기에스**_hygies_[ὑγιής]다. 그것은 제 10장에서 논의했던 **소조** sōzō가 아니다. 왜냐하면 그 사람은 영혼에 대한 믿음을 발휘함으로써 건강을 찾으려는 개인적인 노력을 하지 않았기 때문이다.

예수는 또한 "더 나쁜 일이 너에게 생기지 않도록 다시는 **죄를** 짓지 말라."고 말씀한다. 각주에서 예루살렘 성서는 그 사람의 병이 죄를 지은 결과로 생긴 것이라고 예수가 암시하고 있는 것이 아님을 우리에게 재확인해준다. 그러나 위의 말이 전체 이야기의 문맥에서 쓰여졌을 때, 예수의 마음에 그 사람의 죄와 병이 서로 연관되어 있었다는 결론을 피하기는 어렵다. 분명히 예루살렘 성서는 예수가 죄와 병을 연결시키려고 했다는 생각을 부인하고 있다. 왜냐하면 요한복음 9:2에서 그는 그 둘 사이의 관련성을 거부하고 있기 때문이다. 그러나 우리가 나중에 요한복음 9장을 다룰 때 살펴보겠지만, 요한복음 9:2에 보면, 그것은 다른 사람 및 다른 상황과 관련이 있다. 현 상황에서 인간의 죄와 병이 서로 밀접한 관련이 있는 것은 분명한 것 같다.

그런데 인간이 가책을 느꼈던 죄란 어떤 것인가? 신약성서에는 적어도 각기 그것 자체로 의미의 특별한 뉘앙스를 지니고 있는, 죄를 나타내는 8개의 서로 다른 단어가 나온다. 이 경우에 죄에 대해 사용된 희랍어 단어는 **하마르타노**_hamartanō_[ἁμαρτάνω]다. 대개 영어로 "죄를 짓다"로 번역된 반면, 그 단어의 문자 그대로의 의미는 "과녁이나 목표를 빗나가다"는 것이다. 그것은 죄에 대한 생각을 나타내기 위해 신약성서에서 사용된 모든 단어 중에서 흔하게 사용된 말이다.[1] **하마르타노**는 활쏘기에서 사용된 것과 같은 단어다. 활 쏘는 사람이 과녁을 향해 활을 쏘았는데 과녁에서 빗나가면, 그것은 목표를 맞히지 못한 것 _hamartanō_이다. 그 단어는 그것과 반대되는, 목표를 맞히는 것을 의미하

---

[1] 고린도전서 15:34; 디도서 3:11; 요한복음 5:14; 그리고 마태복음 18:75에 나온다. 그리고 로마서 7:7, 7:20는 명사형으로 요한복음 9:41; 히브리서 9:26; 고린도후서 5:21 등에 나온다.

는 다른 희랍어 단어 **틴카노**^{tynchanō}[τυγχάνω]와 대비되는 것이다. 그것은 구원을 얻는 것과 관련하여 디모데후서 2:10에 사용되었다.

"화살로 중심을 맞히는 것"이라는 생각은 의식意識, 선한 목표 그리고 변함없는 성격을 의미한다. 왜냐하면 화살이 과녁을 맞히지 못하면 그것은 활이 잘못된 것이 아니라, 활 쏘는 사람이 잘못한 것이기 때문이다. 죄에 대한 이런 생각은 잘못된 행동과 태도가 삶에서 우리로 하여금 "과녁을 빗나가게" 만드는 잘못된 내적 상태에서 비롯된다는 데 영향을 받은 것이다.

우리는 이와 같은 생각을 다른 종교적 관점에서 발견한다. 고전적인 그리스적 사고에서 같은 단어—**하마르타노**—가 죄와 관련하여 사용되기도 했다. 그리스 학자 월터 F. 오토는, "우리는 그리스 사람들이 습관적으로 활쏘기에 알맞은 거리의 이미지를 마음속에 그려보며, 정확히 무엇이 옳고 무엇이 그른가를 인식하게 되었다는 것을 알고 있다."[2]고 말한다. 소포클레스의 희곡 『콜로누스의 오이디푸스』에서 비탄에 잠긴 오이디푸스가 자기 아버지를 죽이고 자기 어머니를 아내로 삼았을 때 그에게 닥친 불행한 운명에 대해 이렇게 말한다.

천벌을 받을 운명이기에
나는 나 자신과 나의 가족에게 죄를 범한 것[hamartanō]이다.[3]

---

[2] Walter F. Otto, *The Homeric Gods* (London: Thames and Hudson, 1955), 77.
[3] Sophocles, *Oedipus at Colonus*, 967-68행. 김종환 옮김, 『콜로누스의 오이디푸스』, 967-968행.

따라서 **하마르타노**는 자신의 중심에 따라 행동하지 못하는 것, 그 결과 자기 자신에 반反하여 죄를 짓는 것과 관계가 있다. 그것은 우리의 무의식성의 결과, 그처럼 지속적으로 우리로 하여금 "과녁을 빗나가게" 만드는 해결되지 않은 자아중심적인 태도에서 비롯되는 결과이다. 잘못된, 자아중심적인 심리상태에서 나오는 것이 죄다. 흥미롭게도 중국의 현자 공자는 잘못된 심리상태를 보여주기 위해 궁도에서 그런 것처럼 과녁을 빗나가는 동일한 이미지를 사용했다. 기원전 500년경에 그는 이렇게 말했다.

> 활쏘기는 군자의 도리와 유사하다.
> 활을 쏘아 과녁을 맞히지 못하면
> 돌이켜 자신에게서 그 원인을 찾는다.[4]

우리 중에서 우리의 자아중심성과 대면하는 것을 좋아하는 사람은 별로 없으며 베데스다 못가에 있던 그 사람도 예외가 아니다. 그가 고침 받은 것을 감사하는 대신에 그는 그의 자아중심성이 드러나는 것을 억울해 했으며, 안식일에 그를 고친 사람이 예수라고 예수의 적들에게 지체 없이 말을 해 주었다. 예상한 대로 예수의 적들은 결국 그 일로 예수를 박해했다. 자신의 은인에 대해 그 사람이 변호하는 행동을 한 것을 보면, 그가 자아중심성에 사로잡혀 있었으며 고침 받은 것을 후회했다는 우리의 판단을 확인해준다. 그의 태도는 우리가 예수

---

[4] Confucius, *Doctrine of the Mean*, XIV 5. 『중용』, 15편 4절.

에 대한 그의 반응을 요한복음 9장에서 만나게 될, 나면서부터 눈먼 사람의 반응과 비교해 볼 때 더욱 더 분명해질 것이다. 그 사람이 밀고를 한 결과, 새로운 관점을 대표하는 예수와, 낡은 관점을 대표하는 사람들 사이에 적대감이 고조되었다. 이제 우리가 이런 논쟁을 살펴볼 차례가 되었다.

제12장

자아와 자기
예수가 자신을 비난하는 자들에게 대답하다
요한복음 5:19-47

전형적인 요한복음의 방식으로, 우리는 이제 한 이야기에서 한 담화로 이동하게 된다. 이 부분에 나오는 그리스도의 긴 독백은 영적으로 풍부하기도 하고 현대인이 파악하기에 어렵기도 하다. 우리는 우리가 전에 했던 대로 하고, 그것을 저자와 부활한 그리스도 사이의 적극적 명상으로 간주한다면, 그 담화가 유대인들에게 비판의 형식으로 표현되었다고 해도, 그것이 사실상 우리 독자들을 위해 의도되었다는 것을 더 잘 이해할 수 있다. 우리는 우리가 전에 했던 것처럼 하게 될 것이고, 우리가 의미하는 "유대인들"을 유대교 신앙을 옹호하는 사람들이 아니라, 영적인 새로운 삶에 개방되어 있지 않은 낡은 태도가 고착된 채 남아있는 모든 사람들이라고 이해하게 될 것이다. 우리 모두가 부분적으로, 혹은 아마 더 정확히 말하면, 대부분 우리의 낡은 정신 구조에 사로잡혀 있었으므로 우리는 그리스도가 말씀하고 있는 바로 그런 사람들이다.

이 단원에서 우리는 또 희랍어 단어 포이에오 *poieo*[ποιέω]와 프라소

prassō [πράσσω]를 살펴볼 것이다. 이 두 단어는 모두 무언가를 "하다"라는 의미이지만, **프라소**가 쉽게 얻어지는 무언가를 하는 것을 의미하는 반면, **포이에오**는 어떤 노력이 요구되는 무언가를 하는 것을 의미한다. 이런 이유로, 창조적 행동이 **포이에오**라는 단어로 표현된 반면, 희랍어가 어떤 악한 행동을 언급할 때는 대개 **프라소**라는 단어가 사용되었다.

19절과 20절에는 어떻게 아들이 아버지께서 하시는 것을 보고 일하느냐 하는 논의가 나오고, 21절에는 아버지께서 죽은 사람들을 일으켜 살리시는 것처럼 어떻게 아들도 살리느냐 하는 논의가 나온다. 이런 절들과 29절 상반절을 보면, 요한이 "하다"를 나타내기 위해 사용하는 단어는 **포이에오**다. 21절에서 그는 **포이에오**에서 유래한 **조오포이에오** *zōopoieō* [ζωοποιέω]라는 단어를 사용하는데, 그것은 "피조물에 생기를 불러일으키다" 혹은 "살아 있게 하다, 생기 있게 하다"를 의미한다. 이 **포이에오**라는 단어에 포함되어 있는 것은 살아 있게 하는 것이 창조적 행동이며, 하나님이 창조력이 있는 하나님이시라는 생각을 강화시켜준다. 그에 반해서, 악한 행동을 한 사람들에게 말한, 29절의 후반부에서 사용된 희랍어는 악한 행동이 저질러진 무심함과 무의식성을 의미하는 **프라소**다.

심리학적으로 보면, 우리는 하나님의 창조력이 자기 혹은 중심 안에 있는 인간의 정신에서 표현되었다고 말할 수 있다. 쿤켈은 창조력이 중심의 본질적 특성이며, 그 중심으로부터 창조적 삶을 위한 추진력과 에너지가 비롯되었다고 믿었다. 그는 중심을 묘사하기 위해 "선한"이라는 용어를 사용하지 않았다. 왜냐하면 모든 사람이 선을 이루고 있다는 것과, 한 사람에게 선하게 보이는 것이 다른 사람에게 악하게 보인다는 것을 알고 있기 때문이다. 이와 관련하여 신약성서에서 하나님이 무엇보다도 창조주로 이해되었지만, 한 번 "선하신[아가도스agathos(ἀγαθός)] 선생님, 내가 영원한 생명을 얻으려면 무엇을 해야 합니까?"라고 예수에게 말 했던 부자 청년의 이야기를 제외하면, 하나님도 예수도 선하다고 언급되지 않았다. 그의 말에 대해 예수는 "어찌하여 너는 나를 선하다고 하느냐? 하나님 한 분 밖에는 선한 분이 없다."(마태복음 19:17 그리고 누가복음 18:18과 병행하여, 마가복음 10:17-18)고 대답했다. "선"[아가도쉬네agathōsynē(ἀγαθωσύνη)]이라는 단어는 기독교인의 품성과 관련해서 사용되었다. 하지만 내가 알고 있는 한, 하나님과 관련하여 신약성서에서 전혀 사용되지 않았다. "친절, 관용"(크레스토테스chrēstotēs[χρηστότης])이라는 단어는 더 자주 나오며(로마서 2:4; 11:22; 에베소서 2:7), 칼로스kalos[καλός]라는 단어는 선한 목자의 비유(요한복음 10:11, 14, 32)에서 그 자신에 대해 언급하기 위해 그리스도에 의해 간접적으로 사용되었다.

  이 구절은 또한 심판과 죽음과 대비되는 생명에 대해 풍부하게 언급하고 있다. 우리가 살펴본 대로, 프롤로그("만물이 그 안에서 생명을 얻었으니 이 생명은 사람들의 빛이었다.")의 서두에서 소개된 주제, 즉 죽음에 대비되는 생명이라는 주제는 요한복음의 주된 주제 가운데 하나다. 이 주제에 대한 주된 논의는 우리가 나중에 다루어 보겠지만, 우리는 본문이 말하고 있는 것이 육체의 죽음이 아니라, 영혼의 죽음이라는 것을 언급해 봄으로써, 이 논의가 어떻게 이루어질지 예상해 볼 수 있다. "무덤 속에 있는 사람들이 다 그의 음성을 들을 때가 올 것이다."(28절)라고 할 때, 이 사람들은 모두 그들의 영혼이 영에 대한 것들에 대해 죽었던 사람들이다.

그러나 이 담론의 주된 초점은 아버지와 아들의 관계에 맞추어져 있다. 삶과 죽음에 대한 주제처럼, 아버지와 아들의 관계라는 주제는 이 복음서의 서두("태초에 말씀이 계셨다. 그 말씀은 하나님과 함께 계셨다. 그 말씀은 하나님이셨다.")에 우리에게 제시되어 있다. 우리는 이제 그것의 심리학적 상징성과 특별히 관련지어 보며, 이 중요한 주제에 대해 논평해 볼 것이다.

제4복음이 아버지와 아들의 관계에 대해 이야기하고 있는 것은 약 19개의 단락이나 절이 있다. 이런 것들 중 11개에서 이 둘 사이의 관계는 17:21—"아버지, 아버지께서 내 안에 계시고, 내가 아버지 안에 있게 하여 주십시오..."—에서처럼, 10:30—"아버지와 나는 하나다."—에서도 그 정체성이 거의 같다고 할 정도로 아주 밀접하다.[1] 19개의 절이나 단락에서 그 관계가 여전히 밀접하지만, 질적인 구분은 14:28—"너희가 나를 사랑한다면 내가 아버지께로 가는 것을 기뻐했을 것이다. 내 아버지는 나보다 크신 분이기 때문이다"—에서 보는 것처럼 묘사될 수 있다.[2]

신학자들은 에고 에이미*ego eimi*라는 용어의 이런 용법의 의미를 생

---

[1] 요한복음 1:1; 5:19ff; 8:28; 17:5, 21; 10:30, 38; 14:6, 9, 10을 보라.
[2] 요한복음 3:16, 35, 43; 6:40, 44; 12:50; 14:28.

각해 왔지만, 심리학적 관점에서 그런 용법은 자아와 중심 사이의 구조적인 관계를 대표하는 것으로 볼 수 있다. 번거롭지만, 여기서 이런 관계를 요약해 보는 것이 도움이 될 수도 있다.

개성화의 심리학은 인격에 자아와 자기 혹은 중심이라는 두 중심이 있다는 것을 보여준다. 자아는 대충 말하자면 의식의 중심이지만, 자기는 의식과 무의식을 포괄하는 전체 인격의 중심이다. 따라서 자기는 자아를 그 안에 포함하고 있는 보다 큰 실재다. 자아가 무의식적이고 그것의 자아중심성에 둘러싸여 있는 한, 그것은 자기로부터 벗어나게 된다. 개성화가 일어나기 위해서 자아는 살아가면서 자기를 곰곰이 생각해 보고, 자기의 창조성을 체현하면서 자기와 연계될 필요가 있다. 이런 자기는 꿈과 종교 경험에서 스스로를 신상 *imago dei*으로 드러낸다. 그러므로 나는 그것을 교회의 교부들이 내주하는 로고스 혹은 하나님의 지혜로서의 그리스도가 영혼 안에 살았다고 말했던 초기의 기독교적 관념과 비교했다. 로고스 혹은 자기의 뜻을 행하는 것은 하나님의 뜻을 행하는 것, 잘못을 저지르거나 죄를 짓는 생활을 하게 되는 데서 벗어나는 것과 다름이 없는 것이다. 따라서 자아는 자기와 다른 어떤 것으로 볼 수 있지만, 그것은 또한 자기와 함께 어떤 정체성을 가지고 있으며 동일한 성격을 띠고 있다. 이런 아버지와 아들 그리고 자기와 자아의 신비스런 관계는 우리가 이전의 장에서 논의했고, 사도 바울이 "나는 그리스도와 함께 십자가에 못 박혔으니, 살고 있는 것은 더 이상 내가 아닙니다. 다만 그리스도가 내 안에 살고 있는 것입니다."(갈라디아서 2:20, RSV)라고 말했던 것으로 요약된 기독교적 신비/*mystērion*의 일부다.

우리가 언급한 대로, 자기는 또한 중심이라고 불리기도 한다. 우리가 자기를 말할 때, 우리는 마치 그것이 원 안에 있었던 것처럼 우리의 전체성 모두를 포함하고 있는 우리 안에 있는 신상*imago dei*으로 생각하는 경향이 있다. 우리가 중심에 대해 말할 때 우리는 그것을 원 안에 포함되어 있는 모든 것이 그것의 통일성을 발견하게 되는 원의 중심으로 생각하는 경향이 있다. 이런 중심의 심리학은 초기교회에서 교회의 가장 뛰어난 사상가들에 의해 예견되었다. 한 두드러진 예가 니사의 그레고리우스의 저작에서 발견된다. 그레고리우스는 영혼을 관조하고 있었다. 그는 "그 자신의 영혼에 대한 이해에 도달했던 사람이 어디에 있는가?"라고 묻고 있다. 그는 계속해서 영혼의 매우 다양한 작용과, "영혼의 기능에서 비롯된 분노와 공포, 고통과 즐거움, 연민과 잔인함, 희망과 기억, 비겁함과 대담함, 우정과 증오 그리고 그것과 반대되는 모든 것"을 낳는 그것의 엄청난 다양성을 묘사한다. 그는 계속해서 이런 말을 한다.

> 자신 안에 운집해 있는 일종의 영혼이라는 대중들을 가지고 있는 사람은 그런 것들을 관찰하는 것을 원하지 않았다.... 그것[영혼]은 그런 것들 모두로 구성되어 있는 통일체인가? 그렇다면 그것 자체에 의해 취합된 각 요소가 어떤 넓은 그릇 안에 있는 것처럼 영혼 안에 유폐되어 있지만, 많은 것들이 하나가 될 수 있도록 서로 반대되는 것들을 혼합하고 조화시키는 것은 무엇인가?... 왜냐하면 이런 것들이 독립적인 존재라면, 그때 내가 말한 대로 우

리 안에는 한 영혼이 아니라, 영혼들의 집합이 있는 것으로 이해될 수 있으며, 그 영혼들은 각기 어떤 특별하고 개별적인 영혼으로서 그 위치를 차지하고 있기 때문이다.3

그레고리우스는 우리의 본성이 아주 많은 것들로 구성되어 있다는 것을 우리의 꿈이 보여주고 있다는 것을 정확하게 감지하고 있다. 중심은 그레고리우스가 "서로 반대되는 것들을 혼합하고 조화시키고 있다."는 것을 직관적으로 알고 있는 신비로운 요소다. 중심이 작용할 수 있도록 우리가 의식적으로 우리의 여러 가지 본성을 인식하도록 해주는 우리의 다양성에도 불구하고, 우리가 통일체인 것은 그 중심 때문이다. 기독교적 표현으로 하면, 이 통일하는 중심은 우리의 평화인 그리스도다.

아들과 아버지의 관계는 또한 자아와 자기의 관계의 전형적인 예로 이해될 수 있다. 이것은 다시 말하면 아들이 아버지 안에 있고 아버지가 아들 안에 있는 것과 마찬가지로, 그리스도가 우리 안에 있고 우리가 그리스도 안에 있다고 말하고 있는 제4복음에 어떤 부분들이 있다는 사실로 확증되었다. 예를 들어 요한복음 14:20에는 이런 말씀이 나온다.

그 날에 너희는 내가 내 아버지 안에 있고,
너희가 내 안에 있으며, 또 내가 너희 안에
있다는 것을 알게 될 것이다. [표준새번역]

---

3 Gregory of Nyssa, *Answer to Eunomius's Second Book*.

그리고 17장에서 그리스도는 아버지와 제자들에 대해 이렇게 말씀한다.

> 아버지, 아버지께서 내 안에 계시고,
> 내가 아버지 안에 있는 것과 같이,
> 그들도 하나가 되어서 우리 안에 있게 하여 주십시오.
> 그래서 아버지께서 나를 보내셨다는 것을, 세상이 믿게 하여 주십시오.
> (요한복음 17:21, [표준새번역])

그리고 이런 말씀도 한다.

> 내가 그들 안에 있고, 아버지께서 내 안에 계신 것은, 그들이 완전히 하나가 되게 하려는 것입니다.
> 그것은 또, 아버지께서 나를 보내셨다는 것과,
> 아버지께서 나를 사랑하신 것과 같이 그들도 사랑하셨다는 것을,
> 세상이 알게 하려는 것입니다.
> (요한복음 17:23, [표준새번역])

그런 추론은 성서에서 신학은 물론 심리학을 보는 타당성의 문제를 제기한다. 어떤 사람들은 우리가 성서의 심리학적 의미를 살펴본다면, 그것은 신학적 타당성을 부정하는 것, 즉 "그것이 모두 심리학에 '불과하다.'"고 이해하는 것이라고 하며 우려하고 있다. 그러나 개성화의 심리학은 심리학적 실재 너머에 형이상학적 실재가 있다는 것을 결코 부

정하는 것이 아니다. 그것은 단지 경험적인 사실로 말하자면, 거기에는 개성화 같은 것이 있고, 인격에 중심 같은 것이 있다고 말한다.

더 나은 순간에, 융은 심리학에서 경험적으로 입증된 것과, 신학과 형이상학의 세계에 속하는 것을 구별 짓는 것에 신중했었다. 그는 자주 그가 정신의 실재를 묘사하고 있었으며, 그것 너머에 있는 형이상학적 실재를 부정하지 않았다고 말했다. 하나님은 경험적으로 관찰될 수 있는 것 너머에 있는 실재다. 제4복음이 말하고 있는 것처럼 "아무도 아버지를 알지 못하였다." 융은 자기Self를 하나님이 아니라 "신적인 은혜로 가득 차 있는 그릇"으로 묘사하는 것을 좋아했다. 그가 무의식을 하나님이 알려질 수 있는 매체라고 말했지만, 그는 무의식과 하나님을 혼동하지 않았다.

> 이것은 우리가 무의식이라고 부르는 것을 하나님과 동일하다거나 무의식을 하나님의 위치에 놓는 것을 말하는 것이 아니다. 그것은 종교 경험이 넘쳐나는 것처럼 보이는 매체다. 그런 경험의 더 많은 원인에 대해 살펴볼 때, 이것에 대한 대답은 인간적인 지식의 범위 너머에 있을 수 있다. 하나님에 대한 지식은 초월적인 문제다.[4]

그리고

---

[4] *Atlantic Monthly*에 "God, the Devil and the Human Soul"이라는 제목으로 발표한 논문에서.

특히 신학계부터 어떤 오해를 풀기 위해, 나는 우리의 경험적인 지식의 한계를 넘는 결론을 도출하는 것이 과학의 업무가 아니라는 것을 다시 한 번 강조하고 싶다. 나는 자기self를 하나님의 위치에 놓을 필요를 조금도 느끼지 않는다.[5]

사람들은 신학자들이 그리스도를 통해 창조된 질서 속에서 신적인 로고스의 실재와 하나님의 임재에 대해 수세기 동안 언급했던 것이 인간의 영혼 속에 있는 **신상**imago dei의 실제로 볼 수 있다는 것을 기독교인들이 알게 되어 기뻐할 수도 있다고 생각할 것이다. 우리가 살펴본 대로, 교부들에게 이것은 놀라운 일이 아니라, 창조 속에서 하나님의 임재로서의 로고스 관념의 자연스런 결과였다. 하지만 물론 그들은 오늘날 많은 사람들처럼 내성적內省的이 되는 것을 두려워하지 않았다. 사실상 중심Center을 경험적으로 발견하는 것, 정말 개성화에 대한 모든 심리학은 기독교 신학과 심리학이 오래 전에 이야기했던 것을 확인해준다. 심리학적으로 보면, 아들로서의 그리스도가 아버지와 관련되어 있는 것처럼, 그리스도 안에 있는 것(에이나이 엔 크리스토einai en Xristō)은 우리의 정신적 중심과 관련되어 있으며, 이 중심으로부터 우리가 "개성화"라고 부르는 것과, 성서가 **텔레이오시스**teleiōsis [τελείωσις], 즉 완성, 성취라고 부른 전체성을 얻기 위한 노력이 나오는 것이다.

그러나 5:25-29에 나오는 예수의 중요한 말씀에 대한 몇 마디 논

---

[5] C. G. Jung, *Mysterium Coniunctionis*, *Collected Works* 14, para. 273.

평을 하지 않고는 요한복음의 이 구절을 살펴보는 일이 완전히 끝난 다고 할 수 없다. 여기서 우리는 죽은 자가 하나님의 아들의 음성을 들으면 살아날 것이라는 것을 알고 있다. 이것은 죽음 이후의 삶과 다가오는 심판에 대한 기독교인의 믿음에 대한 언급으로 간주될 수 있다. 왜냐하면 그것은 28절에 죽은 사람들이 그들의 무덤을 떠나 다시 살아날 것이며, 선한 일을 한 사람들은 생명을 얻고 악한 일을 한 사람들은 심판을 받는다고 언급되어 있기 때문이다. 그러나 요한은 이런 구절을 더 문자적인 것은 물론, 생명이 영적으로 부활하는 것으로 이해하려고 의도했던 것처럼 보인다. "죽은" 자들은 그들의 영혼이 의식성과, 진정 그것만으로 영혼을 살아 있게 만드는 하나님과의 관계가 결핍되어 있는 죽은 자들이다. 따라서 그 무덤은 우리의 영혼이 실제로 빛과 사랑의 결핍으로 인해 죽었을 때, 말하자면 우리의 자아 중심성과 이해의 부족으로 인해 죽었을 때 묻히게 되는 무덤으로 이해될 수 있다. 하지만 영혼이 하나님의 내적인 음성을 들을 때, 그것은 스스로 자초한 무덤에서 일어나 다시 살 것이다.

제13장

두 가지 기적
예수가 큰 무리를 먹이다
요한복음 6:1-15
예수가 물위를 걷다
요한복음 6:16-21

큰 무리를 먹이는 이야기(십자가 처형에 대한 설명 이외에)는 네 복음서에 모두 나오는 유일한 이야기다. 사실상 마태복음과 마가복음이 모두 빵과 물고기의 기적에 대해 두 가지 이야기를 따로 하고 있지만, 비슷한 이야기를 하고 있으므로 그 이야기는 여섯 번 나온다고 볼 수 있다. 이것은 이 이야기가 초기교회에서 대단히 중요한 것으로 간주되었다는 것을 시사해준다. 요한은 그 이야기에 긴 담론을 추가함으로써 그 중요성을 부여했다. 우리는 이것을 다음 단락에서 숙고해 볼 것이다.

빵과 물고기 기적에 대한 이야기는 요한의 성만찬 이야기로 간주될 수 있다. 공관복음과는 달리 제4복음에는 최후의 만찬 이야기가 없는 대신에 발을 씻어주는 이야기가 나온다. 그러나 빵과 물고기가 기적적으로 늘어난 이야기에 천상의 음식에 대한 이야기를 추가하면서,

요한은 성만찬의 신학과 심리학의 토대를 마련했다.

빵과 물고기 이야기, 그리고 그 뒤에 나오는 예수가 물위를 걸은 이야기에 나오는 물리적 기적으로 인해 우리는 우리의 합리성이 부담을 갖게 되는 어려움에 직면하게 된다. 우리는 이미 베데스다 못가에 있던 사람의 이야기에 나오는 치유의 기적을 접해 보았다. 우리는 이 이야기를 믿기가 쉽지 않다. 그럼에도 불구하고, 우리는 치유의 비합리성에 친숙해 있으며, 자연 치유가 의학의 기록에 알려져 있다. 아무튼 몸과 마음과 영혼 사이에 긴밀한 관계가 있기 때문에 병이 겉으로 보기에 기적적인 방법으로 치료될 수 있다고 믿기가 그렇게 어렵지는 않다. 그러나 어떻게 빵 몇 조각으로 5천명을 먹일 수 있겠는가? 그리고 누가 어떻게 물위를 걸을 수 있겠는가?

어떤 해석자들은 그 기적을 설명하고, 또 그 이야기를 믿을 수 있게 하려고 애쓰면서 다른 사람들은 자기 먹을 것을 숨기고 있었지만, 한 소년이 빵 몇 조각과 물고기 몇 마리를 아낌없이 예수에게 갖다 주었으므로 모든 사람이 먹을 수 있도록 예수가 큰 무리에게 나누어 주게 되었다는 이론을 제시한다. 물론 이런 해석은 그 이야기 자체에 기반을 두고 있지 않다. 다시 말해 그 이야기는 큰 무리 중에서 숨겨놓았던 음식을 바치는 다른 사람들이 없었다고 말하지 않는다. 그 이야기를 이해하기가 어려움에도 불구하고, 우리가 그 이야기에 직면하는 것이 더 낫고 더 정직한 것이다.

그런 기적은 사람들을 한편으로 학자들과, 다른 한편으로 문자주의자들로 나누는 경향이 있다. 대체로 신약성서 학자들은 비합리적인 것 때문에 신경을 쓰는 것 같다. 예를 들어 예수의 가르침에 관한 한 학자들은 그의 가르침의 역사적 출처를 "추적하기" 위해 혼신의 노력을 다했다. 예수가 하나님 나라, 그의 비유, 그의 급진적 윤리에 대해 가르친 것이 에세네파나 구약성서와 같은 이전의 출처에서 비롯된 것이 틀림없다는 생각이 있었던 것 같다. 예수가 그 자신의 과정을 통해, 그리고 하나님과의 관계를 통해 그의 메시지에 이를 수 있었다는 생각은 합리적 생각을 가진 사람들을 불편하게 만드는 것 같다. 그러나 심리학적으로 보면, 우리는 재능 있는 사람들이 무의식을 통해 새로운 통찰과 지식에 이른다는 것을 알고 있다. 우리가 이미 살펴본 대로, 예수는 무의식을 직접적으로 이해할 수 있었던 사람이었다. 이것은 하나님과 파이프라인이 연결되어 있는 것과 같다. 내 책 『내면의 나라*Kingdom Within*』1에서 나는 예수의 심리학적 통찰력이 놀랄 만큼 새로운 것이라는 것을 보여준 적이 있다. 그런 통찰력은 역사적 선례에서 비롯된 것이 아니라 그 자신 안에서 나온 것이며, 무엇보다도 그를 최고로 위대한 심층심리학자가 되게 했다. 성서에 대해 조심스럽고 신중하게, 그리고 과학적 방법으로 연구하려는 노력을 기울이며 많은 학자들은 비합리적인 것이 너무나 불편하게 되었기 때문에 그것이 폄하되는 것처럼 보이면, 가능한 한 그것을 규명해 보려고 했다. 물론 남은 것은 한때 살아 있는 실재였다가 죽은 것이다. 결국 성서에 대한 합리적이고 "과학적인" 접근에 전적으로 의

---

1 *The Kingdom Within: The Inner Meaning of Jesus' Sayings*, 개정판 (San Francisco: HarperCollins, 1987).

지했던 교회의 가르침은 영적인 힘을 잃고 말았다.

정반대 입장에 있는 사람들은 문자주의자들이다. 이런 사람들은 그들이 성서의 진실성과 의미로 알고 있는 것을 지키기 위해 지적인 정밀한 조사를 포기한다. 태연하게 그들은 성서에 있는 모든 것을 문자 그대로 된 형식으로 받아들인다. 성서의 본질적 요소를 지키기 위한 그런 굳건한 투지가 감탄스럽긴 하지만, 그것을 위해 지불해야 할 대가는 큰 것이다. 우리는 과학적인 정보의 관점에서 성서를 세심히 살피고 탐구하고 평가할 수 있는 능력을 포기하지 않으면 안 될 뿐만 아니라, 그것은 문자주의자들과 관점이 다른 모든 사람(다른 입장을 지지하는, 상충되는 성서 구절을 인용하는 다른 문자주의자들을 포함하여)에게는 참을 수 없는 일이기도 하다. 다른 견해를 가지고 있는 모든 사람은 단지 오류로 보이는 것이 아니라, 신적인 진리에 대해 극악무도하고 정반대되는 것으로도 보인다. 그러나 문자주의자들의 해석으로 인한 가장 큰 문제는 그것이 성서의 의미를 더 깊이 볼 수 있는 가능성을 막아버리는 것이다.

우리가 살펴본 대로, 초기교회의 방법은 달랐었다. 성서에 대한 다양한 해석 때문에 성서 구절은 그 역사적이고 윤리적인, 그리고 심리학적인/신비로운 가르침을 검토해 볼 수 있었다. 그것은 종종 학자들이 성서의 부분들을 다른 역사적 운동 및 역사적 선례들과 비교해 보는데 도움이 된다. 그리고 성서의 윤리적 가르침은 우리의 사회적 양심과 관심에 매우 중요한 자양분이 된다. 그런데 이 외에도 거기에는 심리학적이거나 신비스러운 내용이 있으며, 이를 위해 우리는 상징적 접근을 필요로 한다.

우리가 지금 논의하고 있는 것에 상징적 접근을 적용해 보면, 우리는 기적으로서의 그 역사성의 문제와는 완전히 별도로, 이 이야기가 상당히 풍부해진다는 것을 알 수 있을 것이다. 또한 우리는 그렇게 함으로써 초기교회의 해석의 틀 안에 있게 될 것이다. 우리가 이제 이것으로 돌아가 볼 차례다.

이 이야기의 모든 이본異本들은 수많은 사람들이 먹었다고 강조한다. 요한은 "큰 무리"에 대해 언급한다. 마태복음, 마가복음 그리고 누가복음은 큰 무리의 수가 오천 명이라고 말하고 있고, 마태복음은 먹은 사람들이 아주 많다는 것에 열중한 나머지 불쑥 성차별적 색채를 띠는 발언을 하며, "여자들과 어린아이들 외에"라는 말을 덧붙이고 있다. 먹은 사람들이 많다는 것이 강조된 것은 영적인 음식에 굶주린 사람들이 많다는 것을 상징한다. 인류에게는 엄청난 영적 공허함이 있다. 우리는, 온통 사람들이 삶에서 물질적 축복만 가지고 있었다면 그들이 만족했을 것이라고 생각하지만, 그들이 만족하지 못하다는 것을 우리의 서구 문화에서 추정할 수 있다. 우리 영혼의 공허함과 자양분을 얻으려는 우리의 영적 갈망은 알코올과 마약 중독에서 드러나며, 이것이 참된 생명의 양식을 얻으려는 인간 영혼의 깊은 곳에 있는 증상임을 깨닫지 못하고, 우리는 이렇게 끊임없이 물질적 갈망에서 다른 갈망으로 옮겨 다니고 있는 것이다. 심지어 더 분명하게 말하면, 우리의 문화가 시달리고 있는 섭식 장애(과잉섭취, 거식증, 과식

중)는 그 근본 원인이 이런 내적 공허에 있다고 볼 수도 있다.

그러나 오늘날 영혼의 공허는 정신적 질병뿐만 아니라 악에 이르기도 한다. 어떤 사람의 영혼이 하나님의 영으로 채워지지 않는다면, 그것은 악령으로 채워지는 경향을 보일 것이다. 융은 언젠가 영혼이 공허해지면, 그 사람은 악의 희생물이 되든지, 아니면 악을 행하는 자가 되든지 함으로써 악에 시달리게 될 것이라고 말한 적이 있다. 빌 W. (알코올 중독자 자주 치료협회Alcoholic Anonymous를 창설할 생각을 하고 있던 1930년대에 융에게 분석을 받았던 알코올 중독자 자주 치료협회의 공동창립자중 한 사람)에게 쓴 편지에서 융은 이렇게 말했다.

> 나는 이 세계에 만연해 있는 악의 원리가 자각되지 못한 영적 요구를 지옥에 빠뜨릴 것이라고 강하게 확신합니다. 만일 그것이 진정한 종교적 통찰력이나 인간 공동체의 방호벽 둘 중 하나에 의해 대응책이 마련되지 않으면, 그렇게 될 것이라는 말입니다. 위와 같은 행동에 의해 보호받지 못하고, 사회에 고립되어 있는 보통 사람은 악의 세력에 저항할 수 없습니다.[2]

5절과 6절은 이 이야기에 흥미로운 뉘앙스를 첨가해준다. 예수가 가까이 오고 있는 큰 무리(엄청난 인간적인 요구)를 보았을 때, 그는 빌립에게 "우리가 어디에서 빵을 사다가, 이 사람들을 먹일 수 있겠느

---

[2] C. G. Jung, *Letters*, vol. 2, 1951–1961, selected and edited by Gerhard Adler in collaboration with Aniela Jaffé, translated from the German by R. F. C. Hull (Princeton, N. J.: Princeton University Press, 1975), 624.

냐?"고 말씀했다. 왜 빌립인가? 왜 다른 제자들이 아닌가? 빌립이 각 공관복음에는 다만 지나가면서 한 번 언급되었지만, 요한복음에는 여러 곳에서 두드러지게 나타난다. 1:43 이하에서 우리는 그가 예수가 부르신 세 번째 제자라는 것을 알게 된다. 이 구절(6:6)에서 우리는 그가 시험을 받고 있다는 것을 알 수 있다. 12:20 이하에는 예수를 만나고자 하는 사람들이 먼저 빌립에게 간 것으로 되어 있다. (빌립이 그 집단의 지도자라는 것을 암시한다) 14:8 이하에서 우리는 빌립이 하나님을 알고자하는 갈망이 있었던 것을 알 수 있다("주님, 우리에게 아버지를 보여 주십시오. 그러면 우리가 만족할 것입니다"). 아마 그것은 바로 제4복음에서 제자들 중에 가장 유명한 베드로와 마찬가지로, 그가 누구인지를 알려는 갈망을 가지고 있었기 때문이었을 것이다. 그를 우리는 우리를 대신하는 사람으로 볼 수 있다. 프리츠 쿤켈이 마태복음에 관한 심리학적 주석에서 가르쳐 준대로, 복음서 이야기를 예수의 관점에서 뿐만 아니라 제자들의 관점에서도 볼 수 있는 것은 가치가 있다.[3] **우리는**—제자들 자신들처럼—복음서의 사건들과 우리 자신의 삶에서 비슷한 사건들로 인해 변화된 사람들이다.

그것이 이 이야기의 보다 깊은 상징성에 이르게 되려면, 융 학파 분석가이며 성서 연구자인 에드워드 F. 에딘저가 큰 도움이 된다. 성서 이야기에서 빵과 물고기는 원래 작은 양이었던 음식이 배고픈 수많은 무리를 먹이기에 충분한 음식이 된 것과 같은 방법으로 여러 배 더 많아졌다. 에딘저는 그것이 다양한 전통에서 상징화된 것처럼, 자기Self

---

[3] Fritz Kunkel, *Creation Continues* (Mahwah, N.J.: Paulist Press, 1987).

의 특징은 그 영향을 변화시키고 증대시킬 수 있는 능력이 있다고 지적한다.4 한 예로, 그는 열왕기상 17장의 이야기에서, 가뭄을 겪고 있을 때 엘리야가 가난한 과부에게 물과 빵을 요구하는 것을 인용한다. 그녀는 기꺼이 내주겠다고 말하면서도, 자신과 자기 아들을 위해 빵을 만들 물과 밀가루와 기름이 조금밖에 없다고 설명한다. 그럼에도 불구하고, 그녀는 예언자가 그녀에게 말한 대로 했더니, 그들 셋이 물과 빵을 먹었는데도, "뒤주의 밀가루가 떨어지지 않았고, 병의 기름이 마르지 않았다."

뒤주의 밀가루가 떨어지지 않았고 병의 기름이 마르지 않았다는 이야기와 그리스도가 큰 무리를 먹인 이야기를 비교하면서, 에딘저는 테르툴리아누스와 아주 비슷한 이야기를 하고 있다. 테르툴리아누스는 이 이야기에서 적은 것을 많게 만들고, 적은 것을 풍성하게 만들 수 있었던 것이 그리스도였을 뿐만 아니라, 그들이 광야에서 방황할 때 만나로 60만 명의 이스라엘 백성들을 먹인 것도 동일한 그리스도였으며, 또한 보리빵 스무 덩이와 소량의 햇곡식으로 "그들이 먹고도 남을 것이다"(열왕기하 4:42-44)라고 말하며, 백여 명이 먹을 수 있도록 많게 만든 것도 동일한 그리스도였다고 말했다.5 그는 또한 우리가 이미 살펴본 대로, 그가 "성육신되고 우리 각자에게 유용하게 되기 위해 "깨어지고 천해진" 로고스에 대해 말했던 오리게네스6와 아

---

4 Edward F. Edinger, *The Anatomy of the Psyche* (La Salle, Ill.: Open Court Publishing Co., 1985), 227.
5 Tertullian, *Against Marcion* 4.21.
6 Origen, *Commentary on John* 1.42.

주 비슷한 말을 하고 있다.

에딘저는 또한 그의 주장을 밝히기 위해 연금술의 상징성을 끌어낸다. 연금술은 중세기 동안 공적인 기독교의 신비스런 암류暗流를 전달했으며, 연금술을 지지하는 사람들 중에 유명한 많은 기독교인들이 있었다. 융은 연금술을 개성화 과정과 관련이 있는 상징의 금광이라고 말했다. 연금술에서 연금술 과정의 목표는 위대한 **작업**opus 혹은 신비스런 노동의 결과인 현자의 돌을 만드는 것이었다. 그것은 단지 그 당시의 기독교인 연금술사들이 볼 때는 종종 돌로 상징화되었던 그리스도 자신이었다. 현자의 돌의 기적적이고 이로운 많은 특질 중 하나는 **증대**multiplicatio될 수 있는 그 능력이었다. 이것은 중심이 의식으로 나타나서 의식의 범위를 증대시키는(확장시키는) 결과를 가져오는 방식으로 증명되었다. 의식적으로 경험될 때 중심은 통찰, 지식 그리고 직관을 끊임없이 다시 만들어낸다. 더욱이 중심이 활성화됨으로써, 그 결과 개성화 과정을 경험하게 되는 개개인의 인격은 다른 사람들에게 영향을 미친다. 다른 사람들은 그것이 일어나고 있다는 것을 우리가 인식하지 못해도, 우리의 의식과 전체성이 확장됨으로써 영향을 받게 된다. 이것은 위대한 인격의 영향력이 역사를 통해 계속 살아남게 되는 이유다. 이것은 또한 달란트 비유에서 예수에 의해 표현된 심리학적 진리이기도 하다.

> 가진 모든 사람에게는 더 주어서 풍족하게 되고, 갖지 못한 사람에게서는 있는 것마저 빼앗길 것이다. (마태복음 25:29)

우리의 이야기에서 빵과 물고기가 많아졌을 뿐만 아니라 (분배되기 위해) 조각조각으로 잘라지기도 했다. 에딘저는 잘라지는 주제가 자기의 또 다른 상징이라고 지적한다. 빵과 물고기가 분배되고 끊임없이 많아지기 위해 조각조각으로 잘라지듯이, 자기는 인간들 사이에서 조각들로 잘라지고 분배되었다. 우리가 자기를 인간 본성의 원형("인자ㅅㅋ")으로 생각한다면, 그때 우리는 우리 각자가 우리 자신의 본성 안에 있는 그것의 한 부분을 **구현하고** 있다고 이해할 수 있다. 자기의 부분이 우리의 특정한 심리학적 본성에 포함되어 있는 것은 다양하다. 아인슈타인이 위대한 수학자요 과학자였던 반면, 베토벤은 위대한 음악 작곡가였다. 길 건너에 사는 그의 이웃이 자동차를 수리하는데 재능이 있는 반면, 어떤 사람은 예술에 재능이 있을 수도 있다. 이 모든 창조적 능력은 자기로부터 온 것이지만, 그런 능력은 다르게 나누어 받았다. 이것으로부터 우리 각자가 그리스도의 몸을 **구현하고** 있기 때문에 교회가 그리스도의 몸이라는 초기교회의 관념이 나온 것이다. 물론 이런 상징성은 성만찬의 두드러진 특징이다. 개성화 과정의 일부는 그리스도의 어떤 부분, 즉 자기의 어떤 측면에 대한 발견과 관련이 있으며, 우리는 우리의 인생에서 그것을 살아내야 하는 것이다.

큰 무리를 먹이는 이야기에서 우리는 신비로운 기적에 직면했다. 이 이야기에서 다른 기적—물위를 걷는—을 접하게 되는데, 이것도 마찬가지로 우리가 믿기는 쉽지 않다.

이전의 이야기에서 우리는 얼마 안 되는 빵과 물고기를 가지고 기적적으로 큰 무리를 먹인 것을 설명하기 위한 합리적 방식이 있었다는 것을 살펴보았다. 이와 비슷하게 이 이야기에서도 합리적 해석이 주어졌다. 어떤 학자들은 "그들이 예수가 호수 위를 걷는 것을 보았다"는 말이 "예수가 호숫가$^{by\ the\ lake}$를 걷는 것을 보았다"는 것을 의미할 수 있다고 지적했다. 문제는 대개 "위에^{on}"로 번역되지만, 가끔 "옆에^{by}"로 번역될 수 있는 희랍어 전치사 에피$^{epi[επι]}$에 전적으로 달려 있다. 제자들은 그들이 생각했던 것보다 호숫가에 더 가까이 있었으며 (6:21로 인해 그렇게 생각할 수도 있는 것처럼), 그들이 예수를 보았을 때, 그는 호수위에 있지 않고 호숫가에 있었다고 볼 수 있다. 이런 매우 설득력이 없는 주장은 합리적 지성을 만족시킬 수도 있지만, 우리의 영혼을 만족시킬 수도 없고 이 이야기의 영혼(내적 진리)을 만족시킬 수도 없다. 전체적 문맥에서 볼 때, 이 이야기에서 제자들이 신성한, 그래서 놀랄만한 사건을 만나게 되었다는 것은 아주 분명하다.

"신성한^{numinous}"이라는 단어는 살펴볼 가치가 있는 것이다. 그것은 종교철학자 루돌프 오토가 그의 책 『성스러움의 의미』에서 성스러움의 본질을 이해하려고 애쓰면서 처음 쓴 말이다. 오토는 성스러움의 본질은 관찰자에게서 경외감, 경이감, 그리고 심지어 두려운 감정이 촉발되는 것이라고 결론지었다. 그는 그런 정서를 "신성한"이라고 불렀는데, 그 단어는 "신적인 장엄함" 혹은 "주재하는 정신"을 의미하는 라틴어 단어 누멘^{numen}에서 유래한 것이다. 예를 들어 누군가 밤늦게 집에 돌아와서 집으로 들어가는데, 위층에서 쇠사슬이 철거덕 거리는 소리가 들리고, 유령 같은 것이 그르렁거리는 소리가 나고, 공 모양의 흰 빛이 신비스럽게 공중에 이리저리 움직이는 것을 보면, 그 결과 "신성한" 정서가 생기게 된다. 이런 예를 통해 긍정적 신성력(하나님이나 천사의 엄청난 장엄함을 만났을 때)이 생기기도 하고, 부정적 신성력(원형적인 악의 영을 만났을 때)이 있다는 것은 분명하다. 어느 경우에나 신성한 경험의 한 가지 본질적 특징은 그것이 경외감과 경이감뿐만 아니라, 적어도 어느 정도는 불안감도 야기한다는데 있다.

꿈은 때때로 신성하기도 하다. 그 한 예로 악몽을 들 수 있다. 아무리 냉소적이고 회의적인 사람이라고 하더라도 생생한 악몽을 꾼 후에 잠이 완전히 깨면, 그 무서운 꿈에서 깨어나서 적어도 몇 초 동안은 모두 신자가 된다.

이런 불안감은 우리의 성서 이야기 6:20에 나온다. 영어 번역, "이것은 그들을 두려워하게 만들었다"는 전혀 적절하지 않은 것 같다. 희랍어 단어 **포베오** *phobeō* [φοβέω]는 "진심으로 공포를 느끼다, 두려워하다"라는 뜻이다. 그것은 "그들이 몹시 두려워했다"고 말하는 것이 더 정확할 것이다.

예수는 "두려워하지 말라"고 하며 그들을 안심시킨다. 그는 단지 그들을 기분이 나아지게 하려고 한 것이 아니다. 그는 그들의 공포의 강도가 좀 떨어지지 않으면, 그들이 겪고 있는 경험에 더 가까이 접근할 수 없다는 것을 알고 있다. 우리는 무의식에 접근할 때 같은 것을 발견한다. 거기에는 그것에 대해 무언가 묘한 것이 있으며, 가끔 우리는 그 신성력이 너무나 두려운 나머지, 우리의 두려움이 더 이상 우리의 경험을 탐구하지 못하게 한다. 이것은 안타까운 것이다. 왜냐하면 융이 언젠가 지적한 것처럼 우리가 우리의 내적 경험에 머물러 있고 그런 경험에 직면하여 동요되지 않으면, 우리는 궁극적으로 그것을 헤쳐 나가게 될 것이기 때문이다. 반면에, 경외감과 깊은 경이감이 없이 거룩한 것에 접근하는 것은 신적인 것의 능력을 고의적으로 경시하는 오만*hybris*의 죄를 짓게 된다. 고전적인 희랍어 용법에 잘 나오는 이런 죄는 신약성서에서도 발견된다.7 예수가 물위를 걷는 것을 보는 제자들의 경험은 그들이 가질 수 있었던 오만에 대한 어떤 경향을 치료하는 효과적인 해독제였다.

제자들에 대한 이런 경험의 강도를 보여주는 그 이야기의 다른 의미의 뉘앙스가 "그들은 예수께서 호수 위를 걷는 것을 보았다…."고 되어 있는 6:19에서 발견된다. 여기서는 우리가 전에 접해 보았던, 단순히 "보다"는 의미가 아니라 "의도적으로 응시하다"는 것을 의미하는 데아오마이*theaomai*[θεάομαι]라는 단어와 비슷한 희랍어 데오레오 *theōreō*[θεωρέω]가 나온다.

마지막으로, 6:20에서 "나다*It is I*"에서 우리는 신비로운 에고 에이미의 다른 용법을 발견한다. 우리에게 "나다"라는 표현은 진지하지 않게 들리지만, 서기 1세기의 제4복음의 말씀을 듣는 사람에게 에고 에이미라는 표현은 무언가 매우 신비로운 것이 작동되고 있는 것으로 여겨졌을 것이다.

만일 루돌프 오토가 옳다면 신성력에 대한 경험은 모든 참된 종교

---

7 마태복음 22:6; 누가복음 11:45; 고린도후서 12:10; 사도행전 17:10을 보라.

의 핵심이다. 우리가 이런 것을 기대할 수도 있다. 하지만 융은 그것 이상 나아가서, 신성력에 대한 경험은 또한 모든 정당한 정신치료의 핵심이었다고 말했다. 다만 신성력에 대한 경험만이 우리를 진실로 치유할 수 있다는 것이 융의 신념이었다. 그가 하나님이 무의식을 통해 소통했다고 믿었으므로 그는 이런 경험이 무의식과의 작업을 통해 발견될 수 있다고 믿었으며, 그가 옳았다는 것을 여러 사실들이 입증해주는 것 같다. 정신치료의 과정은 다양한 요소들로 이루어져 있다. 그러나 그 치료가 무의식을 포함하는 것이라면, 그때 그것의 핵심에는 신성함에 대한 경험이 있다. 자아를 하나님에게 적절히 적응시키는 것이 바로 이것이다. 왜냐하면 우리가 신성한 것을 만날 때, 우리는 우리의 자아보다 더 위대한 실재와 우리가 만났다는 것을 알게 되고, 그것이 존중받고, 그 소리를 귀 기울여 듣고, 그 의미를 주의 깊게 관조해야하기 때문이다. 심리학적으로 보면, 이것은 "지혜의 시작"인 "주님을 두려워하는 것"이다.

꿈은 신성력이 우리와 소통할 수 있는 하나의 길일 수 있다. 만일 우리가 그 의미를 살펴보고 또 그 의미에 의해 영향을 받는다면, 이미 우리가 언급했던 악몽의 분명한 예는 물론, 평범한 꿈조차도 우리에게 영향을 미칠 수 있다. 어떤 근거에서 꿈이 이런 의미를 갖게 되었는가? 꿈의 현명한 구성과 시기적절한 메시지를 마련해주는 우리 안에 있는 지능은 어떤 것인가? 그런 질문은 신성력으로 인해 생기는 꿈과, 꿈을 만드는 보이는 않는 존재를 존중하도록 우리를 고무시킨다.

그러나 인습적인 종교와 인습적인 정신치료는 둘 다 의식적으로 혹은 무의식적으로 그 뿌리가 신성력에 있다는 것을 부정하려고 한다. 신성력의 의미가 거의 현대 기독교인들에게는 상실되었으며, 심리학에서도 영혼에 대한 신비가 인간의 행동과 문제에 대한 합리적 설명을 지지하게 되면서 묵살되고 말았다. 이런 정서가 언젠가 융에 의해 그의 편지 가운데 하나에서 표현되었다. 그는 "정신치료의 임상은 신성한 경험을 못하게 하기 위해 최선을 다하는 미봉책에 불과합니다."[8]라고 말했다. 이와 대조적으로, 그는 "사실 신성력에 대한 접근이 진정한 치료이며, 당신이 신성한 경험에 도달하는 만큼, 당신은 병의 저주에서 해방될 것입니다."[9]라고 이야기했다. 이것이 그의 경험으로 그 누구도 35세를 넘은 사람이 진정한 종교적 태도를 몸에 익히지 않고 자신의 문제를 치료받은 법이 없다는, 이젠 유명해진 말을 그가 했던 이유다. 우리가 앞에서 언급했던 대로, "치료therapy"라는 단어가 희랍어 단어 데라퓨오therapeuō에서 비롯되었다는 사실은 치료에 종사하는 사람들에게, 환자가 온전해지려면 그들이 의사와 환자 모두에 의해 존중받아야 하는 보다 높은 세력의 종이라는 것을 상기시켜주어야 한다.

---

[8] C. G. Jung, *Letters* 2, 118.
[9] C. G. Jung, *Letters*, vol. 1, 1906-1950, selected and edited by Gerhard Adler in collaboration with Aniela Jaffé, translated from the German by R. F. C. Hull (Princeton, N.J.: Princeton University Press, 1975), 377.

제14장

내적인 양식
하늘에서 내려오는 빵에 대한 설교
요한복음 6:22-71

큰 무리를 먹이고 물위를 걷는 이야기에 뒤이어 나오는 긴 담론은 요한복음의 대부분의 주된 논지에 대해 언급하고 있지만, 그것을 지탱해주는 가닥은 하늘에서 내려오는 빵이라는 이미지다. 우리가 본문 분석을 해 본 후에 우리는 그리스도가 그 자신을 하늘에서 내려온 빵으로 말씀했다는 것을 알게 될 것이다. 이것은 초기교회가 생각했던 것이고 오늘날에도 심리학적으로 중요한 것이다.

6:27은 우리에게 양식의 이미지를 소개한다. 꿈에서 양식이 나오는 것은 에딘저가 언젠가 지적한 대로, 종종 무언가 의식에 의해 동화될 준비가 되어 있다는 것을 의미한다. 그리스도가 큰 무리를 먹인 기적과, 나중에 그리스도를 하늘에서 내려온 빵과 동일시한 것은 새로운 발달이 이제 인류를 위해 가능해졌다는 것을 의미했다. 그리스도는 이제 인간의 정신에 나타날 준비가 되어 있는 새로운 발달과 새로운 의식이다. 새로운 의식이라는 하늘에서 내려온 이 양식은 낡은 양식과 대비된다. 이 낡은 태도는 오래 지속되는 생명과 가치가 될 양식

이 인자ㅅㅋ에 의해 제공된 양식인 반면, 오래 지속될 수 없는 양식이다. 그것은 이 양식이 영혼, 즉 가장 내밀한 인격에 자양분을 주는 상징이라는 것이 분명하다. 이런 양식을 먹이는 것은 심리학적 차원에서 보면, 그의 내적 진리에 충실했던 것을 의미하는 하나님의 의지를 행하는 것과 관련이 있다. 이 구절에 대한 그의 논평에서 알렉산드리아의 클레멘스는 그것을 예수가 사마리아 여자에게 "나의 양식은 나를 보내신 분의 뜻을 행하고, 그분의 일을 이루는 것이다."라고 말하는 요한복음 4:3과 비교한다. 클레멘스는 이것에 대해 이렇게 말한다.

> 따라서 그리스도에게 그의 아버지의 뜻을 이루는 것은 좋은 일이었으며, 그리스도는 하늘의 말씀이라는 우유를 마시는 어린아이들인 우리에게 양식이다.[1]

우리가 "영생하도록 있는 양식을 위해 **일하는 것**"이라는 말씀에 주목해 보라. 그 양식은 우리에게 선물이지만, 우리는 또한 그것을 위해 일해야 한다. 앞에서 언급한대로, 개성화는 어떤 **작업**opus이다. 즉 내적인 보물은 그것을 위해 일하지 않으려는 사람들에게 내어주지 않는다. 늘 그렇듯이, 이 작업에 대한 열쇠는 자기 자신과 다른 사람들에 대한 정신적인 정직함이며 내적 과정에 대한 부지런한 관심이다.

27절은 "... 인자는 아버지 하나님께서 인 치신 자다."라는 말씀으로 끝난다. 이것과 관련된 희랍어는 "도장을 찍다, 표시를 하다, 표로

---

[1] Clement of Alexandria, *The Instructor* 1.6.

구분하다"를 뜻하는 스프라기조*sphragizō*[σφραγίζω]다. 도장은 보는 사람으로 하여금 어떤 것이 누구에게 속한다는 것을 알아볼 수 있게 한다. 이 경우에는 그리스도가 아버지의 인침을 받는다. 만일 우리의 개성화가 그리스도에 의해 일어난다고 우리가 이해한다면, 그때 우리는 또한 이것이 다름 아닌 바로 하나님의 역사役事라고 이해할 수 있다. 도장은 확실한 어떤 것이다. 그것은 확실한 표시다. 개성화는 확실한(분명한) 사람이 되는 과정이다. 온전하게 되는 것은 그 어떤 사람이 되는 것, 개성의 일관성과 통일을 이루는 것이다. "인격character"라는 단어는 희랍어 단어 카락테르*charaktēr*[χαρακτήρ], 즉 "깊은 인상, 정확한 표현"에서 비롯된 것이다. 그러므로 개성을 갖는다는 것은 그 사람의 내밀한 실재의 정확한 표현이 되는 것이다.[2]

    6:28을 보면, 사람들이 예수의 말씀에 아주 흥미를 느껴서 "우리가 무엇을 **하여야**…. 됩니까?"라는, 모든 질문 중에서 가장 자연스런 질문을 한다. 예수가 "… 너희는 그분이 보내신 이를 믿어야 한다."고 한 대답은 그리 도움이 된 것 같지 않다. 그러나 우리는 그가 "너희는 너희의 내밀한 믿음, 곧 너희의 영혼에서 비롯된 것과 하나님을 구하는 믿음을 따라야 한다."고 말씀하고 있는 것으로 이해할 수 있다.

    그러나 이것은 우리에게도 도움이 되지 않을지 모른다. 어떻게 우리는 "우리의 믿음을 따라야" 하는가? 우리는 개괄적인 지시가 아닌, 명확한 지시를 원한다. 우리는 "정해진 답이 없는 지시에 맡겨지지 않은, 구원을 얻는 방법"을 듣기를 원한다. 우리는 우리가 지침이 아닌,

---

[2] 이 단어는 히브리서 1:3에서 이런 식으로 사용되었다.

가야할 방향을 지시해주는 표지를 원한다. 이런 이유로, 구원을 얻는 "방법"에 대한 확실한 답과 정확한 지시를 사람들에게 제공해주는 종교적 체계가 언제나 인기가 있는 것이다.

같은 것이 심리학에도 해당된다. 우리는 우리에게 무엇이 잘못된 것이고, 무엇을 할 필요가 있는지를 정확하게 말해주는 심리학을 원한다. 심리학적 작업에서 사람들은 또한 "내가 무엇을 **할 수 있는 가?**"라고 묻는다. 항상 다른 사람들이 무엇을 해야 하는지 알고 싶어 하는 사람들이 있으며, 종종 우리는 그들을 따르는 것을 행복해 한다. 그들이 정말 잘못되어 있다면, 우리는 우리가 잘못된 길로 가게 될 것이라는 생각을 결코 하지 않는다. 사실 다만 우리 안에 있는 어떤 것은 **우리가** 해야 할 것이 무엇이고, 우리가 따라야 할 길이 어떤 길인지 알고 있다.

이런 이유로, 많은 사람들은 그들의 꿈이 좌절감을 주고 이해하기 어렵다고 생각한다. 그들은 꿈을 보고, 다시 "내가 어떻게 **해야** 하는가?"라는 질문을 한다. 언젠가 융이 지적한 대로, 꿈은 우리에게 무엇을 해야 할지 말해주지 않지만, 우리가 가고 있는 방향을 알려준다.[3] 꿈은 개성화 작업을 하는 방법에 대해 설명해주는 책이 아니라, 우리가 어디로 가고 있고, 언제 우리가 길을 잃었는지 말해주는 충실한 나침반이다. 그러나 꿈은 마지막 선택을 우리에게 맡기며, 우리가 수수께끼 같은 언어로 보이는 것으로부터 심오한 의미를 찾도록 해준다.

초기교회의 위대한 사상가들은 성령께서 말씀하는 수수께끼 같은

---

[3] C. G. Jung, *Seminar on Dream Analysis*, 208.

방법을 인식하고 있었지만, 그들은 누가 봐도 알 수 있는 수수께끼 같은 것으로 말씀함으로써, 성령께서 그들이 의미를 찾으면서 이해를 심화할 수 있도록 했다는 것을 감지했다.

소유할 가치가 있는 유일한 영적 진리는 우리가 애써서 찾아야 하는 진리다. 그래서 알렉산드리아의 클레멘스는 이렇게 말했다.

> 꿈과 표징sign은 모두 사람들에게 다소 모호하다… 그런 것을 연구하기 위해 우리가 수수께끼 같은 것을 이해하게 되면, 진리를 발견하는 일이 앞당겨질 수도 있다.[4]

그리고 아우구스티누스는 이렇게 말했다.

> 상징emblems[symbols]에 의한 진리의 표현은 막대한 영향력을 지니고 있다. 왜냐하면 이런 것으로 표현되면 성례전적 상징으로 표현되지 않은, 직설적 진술로 제시될 때보다 상황이 훨씬 더 달라지고 감동이 더 일어나기 때문이다. 왜 이것이 좋은지 말하기는 어렵지만, 그것은 우리가 우화 혹은 상징으로 배우는 것이 평범한 용어로 아주 분명하게 서술하는 것보다 우리에게 더 영향을 주고 우리를 더 즐겁게 하는 것은 사실이다.

그는 덧붙여 말하기를, 만일 영혼이

---

[4] Clement of Alexandria, *The Instructor* 2.9. Origen, *Against Celsus* 1.48과 비교해 보라.

영적인 것들의 상징인 형체를 가진 것들에 제공되고, 이런 것들로부터 그런 것들이 나타내는 영적 실재로 이해된다면, 그것은 하나에서 다른 것으로 이동되는 단순한 행동에 의해 강도가 더해지고, 불이 붙어있는 횃불의 불꽃처럼 더 밝게 타오르는 움직임에 의해 이루어지고, 더 강하게 타오르는 사랑에 의해 쉼을 얻게 된다.[5]

6:32를 보면, 이 구절에 대한 미묘한 의미가 "하늘에서 내려온 빵"과 "진정한 빵"이란 단어 앞에 정관사(the)의 존재에 초점이 맞추어져 있다. 영어로 관사를 사용하느냐 사용하지 않느냐는 아무래도 좋은 일이지만, 우리가 살펴본 대로, 희랍어에서 관사의 사용은 늘 중요하다.("관사가 분명히 필요한 곳에 생략되어야 한다거나, 아니면 전혀 필요하지 않거나 엉뚱한 곳에 사용되어야 한다는 것은 결코 있을 수 없는 일이다.")[6] 이 경우에 "빵"이라는 단어와 "진정한"이라는 단어 앞에 정관사를 쓴 것은 그것을 강조하고 구분하는 것이다. 그것은 어떤 종류의 빵을 언급하는 것이 아니라 **바로 그** 빵*the bread*, 즉 단 하나의 유일한 빵을 말하는 것이다. 이 빵의 두드러진 특징은 그것이 **바로 그** 진정한 빵*the true bread*(단지 "진정한 빵*true bread*"이 아닌)이라는 사실로 강조되었다. 이 빵을 그렇게도 특이하게 만드는 것은 그것이 "하늘에서 내려오는 것"이기 때문이다. 전에 언급한 대로, 요한복음에서

---

[5] Augustine, *Letters* 50.11.21.
[6] 제7장의 각주 1을 보라.

하늘의 지형은 의식意識의 수준을 말하는 것이다. 하늘에서 내려오는 빵은 보다 높은 의식에서 비롯되고 부여되는 실재다.

뒤이어 나오는 절에는 어떤 반복이 있다. 그런 반복이 나타나는 것은 원형적인 언어의 특성이다. 그 의미가 충분히 이해된다면 이런 반복은 필요한 것이다.

6:33의 본문은 이 빵이 하늘에서 내려와 "세상에 생명을 준다."고 말한다. 여기서는 현재 시제가 사용되었으며, 희랍어는 현재 분사를 사용함으로써 현재 시제를 더 강하게 강조한다. 이 희랍어 용법은 **지속적 행동**을 의미한다. 희랍어를 더 정확하게 번역하면, "하늘에서 내려오는 이 빵은 세상에 생명을 주는 지속적 과정에 있다."와 같은 정도로 표현해야 할 것이다.

6:35를 보면, "내가 생명의 빵이다"라고 되어 있다. 여기서 우리가 전에 간단하게 논의해 보았던 에고 에이미가 다시 나온다. 그러나 이것은 히브리어의 "나는 곧 나다"와 같은 희랍어였던 "절대 용법" 에고 에이미가 아니다. 왜냐하면 이 문장에는 술부(즉 "바로 그 생명의 빵")가 있기 때문이다. 그럼에도 불구하고, 이런 구조의 용법은 아마 그 구의 절대 용법과 관련이 있다는 것을 상기시키려는 저자의 의도가 있었을 것이다.

그 절은 확신을 가지고 계속해서 이 빵을 먹는 사람은 "결코 주리지 않을" 것이라고 말한다. 여기서 희랍어는 최대한 강력한 방법으로 생각을 표현하기 위해 "이중 부정"(우...메$^{ou...me}$[οὐ μή])을 사용하고 있다. 여기서 "결코"라는 단어는 강조하기 위한 것이고, 희랍어에는 그 풍부한 의미가 더 분명하게 표현되어 있다.

6:37에서 우리는 어떤 특이한 생각을 발견한다. "아버지께서 내게 주시는 사람은 다 내게로 올 것이다."라고 되어 있다. 이것은 아버지께서 그리스도에게 주지 않을 수도 있는 사람들이 있다는 것을 시사한다. 거기에는 엘리트주의적인 개념이라 하더라도, 비합리적 요인이 작동하고 있는 것 같다. 우리는 나중에 이것에 대해 좀 더 이야기해 볼 것이다. 그 절은 "내가 그를 물리치지 않을 것이다."라는 말씀으로 끝난다. 여기서 우리는 6:35에서 보았던 동일한 이중 부정 구조를 발견한다. 마음속으로 우리는 "not"이라는 단어를 강조해야 한다.

6:40에는 먼저 아들을 "보다"라는 말이 나온다. 보는 것을 위해 사용된 단어는 또 다시 **데오레오***theōreō*다. 이렇게 보는 것은 아는 것과 거의 같은 것이다. 그것은 의식의 행위다. 그러나 그것에 덧붙여서 우리가 "그를 믿는 것"이다. 우리는 여기서 믿음을 누군가에게 투자된 어떤 것으로 생각하는 신약성서의 좋은 예를 발견한다. 이 절을 희랍어로 문자 그대로 번역하면, "믿음을 자신의 의식에 뚜렷하게 드러내는 것과 같은 방식으로 아들을 분명히 보고, 또 자신의 믿음을 그에게[**에이스 아우톤***eis auton*(εἰς αὐτὸν)] 표현하는 모든 사람이 구원을 얻게 하기 위해"가 될 것이다.

6:40은 "마지막 날"에 대한 언급으로 끝난다. 우리는 여기서 이 가르침의 형이상학적 측면을 살펴보지 않겠지만, "마지막 날"이 제4복음의 목적론적 측면의 일부라는 논평은 해볼 수 있다. "목적론적"이라는 단어는 "달성된 목적, 완성, 마무리 행위"를 의미하는 **텔로스**

*telos*라는 단어에서 나온 것이다. 어떤 의미에서 보면, **텔로스**라는 단어를 구체적으로 나타내는 신약성서의 모든 단어들은 현재 일어나고 있지만, 어떤 완벽한 목표를 향해 움직이거나 노력하고 있는 과정과 관련이 있다. 우리는 이미 이런 단어 가운데 하나(**텔레이오시스** *teleiōsis*)를 이전의 장에서 언급해 보았다. 신약성서는 다른 것들도 아주 많이 가지고 있다. 이런 것들은 "개성화"라는 단어다. 왜냐하면 개성화는 목표를 향해 움직이는 과정이기 때문이다.

어떤 교부들은 목표를 지향하는 삶의 운동이라는 생각을 형이상학적 영역으로 확장했다. 인간의 생명뿐만이 아니라, 실제로 모든 피조물의 생명이 오리게네스, 니사의 그레고리우스, 그리고 다른 사람들에 의해 완벽한 목표를 향해 움직이는 것으로 언급되었다. 모든 존재들이 완성을 향해 움직이면서, 하나님의 계획이나 목표가 점차적으로 성취된다. 실제로 마지막에는 악마도 죽임을 당할 것이다. 왜냐하면 구원을 자극하는 신적인 드라마에서의 그의 역할이 더 이상 필요하지 않을 것이기 때문이다. 이런 관점에서 볼 때, 오리게네스와 그레고리우스는 떼이야르 드 샤르댕을 앞서 있었던 것이다.

6:44에서 우리는 하나님께서 "이끌어주지" 않으시면 아무도 하나님께 올 수 없다는 말씀을 듣는다. 여기서 희랍어 단어 **헬쿠오***helkuo* [ἑλκύω]가 사용되었다. 이 단어는 "~쪽으로 이끌리다, 정신적으로 혹은 도덕적으로 이끌다"라는 의미다. 이것과 같은 단어가 요한복음 12:32에도 나온다. 여기에는 "나는 모든 사람을 내게로 이끌어 올 것이다"라고 되어 있다.

이 문맥에서 이 단어가 사용된 것이 중요하다. 왜냐하면 그것은 원형상에 기초해 있기 때문이다. 융은 그 자체 쪽으로 인격의 모든 이질적인 부분을 끌어당기는 자석 같은 중심이 정신 안에서 작동된다고 보았다. 이런 식으로 그것은 우리의 다양성에 의해 통일을 이룬다.

이런 "강제력"은 자아에 대해 작용하기도 한다. 이것은 극히 중요하다. 왜냐하면 우리가 살펴본 대로, 자아의 의지는 중심의 의지로 틀림없이 끌리기 때문이다. 물론 자아는 중심의 이런 내적 흡인력에 저항한다. 이런 저항이 표현되는 통상적 방식은 "내적인 목소리"에 대한 자각을 억압함으로써 중심의 자석 같은 영향력의 실재를 부정하는 것이다. 이런 일이 일어날 때, 중심의 자석 같은 영향력이 정신적 장애를 만든다. 왜냐하면 내적 균형이 이제 깨졌기 때문이다. 만일 자아의 의지가 악으로 인해 부패되었다면, 그때 중심의 내적인 목소리가 들려질 수 없다. 따라서 치유가 일어나기 위해서는 그 의지가 악의 세력의 속박에서 벗어나야 한다.

『클레멘스의 인식 Recognitions of Clement』으로 알려진 초기 기독교 문서에서 사도 베드로는 병에 걸린 악인惡人 시몬 마그누스를 치료하는 것과 관련된 어려움에 대해 논평하고 있다. 베드로는 시몬에 대해 이렇게 말한다. 그는

> 그런 병에 사로잡혀 있으며 이제 치유될 수 없다. 왜냐하면 그의 의지와 목적이 병들어 있기 때문이다. (악한) 악마가 그의 의지에 반反하여 그 안에 산다. 그러므로 누가 그로부터 그것을 쫓아내려고 한다면, 그것이 그 자신과 분리될 수 없고, 말하자면 이제 그의 영혼

자체를 소유하고 있으므로 그는 오히려 그를 죽여야 할 것 같다.[7]

이 모든 것의 묘미를 주목해 보라. 하나님은 그에게 우리를 끌어당기는 자석처럼 우리에게 영향을 주신다. 그러나 우리의 의지 또한 이와 관련되어 있으며, 우리의 자유 의지도 폐기될 수 없다. 결국 우리는 하나님의 능력에 따라야 한다. 초기 기독교 심리학의 관점에서 볼 때, 이것은 극히 중요한 것이었다. 왜냐하면 하나님에 대한 인간의 사랑이 자유롭게 주어지지 않으면 그것이 가치가 없을 것이기 때문이다.

6:46은 중요한 구절인데, 이것은 우리가 요한복음 14장을 생각해 볼 때 논의해 볼 것이다.

6:53에 보면, 그리스도의 살을 먹는 이미지가 그의 피를 마시는 이미지에 의해 확충되어 있다. 이것은 통합에 대한 주요한 상징이며 기독교의 성만찬 의식에 명시되어 있다. 성례전의 외적인 보이는 표지는 빵으로 만든 제병祭餠이요 포도주가 든 성배聖杯이고, 내적인 영적 사건은 중심과 자아의 관계이며, 그리스도와 우리 자신이 결합되는 것이다. 이 점에 있어서 교회의 표현을 보면 사실상 인육을 먹는 것으로 되어 있다. 즉 우리는 살을 **먹고** 피를 **마시는** 것이다.

어떤 원시종족 중에는 특이한 용맹을 보였던 살해된 적의 살을 먹는 것이 관습이었다. 기독교의 성례전적 행동으로 우리는 우리 자신을 그리스도의 성덕聖德과 결합시키고 있는 것이다. 심리학적으로 이것은 중심의 힘과 우리 자신의 존재를 결합시키는 것에 해당된다.

6:54에 보면, 이런 과정의 결과가 "영원한 생명"으로 불리고 있다.

---

[7] *The Recognitions of Clement* 1.72.

이것이 무엇을 의미하는지 우리는 짧게 살펴볼 것이다. 이것은 6:58에도 나온다.

6:56-57은 우리가 이전에 논의해 보았던 자아와 중심의 관계의 신비에 대해 또 다시 말하고 있다.

6:59-62에서 요한은 우리에게 예수가 열두 제자 뿐만 아니라 많은 추종자들도 가지고 있었고, 그들 중 어떤 이들은 그의 말을 참을 수 없어서 그것을 받아들이기를 거부했으며, 우리가 66절에서 보는 것처럼 그를 떠났다고 말한다.

그들의 불평은 "이것은 참을 수 없는 말이다. 누가 어떻게 그것을 받아들일 수 있겠는가?"하는 것이었다. 예루살렘 영어성서는 이 구절을 현대 독자가 더 쉽게 이해할 수 있도록 하려고 애쓰면서 희랍어의 영향을 축소시키고 있다. 이것을 좀 더 문자 그대로 번역하면, "이 말은 딱딱하다. 누가 그것을 들을 수 있겠는가?"가 될 것이다. "딱딱한hard"이라는 단어는 **스클레로스**^{skleros}[σκληρος]다. "동맥경화"라는 의학 용어는 "동맥이 경화되는 것"에 쓰인다. 그래서 예수의 말씀은 이해하기가 어려운 것이다. 즉 그것은 쉽게 받아들여지지 않는 것이다.

"누가 그것을 들을 수 있겠는가?"라는 표현에서 우리는 듣는 것을 강조하고 있다는 것을 볼 수 있다. 이것은 중요하다. 왜냐하면 성서에서 하나님은 보는 것을 통해서 보다는 듣는 것을 통해서 훨씬 더 잘 알려지기 때문이다. 사실상 성서에서 죄를 나타내는 단어는 "듣지 못하다, 잘못 듣다"를 뜻하는 **파라쿠오**^{parakouo}다. 심리학적으로 우리는 또한 우리의 내면의 목소리를 듣는다. 심지어 우리의 꿈조차도 마치 눈에 보이는 것처럼 "우리에게 말하는 것"으로 볼 수 있다. 이런 이유로, 성서에서 그 사람의 듣는 것이 무감각해진 것은 이 사람이 하나님으로부터 차단되어 있다는 것을 의미한다. 이 모든 의미의 뉘앙스는 그가 "누가 그것을 들을 수 있겠는가?"라고 썼을 때 제4복음의 저자에게 분명히 알려져 있었다.

6:63에는 "생명을 주는 것은 영이다. 육은 아무데도 소용이 없다."라고 되어 있다. 그런데 필립스역에는 "육은 무익할 것이다."라고 되어 있다. 이 구절은 문자 그대로 "육"이라고 번역된 **사르크스** sarx라는 그 특유한 신약성서의 단어의 문제를 끄집어낸다. 제1장에서 우리는 이 단어가 신약성서에서 뚜렷이 구별되는 다섯 가지 의미를 가지고 있다는 것을 살펴보았다.

1. 동물의 몸, 문자 그대로 육신이라는 실체.
2. 혈족이나 결혼에 의한 인간관계(마태복음 19:5 혹은 고린도전서 10:18에서처럼 "한 몸"이 되는 두 사람).
3. 대개 피조물의 본성 혹은 특히 인간의 본성. 그래서 예컨대 그리스도가 성육신되었을 때, 그는 "육신"(인성)을 입었던 것이다. 요한은 그 단어를 1:14에서 "말씀이 육신이 되었다"는 의미로 사용한다.
4. 다른 것과 대조되는 인간의 본성의 한 구성요소와 관련된 것. 통상적으로는 육체와 영혼, 혹은 육체와 마음, 혹은 육체와 정신 사의의 대조다. 이런 대조는 육체를 평가절하하거나 육체를 비난

하는 생각으로 이루어진 것이 아니다.
5. 마지막 타락한 인간 본성과 같은 "육체"의 윤리적 의미가 있다. 이런 의미에서 육체는 죄의 자리로 볼 수 있으며, 인간 본성 안에 있는 신적인 생명을 말하는 영과 대조된다.

우리의 현재 문맥에서 명시된 것은 **사르크스**의 네 번째 의미다. 그러므로 "육체"는 한계를 가지고 있는 우리의 물리적 본성이다. 알렉산드리아의 클레멘스가 물고기 다섯 마리로 먹었던 큰 무리가 그들의 "지각 있는 성격," 즉 그들의 물리적 감각으로 그들이 갖게 된 인상에 비해 환영幻影과 의식意識이 제한되어 있었다고 말했을 때, 그는 다만 "육신에" 머물러 있고 영의 도움을 받지 못하는 사람들에 대해 말하고 있는 것이다. 그것은 우리가 이전에 논의했던 "통상적 인간 본성"으로 볼 수 있을 것이다.

영은 다르다. 우리가 이전의 장에서 살펴본 대로, 하나님의 영은 마치 바람이 나무를 통과하여 불듯이 모든 것에 스며든다. 영은 포괄적이다. 그것은 **우리의** 영이 아니라 하나님의 영이다. 그러나 그것은 우리 안에 살려고 올 수 있다. 우리의 삶이 새로워지려면, 우리는 다만 육신에 머물러 있을 수 없다. 왜냐하면 우리는 제한된 의식을 가지고 있고 평범한 인간적인 의식을 가지고 있기 때문이다. 우리의 이런 의식은 자아 너머에 있는 원천으로부터 의식 속으로 불어오는 "하나님의 바람wind"에 의해 열매를 맺고 영향을 받을 수 있다. 심리학적으로 말하면, 이 "하나님의 바람"은 무의식을 통해 우리에게 영향을 주는 원형적인 에너지다.

6:67-69에 들어 있는 베드로의 신앙고백은 마태복음 16:16에 나오는 베드로의 신앙고백과 같은 것이다. 마태복음에서 베드로는, "당신은 그리스도시요 살아계신 하나님의 아들이십니다."라고 말했다. 요한복음에서 베드로는, "우리는 선생님이 하나님의 거룩한 분이심을 믿고, 또 알았습니다."(RSV)라고 말한다.

그리스도를 "거룩한 분"이라고 말하는 것은 적어도 두 가지 의미의 뉘앙스를 가지고 있다. 첫째로, 그것은 우리에게 그리스도가 신성한 존재요 경외심을 일으키게 하는 경험임을 보여준다. 둘째로, 희랍어로 "거룩한"이라는 단어는 하기오스 hagios[ἅγιος]인데, 이 단어는 고전적인 희랍어에서 매우 중요한 것이 아니었다. 예를 들어 그것은 그 대신 하그노스 hagnos[ἁγνός]를 선호했던 호메로스나 희랍의 극작가들의 작품에 나오지 않는다. 그러나 하기오스라는 단어는 신약성서에서 중대하게 여겨진다. 이것은 하기오스라는 단어가 "분리하다"를 의미하는 희랍어에서 비롯되었기 때문일지도 모른다. 따라서 거룩한 분은 분리된, 혹은 "구별된" 분이다.

개성화 과정에서 어떤 사람이 의식을 발달시켜 가게 되면, 그녀가 문화의 집단적인 심리로부터, 그리고 그녀 주위의 사람들로부터 분리된다는 것은 심리학적 사실이다. 어떤 사람이 그녀 자신이 될 때, 그녀는 뚜렷이 구별되는 인격이 되고, 더 이상 "신비적 참여," 즉 다른 사람들, 집단 혹은 집단적 운동과의 무의식적 동일시 속에서 살지 않게 된다. 따라서 개성화는 우리를 "구별된" 사람들로 만든다. 하나님의 거룩한 분으로서의 그리스도는 이런 자질의 중요성을 강조한다. 즉 그런 사람은 개별적으로(집단적으로가 아니라) 다른 사람들과 관계를 맺을 수 있고, 또한 중심에 근거한 도덕성의 개별적 감각을 가지고 있으며, 더 이상 그녀가 살고 있는 집단이나 문화의 집단적 도덕성과 동일시하지 않는다.

이런 구절의 다른 심오한 의미는 우리가 이전에 살펴보았던, "목적 소유격"으로 알려져 있는 희랍어의 문법 구조의 용법에서 발견된다. 이런 구조에서 하나의 명사는 그 행동의 대상이기도 한, 두 번째 명사에서 비롯된 것으로 간주된다. 따라서 "하나님의 거룩한 분"이라는 표현에서 거룩함의 근원은 하나님 안에서 발견된다. 그래서 우리가 발달 중인 우리의 의식에 의해 누군가가 분리된다면, 이런 분리는 중심이 우리에게 주는 영향에 의해 생긴다. 그것은 자아 혼자서 성취할 수 있는 분리의 행위가 아니다.

6:70-71은 유다를 처음으로 소개한다. 주님 자신에 의해 선택된 열두 제자 가운데 하나인 유다는 이제 악마로 불리고 있다. 왜 그가 악마였으며, 그가 그에 대해 이런 것을 알았다면 왜 그가 그를 열두 제자의 하나로 만들었을까? 70절은 무언가 열두 제자의 핵심층에서 벗어나 있다는 요한복음의 첫 번째 단서다. 우리는 그것에 대해 이 복음서가 계속 말하는 것을 좀 더 들어볼 것이다.

비록 이 담론의 주제들이 다양하긴 하지만, 전반적인 주제는 우리가 하늘에서 내려온 생명의 빵을 얻을 수 있게 해준 그리스도에 대한 것이다. 이런 점에서 제4복음은 우리에게 **먹는** 이미지를 보여준다.

먹는 주제는 우리의 꿈에 자주 나온다. 대개 먹는 것은 어떤 사람이 얼마 동안 그녀 자신의 자기-이해에 대한 작업을 한 다음에야 나오는 꿈 상징이다. 이런 이유는 꿈에서 먹는 것이 우리 안에 있는 정신적 요소가 이제 동화될 준비가 되어 있으며, 이것이 광범위한 정신적 준비를 필요로 한다는 것을 의미한다. 대체로 말하면 꿈에서 우리는 앞에 차려진 것을 먹으라는 요구를 받는다. 거기에는 예외가 있지만 말이다. 에드워드 에딘저는 먹는 것이 연금술의 **응고**^{coagulatio}의 상징성의 일부라고 지적했다. 응고의 상징성은 무언가를 현실적이고 견고하게 만든다. 개성화 과정에서 현실적이고 "견고한" 사람들이 되려고 한다. 근본적으로 그는 먹는 것의 상징성은 "자기와의 관계를 동화할" 필요가 있다는 것을 의미하는 것이라고 말한다.[8]

몸이 생존하기 위해서는 음식을 섭취해야 하듯이, 영혼도 살기 위해서는 영적인 음식을 섭취해야 한다. 자양분을 주는 건강한 음식이 있고 몸에 독이 되는 나쁜 음식이 있다. 병든 체세포는 병든 음식을 원하며 건강한 체세포는 건강한 음식을 원한다고 알려져 왔다. 중독에 대한 육체적 갈망은 병들어 있던 체세포의 갈망으로 간주될 수 있다. 사람들이 약물에 찌든 몸을 깨끗하게 하고 심신을 쇠약하게 만드는 음식을 섭취하지 않을 때, 그들은 음식의 맛이 달라지고, 이제 그들에게 건강한 음식을 찾게 된다는 것을 알게 된다. 이것은 영혼에 대

---

[8] Edward F. Edinger, *The Anatomy of the Psyche* (La Salle, Ill.: Open Court Publishing Co., 1985), 11.

해서도 마찬가지다. 병든 영혼은 또한 안심시켜주고 어루만져주는 자아중심적인 행동, 권력, 갈수록 커지는 부에 대한 탐닉 등의 형태로 된 병든 음식을 갈망한다. 반면에, 건강한 영혼은 영적 건강을 향상시켜주는 내적인 음식을 갈구한다. 그러나 그 과정은 또한 반대가 되기도 한다. 즉 건강한 영적 음식은 병든 영혼을 치료하는 힘을 가지고 있다. 우리가 살펴본 대로, 육체의 문제는 물론 영의 문제에도 병든 음식과 건강한 음식에 있다는 사실은 예수가 6:32에서 평범하거나 부패한 영적 음식과 구별하기 위해 "바로 그 진정한 빵*the true bread*"에 대해 말씀했던 이유다.

또한 빵이 대개 실질적으로 여성적인 것, 혹은 음*yin*으로 간주되었다는 것을 주목해 보는 것은 흥미로운 일이다. 왜냐하면 그것이 전형적으로 "모성 자연"으로 간주되었던 땅에서 비롯된 것이기 때문이다. 그러면 물고기는 어떤가? 그리스도는 큰 무리를 물고기로 먹이기도 했지만, 물고기에 대한 그 이상의 언급은 없다. 그러나 21장에 보면 물고기의 주제가 다시 나오는데, 우리는 그것을 나중에 더 자세하게 살펴볼 것이다.

알렉산드리아의 클레멘스는 요한복음 6장을 "빵의 신비*the mystery* [mystērion]"에 대한 연구라고 언급했다. 클레멘스는 먹는 상징과 관련되는 여러 성서 구절들을 인용하며 이런 결론을 내린다. "말씀이 비유적으로 고기, 물고기, 음식, 빵, 피 그리고 우유로 묘사되었다. 주님은 그를 믿는 우리에게 기쁨을 주는 이 모든 것들을 지닌 분이다."[9] 클레

---

[9] Clement of Alexandria, *The Instructor* 1.6.

멘스는 이런 식으로 그리스도를 동화함으로써 우리는 그와 합일되고, 그리스도와의 이런 합일이 우리를 구원하는 것이라고 믿었다. 무의식은 또한 우리에게 영향을 주어, 이와 동일한 먹는 심상을 제시하며 우리가 중심을 우리 자신에게 동화할 수 있고, 이어서 우리가 중심에 동화될 수 있는 과정을 우리에게 제공한다.

오리게네스는 클레멘스가 요한복음 6장에 대해 논의하며 소개한 주제들에 대해 자세히 설명했다. 오리게네스는 이미지들에 의해 영혼(즉 무의식)을 통해 활동하시는 하나님이 생각(즉 의식)이 떠오르기 전에 여러 가지 인상을 가져다주신다고 믿었다. 영혼을 통해, 오리게네스가 말하길, "복 있는 사람만이 발견하는 방법을 알고 있는 일종의 일반적인 신적 인식"이 생긴다. 오리게네스는 이런 신적 인식이 솔로몬이 잠언 2:5에서 "너는 하나님을 아는 지식을 발견할 것이다."라고 말하고 있는 의미라고 믿었다.

신비주의의 용어로, 후각과 미각은 내적인 인식 방법이다. 영적 후각과 미각을 훈련함으로써 우리는 무언가를 섭취하게 되고 그 본질과 실재를 인식하게 된다. 오리게네스와 다른 교부들에 의하면, 영혼은 그 자체의 인식 수단을 가지고 있으며, 몸이 그 감각을 가지고 있는 것처럼 영혼 역시 보고 듣고 느끼고 냄새 맡고 맛본다. 오리게네스는 언젠가 이것을 "비둘기의 눈"[10]이라고 부른 적이 있다. 특히 미각과 후각의 능력은 우리가 영적으로 잘못된 것과 영적으로 진실되고 타당한 것을 "찾아내는데" 도움을 준다. 그래서 무언가 악한 것은 우리 내

---

[10] Origen, *Against Celsus* 1.18.

부에 "나쁜 냄새"를 남기게 될 것이다. 이런 이유로, 오리게네스는 언젠가 우리의 복음서에 나오는 살아 있는 빵의 본질에 대해, "하늘로부터 내려온 살아 있는 빵에 대해 사용할 수 있는 것은 미각이다."라고 말한 적이 있다. 거의 같은 맥락에서, 사도 바울은 하나님을 알고 있는 사람들에 대해, "우리 기독교인들은 그리스도의 확실한 향기를 가지고 있습니다…"(고린도후서 2:15)라고 말했다.

오리게네스는 계속 성서에서 발견될 수 있는 영적 실재의 인식에 대한 예들을 제시한다. 그의 관점은 하나님의 실재가 믿음을 통해 알려질 수 있으며, 그 믿음은 영혼에 대한 인식에 의해 지탱된다는 것이다. 사실상 무의식과 더불어 작업하면서 얻는 주된 이득 중 하나는, 그것이 우리의 외적인 삶의 자료와 정황적인 현실이 아무리 나쁘거나 빈곤하다고 하더라도, 우리가 그것과 접촉할 수 있는 우리 안에서 작용하고 있는 의미 있는 무언가가 있다는 우리의 믿음을 지탱해준다는 것이다.

우리는 이제 예수가 왜 이 빵을 "살아있는" 빵 혹은 "생명의 빵"이라고 부르는지 그 이유에 대해 논평해 볼 수 있다. 우리는 이미 제4복음의 중요한 주제가 삶과 죽음이라는 서로 대비되는 주제라는 것을 살펴보았다. 실제로 아주 중요한 것은 요한복음에 나오는 "영원한 생명"이 공관복음에 나오는 하나님의 나라(또는 하늘나라)와 같은 주제라는 것이다. 기억해야 할 중요한 것은 요한에게 영원한 생명이 이제 시작되고 있다는 것이다. 지금 이 순간에 우리 각자의 영혼이 생명이나 죽음 둘 중의 하나를 향해 움직이고 있다고 볼 수 있다.

이것은 영어보다 희랍어에 더 분명하게 나타나 있다. 우리가 이전에 살펴본 대로, 희랍어에는 생명을 나타내는 조에$^{zoe[ζωή]}$와 비오스 $bios[βίος]$라는 두 단어가 있다. 비오스라는 단어(거기서 "생물학^{biology}"이 나온)는 그 다양한 이 땅의 현상 안에 있는 생명을 의미한다. 우리가 살아 있는 유기체인 한, 우리는 동물이나 식물이 그런 것처럼 비오스 혹은 생명을 가지고 있다. 반면에, 조에는 생명의 원리를 의미한다. 요한이 "생명"이라는 단어를 사용할 때 그가 말하고 있는 것은 조에다. "살아 있는 빵"은 생명 그 자체의 원리로 가득 차 있는 내적인 양식이다. 이것이 "그 안에서 생명[조에]을 얻었으니, 그 생명은 사람들의 빛이었다."라고 되어 있는 요한복음 1:4에서 사용된 단어다. 영혼을 채워줄 수 있고, 영원한 생명으로 인도할 수 있는 것이 바로 이 살아 있는 원리다. 단지 자연의 생명$^{natural\ life}$인 비오스가 소멸되는 반면, 조에는 결코 소멸되지 않는 영원한 요소다. 우리가 영혼을 조에로 채우는 한, 우리는 영속적인 것에 속하게 된다.

융과 쿤켈은 개성화 과정에서 사람은 이런 내적인 살아 있음에 참가하게 된다고 믿었다. 그에 반해, 이미 죽었지만 그것을 모르는 사람들이 있다. 융은 "살았으나 죽은" 사람에 대해 말했다. 그는 어떤 사람이 무의식적 삶을 살았다면, 그 사람은 이미 죽은 것이나 마찬가지라고 믿었다.

무의식적이 되는 것은 영혼에게는 죽음이다. 사람들은 육체가 죽기 전에 죽는다. 왜냐하면 거기에는 영혼의 죽음이 있기 때문이다. 그들은 유령처럼 걸어 다니는, 가면을 쓰고 있는 거머리들이며, 죽었으나 무언가를 계속 빨아먹고 있는 자들이다. 그것은 일종의 죽음이다. 나는 선정적인 대중잡지에 마음이 쏠려 있는 사람을 본 적이 있다. 당신은 당신의 문제에서 벗어나는 데 성공할 수 있고, 단지 그런 문제를 충분히 외면할 필요가 있다. 당신은 도피할 수도 있지만, 그것은 영혼의 죽음이다. 호텔 로비로 가보라. 거기서 당신은 가면을 쓴 얼굴들을 보게 될 것이다. 이러한 죽은 사람들은 종종 문제를 회피하기 위해 이리저리 여행을 다닌다. 그들은 쫓기는 것처럼 보이며 두려움을 감추려고 완벽한 가면을 쓰고 있다.[11]

오리게네스와 융은 이런 죽음의 관념에 동의한다. 요한복음과 그것의 삶과 죽음의 주제에 대해 논평하면서 오리게네스는 이렇게 말한다.

> 하나님에 대해 살아 있지 않은 모든 사람은 죽은 것이다… 그들의 삶은 죄를 짓는 것이며, 그래서 [그것은] 죽은 삶이다.[12]

니사의 그레고리우스는 그것을 훨씬 더 완벽하게 요약해준다.

> 하나님은… 영혼의 생명이다. 그러나 진정한 선에 대한 무지는 영혼의 시각적인 날카로움을 모호하게 하는 안개와 같은 것이다. 안개가 더 짙어지고 구름이 너무나 두꺼워져서, 진리의 광선이

---

[11] Jung, *Dream Analysis*, 90.
[12] Origen, *Commentary on John* 2.10.

이런 무지의 심연을 관통할 수 없을 때, 결국 빛이 완전히 사라지고 영혼의 생명도 끝나고 만다. 왜냐하면 우리는 영혼의 진정한 생명이 실질적으로 선을 받아들이게 된다고 말한 적이 있기 때문이다. 그러나 무지가 하나님을 이해하는 것을 방해할 때, 영혼은 하나님을 받아들이지 못하고, 또 살아가지도 못하게 된다.[13]

이 문제는 생전에 생명으로 움직이고 죽음으로부터 벗어나는 이런 과정의 형이상학적 의미를 제기한다. 우리는 우리가 개성화를 통해 얻는 생명을 다음 생으로 가져가는가? 우리는 이 문제를 다른 장에서 살펴볼 것이다.

제4복음이 살아 있는 빵의 이미지와 같은 이미지로 의미하는 것을 이해하기 위해 우리는 보다 넓은 영적 전망에 대해 개방적이어야 한다. 우리가 단지 문자적으로 생각할 수밖에 없다면, 우리가 우리 자신에 대한 어떤 통찰도 거부했다면, 우리의 유일한 인식 수단이 물리적 감각을 통한 것밖에 없다면, 우리가 신학적으로 그리고 심리학적으로 융통성이 없다면, 그때 우리는 엄청난 미묘함 및 우리가 요한복음에서 발견하는 그리스도에 대한 다양한 이미지의 진가를 알 수 없었을 것이다. 오리게네스는 이것에 대해 아주 잘 알고 있었다. 그는 "일반적인 기독교인들"이 스스로 그리스도가 하나님의 말씀이라는 것을 단순히 인정하는 것에 만족하고 있기 때문에 불만족스러워 했다. 그는 우리가 복음서가 이 말씀을 묘사하기 위해 사용하는 다양한 이미

---

[13] Gregory of Nyssa, *On Infant's Early Death*.

지들을 의식하고 있다는 것을 받아들인다면, 그때 비로소 하나님의 말씀이 무엇을 의미하는지 숙고하기 시작할 수 있다고 주장했다. 우리의 꿈에서처럼, 제4복음에서도 많은 이미지들이 그리스도를 묘사하기 위해 사용되었다. 여기서 각 이미지는 우리가 이런 놀라운 실재가 지니고 있는 의미의 또 하나의 측면에 다가가게 해주는 것이다. 그래서 오리게네스는 우리가 살아 있는 빵에 대한 우리의 논의를 결론짓게 될 말로 이렇게 이야기 한다.

> 하나님의 아들은, 한 구절에서 "나는 세상의 빛이다"라고, 다른 구절에서 "나는 부활이다" 그리고 다시, "나는 길이요 진리요 생명이다"라고 말씀한다. 또한 "나는 문이다"라고 말씀했고, 또 "나는 선한 목자다"라고 말씀했다. 사마리아 여자가 "우리는 그리스도라고 하는 메시아가 오실 것을 압니다. 그가 오시면 우리에게 모든 것을 알려 주실 것입니다."라고 말할 때, 예수는 "너에게 말하고 있는 내가 그다"라고 대답한다… 우리는 또한 "나는 참 포도나무요 내 아버지는 농부이시다"라고 한 말씀과, 다시 "나는 포도나무요 너희는 가지다"라는 말씀을 읽게 된다. 이런 증언에 더하여, "나는 하늘에서 내려와 세상에 생명을 주는 생명의 빵이다"라는 말씀도 있다.[14]

---

[14] Origen, *Commentary on John* 23.

제15장

창조적 자아의 반응
간음한 여인
요한복음 8:1-11

학자들은 후대의 요한복음 사본의 첫 부분에서 발견되는, 간음한 여인에 관한 이야기가 원문에는 없었다고 말한다. 이런 믿음에 대한 타당한 이유들이 있다. 첫째로, 모든 고대의 사본이 이 이야기를 포함하고 있지 않다는 사실이다. 둘째로, 이 이야기가 요한복음 7:52 및 요한복음 8:12(요한복음 8:1-11을 삭제하면 다소 연속적 흐름이 생긴다)와 함께 또 다시 시작되는 이야기와 논의의 연속성을 깨뜨리고 있다는 사실이다. 셋째로, 그 어법이 요한복음의 어법보다는 공관복음의 어법에 더 가깝게 들린다는 사실이다. 그럼에도 불구하고, 이 이야기는 타당한 기독교적 전통의 일부이며, 그것이 요한복음에 들어갈 만한 감정적인 이유를 가지고 있었던 사람들에 의해 요한복음에 포함되었다. 그것이 요한복음에 원래 들어 있었건 안 들어 있었건, 그것은 심오한 이야기이며 요한의 메시지의 정신 안에 들어 있다. 그래서 우리는 실제적인 목적상 그것을 본문의 일부로 간주할 것이다.

우선 우리는 이 이야기가 예수가 살았던, 우리가 이전의 장에서 논의해 보았던, 그 당시 사회에서 여성들의 역할의 아주 좋은 예이며, 여성적인 것의 중요성 및 동등성과 관련하여, 그것이 예수의 독특하고 독립적인 입장을 보여준다는 것을 주목해 볼 수 있다. 요한복음 8:5에서 우리는 모세의 율법이, 그들이 간음을 했다면 여자들을 돌로 쳐 죽이라고 했다는 이야기를 듣는다. 존 T. 브리스토우는, 어떤 랍비 전통은 간음을 우상숭배 및 살인과 같은 것으로 간주했다고 말한다.[1] 그러나 이 모든 비난은 다만 간음을 했던 여자에게만 해당되었으며, 물론 두 사람이 간음을 했어도 남자에 대해서는 어떤 언급도 없었다. 이중 잣대가 확연하게 드러나 있다.

그녀에 대한 예수의 태도는 이처럼 만연해 있는 관점과 크게 달랐다. 그가 그녀의 간음을 용납하지 않은 반면(그는 남자의 간음도 용납하지 않았다. 마태복음 5:28과 비교하라), 여자에 대한 그의 연민 그리고 그녀의 죄에 대한 그의 태도는 만연해 있는 법적인 관례와는 놀랄 만큼 다르다.[2]

예수의 적들은 그를 공격하는 수단으로 그 여자의 곤경을 사용한

---

[1] John T. Bristow, *What Paul Really Said about Women* (San Francisco: HarperCollins, 1988), 96.
[2] 동일한 법적인 관례가 이슬람교에 분명히 만연해 있다. 자크 조미르는 간음한 여자에 대해 이렇게 말한다. "이슬람교 전통에서 마호메트가 카이바르라는 오아시스에 있을 때 비슷한 사건이 있었다. 어떤 유대인들은 간음 현장에서 붙잡힌 여자를 그 앞에 데려온다. 그런데 그녀는 그들의 백성 중 하나다. 그들은 그에게 자신들이 무엇을 해야 하는지 묻는다. 마호메트는 율법서를 가져오게 한다. 간통을 범한 여자는 돌에 맞아 죽어야 한다고 공식적으로 명시되어 있으므로, 그는 그녀를 돌로 치라고 명령한다. 율법에 대한 복종은 무엇보다도 소중하다."(*How to Understand Islam* [New York: Crossroad, 1989], 1989, 137). 조미르가 묘사하고 있는 사건은 쿠란 5, 42에 나온다.

다. 분명히 그런 상황에 대한 예수의 태도가 틀림없이 알려져 있었든지, 아니면 서기관들과 바리새파 사람들이 그 여자의 간음을 그에게 덫을 놓으려는 방식으로 사용하지는 않았을 것이다. 그에 대한 그들의 질문—"모세는 율법에, 이런 여자들을 돌로 쳐 죽이라고 우리에게 명령했습니다. 그런데 당신은 어떻게 말하겠습니까?"—은 분명히 사람들 앞에서 율법을 부정했던 사람으로 드러내려는 시도이며, 그들은 나중에 이것을 그에게 불리한 증거로 사용하려고 했다. 예수가 즉시 대답하지는 않았지만, 몸을 굽혀서 손가락으로 땅에 무엇인가를 쓰기 시작하는 것을 보고 모두 놀랐다. 우리는 그가 무엇을 썼는지 모른다. 주석가들은 그에게 묻는 자들을 무시하려고, 아니면 이 곤란한 상황을 맞아 자신의 당혹감이나 난감한 마음을 숨기려고 이렇게 했을 수도 있다고 말한다. 그런데 세 번째로는 그가 내면에서 "창조적 자아의 반응"을 찾기 위해 시간을 벌려고 그렇게 하고 있었다고 볼 수도 있다.

이전의 장에서 우리는 창조성의 원천에 대해 이야기해 보았으며, 집단적 무의식으로 알려진 내면의 영적 영역을 통해 역사하시는 하나님이 삶의 어려운 상황에 창조적 반응을 보여주신다는 것을 언급했다. 그것을 약간 다른 방식으로 묘사하면, 자아가 내적 중심과 접촉하게 되면, 그것은 삶의 상황이 아무리 어려워도 창조적으로 행동할 수 있지만, 중심으로부터 고립되면 자아는 창조성을 잃어버리게 된다. 자아와 초 사이에 비유해 볼 수 있다. 초 그 자체는 불꽃을 만들 수 없지만, 다른 것으로 불을 붙이면 그것이 밝게 타오르게 된다. 따라서 그것은 자아에 해당되는 것이다. 자아가 자아중심적이 될수록 그것은 중심의 창조성으로부터 단절되며, 더 부자연스럽고 비생산적이고 인습적인 반응이 일어나게 된다. 당혹스럽거나 곤란한 상황에 직면하게 되면, 자아중심적인 자아는 철저하게 인습적인 방식으로만 반응하게 될 것이며, 아니면 완전히 무너질 수도 있고 아무 반응도 못할 수도 있다. 그런데 그 중심과 접촉하게 되면, 자아는 너무나 힘든 일도 잘 견딜 수 있고, 가장 창조적이고 용기 있는 반응을 할 수 있다.

우리는 프리츠 쿤켈 덕분에 이런 통찰을 얻게 된다. 쿤켈은 자아의 반응이 두 가지 있다고 믿었다. 첫째로, 자아중심성에서 나오는 자아의 반응은 "비유연성, 극심한 공포, 방어, 격렬한 분노 그리고 무미건조함이 그 특징이다." 그에 반하여 창조적 자아의 반응은 "그 사람이 직면하고 있는 그와 같은 상황에 매우 적합한" 반응이다. 그것은 창조적 자아의 반응이 항상 독특하고 특별하기 때문에 진부하거나 특징이 없는 것일 수 없다."[3]

그의 적들이 그들의 질문에 대한 답을 집요하게 요구할 때, 예수는 그 상황에 매우 적합한 창조적 자아의 반응으로 이렇게 말한다. "너희 중에 죄 없는 자가 먼저 돌로 치라"(KJV). 이 대답은 네 가지 중요한 기능을 가지고 있다. 첫째로, 그것은 예수가 어떤 방어도 할 필요가 없이 그를 비방하는 자들에게 공을 도로 던지는 것이다. 둘째로, 그것은 그녀의 행동을 용납하지 않고도 간음을 한 여자에게 연민을 보여

---

[3] John A. Sanford, 편집, *Fritz Kunkel: Selected Writings* (New York: Paulist Press, 1984), 315.

주는 것이다. 셋째로, 그것은 그를 비방하는 자들에게 그것에 대해 생각할 무언가를 주는 것이다. 그들이 그렇게 한다면, 보다 큰 의식과 성장에 이를 수도 있을 것이다. 넷째로, 그것은 그의 적들이 그의 대답을 그에게 불리하게 사용할 여지를 남기지 않는 것이다. 우리들 대부분은 고작 장황하고 거의 설득력이 없는 말을 늘어놓았을지도 모른다. 그런데 예수는 한 문장으로 그 상황을 마무리 했다.

C. G. 융은 언젠가 사적인 한 세미나에서 이 이야기의 중요성을 언급하며 그것에 대해 논평한 적이 있다. 그는 상황을 우리의 방식으로 받아들일 필요성, 즉 상황을 의식화하고 그것으로 인해 파괴되지 않으면서 그런 상황에 직면할 수 있는 것에 대해 말하고 있었다. 그는 "그것이 바로 그리스도가 간음한 여자에게 대해 했던 것이고, 그가 하나님의 아들이었기 때문에 그렇게 할 수 있었으며, 그녀가 그것[그녀의 죄]을 그의 방식으로 받아들일 수 있고, 그녀가 자신을 견뎌낼 수 있고, 더 이상 그것으로 인해 파괴되지 않을 수 있도록 그녀를 변화시켰다."고 말했다.[4] 우리는 예수가 그런 비난이 가져다주는 하나님으로부터의 소외감에도 불구하고, 보통 말하는 그런 죄를 비난하지 않으면서, 그녀의 영혼의 영적·정신적 건강에 우선적으로 깊은 관심을 가진, 그녀를 염려하는 지혜로운 정신치료자로서 그녀와 연관되어 있었다고 말할 수 있다.

간음한 여자를 위한 예수의 행동은 알기 어려운, 성스러운 자유의

---

[4] C. G. Jung, *The Visions Seminars*, book 1 (New York: Spring Publications, 1976), 134.

상태를 발견하도록 해 주었다. 그녀가 그를 떠났을 때, 그녀는 자유로운 여자였다. 왜냐하면 그녀는 창조적으로 그녀 자신과 연관되어 있었기 때문이었다. 융은 언젠가 "참된 그리스도는 자유의 하나님이다."5라고 말한 적이 있다. 요한복음이 지니고 있는 특징의 일부는 요한이 이것을 인식했다는 데 있었으며, 그의 창조적 행동으로 인해 그의 복음서의 거의 모든 페이지에 나오는 그리스도는 그의 자유를 보여준다. 이것은 바울의 특징이기도 하다. 왜냐하면 그리스도는 생명과 자유의 성령이신, 살아계신 성령을 보여주었기 때문이다. "하나님 앞에서 우리는 그리스도로 말미암아 이것에 대해 확신합니다. 우리가 이런 일을 할 수 있는 자격이 우리에게서 났다고 생각하지 않습니다. 우리의 모든 자격은 하나님에게서 납니다. 그분이 우리에게 새 언약의 일꾼이 되는 자격을 주셨습니다. 이 새 언약은 문자로 된 것이 아니라, 영으로 된 것입니다. 문자는 죽이는 것이고, 영은 생명을 주는 것입니다"(고린도후서 3:4-6).

그러나 이 자유는 우리가 원하는 대로 하기 위해 허락된 것이 아니라는 게 강조되어야 한다. 자아중심적인 자아는 그것이 원하는 것을 아무 것이나 하고 이것을 자유와 동일시하는 어떤 것을 마음대로 하기를 좋아한다. 향락주의적 관점을 가지고 있는 사람은 단지 자신의 쾌락만을 찾으며, 자유를 근거로 하여 이것을 정당화 한다. 자아를 위한 단 하나의 자유가 있고, 그것은 내면의 중심Center within에 봉사하는 것이라는 사실은 신비다. 사실상 이것은 하나님의 의지에 봉사하는

---

5 Jung, *Dream Analysis*, 519.

것과 같은 것이다. 그것은 역설적이다. 즉 자신의 심오한 내적 진리에 봉사하는 것은 자유롭게 되는 것이다. 그 밖의 것은 자아중심적인 환상이며, 자유가 아닌 신경증으로 이어지거나, 아니면 누군가 오만이라는 죄로 인해 철저하게 제멋대로 행하고 인생을 소모하며 살면 악의 노예가 된다. 제4복음의 저자는 이것을 알고 있었으며, 우리는 뒤에 나오는 장에서 그리스도와 아버지의 관계를 다룬 이 복음서의 단락에서 자아와 중심의 자유로운 관계라는 신비를 살펴볼 것이다.

제16장

창조성의 원천
예수가 예루살렘으로 가서 가르치다
요한복음 7:1-52

요한복음 7장의 전반부는 우리에게 예수의 세 번째 예루살렘 여정에 대한 어떤 중요한 역사적 정보를 제공한다. 그 첫 번째 방문(요한복음 2:13-25)은 성전 정화에 집중되어 있었다. 두 번째 방문(요한복음 5:1-47)은 베데스다 못가에 있던 사람을 고친 이야기를 언급했다. 이 이야기는 예수의 권위와 관련되어 있으며, 우리가 곧 살펴보겠지만, 이것은 우리를 창조성의 원천에 대한 문제에 이르게 해준다. 그러나 우선 본문을 살펴보도록 하자.

7:2-4에 보면, 예루살렘 성서가 우리에게 말해주는 대로, 예수의 형제들은 아마도 넓은 의미에서 그의 친척들로 이해될 수 있을 것이다. 그 형제들이 예수에게 말하는 것은 아마도 조롱으로 이해될 수 있을 것이다. 그들이 말하는 의미는 "당신이 그렇게 위대한 분이라면 여기 갈릴리에 숨어서 지내지 말고, 당신이 얼마나 위대한 분인지 모든 사람이 알 수 있는 유대로 올라가십시오!"라고 하는 것 같다. 예수의 가족들이 그의 위대함을 알 수 없다는 것은 놀라운 일이 아니

다. 그들이 여러 면에서 서로 매우 가깝다고 하더라도, 예수의 가족들은 종종 그들이 누구인지 서로를 알 수가 없다. 가족들은 서로에게 너무나 많이 투사하고 경쟁의식, 환상을 갖고 있기 때문에 객관적이 될 수가 없다.

7:7에서 우리는 "세상이 너희를 미워할 수가 없다. 그러나 세상은 나를 미워한다...."는 말씀을 읽는다. 여기서 우리는 우리가 이미 살펴본 대로, 종종 하늘나라와 반대되는, 인간의 물질적이고 보이는 세상을 의미했던, 희랍어 단어 **코스모스**의 다른 예를 보게 된다. 이런 의미에서 "세상"은 다만 자아의 체계 안에 있는 직접적이고 가까운 것에 뿌리를 두고 있는 의식의 상태 그리고 더 높은 지식과 깨달음의 원천과 접촉이 없는 사람들 사이에 만연해 있는 의식의 일반적인 상태와 같은 것이다.

7:6에는 "시간"을 나타내는 특별한 희랍어 단어 **카이로스**^{kairos}[καιρός]가 나온다. 신약성서는 시간을 나타내는 두 가지 희랍어를 사용한다. **크로노스**^{Chronos}[χρόνος]("크로노미터"[특히 항해할 때 쓰는 정밀 시계.—옮긴이]가 거기서 나온)는 시간의 지속이나 흐름을 말하는 것이다. 두 번째 단어 **카이로스**는 "적당한 때," "준비된 시간," 혹은 "신적인 계획에 의해 충족된 시간"을 의미한다. 그래서 예수가 내 때가 오지 않았다고 말할 때, 그는 신적인 계획에 맞는 타이밍을 말하고 있는 것이다. 예수가 다음에 말하는 것의 의미는 아주 분명하지 않다. 예루살렘 성서에는 "... 그러나 너희를 위한 적당한 때는 언제든 마련되어 있다."라고 되어 있다. 이것은 문제가 있는 것 같다. 개정 표준판 성서에는 "그러나 너희

의 때가 항상 와 있다"(호 데 카이로스 호 히메테로스 판토테 에스 틴 헤토이모스 ho de kairos ho hymeteros pantote estin hetoimos[ὁ δὲ καιρὸς ὁ ὑμέτερος πάντοτέ ἐστιν ἕτοιμος])라고 되어 있다. 이것은 예루살렘으로 가기 위한 예수의 충족된 시간이 아직 오지 않은 반면, 형제들이 더 중요한 것을 이해하기 위한 적당한 때가 이제 되었고, 그들을 위해 금방이라도 준비되어 있다는 것을 의미할 수 있다.

7:7에는 희랍어 단어 포네로스 ponēros [πονηρός]가 쓰였는데, 이것은 우리가 살펴본 대로, 신약성서가 악한 영적 원리로서의 악을 말하고 싶을 때 사용하는 단어다. 예수가 세상의 방식들이 악하다[ponēros]고 말할 때, 그는 우리가 단지 우리의 자아중심성에 의해 동기를 부여받아 무의식성 속에서 머뭇거린다면, 우리는 우리가 사는 세상에 만연해 있고 우리의 행동을 지시하는 악한 영에 개방되어 있다는 것을 의미한다.

7:8을 예루살렘 성서로 보면, "나에게는 아직 내 때가 무르익지 않았으므로, 이번 명절에는 올라가지 않겠다."라고 되어 있다. "ripe yet"으로 번역된 희랍어 단어는 플레로오 plēroō [πληρόω]다. 이것은 신적인 계획이나 목적의 성취 혹은 충족과 관련하여 신약성서에서 사용된 단어다. 개정 표준판 성서가 다시 "내 때가 아직 오지 않았다"라고 번역한 것이 더 나은 것 같다. "무르익다"는 단어는 순전히 자연스런 과정이나 식물의 생장 과정을 의미하고, 개정 표준판 성서의 번역은 하나님의 의도의 성취라는 관념을 더 잘 전달해 주며, 요한복음의 전반적인 태도와 더 일치한다.

7:10에서 우리는 예수가 결국 명절을 지키러 올라갔다는 것을 알

게 된다. 어떤 설명도 주어지지 않았다. 어떤 주석가들은 그의 형제들이 떠난 뒤에, 이제 예루살렘으로 올라갈 그의 때가 준비가 되었고, 기다리던 신적인 징조가 그에게 임했다고 믿는다. 그것은 그 어떤 것보다 훌륭한 설명인 것 같다.

7:20에서 예수가 누군가 그를 죽이려고 하는 군중에게 말한 후에, 예루살렘 성서번역을 보면, 군중이 "당신은 미쳤소! 누가 당신을 죽이려고 한다는 말이오?"라고 말한다. 이것이 기술적으로 바른 번역이긴 하지만, 그것은 희랍어의 표현력을 놓치고 있다. 예루살렘 성서에 "미친" 것으로 번역된 희랍어 표현은 문자 그대로 하면, "당신은 귀신이 들렸소."(다이모니온 에케이스 daimonion echeis [Δαιμόνιον ἔχεις])가 된다. 그런 것이 아니었으며, 그가 이렇게 믿을 이유가 없었을 때 우리 시대에 어떤 사람이 누군가 그를 죽이려고 했다는 그의 믿음을 명시했다면, 우리는 그가 피해망상이었다고 추정할 것이고 그가 제 정신이 아니었거나 미쳤다고 말할 것이다. 예수 시대에 누군가 그런 식으로 행동했다면, 그들은 그가 귀신이 들렸었다고 말할 것이다. "당신은 귀신이 들렸소."라고 되어 있는 개정 표준판 성서의 번역은 본문과 그 시대의 정신에 더 충실한 것 같다.

7:23-24는 현대 독자에게 모호하게 들린다. 학자들은 그런 논쟁이 랍비식의 어법이라고 말한다. 예루살렘 성서는 "할례는 한 구성원의(즉 몸의) '치유'로 여겨졌으며, 만일 이 한 구성원의 '치유'가 안식일에 허락되었다면, 하물며 전체 인간의 치유가 허락되지 않으랴?"라고 언급한다.

이 복잡한 본문의 주된 의미는 예수의 권위 및 그의 가르침과 관련이 있다. 논쟁의 핵심은 7:13-19에 나온다. 사람들은 이 두 가지로 인해 혼란을 겪는다. 첫째는, 갈릴리 출신의, 분명히 무식하게 보이는 이 사람이 어떻게 읽는 것을 배웠었는지 하는 문제였다. 갈릴리는 그 당시에 일종의 유대의 오지였다. 그것은 특별한 교육을 받지 않았던 "오지"에서 온 사람이 읽을 수 있었다는 것은 예상되지 못한 일이었다. 그러나 예수는 주목할 만한 예외였다. 그들의 질문에 대한 대답은 신적인 중재라는 관념을 필요로 하지 않는다. 그 사람이 충분히 총명했고 충분히 열망을 가지고 있었다면, 우리는 그 사람이 공식적인 학교교육을 제대로 못 받았음에도 불구하고, 읽는 것을 배울 수 있었다고 생각할 수도 있다.

사람들이 예수에게 제기하는 두 번째 문제는 그의 가르침의 근원에 대한 것이다. 예수가 그의 지식을 랍비의 가르침과 자료에서 가져온 것이 아니라는 것은 분명하다. 랍비들은 그 시대의 "아버지들," 수호자들 그리고 신적인 진리의 해설자들이었지만, 예수는 그들로부터 배웠던 것을 말하지 않고, 분명히 스스로 창안했던 색다른 가르침을 제시한다. 7:16-19의 예수의 말씀은 그들의 의심과 질문에 대한 그의 대답이다. 그의 대답의 본질은 그의 가르침의 원천이 그 자신으로부터 나온 것도 아니고, 그의 가르침의 원천이 어떤 인간적인 권위로부터 나온 것도 아니라는 것에 있다. 오히려 그는 하나님의 말씀과 진리를 말하라고 그를 세상에 보내신 하나님으로부터 그의 가르침을 얻게 되었던 것이다.

이 구절에 관해 한 가지 흥미로운 점은 심지어 오늘날 많은 학자들도 그의 가르침이 어떤 인간적인 원천에서 비롯되었는가 하는 질문으로 예수의 가르침에 접근한다는 것이다. 성서학자들은 예수의 가르침의 원천을 찾기 위해 역사적 선행사건으로 거슬러 올라가며 많은 에너지를 쏟았다. 구약성서가 실제로 예수가 말씀해야만 했던 많은 것을 설명할 수 없으므로 많은 학자들은 이런 원천을 찾기 위해 랍비 문헌을 자세히 살펴본다. 예를 들어 그들은 예수의 비유의 형식과 같은 비유가 가끔 옛 랍비에 의해 가르쳐졌다는 것에 주목한다. 그런데 랍비 설화에는 예수의 비유의 근본적으로 새로운 특성과 메시지를 설명해주는 것이 없었다. 그러므로 사해문서가 발견됨으로써 쿰란 공동체의 가르침을 접할 수 있게 되었을 때, 예수의 가르침이 에세네파의 가르침에서 나왔을 수도 있다는 것을 보여주기 위해 많은 에너지를 쏟게 되었다. 심지어 예수 자신이 에세네파였을 수도 있다는 추측이 있었다. 비록 이런 가정을 위한 증거가 거의 없지만 말이다.

이런 역사적인 노력은 중요하고 해볼 만한 가치가 있다. 왜냐하면 새로운 관념과 통찰은 다만 허공에서 뚝 떨어지는 것이 아니라, 선행사건에서 나오는 것이기 때문이다. 그럼에도 불구하고, 우리가 공관복음에서 찾아볼 수 있는 예수의 가르침은 우리가 구약성서나 랍비 문헌이나 에세네파에서, 혹은 우리에게 알려진 다른 어떤 역사적 원천에서 찾아볼 수 있는 가르침에 의해 설명될 수 있다는 증거가 거의 없다. 제4복음에 있는 훨씬 더 난해한 예수의 가르침에 관한 한, 예수가 가르치는 것과 역사적 선행사건 사이의 격차는 훨씬 더 크다. 예수 자신은 고려중인 구절에서, 그의 가르침이 전혀 인간적인 원천에서 비롯된 것이 아니라, 하나님으로부터 직접 비롯된 것이라는 것을 말하며 이것을 인정한다.

오늘날 많은 사람들은 복음서를 액면 그대로 받아들이고, 예수의 가르침의 원천이 하나님에게 속하는 것으로 보는데 어려움을 가지고 있다. 아마도 그들이 실제로 사람들과 소통하는 하나님을 믿지 않기 때문이거나, 그들이 영적 실재를 믿지 않기 때문일 것이다. 만일 누군가 영적 실재를 믿는다면, 그 사람은 몸 및 자아와는 별개로 존재하고 하나님의 진리를 드러낼 수 있는 비물질적 실재를 믿는 것이다. 심리학에서 우리는 이런 영역을 "집단적 무의식"이라고 부른다. 왜냐하면 그것은 모든 사람들에게 공통적이고 주로 그들에게 무의식적이기 때문이다. 융은 언젠가 이런 영역에 대해, 그것이 분명히 하나님이 아니라 신적인 은혜가 중재될 수도 있는 그릇이라고 말한 적이 있다.[1] 심리학은 실제로 영적 영역이 있다는 것을 보여주었다. 천사, 마귀, 공국 그리고 권세, 꿈, 환영幻影, 초감각적 경험, 치유 그리고 초기 기독교 시대에서 잘 알려진 다른 많은 현상들은 우리가 오늘날 집단적 무의식이라 부르는 것을 묘사하는 오래된 방식이다.

흥미로운 것은 새로운 진리가 이런 영적 영역에서 나온다는 것이다. 과학적 관념이 발전하는 방식에 대한 연구는 딱 들어맞는 예라고 볼 수 있다. 우리는 오늘날 사실상 어떤 중요한 과학적 관념을 받아들

---

[1] 이전에 (이 책 236쪽에서) 융으로부터 인용된 것을 보라: "이것은 우리가 무의식이라고 부르는 것을 하나님과 동일하다거나 무의식을 하나님의 위치에 놓는 것을 말하는 것이 아니다. 그것은 종교 경험이 흘러넘치는 것처럼 보이는 매체다."

이고 그 역사를 추적할 수 있다. 예를 들어 그것은 다윈이 그의 『종의 기원』을 쓰기 오래 전에, 말하자면 그에게서 열매가 맺게 해주었던, 관념의 씨를 가지고 있던 몇몇 사람들이 도처에 있었다고 알려져 있다. 마찬가지로 아인슈타인은 그 자신의 말로 표현하면, "거인들의 어깨 위에 서 있지" 않았다면 그의 일반 상대성 이론과 특수 상대성 이론을 내놓을 수 없었던 것이다. 영적 영역에는 진리와 같은 것이 있고, 그것은 인간의 의식 안에서 발견되고 실현되기를 바라는 것처럼 보인다. 집단적 무의식을 통해 어떤 힘이 중요한 새로운 관념과 통찰을 의식화하기 위해 작용한다. 이런 힘은 인간이 새로운 관념이 뿌리를 내릴 수 있는 의식을 발견할 때까지 작용한다. 아인슈타인과 같은 사람은 새로운 관념을 발견하고, 말하자면 그것으로 새로운 도약을 만든다. 지식은 계속 발전하며, 말하자면 자아 너머에 있는 원천에 기원을 두고 있는 **비약적** 발전quantum leaps이 이루어진다. 따라서 의식과 지식의 발전은 다음 두 가지 원천에서 이루어진다고 볼 수 있다. (1) 인간적인 자아에 대한 성찰 (2) 지식에 대한 자극과 집단적 무의식, 혹은 우리가 그 용어를 선호한다면, 물질에 대한 깊은 관심을 가지고 있는 것처럼 보이는 영적 영역에서 나온 지식에 대한 영감. 우리는 축구 경기의 예를 사용해 볼 수 있다. 즉 구장球場은 가끔 공을 가지고 달리기 위해 필요한 것이며, 운동선수는 가끔 먼 거리에서 날아 온 긴 패스를 잡기도 한다.

예수는 그를 앞서 있었던 어떤 영적 발전이 없었다면 그가 했던 것만큼 가르칠 수 없었을 것이다. 만일 구약성서가 먼저 없었다면, 신약성서는 나올 수 없었을 것이다. 그럼에도 불구하고, 예수에게는 영적 지식에 있어서 확연한 비약적 발전이 있었으며, 그것은 에세네파나 다른 어떤 인간적인 집단이 아니라, 하나님 자신으로부터 온 것이다. 심리학적 언어로 표현하면, 우리는 집단적 무의식을 통해 작용하고 있는, 대체로 알려지지 않은 신적인 능력이 어떤 사람들의 의식 속으로 흘러들어가서 그들에게 새로운 의식을 불러 넣어 줄 길을 찾는다고 말할 수 있을 것이다. 우리가 숙고하고 있는 구절에서, 예수는 다시 심리학적 용법으로 표현하면, 그의 도움을 받지 않은 인간적인 자아가 그가 말씀하는 것의 출처가 아니라, 그의 지식과 그의 통찰, 즉 그의 교리가 신적인 출처, 즉 하나님 자신으로부터 온 것이라고 말씀하고 있는 것이다.

요한복음 7:28-29에서 예수는 그의 지식의 원천에 대해 자세히 말씀한다. 그가 말하길, 사람들은 그를 보낸 분이 누군지 모른다. 이것은 정말 그랬다. 그러나 예수는 그에게 영적 실재—그리고 하나님—가 직접적 경험이기 때문에 아는 것이다.

그것은 또한 제4복음의 저자에게도 사실이었다. 우리는 요한이 많은 역사적 사실을 알고 있었다는 것을 살펴보았다. 그는 베드로의 귀를 자른 사람(말고)의 이름을 알고 있고 니고데모에 대해 알고 있으며, 베데스다 못에 대해서도 자세히 알고 있다. 우리는 그가 마지막으로 제자들과 만났던 예루살렘에 있는 다락방의 주인이었을 수도 있다고 생각한다. 그는 철저하게 역사적 인물이다. 그러나 우리가 가정했던 영적 영역과의 내적 대화의 과정은 오늘날 우리가 적극적 명상이라고 부를 수도 있는 것과 비슷했으며, 우리의 미지의 저자는 비약적 발전을 이루어서 그의 의식 속에 단순히 인간적인 것에 기원을 두고 있는 것이 아니라, 주님 자신으로부터 나온 그리스도에 대한 지식이 들어가게 되었다.

여기서 우리는 요한복음에서 상징적 사고思考의 다른 예를 가지고 있다. 우리가 살펴본 대로, 요한에게 있어서 예수의 가르침의 보다 심오한 차원은 상징적으로 접근될 수 있으며, 종종 상징적으로 접근되어야 한다. 문자 그대로의 사고는 사람을 영적으로 무지하게 만들지만, 심리학적·영적 진리는 다만 상징적 사고를 통해 열리게 된다. 그래서 7:35-36에서 요한은 우리에게 사람들이 상징적으로 사고할 수 없는 것이 얼마나 그들이 예수의 말씀을 이해할 수 없도록 만드는지 보여준다. 예수가 "너희가 나를 찾아도 만나지 못할 것이다."라고 말씀할 때, 사람들은 다만 "그가 어디로 가려고 하기에 그를 만나지 못할 것이라고 하는가? 그리스 사람들 가운데 흩어져 사는 유대 사람들[즉 희랍어를 쓰는, 유대 밖의 세계에 사는 유대 사람들]에게로 가서 그리스 사람들을 가르칠 셈인가? 또 '너희가 나를 찾아도 만나지 못할 것이요, 내가 있는 곳에 너희가 올 수 없을 것이다.'라고 한 말은 무슨 뜻인가?"라고 말할 수 있다.

즉시 이렇게 말씀한 후에 예수는 다만 "누구든지 목마르다면, 그를 나에게로 데려오라! 나를 믿는 사람은 와서 마셔라."(7:38)고 하며, 상징적 해석을 허용하는 다른 말씀을 하고 있다. 학자들은 우리에게 예수가 한 이런 말씀의 배경은 비를 염원하는 의례와 기도가 포함된 구약성서의 성막 의식에서 비롯된 것이라고 말한다. 이런 의례는 다양한 구약성서의 출처에서 얻은 것이다. 예를 들어 출애굽기 17:1-7 에서 우리는 이스라엘 사람들이 광야를 헤매며 목마름으로 죽을 위험에 처하여 있었을 때, 하나님의 지시를 따르던 모세가 어떻게 그의 지팡이로 호렙 산에 있는 바위를 쳐서 물이 터져 나왔느냐 하는 이야기를 읽게 된다. 우리가 이미 살펴본 대로, 고린도전서 10:4에서 사도 바울이 그렇게 했던 것처럼, 교부들은 신비로운 의미에서 이 바위가 그리스도였다고 말하기를 주저하지 않았다. 예수가 말씀하고 있는 것과 관련이 있는 구약성서의 다른 구절로는 스가랴서 14:8과 에스겔서 47:1이 포함되어 있다. 요한에 의하면, 상징적으로 볼 때 예수의 가르침은 우리가 영적인 삶을 살 수 있기 위해 마셔야만 하는 영적인 물을 우리에게 가져다 줄 수 있다. 따라서 우리의 축어적인 입장을 극복하고 우리의 볼 수 있는 능력을 계발하기 위해서는, 말하자면 "영혼의 눈"을 통해 보는 것이 중요하다.

  거기에는 많은 위험이 있다. 고착되어 있는 권위자들은 그들의 권력에서 비롯된 교리를 지키려고 무던히 애를 쓴다. 자아중심성에 사로잡혀 있는 자아는 내적 발전을 야기하게 될, 그러한 새로운 진리와 통찰을 반대한다. 왜냐하면 그것은 낡은 자아중심적인 질서의 종말을 의미하기 때문이다. 요한은 이 모든 것을 이해하고 있다. 그래서 그는 이 장의 끝에서 예수와 그의 메시지에 대해 바리새파 사람들이 반대하고 있다는 것을 우리가 다시 목도하게 해준다. 왜냐하면 바리새파 사람들은 우리가 이미 살펴본 대로, 새로운 진리에 대한 우리 모두 안에 있는 자아의 저항을 구체화하고 의인화하기 때문이다.

이런 점에서 니고데모가 다시 나타난다. 그것은 우리가 요한복음 10장에서 그를 처음 만났던 것을 상기하게 해 줄 것이다. 여기서 그의 재출현은 니고데모가 역사적 인물이며, 요한에게 알려진 사람이라는 증거를 일부 보여주는 것이다. 이 구절에서 니고데모는 여전히 바리새파 사람들 중 하나이지만, 그는 더 이상 그들의 집단적 의견에 동조하지는 않는다. 그래서 그는 그들이 조사하지 않고 예수를 비난할 때, 그들에게 7:51에서 "그러나 분명히 우리의 율법은 그의 말을 들어보거나, 또 그가 하는 일을 알아보거나 하지 않고서는 그 사람을 심판하지 않는 것이 아니오?"라고 하며 그들에게 도전한다.

바리새파 사람들은 그들 자신의 율법에 반하여, 그들이 그의 말을 안 들어보고 예수를 심판하고 있다는 곤란한 사실에 직면하게 되었다. "현장을 들켰을" 때, 자아중심적인 자아는 이 불안을 조성하는 정보를 유포하는 사람들을 폄하하려고 함으로써 반응하는 경향이 있다. 그래서 그들은 니고데모에게 "당신도 갈릴리 사람이오? 사태를 직접 확인해 보시오. 그러면 갈릴리에서는 예언자가 나오지 않는다는 것을 알게 될 것이오."라고 경멸스럽게 말하며 그를 공격한다. 그들은 어떤 예언자도 갈릴리에서 나올 수 없다는, 대대로 전해져 온 낡은 가르침에 의존하고 있다. 그들이 모르는 것은 그리스도가 갈릴리가 아니라 베들레헴에서 나왔으며, 더 중요한 것은 하나님으로부터 나왔다는 것이다. 그러나 요한은 이것을 알고 있으며, 그의 독자들인 우리도 이것을 알고 있다.

제17장

낡은 의식과 새로운 의식
바리새파 사람들과의 논쟁
요한복음 8:12-30

우리가 이전 장에서 살펴본 대로, 요한복음 8:12는 계속해서 다양한 쟁점들에 관한 예수와 바리새파 사람들 사이의 논쟁을 다루고 있다. 요한은 그리스도가 세상에 가져오는 신비에 대해 그의 독자를 더 깊이 가르치기 위해 이런 논쟁을 사용한다. 우리는 본문 분석부터 시작할 것이고, 그 다음에 그리스도에 의해 제기된 새로운 의식이라는 주된 주제를 살펴볼 것이다.

8:12는 그리스도를 빛으로 언급한 중요한 말씀이다.

> 나는 세상의 빛이다.
> 나를 따르는 사람은 어둠 속에 다니지 아니하고,
> 생명의 빛을 얻을 것이다.

우리는 이제 이 예수의 말씀을 심도 있게 이해해 볼 지점에 와 있다. 이전 장에서 우리는 요한복음에 나오는 빛의 세 가지 의미를 논의해 보았다. 요한복음 8:12에서 우리는 이런 세 가지 의미 중 첫 번째 좋은 예를 보게 된다. 즉 그것은 어떤 사람에게 그 사람이 계몽된 의식을 가질 수 있게 함으로써 하나님께 가는 길을 보여주어서, 더 이상 무지와 죄의 어둠 속을 걸어가지 않게 되는 것으로서의 빛에 대한 관념이다. 이 세상을 여행하고 있는 영혼은 우리에게 우리의 존재의 여러 차원에 대한 깨달음, 새로운 자각 그리고 의식을 가져다주는 이런 빛을 갈망하고 있다. 우리는 또한 여기서 이 빛이 영적인 대극, 즉 이런 상황에서 알지 못하고 무지와 죄 속에 살고 있는 정신인 어둠과 대비되는 길이 예시된 것을 알게 된다. 우리는 또한 이 절에서 이 빛이 다른 점에서 특별하다는 것을, 즉 그 빛이 "생명"의 빛이라는 것을 알게 된다. 요한이 말하고 있는 생명은 단순한 존재(비오스^{bios})가 아니라, 물질적인 것은 물론 영적 생명 그 자체(조에^{zoe})의 살아 있는, 흐르는 원리다. 따라서 빛과 생명 사이의 관계가 있다. 즉 각자는 그것과 더불어 다른 쪽에 이르게 된다.

심리학적 차원에서 보면, 의식의 성장은 개성화 과정에 필수적이다. 더 큰 의미에서 생명에 대한 것은 물론, 그 자신의 내적 과정에 대한 모든 통찰은 빛을 생기게 하며, 모든 통찰은 빛의 산물이다. 이것은 결과적으로 생명의 증진을 초래한다.

요한복음 8:13은 바리새파 사람들과 예수 사이의 논란을 다시 소개한다. 우리는 이미 요한복음의 맥락에서, 예수의 반대자들은 역사적으로 뿐만 아니라 상징적으로도 이해되었다는 것을 이전의 장들에서 살펴보았다. 그들은 새로운 의식과 반대되는 낡은 의식을 의인화

한다. 우리는 이런 갈등의 의미에 대해 더 깊이 살펴보되 짧게 알아볼 것이다.

요한복음 8:15의 "너희는 사람이 정한 기준을 따라 심판한다."는 **사르크스**sarx(**카타 텐 사르카**kata tēn sarka[κατὰ τὴν σάρκα]="육신에 따라")라는 단어의 번역이다. 그것이 신약성서에서 **사르크스**라는 단어가 다섯 가지 의미를 가지고 있다는 것은 요한복음 1:14에 대해 우리가 논의했던 것을 보면 기억이 날 것이다. 우리의 현재 맥락에서, **사르크스**는 우리의 의식이 다만 우리의 감각에 의해, 그리고 우리 문화의 집단적 의견에 의해 우리에게 주어진 정보로만 조건 지어질 때 만연하게 되는 제한된 의식 상태에 대해 말하고 있다. 그에 반해, 예수의 의식은 그의 아버지와의 관계에 의해 영향을 받았다. 그래서 그는 제한된 인간적인 관점에서만 상황을 평가하지는 않는다.

15-19절은 심판에 대한 중요한 요한의 주제를 채택하고 있다. "심판"이라고 번역된 단어는 희랍어 **크리시스**krisis[κρίσις]인데, 이 단어에서 영어 단어 "위기crisis"가 나왔다. 심판은 위기이며 우리가 빛(의식성)에 속해 있는지, 어둠(무의식성)에 속해 있는지에 대한 쟁점은 이런 위기에 처해 있는 우리와 관련되어 있다. 우리가 우리의 삶을 의식적으로 살건 무의식적으로 살건, 빛 속에 살건 어둠 속에 살건, 어떻게 사느냐 하는 것이 심판과 관련되어 있는 위기로 정당하게 언급되었다는 것은 매우 중요한 문제다. 나중의 장에서 우리는 요한복음에 나오는 이 중요한 주제를 더 상세하게 다루어 볼 것이다.

요한복음 8:21의 내용은 이런 것이다. 바리새파 사람들은 예수가 가는 곳에 갈 수 없다. 왜냐하면 그들의 의식이 "이 세상"의 집단의식의 일부이기 때문이다. 이런 이유로, 그들의 영혼은 죽을 것이다. 왜냐하면 영혼은 새로운 의식의 빛으로 그리고 빛이 가져다주는 어둠과 죄로부터의 자유로 살기 때문이다.

요한복음 8:22-24는 우리가 이미 살펴보았던 주제들을 망라하고 있다. 바리새파 사람들의 의식意識이 "이 세상에 속한" 것이므로 그들은 심리학적으로 그리고 영적으로 "아래" 있는 것에 속한다. 앞 절에 표현된 대로, 그들이 죽을 것이라는 게 바로 이런 이유다. 그러므로 어둠속에 사는 것은 영혼의 죽음을 의미하는 것이다. 24절에서 우리는 에고 에이미, 즉 "나는 곧 나다"가 다시 반복되고 있다는 것을 알 수 있다. 이것의 의미는 계속 충분히 논의되어야 할 것이다. 그러나 예루살렘 성서가 "내가 곧 그다"라고 말할 때, "그He"라는 단어가 희랍어 본문에 나오지 않는다는 것을 주목해 보는 것이 중요하다. 번역자들은 본문을 문자 그대로 단순히 "나는 곧 나다"라고 번역하기가 힘들다. 개정 표준판 성서 역시 "내가 곧 그다"라고 되어 있다. 필립스역에는 "내가 곧 나다"라고 되어 있다. 새 영어 성서는 "나는 나다I am what I am"라고 되어 있다. 대개 희랍어를 더 철저하게 따르는 흠정역은 "내가 그다I am he"라고 되어 있으나, 이것이 맥락에서 추론되었다는 것을 나타내기 위해 다른 글씨체로, "he"라고 표현하고 있다. 동일한 구문이 요한복음 8:28에 나온다.

이런 논의에서 남아 있는 구절은 8:22-30인데, 여기서는 우리가 이전 장에서 자세하게 살펴보았던, 성부 그리고 그리스도와 성부와의 관계라는 중요한 요한의 주제가 계속된다. 바리새파 사람들은 그에게 "당신은 누구요?"라고 묻는다. 우리는 요한이 바리새파 사람들이 한 이 질문을 필요로 한다고 상상할 수도 있다. 왜냐하면 예수의 대답은 요한이 예수가 누구인지 독자에게 알려줄 수 있는 기회를 주기 때문이다. 학자들이 동의하는 것처럼 보이는, 예수의 대답의 첫 부분은 약간 모호하다. 그는 "내가 처음부터 너희에게 말하여 온 자라"고 말한다. 또는 개정 표준판에는 "심지어 내가 처음부터 너희에게 말했다"라고 되어 있다. 예수가 말하는 이 "처음"은 무엇인가? 로고스로서의 예수는 성육신 이전에 존재했었고, 우리가 제2장에서 살펴본 대로, 예언자들을 통해, 그리고 구약성서의 신적인 현존에 대한 여러 표현에서 언급되었다는 것으로 대답이 될 수도 있다. 그때 예수는 그가 바리새파 사람들에 대해 말하고 또 심판할 것이 많이 있다고 말한다. 이런 것들은 어려운 말이지만, 그들이 이해하기가 어려울 필요가 있을지 모른다. 왜냐하면 바리새파 사람들은 사람들의 영적 지도자들이라고 주장하지만, 그들이 가르치는 것은 빛이 아니라 그들의 어둠에 기인한 것이기 때문이다. 그들과는 대조적으로 우리는 8:26에서 예수가 진실 된 분에 의해 세상에 보내심을 받았고, 그가 다만 진실 된 분으로부터 배웠던 것을 세상에 말하고 있다는 것을 발견하게 된다. (여기서 "진실 된"이라는 단어는 우리가 전에 살펴보았던, "진정한" 그리고 "오류가 없는"을 의미하는 희랍어 단어인 **진리**_aletheia_와 같은 것이다.)

바리새파 사람들이 그를 이해하지 못할 때, 예수는 그가 의미하는 것을 다른 방식으로 설명한다. 8-27절에서 요한은 독자에게 일종의 여담으로, 예수가 우리에게 그를 보내신 분에 대해 말씀했을 때, 그가 성부에 대해 말하고 있는 것이라고 말한다. 예수는 계속해서 그를 보내신 분이 실제로 그들이 예배했고 계속 감사했던, 다름 아닌 바로 성부라고 바리새파 사람들에게 설명하고 있다. 이전의 장에서 우리는 성부와 성자의 관계 문제를 논의하고 있고, 그 구절 중 여덟 구절에는 밀접한 관계가 있지만 차이도 있는 반면에, 열한 구절에는 그 두 분 사이에 사실상 동일성이 있는 제4복음에 열아홉 구절이 있다는 것을 살펴보았다. 이 구절은 후자의 범주에 속할 것이다. 즉 예수와 성부는 매우 밀접하게 관련이 있으므로 예수는 성부가 원하는 것을 행하고 있고 말하고 있지만, 우리는 성부와 성자를 분리되어 있는 실재로 생각하게 된다.

우리가 이미 성부/성자 관계에 대해 말했던 것을 요약해 보고, 그 다음에 새로운 차원을 추가해 보는 것이 도움이 될 것이다. 첫째로, 우리는 성부와 성자가 본질의 명칭이 아니라 관계의 명칭이며, 그들이 은유적으로 의미가 있고, 성적인 성 정체성을 내포하고 있지 않다는 것을 언급했다. 둘째로, 우리는 성자와 성부의 관계는 자아와 자기의 심리학적 관계의 천상적 혹은 형이상학적 전형이라는 것을 살펴보았다. 셋째로, 우리는 이제 "성부"라는 용어는 로고스로서의 성자가 창조된 질서에서 그 자체를 표현하는 동일한 신적인 실재를 나타내는 반면, 본질적으로 인간의 의식意識으로 알 수 없는 신의 본질을 초월자요 절대자로 표현한다는 것을 주목할 수 있다. 따라서 성자가 알려질 수 있다. 사실상 아들은 우리와 매우 밀접하므로 성자 혹은 로고스는 영혼 안에 산다. 이런 식으로 요한의 기독교는 하나님의 내재성과 초월성 문제를 이해했다. 즉 어떻게 완전히 초월적인 하나님이 또한 피조물 안에 내재하는 하나님으로 인식될 수 있는가? 그것은 또한 영적 인식론이라고 불릴 수 있다는 것을 보여준다. "도대체 절대자인 하나님이 어떻게 인간에게 인식될 수 있는가?"라는 질문에 대한 답으로, 요한은 신이 성자로 피조물 안에 있고, 신적인 로고스 혹은 지혜의 현현이기 때문에 하나님이 인식될 수 있다고 대답한다. 이 중요한 문제에 대해 우리가 요한복음 14장에 가 보면, 우리는 얘기할 것이 더 많이 있을 것이다.

이 부분은 "이 말씀을 듣고, 많은 사람이 그에 대해 믿게 되었다."는 흥미로운 말과 함께 요한복음 8:30으로 끝난다. "믿다"라는 단어는 희랍어로 **피스튜오***pisteuō*인데, 우리는 이전의 장에서 이것을 살펴보았다. 거기서 우리는 믿는 행위가 어떤 것에 "**대해***into* 믿는 것," 즉 그런 믿음의 대상에게 향하게 되는 믿음이었다는 것을 살펴보았다. 요한복음 8:30은 여기서 동사 구문이 **폴로이 에피스튜산 에이스 아우톤***polloi episteusan eis auton*[πολλοὶ ἐπίστευσαν εἰς αὐτόν]이기 때문에 좋은 예다. 이것을 번역하면, 많은 사람(*polloi*)이 그(*auton*)에 대해(*eis*) 믿게 되었다(*episteusan*)가 될 것이다. 이런 힘은 **믿음**이 믿음의 대상과 믿음의 영감靈感 둘 다이기도 했던 예수에게 향하게 되었다는 것이다.

그러나 이런 사람들의 믿음은 어떤 합리적 주장에 의해 생긴 것이 아니라, 오히려 예수의 신성력과 그가 말하고 있던 것에 의해 생긴 것이었다. 우리가 앞에서 살펴본 대로, 신성한 것은 사람에게 경외감, 경이감, 심지어 두려움을 일으키는 거룩한 특성을 띠고 있다. 신성력 앞에서 우리는 모두 신자들이 된다. 왜냐하면 신성력은 합리적이거나 논리적인 생각을 지나가고, 보다 깊은 이해의 중심을 일깨워주기 때문이다. 믿음이 신성력으로 인해 영감을 받을 때, 영혼은 그 가장 심오한 갈망의 대상에 응답하게 된다. 그때 우리는 진실로 "납득이 되고," 그때 우리는 신앙을 통해 믿게 된다.

그러나 이 장의 주된 초점은 바리새파 사람들로 의인화된 낡은 의식과 그리스도에 의해 제시된 새로운 의식 사이의 또 다른 만남이다. 우리가 이미 언급해본 대로, 요한의 마음에 살아있게 된 "적극적 명상"과 같은 대화에 접근하는 것이 최선이다. 왜냐하면 두 원초적 원형, 즉 오래된 원형과 새로운 원형이 그의 상상에 배정되었기 때문이다. 이런 식으로 요한복음의 대화 부분에 접근하게 되면, 우리는 우리 자신을 민족적인 논란에 붙잡혀 있는 것으로부터 해방되고, 새로운 의식이 낡은 의식을 대체하게 될 때 생기는 영적 충돌의 더 핵심적인 구역으로 이동하게 된다. 이것은 예수와 그를 비난하는 사람들 사이에 역사적 만남이 없었다고 말하는 것이 아니다. 그것은 중요한 요소가 그런 역사적 만남이 지나가는 삽화의 원형적 혹은 영적 차원이라고 말하는 것이다.

신화, 성서 그리고 낡은 의식과 새로운 의식 사이의 충돌의 역사에는 수많은 예들이 있다. 그리스 신화에서 우리는 우라노스, 크로노스 그리고 제우스의 이야기들을 접하게 된다. 최초의 하늘의 부신父神인 우라노스는 많은 자녀들의 아버지가 되었지만, 그의 아들 크로노스가 우라노스를 피하는데 성공하고, 그를 거세하고, 그의 피 흐르는 성기를 바다에 던진 것을 제외하면, 유아들은 태어나자마자 각자 우라노스에 의해 대지의 심연에 갇혔다.[1] 크로노스는 이제 신들의 지배자가 되었으나, 그는 또한 그들이 태어나자마자 그들을 삼킴으로써 그의 자손을 파괴하려고 했다. 그러나 크로노스의 아내인 비탄에 빠진 레아는 그녀의 아들 제우스를 성공적으로 낳아서 동굴에 비밀리에 숨기는데 성공했다. 그런 다음, 그녀는 크로노스에게 갓난아기용 포대기로 싼 돌을 주었으며, 크로노스는 그것을 새로 태어난 아기로 생각하고 삼켰다. 나중에 어른이 된 제우스는 크로노스에게 약을 마시게 해서 그가 삼켰던 자녀들을 토해내게 했다. 이 자녀들이 올림포스의 신들이 되었다. 그 다음에 제우스는 크로노스를 하늘에서 추방했고, 그를 우주의 가장 먼 지역으로 보냈다. "삼키는 아버지"에 대한 이런 신화는 우리가 옛것이 새것을 파괴하기 위해 그 힘을 확고히 하려고 하는 것으로 생각하는 원형의 변형이다.

성서에서 마태복음에 나오는 유아들의 살해 이야기가 이와 동일한 원형의 좋은 예다. 헤롯은 아기 예수가 베들레헴에서 탄생했다는 것을, 동방박사들을 통해 이 아기가 "새 왕"이 되리라는 것을 알았다.

---

[1] 우라노스의 상처에서 검은 핏방울들이 땅에 떨어져서 가공할 에리니에스, 혹은 옛 법을 어긴 자들에게 무자비한 복수를 한 복수의 여신들이 생겨났으며, 우라노스의 잘려진 남근이 바다에 떨어진 곳에서 사랑의 여신 아프로디테가 탄생했다. 그런 식으로 고대의 그리스인들은 인간의 삶을 다스리는 그런 원형적인 힘의 근원을 설명한다.

헤롯은 그리스도의 왕국이 영적인 왕국이라는 것을 이해하지 못했고, 그의 왕좌와 권력을 잃는 것을 두려워한다. 그의 개인적인 왕권의 지배를 보장받기 위해 그는 베들레헴에서 태어난 두 살 이하의 아기들을 죽이라고 명령한다. 그러나 아기 예수는 헤롯의 압제를 피하게 된다. 왜냐하면 그의 아버지 요셉이 꿈에 천사로부터 위험을 경고 받아 성聖 가족이 이집트로 피난을 갔기 때문이다. 비슷한 방식으로, 스탈린과 히틀러 같은 현대의 독재자들은 그들의 권력을 유지하기 위해 죄 없는 이들을 파괴하려고 했다.

그리스도의 능력과 새로운 의식의 운반자가 되어야 하는 교회 또한 가끔 새로운 의식을 파괴하는, 삼키는 아버지의 역할에 빠졌다. 좋은 예가 17세기의 종교 재판 기간에 갈릴레오와 교회 권력 사이에 있었던 충돌에 대한 이야기다. 이런 역사적인 시기에 교회는 그 가르침을 아리스토텔레스의 원리와 권위에 근거를 두고 있었다. 아리스토텔레스의 신념은 태양이 지구 주위를 돈다는 것이었다. 그러나 훌륭한 이탈리아 사상가 갈릴레오는 천체의 움직임에 대한 그의 연구를 통해 아리스토텔레스의 많은 가르침에 반대했다. 특히 갈릴레오는 태양이 지구 주위를 도는 것이 아니라, 지구가 태양 주위를 돈다는 그의 선구자 코페르니쿠스의 급진적 이론을 공공연하게 주장했다. 그러나 그것이 사실일 경우 그 이론이 교회의 권위를 축소시키는 것을 인정하게 될 것을 두려워하여 진리보다는 오히려 그 이론을 억압하는 것을 택했다. 갈릴레오는 그의 목숨을 두려워하여 그의 생각을 철회하도록 강요받았으며 무기징역을 선고받았다.[2] 진실이 부정될 정도까지

교회의 교의를 방어하려는 교회의 경향은 융에 의해 관찰되었다. 그는 언젠가 "과학은 진리를 추구한다. 왜냐하면 과학은 그것이 진리를 소유하고 있지 않다고 느끼기 때문이다. 교회는 진리를 '소유하고' 있으므로 그것을 추구하지 않는다."3라고 말한 적이 있다.

그러나 융이 생각하는 것처럼 과학은 항상 진리에 충실한 것은 아니며, 교회사처럼 과학사는 고정된 생각과 권력 구조를 가지고 있는 사람들이 알게 모르게 새로운 생각을 가지고 있는 사람들을 파괴했던 예들로 가득 차 있다. 한 두드러진 예는 헝가리의 산부인과 의사인 이그나츠 제멜바이스의 예다. 1847년에 산욕열이 어떤 장소에서 만연했었다. 그것은 대개 최근에 아이들을 출산했던 여자들만 공격한 것을 제외하고는 천연두와 같은 분리되어야 하는 질병으로 여겨졌다. 제멜바이스는 그 질병이 다만 산부인과 의사들과 의과대학생들에 의해 출산을 한 여자들만 공격했으며, 산파들이 출산을 도왔던 여자들, 그리고 심지어 집이나 골목이나 거리에서 출산한 산모들은 거의 산욕열에 걸리지 않았다는 것을 관찰했다. 이런 사실은 다른 더 많은 기술적인 관찰에 더하여 제멜바이스로 하여금 "산욕열"이 분리되어야 하는 질병이 아니라, 오히려 여자들이 시체나 다른 환자들에게서 박테리아와 직접 접촉했던 의사들의 씻지 않은 손에 의해 감염되었다는

---

2 그의 실형 선고가 가택연금에 처해졌지만, 그는 교회의 비밀경찰에 의해 계속 감시를 받았다. 그는 맹인이 되었으며, 단지 5년을 더 살았을 뿐이다. 50년 후에 시에서 그에게 감사하는 기념비를 교회에 세웠다. 교회가 적어도 이전의 잘못을 부분적으로 회개한 것은 분명하다.
3 Jung, *Letters 1*, 347.

결론(이것이 정확한 것으로 판명되었다)에 이르게 했다. 나중에 그는 깨끗이 하는 것에 조심스럽게 주의를 기울였던 산과 진료소를 관리했다. 제멜바이스의 진료소에서는 산욕열이 실질적으로 발생하지 않았다. 그 사실은 그 스스로를 증명해주는 것처럼 보였다. 하지만 기성 의학계가 제멜바이스의 결론이 사실이라는 것을 인정하고 그 방식을 바꾸기 전까지는 여러 해가 걸렸다. 제멜바이스의 어떤 전기 작가들은 이것이 치열한 권력 투쟁과 권력의 비타협적 태도 때문이었다고 말하고, 다른 이들은 제멜바이스가 그의 정보를 적절하게 전파하는 데 실패했기 때문에 그 자신이 그것을 자초한 것이라고 말한다. 하여튼 그는 정신병원에서 일찍 죽었다. 아마 그의 정신이상은 그 병이 아주 쉽게 예방될 수 있었을 때 많은 여자들이 죽는 것을 목격해야만 했었기 때문에 앞당겨졌을 것이다.

개성화 과정에서 낡은 자아중심적인 자아는 계속해서 삶의 경험 혹은 무의식에서 비롯되는 새로운 통찰, 관점 그리고 정보에 대한 인식을 받아들임으로써 바뀌어져야 한다는 도전을 받았다. 몇 번이고 우리가 묘사하고 있는 파괴적 원형에 의해 활성화된 자아중심적인 자아의 악마적 측면은 새로운 진리를 거부하고 파괴한다. 자주 그런 의식의 변화는 마침내 고통스런 필연성의 후원 아래서만 받아들여지게 된다.

제멜바이스와 갈릴레오와 같은 새로운 진리의 개인적인 운반자들이 파괴될 수 있지만, 진리 그 자체는 결코 파괴될 수 없다. 궁극적으로 그것은 항상 승리를 거두는 것으로 나타난다. 그것은 요한복음 1:5가 빛의 힘은 결코 어둠의 힘에 의해 압도당할 수 없다고 우리에게 말하고 있는 이유다. 심리학적 차원에서 보면, 우리의 꿈은 우리가 우리 자신에 대한 진실을 우리에게 계속해서 보여주며, 우리에게는 다행스럽게도 우리의 꿈이 자아에 의해 통제될 수 없다는 것이다. 자아가 계속 그것이 점유할 수 있는 새로운 통찰을 부정하고, 그에 따라서 자아의 태도와 인생행로를 변경하는 것을 거부할 때, 꿈꾸는 사람이 범죄(무의식성이라는 범죄)로 기소되고 심지어 꿈꾸는 사람의 처형이 요구 된다(낡은 자아가 장애가 되고 제거되어야만 하기 때문에)는 꿈을 꿀 수도 있다.

우리가 살펴본 대로, 낡은 자아는 새로운 진리를 반대하기 때문에 쿤켈은 "자아가 마귀라는 것이 비밀이다."라고 말한 것이다. 그는 물론 자아가 자기에 맞추어 기능할 때의 자아가 아니라, 자아중심적인 자아를 생각하고 있었던 것이다. 그러나 자아의 배후와 자아의 너머에는 크고 더 많은 정신적 세력, 즉 원형적인 세력이나 영적 세력이 존재한다.

성서에는 원형적인 세력이 우리에게 신화적 언어처럼 보이는 것으로 나타나 있고 표현되어 있다. 현대인은 그런 "신화적 사고"를 비과학적이고 공상적인 것으로 폄하할지도 모른다. 하지만 그 안에 심리학적 진리가 있는 것은 사실이다. 성서는 기발하게 개인적이고 역사적인 요소와 신화적이거나 원형적인 요소를 심리학적으로 옳은 방식으로 짜 맞추고 있다. 왜냐하면 인간의 정신은 일시적인 개별적 자아뿐만이 아니라, 모든 인간에게 보편적으로 존재하고 고대인들이 신화적 언어로 묘사했던 원형적인 기반도 가지고 있기 때문이다.

정신에 대한 이런 원형적인 구조는 그것에 대해 유익한 측면과 악마적 측면을 모두 가지고 있다. 성서에서, 그것의 악마적 측면은 이 세상의 "공국," "당국" 그리고 "통치자"로 표현되어 있다. 하이델베르크 대학의 신약학 교수인 게르트 타이센은 신약성서의 심리학에서 인간적인 세계와 원형적인 세계의 교차 지점의 중요성을 알고, 이것에 대해 그의 도전적인 책 『바울 신학의 심리학적 측면 Psychological Aspects of Pauline Theology』4에서 이것에 대해 썼던 소수의 성서학자 가운데 하나다. 그것이 요한복음에 기인한 짧은 여담으로 이루어져 있는 반면에, 그의 통찰의 개요는 우리가 요한의 가르침을 더 깊이 이해하고, 그 가르침을 현대의 심리학적 관점으로 통합하는데 도움을 줄 것이다. 그러나 요한이 말하고 있는 것과 타이센이 신약성서에 대해 말하고 있는 것을 이해하기 위해 우리는 희랍어 단어들을 조금 더 살펴보아야만 할 것이다.

희랍어 단어 **아르콘**archōn은 영어로 번역하기가 거의 불가능한 또 다른 성서적인 단어다. 아르콘은 가장 흔한 영어 단어인 "왕자prince"로 번역되곤 했지만, "통치자" 혹은 왕권을 의미하는 어떤 다른 단어가 사용될 수도 있다. 그러나 흔히 **아르콘**은 세속적인 왕자가 아니라, 오히려 그 말은 신보다는 권한이 적지만, 어떤 인간이나 대리인보다 더 큰 권한을 가지고 있는 자율적인 영적 세력을 의미한다. 그것이 사용된 예는 마태복음 9:34, 12:24, 20:25; 마가복음 3:22; 고린도

---

4 Gerd Theissen, *Psychological Aspects of Pauline Theology* (Philadelphia: Fortress Press, 1983).

전서 2:6, 2:8; 에베소서 2:2; 요한계시록 1:5; 그리고 요한복음 12:31, 14:30, 16:11에 나온다.

아르콘이라는 단어가 영적 세력을 언급하는데 쓰인 가장 중요한 단어인 반면, 신약성서에는 다른 많은 희랍어 단어들이 거의 같은 의미를 가지고 있는, 예를 들어 "권세들, 통치자들, 혹은 세력들"을 의미하는 **엑수시아이***exousiai*[ἐξουσίαι](복수)가 사용되기도 했다. **엑수시아***exousia*[ἐξουσία](단수)는 선택할 자유를 가지고 있는 어떤 사람을 의미한다. 따라서 세속적 통치자는 이 단어로 표현될 수도 있다. 왜냐하면 그런 사람은 결정할 수 있는 권한을 가지고 있기 때문이다. 그러나 그 단어는 또한 어느 정도 자율성을 가지고 있는 영적 권세를 나타내는 것일 수도 있다. 그렇게 사용되었을 때, 그 단어는 대개 복수로 되어 있고, 영적 세계의 권세들과 통치자들과 세력들인 **엑수시아이***the exousiai*가 쓰여 졌다. 이런 용법의 예는 에베소서 2:1, 3:10, 6:12; 고린도전서 15:24; 골로새서 1:16, 2:10, 15; 그리고 베드로전서 3:22에 나온다.

다른 단어는 **뒤나메이스***dynameis*(복수)인데, 이것은 "영적 세력들" 혹은 "천상적 권위자들"로 번역될 수 있다. 별들은 천상적 권위자들 혹은 뒤나메이스의 예가 될 것이다. 그러나 그들은 또한 영적 존재들과 같은 것 혹은 별들과 거의 같은 영향력들이었다. "영적 세력들"과 관련이 있는 **뒤나메이스**라는 단어의 예는 마태복음 24:29, 마가복음 13:29, 누가복음 21:26, 그리고 갈라디아서 4:3, 9에서 발견될 수 있다. 그러나 **뒤나미스***dynamis*[δύναμις](단수)는 또한 "개인적이고 초자연적인 영이나 천사로서의 능력"일 수도 있다. 그 예는 로마서 8:38; 고린도전서 15:24; 에베소서 1:21, 13:1 그리고 베드로전서 3:22에서 발견될 수 있다.

또한 스토이케이온stoicheion(단수)이라는 단어가 있는데, 그것이 "곧은 권위 혹은 규칙"을 의미하지만, 종종 성서에서는 자연적인 우주의 자율적·영적 요소를 언급하기 위해 사용되었다. 이런 용법의 예는 베드로후서 3:10, 12에서 발견될 수 있다. 가끔 스토이케이아 stoicheia[στοιχεῖα](복수)가 골로새서 2:8, 20에서와 같이 천상적 몸과 관련되어 있기도 하다. 거기서 그들은 천상적 몸이지만, "이 세상의 자연스런 지배 요소"(스토이케이온 투 코스무stoicheiōn tou kosmou[στοιχείων τοῦ κόσμου])이기도 하다.

또한 희랍어 단어 앙겔로스angelos, 혹은 천사도 있는데, 그것은 대개 인간사에서 하나님 혹은 하나님의 뜻의 대리자나 전달자로서의 행동을 취하는 영적 세력을 언급하는 것이다. 종종 앙겔로이angeloi(복수)는 예수의 이 땅의 아버지인 요셉에게 임했던 꿈의 경우처럼 꿈을 보냈다. 그러나 가끔 천사들은 하나님의 의지와 반대되는 행동을 할 수도 있는 어두운 천사들로 생각되기도 했다. 이런 용법의 예는 로마서 8:38; 고전도전서 11:10; 고린도후서 11:14; 베드로전서 3:22; 베드로후서 2:4 그리고 어쩌면 베드로후서 2:11에서 발견될 수 있다.

알다시피, 신약성서에는 영적 세력 혹은 권세를 언급하는 많은 단어들이 있다. 하지만 우리는 가장 중요한 단어인 아르콘에 집중할 것이다. 따라서 우리는 타이센이 제공하는 이 단어에 대한 훌륭한 논의의 덕을 볼 수 있다. 성서학에서는, 신약성서에서 **아르콘테스**archontes [ἄρχοντες](복수)가 정치적 세력과 영적 영향력을 행사했던 특정한 인간으로 이해되어야 할 것인지, 아니면 영적 세력 혹은 천상적 세력으로 보아야 할 것인지에 대해 오랫동안 논의되어 왔다. 타이센은 주로 성서 주석가들 사이에서 널리 퍼져있던 그 주제에 대한 이런 "양자택일"의 접근을 거부한다. 그는 **아르콘테스**가 개인적·인간적·역사적 인물로, **그리고** 우리가 심리학적 용어로 "원형archetyes"(타이센은 그런 것들을 묘사하기 위해 가끔 이 단어를 사용한다)이라고 부르는 집단적 의미를 지니고 있는 자율적이고 영적인 실재 둘 다로 간주되어야 한다고 주장한다.

타이센은 종종 신약성서에서 언급된 **아르콘테스 투 코스무**archontes tou kosmou[ἄρχοντες τοῦ κόσμου], 즉 "이 세상의 통치자들"이 "강제적인 힘으로 경험된 사회의 지배적인 의식"을 나타낸다고 믿는다. 그들은 "훼손시키는 검열관"의 역할을 하고, "인간의 마음 앞에서 적대적인 감시원"으로 의인화된 새로운 의식과 하나님의 말씀에 대한 "정신적 저항을 상징한다." 그들은 하나님의 빛과 의식을 막는 인간의 정신에 깊숙이 자리 잡혀있는 정신적 저항이다. 따라서 하나님의 메시지는 "내적 저항에 맞서 무의식적인 인간적 심연으로 진입"5해야 한다. 이런 정신적 저항이 인간들 가운데서는 거의 보편적이기 때문에 다음과 같은 고린도전서 2:6 이하와 같은 구절에 나타나 있는 대로, **아르콘테스**는 어떤 개별적 인간도 초월해 있다.

---

5 Ibid., 380-381.

그러나 우리는 성숙한 사람들 가운데서는 지혜(소피아sophia)를 말합니다. 그런데 이 지혜는, 이 세상의 지혜나 멸망하여 버릴 자들인 이 세상 통치자들(archontes)의 지혜가 아닙니다. 우리는 비밀로 감추어져 있는 하나님의 지혜를 말합니다. 그것은 하나님께서 우리를 영광스럽게 하시려고, 영세 전에 미리 정하신 지혜입니다. 이 세상 통치자들(archontes) 가운데는, 이 지혜를 아는 사람이 하나도 없습니다. 그들이 알았더라면, 영광의 주님을 십자가에 못 박지 않았을 것입니다. [표준새번역][6]

이 구절에서는 분명히 **아르콘테스**가 인간적인 개개인들이 아니라, 하나님의 소피아 혹은 지혜에 의해 궁극적으로 멸망하여 버릴, 퇴행적이고 파괴적인 경향 아래 있는 집단적인 인간적 사고思考를 형성하고 있는 원형적인 세력들로 이해되어야 한다. 그러나 이윽고 그들은 그들의 목적의 도구처럼, 특정한 인간들의 대리자로 쓰이는 하나님의 아들 혹은 빛을 십자가에 못 박으려고 한다.

그러나 **아르콘테스**는 통치자나 권위자의 위치에 있는 특별한 사람들과 같은 것으로 나타날 수도 있다. 왜냐하면 "통치자들의 의식은 대개 (그 시대의) 지배적 의식, 즉 어떤 사회의 모든 구성원을 불가피하게 특징짓는 집단적 확신 및 평가와 밀접한 관계가 있기" 때문이다. 따라서 **아르콘**은 "종종 개개인을 특징짓는 강제적인 세력으로... 악마적인 것으로" 나타난다. 이런 이유로, 하나님의 메시지가 인간적인

---

[6] 빌립보서 2:5-11; 골로새서 2:15; 데살로니가전서 2:14-15; 고린도전서 8:5-6과 비교해 보라.

의식의 집단적 지배력들과 갈등하게 되기 때문에 그것이 모순되는 것과 같은 방식으로 기능하는 "아르콘테스가 모든 곳에 존재하는 우주적 세력들로 강화되는 것이다."7

원형적인 세력들인 아르콘테스는 그들이 의식에 깊이 영향을 끼치는 유리한 지점에서 기인한 인간의 정신 안에 있는 견고하고 자율적인 존재를 가지고 있다. 이런 이유로 그들은 아주 정확하게 성서에서 신화적 언어로 묘사되었고, 가끔 고대인들에 의해 별들에 투사된 자율적인 영적 존재들로 의인화되었다. 그들은 또한 타이센이 지적한 대로, 인간적인 통치자들과 지배자들로 나타난다. 왜냐하면 인간적인 통치자들은 원형적인 세력들과 동일시되고 새로운 의식을 삼키고 제한하는 그들의 부정적 에너지의 대표자들이 되기 때문이다. 이것은 타이센이 아르콘의 본질 문제를 다루는 대부분의 성서학에서 발견되는 통상적인 "양자택일 식" 주장을 거부하고, 아르콘이 개인적이기도 하고 집단적이거나 원형적인 것 모두로 간주되어야 한다고 주장한 이유다.

신약성서의 독자들은 신약성서의 세계관을 염두에 둘 필요가 있다. 현대의 독자들은 아주 자연스럽게 기독교를 유일신론, 즉 유일신에 대한 믿음과 동일시한다. 실제로 신약성서에는 단 한 분의 하나님만이 존재하고, 단 하나의 세력만이 예배를 받아야 하는 것으로 되어 있다. 그러나 이것이 한편에는 하나님이 계시고, 다른 한편에는 인간들이 있다는 의미라고 생각하는 것은 잘못이다. 이것은 모든 영적 실

---

7 Gerd Theissen, *Psychological Aspects of Pauline Theology*, 383.

재를 수용하는 것이다. 그와 반대로, 우리가 살펴본 대로, 인간이 몰두해 있는 거대한, 무수히 많은 영적 영역이 있으며, 그것이 매우 현실적이기 때문에 그것은 인간적인 의식의 과정에 깊이 영향을 끼친다. 영적 실재가 종종 인간에게 도움이 되고 하나님의 의지를 대신하여 천사들의 모습으로 작용하는 반면, 그것은 또한 하나님의 의지에 해가 될 수도 있고 방해가 될 수도 있다. 따라서 거기에는 하나님의 의지를 상쇄하려는 세상에서 작용하는 자율적인 영적 세력이 있으며, 그것은 우리가 다음 장에서 관심을 가져보게 될 악마의 관념에 아주 잘 드러나 있다.

현대의 독자는 그런 모든 성서 이야기를 시대에 뒤진 신화와 미신으로 묵살하려는 유혹을 받을 수도 있다. 심지어 오늘날 어떤 성서학자들은 우리에게 성서의 현대적 의미를 알기 위해 우리는 자율적인 영적 실재에 대한 모든 성서적 언급을 더 이상 의미가 없는 신화적 세계관의 일부로 보고 무시해야한다고 말한다. 그러나 심층심리학의 관점에서 볼 때, 성서적 관점은 전적으로 옳은 것이다. 인간의 정신에는 어떤 것은 선하게, 어떤 것은 악하게 작용하는 원형적인 세력들이 있으며, 신약성서에서 그런 세력에 대한 신화적 묘사는 현대의 심리학적 연구 결과들과 전적으로 일치한다.

우리가 요한복음 8장에서 접하게 되는 것은 바로 타이센이 언급하는 그와 같은 과정에 대한 훌륭한 묘사다. 바리새파 사람들은 그리스도에 의해 제기된 빛, 즉 새로운 의식에 맞서 싸우는 낡은 의식과 같은 것이다. 그러나 그것은 단지 여기서 작용하고 있는 그들의 개인 심리가 아니다. 새로운 의식에 대한 바리새파 사람들의 개별적 저항의 배후에는 우리가 간단하게 요약을 해 본, 성서와 그 밖에 모든 것에 모두 많은 신화들로 나타나 있는 원형적인 저항이 있다. 이런 이유로, 모든 새로운 인식은 엄청난 저항에 맞서 싸우게 되는 것이다. 이런 저항은 그 자신 혹은 그녀 자신에 대한 통찰을 반대하는 개개인의 차원에서 그리고 2차 세계대전 기간에 일어났던 것처럼, 모든 사람들을 삼킬 수 있는 집단적 차원에서 나타날 수 있다. 저자가 쓰고 있는 모든 단어의 배후에는 이런 심리학적 배경을, 그리고 그리스도의 새로운 의식이 종종 맞서 투쟁해야 하는 성장에 대한 영적 저항을 그가 예리하게 인식하고 있다는 것을 요한복음의 독자는 염두에 두어야만 한다. 우리가 계속 더 살펴보면 알게 되겠지만, 그것은 집단적 차원에서 볼 때, 어둠의 세력들이 새로운 빛을 완전히 파괴하려는 우주적 투쟁이라고 말해도 과언이 아니다.

제18장

악의 문제
거짓의 아비로서의 악마
요한복음 8:31-59

요한복음 8장은 예수가 이제 그를 믿게 된 사람들에게 하는 다른 말과 함께 31절에서 계속되지만, 그 다음 33절에서는 신속하게 예수와 그를 반대하는 자들 사이의 계속적인 대화로 바뀌며, 그 대화는 예수가 악마의 본성과 술책을 묘사하는 것으로 끝난다. 우리는 다소 깊게 악마에 대한 예수의 논평을 탐색해 볼 것이다. 하지만 우선 우리는 본문에 대한 간단한 분석을 해 볼 것이다.

요한복음 8:31-32에서는 강력한 말씀을 하고 있다. 예수의 말씀을 그들이 머물 "집"으로 삼는 것은 제자들이 그 말씀의 의미를 자신들에게로 가져와서 그 말씀을 지키는 것이다. 그때 그들은 진리를 알게 될 것이다. 우리는 여기서 다시금 진정하고 진실하다는 것을 의미하는 **알레데이아**^{aletheia}라는 단어를 접하게 된다. 예루살렘 성서에서 32절의 "알게 되다"로 번역된 단어는 **그노시스**^{gnōsis}라는 단어의 동사형이다. 우리가 이제 알고 있는 대로, 그것은 친밀한 경험에 의해 알게 된 지식을 말하는 것이다. 따라서 "너희는 진리를 알게 될 것이다"

는 단순한 지적인 지식이 아니라 깊은 내적 지식을 의미한다. 이와 같은 진리에 대한 지식은 자유로 이어지며, 그것은 분명히 그의 적들이 한층 더 그에게 도전하도록 했던 자유에 대한 예수의 말씀이었다. 그들은 33절 이하에서 예수에게 도전하고 있다.

요한복음 8:33-36에서 우리의 저자는 전형적인 요한의 방식으로 그의 독자들에게 예수의 적들이 그에게 한 질문을 자유가 하나님을 섬기는데서 발견된다고 설명하는 기회로 사용하고 있다. 우리가 이미 제시한 바와 같이, 심리학적으로 이것은 그 자신의 자아중심성이 아닌 창조적인 내적 중심에 봉사하는 자아와 동일한 것이다. 우리가 이렇게 한다면, 우리는 우리를 자유롭게 하는 아들Son을 경험하게 된다. 우리가 가지고 있는 유일하고 참된 자유는 하나님의 의지를 따르기로 결정하는 것이다. 즉 나머지는 모두 노예의 방식이지만, 이것은 기독교적 신비|mystērion의 일부다.

34절에 나오는 죄를 나타내는 단어는, 우리가 전에 논의한 바 있는 하마르티아hamartia [ἁμαρτία]라는 단어인데, 그것은 문자 그대로 "과녁을 빗나가다"는 의미다. 심리학적으로 그것은 의식의 부전不全을 의미한다. 그것은 노예상태, 무지, 인식하지 못함, 그리고 이해의 결핍이 동반되지만, 영적인 죽음으로 이어지는 반면에 자유, 믿음, 지식 그리고 의식이 모두 동반되고 생명으로 이어지는 요한복음의 특징이다. 36절은 그리스도가 자유의 하나님이라는 융의 논평을 우리에게 다시 상기시켜준다.

요한복음 8:37을 보면, 예수는 그가 말씀했던 그 어떤 것도 그를 비난하는 사람들의 마음에 뚫고 들어가지 (더 문자적으로 보면 "거처를 찾지") 못했다는 것을 알게 된다. 우리는 이제 왜 이것이 그런지 이해해 볼 위치에 와 있다. 타이센의 표현에 따르면, 어떤 사람의 마음이 **아르콘테스**, 즉 이 세상에 대한 사고의 집단적 지배력에 의해 지배를 받는 한, 하나님의 말씀이 힘을 제외하고는 뚫고 들어갈 수 없다. 이것은 악을 위한 자리를 마련해준다. 사람의 영혼 안에 있는 것은 그 사람의 영적인 행복에 매우 중요한 것이다. 융은 언젠가 악의 세력이 너무나 강했기 때문에 다만 두 가지 경우에만 사람이 그것에 압도당하지 않게 해줄 수 있다고 논평한 적이 있다. 즉 하나는 어떤 사람이 따뜻한, 그리고 연관성이 있는related 인간적인 공동체 안에 수용된다면, 그것은 악이 완전히 지배하지 못하게 해주는 경우이고, 아니면 어떤 사람의 영혼이 악 보다 더 강한 정신으로 채워졌을 경우이다.[1] 그러나 영혼이 비어있거나, 성서가 악마와 이 세상의 통치자들과 세력들이라고 부르는 파괴적 에너지로 가득 차 있으면, 그때 영혼은 심각한 영적 위험에 처하게 된다.

요한복음 8:38-41은 개인적인 반대자들—한편으로는 예수, 다른 한편으로는 그의 적대자들—배후에 그리고 너머에 원형적인 반대자들, 즉 "아비들"이 있다는 것을 우리에게 보여준다. 예수의 아버지는 하나님이시지만, 예수는 그의 적대자들의 아비는 하나님의 세력과는 아주 다른 세력이라는 것을 알고 있다. 그를 비난하는 자들은 다만 예

---

[1] 융이 알코올 중독자 자주 치료협회의 창설자 중 하나인 빌Bill에게 쓴 편지를 보라. 그것은 이 책 244쪽에 인용되어 있다.

수가 아브라함을 좋아하는 것이 틀림없지만, 예수가 아브라함에 대해 말하고 있는 것이 아니라는 것을 분명히 하고 있다고 추정할 수 있을 뿐이다. 우리는 여기서 성부 하나님의 창조적 세력과, 새로운 의식을 파괴하는 집어삼키는, 부정적인 아비 사이의 충돌을 보게 된다. 우리가 곧 살펴보게 되겠지만, 하나님이 진리의 아버지이신 반면에, 이 아비의 본질은 거짓의 아비라는 것이다.

8장의 나머지 부분은 악마에 대해 논의하고 있다. 이 구절에서 "악마"라고 번역된 단어는 희랍어로 **디아볼로스**_diabolos_인데, 이것은 "어떤 것을 길 너머로 던지다"(동사 **디아발로**_diaballō_, 즉 "저버리다"에서 나온)라는 뜻이다. 조금 후에 우리는 악마가 어떤 것을 우리의 길 너머로 던져버리는 특성을 가지고 있는 이유를 살펴볼 것이다.

먼저, 우리는 악을 만드는 자로서의 악마에 대한 요한의 논의에서 그것이 논의가 되고 있는, 정신적 혹은 도덕적 악이지 자연 악이 아니라는 것을 주목해야 한다. 악의 문제에 대한 어떤 논의에서나 이런 구분을 염두에 두는 것이 중요하다. 자연 악은 인간이 악으로 보는 지진, 질병, 홍수 등과 같은 재난을 포함할 수 있다. 이런 악은 바람직하진 않지만, 사악한 의도에서 유래한 것이 아니라 자연스러운 현상이다. 그런 악은 **카코스**_kakos_의 예인데, 이전의 장에서 우리는 그것을 나쁜 것으로 여겨진 어떤 것이라고 언급한 바 있다. 그러나 정신적 악이나 도덕적 악은 인간 혹은 악한 의도를 가지고 있는 영적 세력에서 비롯된다. 우리가 살펴 본대로, 이런 악은 희랍어 단어 **포네로스**_ponēros_로 언급되었는데, 이것은 요한이 악에 대해 논의하면서 관심을 두고 있는 악이다.

악마는 공관복음에도 나오는데, 거기에는 그것이 세상에 분명히 존재한다고 추정되어 있다. 공관복음은 유해하고 악한 세력의 존재에 대한 근거를 제시하지 않고 오히려 그것에 대한 아무 근거도 제공될 필요가 없는 것처럼 되어 있다. 그것은 "그냥 그런" 이야기, 즉 원래 그런 것이다. 후기 기독교 사상가들에 의해 악마를 하나님의 구원계획에 맞추려는 시도가 이루어졌다. 또한 공관복음에서는 인간이 악마의 세력에 지배를 받게 된 것이 큰 관심사임이 분명하고, 요한복음은 이것에 전적으로 동의한다.

우리는 자아중심적인 자아가 일종의 악이지만, 그것이 **바로 그** 악마*the devil*는 아니라는 것을 살펴보았다. 자아중심적인 자아의 악한 성질 배후에는 악의 원형이 있다. 이런 악의 본질은 악이 속이기 때문에 진리를 파괴한다고 요한은 말한다. 자아중심적인 자아는 속이려는 경향이 있다. 왜냐하면 그것은 그 자신에 대한 진실을 피하고 싶어 하지만, 이런 개인적인 악의 배후에는 자아가 진실을 일그러뜨리고 왜곡하고 부정하려는 경향이 있는 우리 모두 안에 원형, 즉 집단적 세력이 있기 때문이다. 요한복음 8:47에서 요한이 분명히 하고 있듯이, 자아가 하나님의 말씀을 진리의 소리로 "듣지" 못하게 하는 것은 이런 악한 세력이다. 또한 우리가 다른 사람들에게 우리 자신의 악을 투사하도록 하는 것, 즉 사실상 우리 자신 안에 있는 것을 다른 사람들 안에서 보게 만드는 것은 이런 악한 세력의 책략이다. 요한은 48절에서 예수를 비난하는 자들이 귀신 들린 것을 예수에게 투사할 때 이것을 분명히 보여주고 있다. ("우리가 당신을… 귀신이 들렸다 하는 말이 옳지 않소?")

우리가 이 모든 것을 인식하지 못한다면 어떻게 될까? 자아가 진리를 회피하려고함으로써 점점 더 우리 모두 안에 있는 악의 원형의 세력에 떨어지게 되어, 우리의 자아의 교묘한 책략을 알지 못하면 어떻게 될까? 실질적이고 영적인 결과에 신경을 쓰는 한, 그것은 문제가 되지 않는다. 우리가 앞에서 논의해 본대로, 우리의 행동에 대한 도덕적이고 영적인 결과는 물리적인 결과만큼 움직일 수 없는 것이다. 즉 영적인 법은 자연법과 같은 결과를 초래한다. 우리가 하고 있는 것을 인식하지 못하는 것은 변명의 여지가 없을 뿐만 아니라, 우리의 죄를 늘어나게도 한다. 그것은 히브리서 9:7에 분명히 언급되어 있다. 이 구절에서 우리는 대제사장이 "백성의 무지의 죄"(NEB)를 사하기 위해 제물을 바치려고 일 년에 한 번 지성소로 들어갔다는 말을 듣게 된다. "무지의 죄"로 번역된 단어는 희랍어로 **아그노에마**^{*agnoēma*}[ἀγνόημα]다. 이 단어는 *a*(알파)라는 글자와 **그노시스**^{*gnōsis*}(지식)를 합친 것이다. 희랍어로 알파는 그 뒤에 오는 것을 부정하는 것이다. 그래서 **아그노에마**는 모르는 것의 죄, 즉 무지의 죄다.[2]

자아는 자신의 죄와 실수를 못 볼 수도 있지만, 무의식은 우리가 지금까지 숨겨져 있던 우리 자신에 대한 모든 것을 우리에게 드러내는

---

[2] 안타깝게도 현대의 대부분의 번역본들은 이런 흥미롭고 중요한 단어를 "잘못" 혹은 "오류"로 옮기고 있다. 이 경우에 새 영어 성서는 "백성의 무지의 죄"라는 더 문자적이고 영적으로 의미 있는 번역을 하고 있다.

우리의 꿈으로부터 아는 것처럼 우리가 하는 모든 것을 기억한다. 성서에서, 우리 안에서 나오는 모든 것에 대한 이런 인식은 하나님의 본질의 일부다. 그 하나님은 자아중심적인 자아에 의해 조심스럽게 숨겨져 왔던 마음을 알고 있는 분이며, 영혼의 모든 비밀을 아는 분, 즉 자아중심적인 자아에 의해 조심스럽게 숨겨져 왔던 것까지도 아는 분이다.3 이집트 신화에서 개별적 영혼의 보편적 인식에 대한 이런 능력은 따오기의 머리를 지닌 토트Thoth의 덕분이다. 토트는 모든 사람의 행위와 생각을 기록해 두는 신이다. 어떤 사람이 죽었을 때, 그 혹은 그녀의 영혼이 나일 강을 통해 지하세계로 여행을 한다고 여겨졌다. 왜냐하면 나일 강은 죽은 자의 땅을 통해 여행하기 위해 인간의 시야에서 잠시 동안 사라졌다가, 빙 둘러 흘러서 의식의 세계를 통해 다시 한 번 또 다시 흐른다고 여겨졌기 때문이다. 영혼이 죽은 자의 땅을 통해 여행하면서, 그것은 열두 신들이 지키는 열두 대문을 지났다. 그들 모두는 죽은 자의 영혼의 의로움에 대해 만족해야 했다. 그러나 마지막 시험은 그 영혼이 죽은 자의 심판관인 오시리스의 법정에 도착했을 때 있었다. 여기서 오시리스가 그 영혼이 영생을 얻을 것인가 형벌을 받을 것인가에 대한 이런 정보를 보고 숙고한 반면, 토트는 그 영혼이 평생 살며 남겼던 기록을 읽었다. 마지막으로, 오시리스는 저울을 놓아두었으며, 토트는 한쪽에 그 영혼을, 다른 쪽에 깃털을

---

3 마음의 비밀을 아는 내주內住하시는 하나님에 대한 성서구절들은 누가복음 17:21; 로마서 2:15-16, 8:9-11; 고린도전서 3:16, 4:5; 고린도후서 6:16, 13:5, 14:25; 골로새서 1:27; 에베소서 3:16-17; 갈라디아서 2:20, 4:19; 히브리서 4:12-16; 디모데후서 1:14이다.

올려놓았다. 만일 죽은 자의 영혼이 깃털보다 가벼우면 그 영혼은 영생을 얻지만, 그 영혼이 죄로 인해 깃털보다 더 무겁게 나가면 그 경우에 그것은 영원한 형벌을 받게 된다. 이렇게 하여 아무 것도 신의 주목을 피하지 못했으며 신의 정의가 그 공과에 따라서 부과되었다.

이제 우리는 왜 악마(**디아볼로스***diabolos*)라는 이름이 어떤 것을 우리의 길 너머로 던지는 것이라는 의미인지 이해할 수 있다. 악마가 우리의 길 너머로 던지는 것은 **선택**이다. 융은 종종 인생을 살면서 "대극 사이에서 견뎌내도록" 우리에게 충고했다. 그가 의미했던 것은 우리가 너무 일방적으로 그리고 자아중심적으로 "선하게" 되려고 노력함으로써 우리의 그림자와의 접촉을 잃지 않도록 해야 된다는 것이었다. 그러나 그것은 또한 우리가 대극 사이에서 **선택**해야만 한다는 것을 알 수 있다. 삶이 끊임없이 그런 선택에 직면하게 된다는 것이 요한복음의 입장이다. 우리는 영혼들이 선택에 직면하게 되려면 신이 악마가 작용하는 것을 허용한다고 추측할 수도 있다. 왜냐하면 선택을 하지 못하면 도덕적으로나 심리학적으로 발전하는 것이 불가능할 것이기 때문이다. 우리가 하는 많은 선택은 아주 사소한 것이다. 즉 그런 선택에서 그것은 중요하지 않은 것 같다. 그것을 합계한다고 하더라도, 그것은 좋든 나쁘든 살았던 삶에 해당된다는 말이다. 그러나 가끔 우리는 우리의 영혼의 명운이 달린 것으로 보이는 아주 중요한 선택에 직면할 수도 있다.

나는 그에게 대가족이 없는 이유를 나에게 설명해준 나의 유대인 내담자에게 그런 선택의 가슴 뭉클한 예를 들은 적이 있다. "그들은 모두 대학살에서 죽임을 당했어요."라고 하며 그는 설명해 주었다. 그 다음에 그는 "고모 한 분을 제외하고는"이라고 말했다. 내가 이 고모에 대한 더 많은 정보를 물어 보았을 때, 그는 나에게 다음과 같은 이야기를 들려주었다. 그의 고모는 2차 대전 중에 독일의 총살 집행대로 총살당하러 끌려간 유대인 집단 사이에 있었다. 해질 무렵 독일과 폴란드 접경 가까이에서 처형이 이루어지려던 참이었다. 이 여성이 그녀를 쏘기로 되어 있던 독일 군인에게 끌려갔을 때, 그가 그녀에게 "내가 총을 쏘면 도망을 쳐요."라고 속삭였다. 그는 공중에 총을 쏘았고, 그녀는 도망쳐서 살았으며, 그 이야기를 해 주었던 것이다. 여기에 선택에 직면했던 누군가의 극적인 예가 있다. 그 군인은 쏘아 죽이든지, 아니면 죽이지 않을 수 있었다. 총살 집행대에 있던 다른 군인들은 희생자들을 쏘아 죽였다. 만일 그들이 왜 그렇게 했는지 질문을 받으면, 그들은 당연히 "우리는 선택의 여지가 없었다."라고 말했을 것이다. 혹 그들은 "우리가 그 사람을 죽이지 않으면 누군가가 죽일 것이다."라고 말했을지도 모른다. 아니면, "우리는 명령을 따르지 않으면 안 되었다."라고 말했을지도 모른다. 그 집단에 속한 어떤 군인이 쏘지 않기로 결정했고, 다른 군인들이 쏘았다는 것은 사실이다. 쏘아 죽인 그 군인들을 누가 비판할 수 있는가? 우리가 그들의 처지가 되었더라면 우리는 다르게 행동했을까? 당연히 우리는 "우리가 시험을 당하지 않게 하소서."[4]라는 주님의 기도를 드렸을 것이다. 분명히 이것은 예수가 "몸은 죽일지라도 영혼은 죽이지 못하는 이를 두

---

[4] "시험에 들지 말게 하소서"로 번역할 수도 있다.

려워하지 말고, 영혼도 몸도 둘 다 지옥에 던져서 멸망시킬 수 있는 분을 두려워하여라."(마태복음 10:28, [표준새번역])고 말씀했을 때 마태복음에서 염두에 두었던 것이기도 하다.

요한복음의 관점에서 볼 때, 그리스도는 어떤 사람의 신앙체계에 상관없이 모든 선택의 순간에 거기 있다. 그리스도를 믿는 것에 반대하는 사람들과 반대하지 않는 사람들은 똑같이 그들의 선택에서 그의 실재와 직면하게 되었다. 왜냐하면 모든 선택은 판단을 받는 것, 즉 불가피한 영적 결과를 얻게 되는 것이기 때문이다. 각기 삶의 상황에서 빛이신 그리스도는 의식을 가져올 수 있고, 빛을 따르는 사람들은 그들이 그것을 인식하건 인식하지 못하건 그리스도를 따르게 된다. 우리가 바르게 선택에 직면하려고 한다면 이런 의식은 필수적인 것이다. 우리가 오늘날 통찰과 심리적 발달이라고 부르는 것은 윤리적 인식과 분리될 수 없으며 그 반대도 있을 수 없다. 그것은 하나의 길의 일부다.

무의식성의 길을 선택하면 악이 서서히 그러나 분명히 영혼을 타락시키게 된다. 『도리언 그레이의 초상』이라는 소설에서 오스카 와일드는 요한복음이 논의하고 있는 죽음의 길과 같은 것을 극적으로 표현했다. 와일드의 이야기에서 잘생긴 젊은이 도리언 그레이는 영원한 젊음의 선물을 복으로 받게 된다. 즉 그가 어떤 행동을 하건, 그것이 그의 모습을 변화시키지 않을 것이라는 것이다. 세월이 지나가도 그 젊은이가 얼마나 순수하고 신선하게 보이는지를 보고 모든 사람이 경탄한다. 불행하게도 그 젊은이는 그의 선물을 자신의 이기적인 삶과 악한 행동을 위한 보호막으로 사용하지만, 그의 얼굴이 변하지는 않는 반면, 그의 멋진 그림이 변하게 된다. 비행을 할 때마다 그 그림의 아름다운 얼굴이 더 일그러졌다. 누가 그것을 보는 걸 원하지 않는 도리언 그레이는 다락방에 그것을 숨기고, 다만 가끔 그것을 가 본다. 마침내 더 이상 이제 그가 그 그림에서 보는 끔직한 얼굴을 참을 수 없게 된 그는, 칼로 그것을 산산조각으로 찢어 버린다. 그러나 그 그림을 파괴하고 나서 도리언 그레이는 죽고 만다.

이제 우리는 8장이 끝나는 마지막 두 구절의 의미를 더 분명히 알 수 있고, 거기서 우리는 다시 "내가 있다 am"라는 엄청난 말을 듣게 된다. 요한복음 8:58에서 예수는 그의 적대자들에게 "내가 진정으로 진정으로 너희에게 말한다. 아브라함이 태어나기 전부터 **내가 있다**."고 말씀한다. 여기서 우리는 우리가 전에 언급한 바 있는 **에고 에이미** ego eimi를 다시 접하게 된다. 그러나 이제 우리는 요한복음에 나오는 이 표현이 낡은 의식과 새로운 의식 사이의 틈을 표시하고 있다는 것을 알 수 있다. 왜냐하면 예수가 이 표현을 사용할 때 그는 자신을 성부와 동일시할 뿐만 아니라, 우리의 의식이 우리 가운데 아무도 피할 수 없는 신적인 실재에 직면하게도 하기 때문이다.

제19장

질병의 의미
날 때부터 눈먼 사람의 치유
요한복음 9장

우리는 앞서 제10장과 제11장에서 두 가지 치유 이야기, 즉 고관의 아들의 치유 이야기와 베데스다 못가에 있던 사람의 치유 이야기를 살펴보았다. 처음 이야기에서 우리는 믿음의 중요성을 알게 되었고, 두 번째 이야기에서 우리는 가끔 질병과 죄 사이에 존재하는 관계를 알게 되었다. 요한복음 9장에서 그는 여전히 질병이 지니고 있을 수 있는 또 다른 의미를 우리에게 보여줄 것이다. 그런데 전형적인 요한의 방식으로 볼 때, 그는 날 때부터 눈먼 사람의 치유와 관련이 있는 역사적 사건으로부터 일반적인 영적 진리로 이동할 것이다.[1]

이 장을 여는 강력한 구절들이 독자로 하여금 즉시 중요한 쟁점과 관련이 있는 감명 깊은 이야기로 빠져들게 한다.

예수께서 가시다가, 날 때부터 눈먼 사람을 보셨다. 제자들이 예수께 물었다. "선생님, 이 사람이 눈먼 사람으로 태어난 것이, 누구의

---

[1] 이 장의 주제를 더 탐색하려면 내 책 *Healing Body and Soul* (Louisville: Westminster/John Knox Press, 1992)을 보라.

죄 때문입니까? 이 사람의 죄입니까? 부모의 죄입니까?" 예수께서 대답하셨다. "그가 눈먼 사람으로 태어난 것은 이 사람이 죄를 지은 것도 아니요, 그의 부모가 죄를 지은 것도 아니다. 하나님께서 하시는 일들을 그에게서 드러내시려는 것이다."[표준새번역]

제자들이 예수에게 묻는 질문의 배후에는 역사가 있다. 구약성서에서 질병에 대한 일반적인 믿음은 그것이 하나님으로부터 비롯되었다는 것이다. 왜냐하면 삶의 모든 것은 좋든 나쁘든 야훼로부터 비롯된 것이기 때문이다. 그것은 구약성서의 엄격한 유일신교의 결과였다. 예를 들어 이사야서에는 이런 말이 나온다.

> 나는 빛도 만들고 어둠도 창조하며, 평안도 짓고 재앙도 창조하여 이 모든 것을 다 행하는 야훼다. (이사야서 45:7, NJB)

따라서 야훼는 건강은 물론 질병도 보냈다. 그러나 정의로운 하나님이신 야훼는, 그 사람이 죄를 짓지 않았다면 그 사람을 질병으로 벌하지 않을 것이다. 정의로운 사람은 하나님의 정의로 인해 질병이나 불운으로 고통 받지 않을 것이다. 이것으로 미루어 본다면 질병은 죄의 결과, 즉 신의 명령을 믿지 않거나 어기는 어떤 행동임에 틀림없는 것이다. 요컨대, 구약성서의 생각은 그 질병이 자연스럽게 생기는 것이 아닌, 신학적 기원을 가진 것이었다.

히브리인들이 사실상 의사와 질병을 위한 자연과학을 가지고 있지 않은 것은 아마 이런 이유에서였을 것이다. 의사들은 구약성서에 좀

처럼 언급되어있지 않았으며, 그들이 나올 때에 대개 폄하되어 있다 (역대기하 16:12를 보라). 자연의학에 대해 말하자면, 그것은 그리스인들로부터 비롯된 것이었다. 기원전 5세기에 유명한 히포크라테스와 같은 그리스 의사들은 신들이 질병을 일으켰다는 생각을 부인했으며, 합리적이고 자연스런 이유를 찾아보았다. 그들은 인체를 연구하는 조심스런 관찰자들이 되었고, 해부학에 관한 연구를 시작했다. 그들 중 한 사람인 엠페도클레스는 심장이 혈관계의 중심이며, 피가 몸 전체에 필수적인 요소(산소)를 운반해준다는 것을 알았던 첫 번째 사람이었다. 그리스 의사들은 식습관, 신선한 공기, 마사지, 연고, 금식, 그리고 어떤 경우에는 수술을 포함한 병에 대한 치료법을 처방했다. 이런 것과 같은 것은 아무 것도 구약성서에 나오지 않았다. 왜냐하면 질병의 모든 현상은 죄의 직접적인 결과였기 때문이다. 시편 기자는 그것을 이렇게 표현하고 있다.

> 주의 분노로 내 몸이 병들었고 내 죄 때문에 내 뼈가 성한 곳이 없습니다. 내 죄가 내 머리까지 넘쳐 무거운 짐같이 되었으므로 내가 감당할 수 없습니다. 내 어리석음 때문에 내 상처가 곪아 악취가 납니다. (시편 38:3-5, [현대인의 성경])[2]

놀랍게도 질병과 죄 사이의 이런 관계가 오늘날에도 여전히 건재해

---

[2] 그의 책 *Life Journey and the Old Testament* (Malwah, N.J.: Paulist Press)에서 꽁라드 뢰회Conrad L'Heureux는 구약성서의 관점을 아주 잘 묘사했으며, 질병과 죄의 관계에 대한 구약성서의 많은 언급들을 모아 놓았다.

있다. 즉 그것은 단지 조금 다른 신학적인 옷을 입고 있을 뿐이다. 최근의 성공회의 『기도서』 개정판에 이르기까지, 병자의 방문 직무는 기도에서 사제가 죄 때문에 병든 환자를 위해 제공해야 하는 것이고, 하나님께 용서를 간청해야한다는 것을 분명히 했다. 크리스천 사이언스에서 질병은 보상받아야 하는 "잘못된 생각"의 직접적인 결과다. 영적 치유에서는 병으로부터 회복될 수 없는 것을 그 사람의 신앙이 부족하기 때문이라고 본다. 융 심리학에서, 가끔 우리는 당신이 적절하게 개성화되었다면 당신은 병에 걸리지 않을 것이라고 표현된 의견을 듣게 된다. "뉴 에이지" 사고思考에서, 우리는 당신이 병이 든다면 그것은 당신이 그것을 "택했기" 때문이라는 견해를 종종 듣는다. 이런 믿음은 아마 환생에 대한 동양의 관념에서 기인하는 것일 것이다. 즉 당신이 이승에서 고통당하는 것이 무엇이든 간에, 그것은 전생에 당신이 지은 죄의 업보의 결과인 것이다.

그런 믿음의 결과는, 우리가 병이 든다면 우리는 또한 그것에 대해 죄책감이나 수치감을 느끼게 한다는 것이다. 우리는 우리 자신이 욥의 입장에 있다는 것을 즉시 발견한다. 그의 친구들이 동정하는 것처럼 보였지만, 그들은 근본적으로 그의 고통과 불운이 모두 그의 잘못이었다고 믿었다. 욥기의 탁월함과 중요성은 욥이 질병에 관한 이런 신학적 이론을 받아들이기를 거부하고, 하나님으로부터 정의를 요구했다는데 있다. 그러나 욥의 관점은 구약성서에서 이례적인 것이었다.

정신신체의학을 공부했던 모든 사람이 알고 있듯이, 물론 이런 생각에는 어떤 진실이 있다. 거기에는 분명히 육체적 질병이 우리의 심리적인 무의식성 혹은 영적인 죄의 결과임을 보여주는 많은 예들이 있다. 그럼에도 불구하고, 내 의사 친구는 언젠가 그것을 "당신은 살아 있는 모든 것이 계속해서 공격을 받고 있다는 것을 결코 잊어서는 안 된다."[3]고 말한 적이 있다. 이것은 또한 그들이 병이 든 이유를 거의 죄 탓으로 돌릴 수 없는 병든 동물들과 식물들에도 포함된다. 건강과 마찬가지로 병은 원형적이며, 모든 생명에 속해 있는 것이다. 아이스킬로스Aeschylus[기원전 525-456년의 그리스의 비극 시인.—옮긴이]는 언젠가 이렇게 말한 적이 있다. "아무리 좋은 건강이라도 결국은 상하고 마는 법. 담 너머 이웃에 질병이 도사리고 있음이라네."[4]

날 때부터 눈먼 이 사람의 경우에서 제자들은 그들의 시대의 질병에 대한 집단적인 신학 이론을 적용하고 있었지만, 그들은 어려움에 직면하게 되었다. 즉 질병이 죄로부터 기인한 것이라면, 날 때부터 눈먼 사람은 어찌되는가 하는 것이다. 어떻게 작은 아기가 죄를 짓는단 말인가? 병을 가지고 세상에 태어나는 유아들의 예는 모든 병이 죄로 인한 것이라고 믿었던 전통주의자들에게 문제를 제기했다. 종종 그런 경우에 유아의 부모들이 죄를 지었다는 설명이 주어졌으나, 이것은 거의 정당하지 않은 것 같다. 그리고 사실상 구약성서의 다른 부분들이 죄가 대대로 전해질 수 있다고 믿었던 반면에, 더 진보적인 예언자들은 그런 관점을 거부했고, 개개인이 부모나 조부모의 죄에 대해

---

[3] 나는 의사인 로버트 P. 세즈윅 선생에게 감사한다.
[4] Aeschylus, *Agamemnon*, 1000행 이하. 천병희 옮김, 『그리스 비극 걸작선』 (파주: 도서출판 숲), 77에서 인용.

서가 아니라, 다만 그 혹은 그녀 자신의 죄에 대해서만 죄책감을 느꼈다고 생각했다.5

병에 대한 신학적 관점을 고수하고 있던 사람들과 대조적으로 예수는 어떤 특정한 이론이나 집단적 관점에 얽매어 있지 않았지만, 다른 때에 그 사람은 완전히 다른 이유로 병을 앓았다. 하혈하던 여자의 경우(누가복음 8:40-48)에 병은 분명히 그녀를 예수에게 데려다 주는 목적에 이바지했다. 그래서 그녀는 병에서 고침을 받을 수 있었을 뿐만 아니라 온전해질 수도 있었다. 그녀의 경우에, 병이 그녀의 개성화의 목적에 이바지했다고 볼 수 있다. 날 때부터 눈이 먼 사람의 경우에 예수는 그가 하나님의 영광이 그에게서 나타날 수 있도록 그가 날 때부터 눈이 멀게 되었다고 말한다. "그가 죄를 지은 것도 아니요, 그의 부모가 죄를 지은 것도 아니다. 하나님께서 하시는 일들을 그에게서 드러내시려는 것이다"(9:3). 이것은 그 사람의 병이 하나님의 보다 큰 능력이 분명해질 수 있는 수단을 제공했다고 우리에게 말한다. 병이나 선천적인 결함의 많은 경우에 우리가 심리학적으로 자기Self의 출현이라고 부를 수 있는 기회가 제공된다는 것은 분명히 사실이다. 하나의 두드러진 예는 헬렌 켈러일 것이다. 그녀가 귀가 안 들리고 앞

---

5 흥미롭게도, 이 이야기에서는 아무도 그 사람이 눈이 먼 것이 전생의 결과였다고 말하지 않았다. 그것은 가끔 신약성서, 그리고 특히 예수가 환생을 믿었던 환생을 믿는 사람들에 의해 언급되었다. 이런 쟁점으로 들어가는 것은 이런 업무의 범위를 넘어서는 것이다. 그러나 만일 예수가 환생을 믿었다면, 이것은 분명히 그렇다고 말할 때가 있었다는 것을 주목할 가치가 있다. 기독교와 환생에 관해 철저하게 취급한 것에 대해서는 내 책 *Soul Journey: A Jungian Analyst Looks at Reincarnation* (New York: Crossroad, 1991), 그리고 *Healing Body and Soul*도 보라.

을 못 보는 것은 인간에게 내재하는 특징의 주목할 만한 심연이 두드러지게 보일 수 있는 상황이었다. 날 때부터 눈이 먼 사람의 경우에는 하나님의 영광이 그에게서 나타났다. 우리가 곧 살펴보겠지만, 예수가 그를 고쳤을 뿐만 아니라, 그 사람 자신이 그 과정에서 영적으로 변화되기도 했기 때문이다.

치료 방법이 우리에게 특이하다는 느낌을 준다. 즉 "예수께서 이 말씀을 하신 뒤에, 땅에 침을 뱉어서, 그것으로 진흙을 개어 그의 눈에 바르시고, 그에게 실로암 못으로 가서 씻으라고 말씀하셨다.('실로암'은 번역하면 '보냄을 받았다'는 뜻이다.) 그 눈먼 사람이 가서 씻고, 눈이 밝아져서 돌아갔다"(9:6-7).

왜 침을 사용했는가? 아마 치료에 침을 사용한 것은 사람의 생명의 본질 혹은 영혼이 몸의 어떤 체액, 특히 피와 침에 들어 있다는 그리스인들과 히브리인들 사이에 있던 고대의 전통으로 거슬러 올라갈 것이다. 융은 또한 고대인들 사이에서 침이 사람의 살아있는 영을 상징했다는 것에 주목했으며, 이것이 그리스도가 눈먼 사람을 고치기 위해 침을 사용한 이유임을 지적했다.[6] 그때 침은 치유의 효력을 가지고 있던 예수 자신의 생명의 본질을 상징할 것이다. 하여간 치료를 위해 진흙과 침을 사용한 것은 치료받은 사람의 편에서는 팽창의 여지가 없다. 요단강의 흙탕물에 가서 씻으라고 그를 보냈던 엘리사에 의해 나병을 치료받았던 시리아의 나아만처럼(열왕기상 5장), 그 눈먼 사람도 진흙과 침이라는 하찮은 요소를 통해 치료받았으며, 실로암

---

[6] Jung, *Dream Analysis*, 221.

이라는 흔한 못에서 씻으라고 보냄을 받았다.

여기 이 이야기에는 영어 번역본을 읽는 독자가 놓치게 될 의미의 뉘앙스가 있다. 희랍어에는 "씻다 to wash"를 의미하는 여러 단어가 있다. 첫 번째 단어 플리노 plynō [πλύνω]라는 단어는 옷을 씻는 것을 의미한다. 두 번째 단어 루오 louō는 온몸을 씻는 것을 의미한다. 세 번째 단어 닙토 niptō [νίπτω]는 다만 몸의 일부를 씻는 것을 의미한다. 이 이야기에서는 닙토라는 단어가 9:7에서 사용되었다. 그 사람은 온몸이 아닌 그의 눈만 씻으라는 요구를 받았다. 루오라는 단어가 사용되었다면, 그것은 그 사람의 의례적 세척, 즉 죄를 씻는 것이 필요했음을 암시한다. 요한이 루오라는 단어보다 닙토라는 단어를 사용한 것은 이 사람의 병이 죄의 결과가 아니라는 점을 강조한다.

실로암 못은 분명히 요한에게 알려진 장소였으며, 아마 그의 독자들에게 잘 알려진 못이었을 것이다. 학자들은 "보냄을 받았다"는 것을 의미하는 그 이름이 성부에 의해 보냄을 받았던 예수를 상징적으로 일컫는 것이라고 가정한다. 고대에 요한복음의 독자는 실로암 못을 친숙한 장소로 알고 있었을 것이고, 또한 "보냄을 받았다"는 단어의 상징적 의미를 이해하고 있었을 것이다.

그러나 하나님의 영광이 그에게서 나타날 수 있도록 이 사람이 날 때부터 눈이 멀었었다는 사실은 우리의 모든 질문에 대답해 주진 않는다. 왜 다른 사람이 아닌, 이 사람이 택함을 받았는가? 결국 이 사람은 그가 마침내 예수에 의해 치유를 받기 전에 눈먼 상태로 여러 해 동안 고통을 받아야만 했다. 어떤 다른 사람이 아니라, 왜 **그가** 이런 경험을 하도록 택함을 받은 것일까? 이 이야기는 우리에게 어떤 설명도 하지 않지만, 희랍인은 그것이 운명이었다고 말했을 것이다. 고대 희랍인들의 사고에서 모이라*moira*[μοῖρα] 혹은 운명은 큰 역할을 했다. 모이라이Moirai 혹은 페이츠Fates로 알려진 세 여신들이 있었는데, 그들의 과제는 각 사람의 생명이 수태될 때 그 사람의 운명을 결정하는 것이었다. 클로토Clotho는 그 사람을 위해 생명의 실을 잣는 일을 했고, 라케시스Lachesis는 그것을 쟀으며, 아트로포스Atropos는 미리 정해진 죽음의 순간에 그것을 잘랐다. 희랍어로 모이라이라는 그들의 이름은 운명 혹은 몫을 의미했던 모이라에서 비롯된 것이었다. 모이라이 혹은 페이츠는 모든 사람에게 주어진 삶의 운명 혹은 몫을 결정했고, 특히 그 사람의 변경할 수 없는 죽음의 순간과 상황을 미리 결정했다. 희랍인들에게 모이라이는 제우스 자신보다 인간의 삶에 더 영향력이 있었다. 즉 그들은 어떤 남자나 여자도 피할 수 없는 참으로 신성한 존재들이었다. 인간이 할 수 있었던 유일한 선택은 자신의 운명으로부터 도망치거나 당당하게 그것을 감수하는 것이었다.

우리는 기독교에서 운명에 관한 이야기를 거의 혹은 전혀 듣지 못한다. 토마스 아퀴나스는 특히 운명을 이교적 관념으로 간주했다. 비록 그가 하나님의 섭리에 의해 삶에 각인된 명령에 "운명"이라는 이름을 우리가 부여할 수도 있다는 것을 허용했지만 말이다. 그러나 이런 관념은 우리가 갈라디아서 6장을 살펴보면 알 수 있듯이, 신약성서에 전적으로 나오지 않는 것은 아니다.

갈라디아서 6:2에 보면, "서로 남의 짐을 져주십시오. 그래서 그리스도의 법을 이루십시오."[공동번역]라고 되어 있다. 그러나 갈라디아서 6:5에 보면, "각 사람은 자기 짐을 져야 하기 때문입니다."[공동번역]라고 되어 있다. 이것은 모순처럼 들린다. 즉 먼저 우리는 다른 사람의 짐을 져주라는 말을 듣고, 그 다음에 모든 사람이 각자 자기 짐을 져야한다는 말을 듣게 된다. 다시 희랍어가 우리에게 도움이 된다. 6:2에서 "짐"으로 번역된 희랍어는 무게 혹은 압력을 의미하는 바로스*baros*[βάρος]라는 단어다. (우리가 사용하는 바로미터barometer가 그것으로부터 나온 것이며, 바로미터는 무게나 공기의 압력을 재는 것이다.) 그러나 6:5에서 사용된 희랍어 단어는 포르티온*phortion*[φορτίον]이며, 이 포르티온은 쉽게 어떤 다른 사람에게 지울 수 없는 짐이었다. 이런 이유로, 그것은 쉽게 어떤 다른 사람에게 넘겨줄 수 있는 것이 아니라, 자신이 스스로 짊어져야하는 짐인 여자의 임신, 군인의 배낭, 배의 화물을 지칭하는 단어였다. 운명은 포르티온이다. 그러므로 그것은 우리가 스스로 짊어져야하는, 마태복음에서 "누구든지 나를 따라오려거든, 자기를 부인하고, 제 십자가를 지고, 나를 따라 오너라."(마태복음 16:24, [표준새번역])라고 한 십자가의 짐과 같은 것이다. 그래서 마태복음 10:38에서도 "또 자기 십자가를 지고 나를 따르지 않는 사람도 내게 적합하지 않다."(누가복음 14:27과 비교하라)고 한 것이다.

그러나 희랍적 관념과 기독교적 관념의 차이는 후자에서 자신의 삶의 짐이나 십자가가 자신의 운명이나 영적 목표가 될 수 있다는데 있다. 만일 날 때부터 눈이 먼 것이 하나님에 의해 선택된 눈먼 사람의 운명이나 짐이었다면, 그것은 또한 그의 운명의 일부, 즉 그리스도가 그를 고쳐주었을 때 이루어졌던 운명이었을 것이다. 그런 식으로 요한복음은 희랍인들을 심하게 짓눌렀던 냉혹한 운명이라는 절망상태에서 인간들을 구원해 주고, 가장 어려운 상황 한 가운데서도 영적인 희망을 주고 있다.

어떻게 그 눈먼 사람이 치유 받았는가 하는 이야기를 한 후에, 요한은 계속해서 바리새파 사람들과 갈등을 일으켰던 이야기를 하고, 예수의 어떤 강력한 말로 결론을 짓고 있다. 베데스다 못가에 있던 사람이 치유 받은 이야기가 그렇듯이, 이 이야기 역시 역사적 자료가 영적 진실을 지니고 있는 독자에게 보여주는 발판으로 사용되었다.

이 이야기는 여러 해 동안 눈이 먼 상태에 있었고, 이제 치유 받아 보게 된 이 사람을 알고 있던 이웃들과 사람들의 호기심으로 시작된다. 그들은 어떻게 이런 일이 일어났는지 그들에게 말하라고 그에게 요구하고, 그는 그들에게 조심스럽게 사건의 진상을 설명한다. 예수라고 하는 사람이 진흙을 개어 그의 눈에 바르고 실로암 못으로 그를 보냈으며, 그 후에 그가 보게 되었다고 했다. 그때 그들은 그를 그런 문제에 권위자이며, 그것에 대해 알아야만 하는 바리새파 사람들에게 데리고 간다. 바리새파 사람들은 그들에게 그의 이야기를 하라고, 다시 진실만을 조심스럽게 말하라고 그에게 요구한다. 공교롭게도 예수는 아무도 일을 하지 말아야 하는 안식일에 그 눈먼 사람을 고쳤던 것이다. 이것은 바리새파 사람들 가운데 일부를 화나게 했다. 그래서 그들은 "안식일을 지키지 않는 것으로 보아서, 그는 하나님에게서 온 사람이 아니오."라고 말했다. 그러나 그 치유로 인해 감동을 받은 다른 사람들은, "그러나 죄가 있는 사람이 어떻게 그러한 표징을 행할 수 있겠소?"라고 말했다. 그래서 그들은 안식일에 치유를 행했다고 불만을 표했던 바리새파 사람들을 개의치 않고, 그 치유 받은 사람에게 그가 어떤 생각을 하느냐고 묻자, 그는 솔직하게 "그분은 예언자입니다."(즉 하나님에게서 온 거룩한 사람)라고 분명히 말했다.

우리는 이제 이 이야기에서 확고한 생각, 그들의 개인적인 권위에 기초하고 있는 생각을 지지하고, 결국 그들의 신념 체계와 모순되는 것처럼 보이는 어떤 사실에 의해 혼란을 겪고 있는 한 무리의 사람들을 보게 된다. 그들은 그 사실을 의심하려고 함으로써 이것에 대응하고 있기에 그들은 그 사람의 부모를 부른다. 분명히 그들은 그의 부모가 그가 결코 눈이 멀었던 적이 없다고 말하든지, 아니면 적어도 그 사람의 이야기에 대해 진술을 거부할 어떤 핑계를 댈 것을 바란다. 그러나 그 부모는 진실을 고수하며, 그가 우리의 아들이고, 그가 눈이 멀었었고, 이제 보게 되었다고 했다.

다시 그들은 치유를 받았던 사람을 불러서, "영광을 하나님께 돌려라. 우리가 알기로, 그 사람은 죄인이다."라고 말한다. 그들은 그 사람이 예수가 틀림없이 죄인이라는 것에 동의하기를 요구하고 있고, 그가 하나님께 영광을 돌리기를 요청함으로써 그에게 "빠져나갈 길"을 마련해 주고 있다. 우리가 전에 살펴본 대로, 베데스다 못가에 있던 그 사람은 예수가 그를 치유해준 것에 화가 나서 예수를 곤경에 빠뜨리려고 안간힘을 썼지만, 이 사람은 용기를 가지고 있었으며, 단호하게 "다만 한 가지 내가 아는 것은, 내가 눈이 멀었다가, 지금은 보게 되었다는 것입니다."라고 하며 사실을 되풀이 하고 있다. 불편한 진실에 직면할 때 인간은 진실이 기반을 두고 있는 사실을 부정하려는 경향이 있지만, 이 사람은 바리새파 사람들을 자신의 적으로 만들게 되는 결과로부터 그 자신이 벗어나기는커녕 그 사건의 진상을 부정하지 않으려고 한다. 화를 내고 불만스러워하면서, 바리새파 사람들은 이번에 아마 그가 무언가 다르게 그것을 이야기하고, 자신들에게 그의 증언을 의심할 구실을 제공할 것을 바라며, 그의 이야기를 되풀이 하는 그에게 압박을 가한다. 그러나 그 사람이 진실을 말했기 때문에 그가 다시 같은 이야기를 하는 것은 어려웠다. 이제 그는 그들의 동기를 주목하여, "그것은 내가 이미 여러분에게 말했는데, 여러분은 곧이듣지 않았습니다. 그러면 어찌하여 다시 들으려고 합니까?" 하며 바리새파 사람들에게 공세를 취하며 도전한다. 그 다음에 그는 확실히 빈정대며, "여러분도 그분의 제자가 되려고 합니까?"라고 덧붙여 말한다.

　이제 바리새파 사람들은 욕설을 퍼붓는다. 왜냐하면 우리가 논쟁에서 이길 수 없을 때 우리는 우리의 적수에게 인신공격을 하는 경향이 있기 때문이다(논리학에서 이것은 그 사람에 대한 인신공격적인 논증이라 불린다). 바리새파 사람들이 그 사람을 더욱 더 압박하자 그것은 그가 더 깊이 예수에 대한 그 자신의 결론에 이르도록 만들었으며, 그는 결국 예수가 하나님께로부터 오신 분임이 틀림없다는 결론을 내렸다. 그렇지 않으면, 그가 치유 기적을 행할 수 없었을 것이기 때문이라는 것이다. 화를 내며 바리새파 사람들은 그들이 부정할 수 없는 경험을 하고, 또 그들이 파괴할 수 없는 성격을 가진 그 사람을 내쫓았다.

그 다음에 그 이야기의 멋진 피날레가 장식된다. 즉 그 이야기에 다시 나타나서 예수는 불가사이하기도 하고 심오하기도 한 선언을 한다.

나는 이 세상을 심판하러 왔다.
못 보는 사람은 보게 하고,
보는 사람은 못 보게 하려는 것이다. (9:39, [표준새번역])

정확하게 말하면, 모든 것을 분명히 보고 있고 알고 있으며, 진실을 소유하고 있다고 믿는 사람들은 사실상 영적으로 눈먼 사람들이다. 반면에, 그들의 부족과 맹목성을 인정하는 사람들은 그리스도가 의미하는 것을 알기 위해 개방되어 있는 사람들이다. 그것이 모든 답을 가지고 있다고 믿을 때, 그것은 진실에 대해 폐쇄되어 있는 낡은 악마적인 자아다.

어떤 바리새파 사람들은 예수가 이렇게 말하는 것을 들었으며, 이것은 그들을 불편하게 만들었다. 분명히 그들은 그가 우리에게 대해 말할 리가 없다고 생각할까? 그러나 그들은 아마 그가 그들에 대해 말하고 있다고 의심할 것이다. 그래서 그들은 확인하기 위해 그에게 와서, "우리도 눈이 먼 사람이란 말이오?"(9:40)라고 말한다. 그때 예수는 다른 강한 말로 이렇게 대답한다.

너희가 눈이 먼 사람들이라면,
도리어 죄가 없을 것이다.
그러나 너희가 "우리가 본다."고 말하니,
너희의 죄가 그대로 남아 있다. [표준새번역]

심리학적으로 보면, 큰 죄는 우리가 모든 진실을 소유하고 있지 않다는 사실이 아니다. 자신이 모든 진실을 소유하고 있다고 말할 수 있는 사람이 누가 있는가? 큰 정신적인 맹목성은 진실에 대해 우리가 무지와 오류를 저지를 때 생긴다. 우리가 다만 "맞아요, 나는 눈이 멀어 있어요... 많은 점에서 나는 진실을 못 보고 있어요."라고 말할 수 있다면, 그때 우리의 맹목성이 치유 받을 수 있는 길이 열리게 된다. 그러나 우리가 우리 자신, 삶, 그리고 하나님에 대한 모든 것을 알고 있고 이해하고 있다는 잘못된 확신을 고집할 때, 우리는 사실 눈이 멀어 있는 것이다.

제20장

하나님의 아들들
선한 목자의 비유
요한복음 10장

요한복음 10장은 두 부분으로 나누어져 있다. 첫 부분은 선한 목자의 비유다. 두 번째 부분은 예수가 중요하고 특이한 말을 하는 중에 예수와 그의 적대자들 사이에 있었던 또 다른 논쟁이다. 우리는 먼저 그 비유의 본문을 살펴볼 것이며, 그 다음에 그 상징성을, 그리고 예수와 바리새파 사람들 사이의 논쟁을 살펴볼 것이다. 그리고 마지막으로, 우리는 예수가 그의 적대자들에게 했던 말씀이 중심 역할을 했던 심리학적-신학적 발달 단계를 요약해 볼 것이다.

선한 목자의 비유는 예수 시대의 사람들에게 잘 알려져 있던 이미지들, 즉 양, 문이 있는 양 우리, 양에 대한 위협 그리고 목자의 역할에 기반을 두고 있다. 그의 비유에서 예수는 이런 친숙한 배경을, 현세를 통한 영혼의 통로에 대한 그리고 인도자로서의 그 자신의 중요성에 대한 강력한 상징으로 바꾸어 놓는다.

그것은 양 우리로 들어가는 정당한 혹은 불법적인 방법의 문제로 시작한다(1절). 문은 양 우리로 들어가는 적절한 길이지만, 어떤 사람들은 다른 길로 들어가고 이렇게 하는 사람은 누구나 도둑이요 강도다. "도둑이요 강도"라는 표현이 과하게 들릴지 모르지만, 희랍어로 도둑이라는 말이 클렙테스*kleptēs*[κλέπτης]("도벽이 있는*kelptomanic*"이라는 단어가 이 단어에서 비롯되었다)인데, 이것은 술수와 사기로 훔치는 사람을 나타내는 반면에, "강도"로 번역된 단어는 희랍어 단어 레스테스 *lēstēs*[λῃστής]에서 비롯된 것이고, 폭력적인 행위로 빼앗는 사람을 말한다. 양들을 파멸에 이르게 하는 불법적인 사람들은 문으로 들어가지 않는다. 왜냐하면 그 문은 문지기에 의해 감시되고 있기 때문이다(3절). 그러나 참된 목자는 문을 통해 들어간다. 왜냐하면 그는 그가 부를 때 그의 목소리를 알아듣고 그에게 오는 문지기와 양들에게 모두 알려져 있기 때문이다. 그때 양들은 그가 자신들을 안전하게 목초지로 인도하는 참된 목자의 목소리를 따르지만, 양들은 그의 목소리를 알지 못하기 때문에 잘못된 낯선 자를 따라가지 않을 것이다(5절).

이 비유의 일반적인 경향은 양들을 기독교인들에 대한 비유적인 상징으로 보는 것이다. 양들은 매우 영리하지 못한, 조용하고 굼뜬 동물이기 때문에 그것은 기독교인들을 아주 긍정적 시각으로 묘사하는 것이 아니다. 그러나 양들을 비유적으로 간주하는 것이 아니라, 우리가 서론에서 구분지어 보았던, 상징으로 이해하는 것이 그 비유에 더 어울린다. 비유적인 것은 알려져 있는 것을 알려져 있는 다른 것으로 대신하도록 한다는 것을 기억해야 할 것이다. 즉 상징은 알려져 있는 어떤 것을 주로 혹은 전적으로 알려져 있지 않은 것을 나타내기 위해 사용한다. 이런 경우에 양들은 기독교인들이 아니라, 우리 자신의 본능이라고 보아야 할 것이다. 양들은 매우 영리하지 않을지 모르지만, 본능적 차원에서 목자의 목소리를 알고 그것을 다른 사람의 목소리와 구분할 정도로 영리하다. 그런데 그 비유는 우리 각자 안에 참과 거짓을 알아볼 수 있는 비합리적이고 본능적인 능력이 있으며, 우리가 다만 그것에 물어보면 생명력 있는 참된 안내를 따르게 될 것이라고 말하고 있다. 서론으로부터 이것이 바로 오리게네스가 비유를 이해했던 방식이었다는 것을 기억해야 할 것이다. 그에게 있어서 양들은 안내를 필요로 하지만, 어떤 방향감각과 참된 인도자 그리고 참된 길과 거짓된 길을 구분할 수 있는 능력도 가지고 있는, 우리 자신의 비합리적이고 본능적인 특성을 상징하는 것이었다. 그들 안에 이런 본능적 특성이 있으며, 그들이 알고 있는 이런 본능적 특성을 따르는 모든 사람들은 나중에 14-16절의 비유에서 언급된 "양들"이다.

도둑들과 강도들은 대개 거짓된 인도자들, 특히 잘못된 혹은 이단적인 가르침을 가지고 있는 사람들과 동일시되었다. 세상이 우리를 잘못된 길로 이끌려고 하고 그렇게 하려고 안간힘을 쓰는, 그리고 우리에게서 우리의 세속적인 부뿐만 아니라, 가끔 우리의 영혼까지도 빼앗으려고 하는 자아중심적인 사람들로 가득 차 있다는 것은 분명한 사실이다. 그런 예들의 범위는 아돌프 히틀러로부터 다른 사람들에게 권위자guru의 역할을 하고 싶어 하고, 그들을 거짓된 영적인 길로 이끄는 보다 교묘한 거짓 지도자들에 이르기까지 죽 이어진다. 안타깝게도 정신치료자들과 성직자들조차도 그런 거짓 인도자들에 포함될 수 있다. 물론 그들이 그들의 참된 동기에 대해 무의식적일 때보다 그런 거짓 인도자들이 결코 더 위험한 것은 아니다. 우리가 우리의 가장 진실 된 본능(우리의 "양들")에 물어보는데 실패했기 때문만이 아니라, 우리의 자아중심성이 그들의 자아중심성에 놀아나기도 했기 때문에 그들은 우리를 지배하게 된다. 우리가 살펴본 대로, 우리는 종종 창조적 중심을 우리가 우리 자신의 의식적 발달의 짐을 떠맡지 않을 수 있도록 그 짐을 지는 누군가에게 투사할 준비가 되어 있다. 비양심적인 영적 "도둑이나 강도"는 점점 우리에게 이렇게 할 것이다. 왜냐하면 그것은 그의 손에 놀아나게 되기 때문이다. 쿤켈은 그런 사람들을 "우상들"이라고 불렀다. 왜냐하면 다른 사람들은 중심을 그들에게 투사하기 때문이다. 즉 그는 그런 모든 처리방식을 우상숭배의 형태로 간주했다. 그러나 도둑들과 강도들은 우리의 바깥에 있는 사람들일 뿐만 아니라, 우리를 미혹시키는 우리 안에 있는 자아중심적인 경향이기도하며, 자아중심적인 욕망을 성취하기 위해 진실을 부정하라고 우리에게 요구하는 거짓되고 유혹적인 충동과 목소리이기도 하다. 오리게네스는 이것 역시 알고 있었으며, 도둑들과 강도들을 우리의 의식이 결핍되어 있기 때문에 불완전하고 결함이 있는 우리 안에 있는 모든 것이라고 말하기도 했다.

이 비유에서 그리스도는 처음에 문의 상징으로 나온다. 그리스도가 이 비유에서 처음에 문으로 상징화되고, 그 다음에 목자로 상징화될 수 있는 것은 놀랄 일이 아니다. 왜냐하면 우리는 이미 그것이 그리스도의 이미지를 전해 주기 위해 수많은 이미지들을 필요로 한다는 것을 살펴보았기 때문이다. 문은 누군가를 들어가거나 나오게 하기 위해 열리기도 하고, 아니면 사람들의 출입을 차단하거나 가두어두기 위해 닫히기도 한다. 문은 우리의 현실 생활에서 중요할 뿐만 아니라, 우리의 꿈에서도 중요한 상징으로 나온다. 예를 들어 사람들은 종종 기차(상징적으로 그들의 영적 목적지를 향해 가는 길로 더 멀리 그들을 데려다 줄)를 잡기 위해 뛰는 꿈을 꾼다. 그들은 마지막 순간에 기차역에 도착한다. 하지만 거기에는 문이 있고, 그 문 옆에는 표를 가지고 있는 사람들만이 통과하도록 확인하는 문지기가 있다. 즉 의식의 값을 지불한 사람들만이 계속 길을 갈 수 있도록 허용된다. 문으로서의 그리스도는 정당한 양들이 그들의 길을 찾을 수 있도록 열려 있을 뿐만 아니라 그 길을 찾는데 적합하지 않은 사람들에게 길을 막는 세력이기도 하다.

 나중에 11절에서 그리스도에 대한 이미지는 문의 이미지에서 선한 목자의 이미지로 바뀐다. 선한 목자는 여기서 종종 여러 신화와 민담은 물론 우리의 꿈에 나오는 다른 이미지인, 영혼의 인도자라는 원형적인 역할을 한다. 선한 목자로서의 그리스도는 거짓된 도둑들과 강도들이 그런 것처럼 자아중심적인 목적에 이바지하지 않는다. 즉 분명한 것은 그가 기꺼이 양들을 위해 자신의 목숨을 버린다는 것이다. 충실한 목자가 그의 양떼를 보호하기 위해 죽을 수 있는 것처럼, 그리스도는 기꺼이 그의 영적인 양떼를 위해 죽으려고 한다. 물론 이것은 다가오는 예수의 십자가 처형에 대한 은근한 언급이지만, 그것은 또한 더 상징적으로 이해될 수도 있다. 언젠가 융 학파 분석가인 에드워드 에딘저는, 중심은 말하자면 그것이 우리에 의해 동화될 수 있기 위해 부수어지고 나누어지는 것에 동의한다고 지적한 적이 있다. 마치 그리스도가 성찬식에서 빵을 쪼갬으로써 상징적으로 부수어지고 나누어져서, 그의 실재가 예배드리는 이들 안에서 그리고 사이에서 전달되는 것처럼 말이다. 이 모든 것은 17-18절에서 더 많이 묘사되어 있는 기독교적 신비의 일부다. 즉 우리는 우리가 그리스도라고 부르는 실재의 아주 작은 부분을 얻을 수 있다. 그중 우리는 우리가 할 수 있는 만큼만 먹을 수 있으며, 이것이 일어날 수 있는 것은 우리를 위해 하나님에 의해 이루어진 희생과 같은 것이다. 사실상 의식의 모든 심리학적·영적 발달 단계에서 그것은 이런 식으로 작용한다. 즉 진리는 다만 서서히 동화되는 것이다.

15절에서 우리는 "안다"라는 단어의 용법에서 다른 중요한 의미의 뉘앙스를 접하게 된다. 즉 "그것은 마치, 아버지께서 나를 아시고, 내가 아버지를 아는 것과 같다."라고 되어 있다. 의심받을 수도 있지만, "안다"라는 단어를 지칭하기 위해 여기서 사용된 희랍어는 깊은, 경험으로 얻은 지식을 의미하는 **기노스코** *ginōskō* [γινώσκω]다.

16절에서 이 우리에 속하지 않았지만, 그들도 이끌어 와야 할 "다른 양들"에 대해 읽는다. 가장 분명한 해석은 예수가 유대인들이 아니지만, 그들 역시 그에게 속하게 될 사람들에 대해 언급하고 있었다는 것이다. 심리학적으로 이것은 중심이 모든 인류 안에 있는 실재라고 말하는 방식이다. 그리스도는 우리의 피부색이나 종교적 신념에 상관없이 우리 모두의 안에 있다. 이것은 우리가 요한복음 17장에 이르게 될 때 더 깊이 탐색해 보게 될, 하나 됨이라는 원형의 근거다.

이런 것은 예수가 말하고 있는 강한 단어이며, 그의 말을 듣는 자들로 하여금 그들이 갈 길과 그들이 믿을 것을 결정하도록 한다. 견고한 자아가 변화에 반대하기 때문에 선한 목자의 비유를 들은 많은 사람들은 깜짝 놀랐다. 그 비유를 모면하기 위한 가장 빠른 방법은 그것을 말한 사람을 불신하는 것이었다. 그래서 예수의 말을 듣고 있던 그들 중 몇몇은 그에게 "그가 귀신이 들려서 미쳤는데, 어찌하여 그의 말을 듣느냐."(20절)라고 말했다. 그러나 아직 충분히 설득되진 않았지만, 다른 사람들은 적어도 그 비유의 의미를 기꺼이 숙고해 보려고 했다. 그들은 그 상황의 실상을 살펴보며, "이 말이 귀신이 들린 사람의 말이 아니다. 귀신이 어떻게 눈먼 사람의 눈을 뜨게 할 수 있겠느냐?"라고 말했다. 뒤이어 예수는 전형적인 역사적 반영의 일부를 언급하며 계속해서 말한다. 22-23절에서 우리는 예루살렘에서 성전 봉헌절을 기념하게 되었을 뿐만 아니라, 요한은 그것이 겨울이었다고 상세하게 덧붙여 말하고 있다는 것도 알게 된다. 그 다음에 예수의 적대자들은 그에게 "당신이 그리스도이면 그렇다고 분명하게 말하여 주십시오."(25절)라고 하며 도전한다. 이것은 예수에게 그의 아버지에 대한 관계의 문제와 양의 비유에 대해 자세히 말할 수 있는 기회를 준다. 그의 아버지와의 관계에 대한 진술은 "나와 아버지는 하나다."(30절)라는 말로 끝난다. 이것은 예수가 이제껏 했던 자신의 하나님과의 동일성에 대해 언급했던 가장 강한 진술이다. 하지만 그것은 절대적으로 동일시하는 생각까지는 이르지 못한다. 그것은 예수의 능력과 의지가 아버지의 것과 같은 것임을 보여주며, 인간적인 관계보다 더 큰 관계를 의미하는 더욱 더 근본적인 일치가 있다는 것을 암시한다.

그의 적대자들은 예수가 한 말에 함축된 의미를 놓치지 않고, 그를 돌로 치려고 돌을 집어 든다. 즉 예수가 신성모독의 벌을 받아야 한다고 보고, 돌로 치려는 것이다. 그들은 그가 그 자신을 사실상 하나님과 동일시하고 있고, 이것이 다만 그들이 신성하다고 여기는 모든 것에 맞서는 가장 큰 신성모독으로 이해될 수 있다고 믿는다. 이것은 예수에게 그가 의미하는 것에 대해 훨씬 더 자세히 말할 수 있는 기회를 준다. 그가 그렇게 한 것처럼, 그는 그들이 그가 신적인 본질에 가까운 것—동일시된 것은 아니더라도—에 대한 그의 진술을 받아들일 수 없는 것에 대한 어떤 동정심을 가지고 있는 것 같다. 왜냐하면 37-38절에서 그는 한 증거로 "내가 내 아버지의 일을 하지 아니하거든, 나를 믿지 말아라. 그러나 내가 그 일을 하고 있으면 나를 믿지는 아니할지라도, 그 일은 믿어라."하고 대체로 다정하게 말하며, 자신이 한 일에 호소하고 있기 때문이다. 그 다음에 그는 "아버지와 나는 하나다"라는 말보다 더 부드러운 말, 즉 "그리하면 너희는 아버지께서 내 안에 계시고, 또 내가 아버지 안에 있다는 것을 깨달아 알게 될 것이다."라는 말을 약간 덧붙인다. 우리는 이런 말에서 우정과 이해에 호소하고 있다는 것을 감지할 수 있고, 이전의 이런 논쟁이 지닌 격한 성향을 완화시켜보려고 한다는 것을 알 수 있다. 하지만 그것은 아무 효과가 없었다. 그의 적대자들은 그를 체포하려고 했기에 예수는 그들을 피할 수밖에 없었다. 왜냐하면 십자가를 질 때가 아직 이르지 않았기 때문이다. 그는 요단 강 건너 쪽으로 피했으며, 거기서 그 고장의 평범한 사람들 사이에 머물렀다. 그런데 많은 사람들이 그의 인격과 말씀에 감동을 받아 그를 믿게 되었다.

그러나 이런 논의를 하는 가운데 예수는 "너희의 율법에, '내가 너희를 신들이라고 했다.'고 하는 말이 기록되어 있지 않으냐? 하나님의 말씀을 받은 사람들을 하나님께서 신이라고 하셨다. 또 성경은 폐하지 못한다."는 강한 말씀을 한다. 예수가 염두에 두고 있는 구약성서의 이 구절은 "너희는 모두 신들이고, '가장 높으신 분'의 아들들이지만, 너희도 사람처럼 죽을 것이고, 여느 군주처럼 쓰러질 것이다." [표준새번역]라고 되어 있는 시편 82:6이다.

이 구절은 특히 흥미롭다. 왜냐하면 그것이 우리에게 초기교회의 "신화神化, deification"(데오시스 theosis) 혹은 가끔 "신성화 divinization"(데오포이에시스 theōpoiēsis)라고 불리는 중요한 관념에 이르게 해 주기 때문이다. 우리가 서방 교회에서 이런 관념에 대해 거의 듣지 못하기에 우리는 그것에 대해 짧게 살펴볼 것이다. 하지만 기독교의 첫 수세기에 그리스도를 통한 영혼의 신화神化라는 관념은 특히 희랍어를 하는 동방에 널리 퍼져 있었으며, 오늘날까지도 신화라는 관념은 동방 정교회 신학에 중심적인 것이다. 신화는 인간의 영혼이 그리스도와의 신비로운 연합을 통해 도덕성의 타락한 상태, 부패 그리고 죄로부터 구원받는 것을 의미한다. 신화라고 알려진 이런 과정은 세례를 통해 죽음과 재생을 경험하고 성찬의 전례를 통해 영혼 속에 그리스도의 생명이 주입되고, 기도생활을 통해 교만, 시기 그리고 악의라는 자아중심적인 죄에 맞선 싸움에 승리함으로써, 그리고 이 세상의 세속적인 것들이 영적 영역 안에 있는 영원한 것들에 대한 희미한 반영이라는 영혼의 증진되는 인식을 통해 영혼이 하나님께로 가는 길이 열린다는 동방 정교회의 사고思考에서 성취된다.[1]

변환의 결과로 초래되는 과정은 하나님의 다른 표현으로서 영혼에게 영혼이 이런 길에서 벗어날 때, 그 길을 따라가고 또 영혼을 바로잡아 주는 길을 보여주는 성령에 의해 활성화되고 조명된다. 따라서 우리가 살펴본 대로, 언제나 그 안에 하나님의 형상을 가지고 있는 영혼은 이제 하나님을 닮은 존재(원형)로 움직이게 된다. 이렇게 하여 최상의 인간적인 운명으로 여겨지고, 삶의 의미를 내포하고 있는 과정이 계속되는 것이다.

초기교회에서 이것이 그리스도가 성취한 일이었고, 성육신된 이유였다는 것을 주목하는 것은 중요하다. 그래서 인간들은 이제 그처럼 될 수 있으며, 이것이 기독교적 신비 mystērion였던 것이다. 그러므로 구원의 역사는 십자가에서 뿐만 아니라, 그리스도의 완전한 성육신, 삶, 죽음 그리고 부활에 의해서도 성취되었다. 동방 기독교에 있어서, 특히 성육신은 단지 십자가를 가리키는 것이 아니라 그 자체가 인류를 위한 구원의 원천이었다. 왜냐하면 우리의 타락한 인간 본성이 우선 신성화 divination로 이해된, 영혼의 구원이 이루어질 수 있기 전에 그리스도의 신적인 본성과 하나로 합쳐짐으로써 그것의 본질적 성품

---

[1] Georgios I. Mantzaridis, *The Deification of Man* (Crestwood, N.Y.: St. Vladimir's Seminary Press, 1984), 33.

으로 회복되어야 하기 때문이다.

신화神化라는 관념을 지지하는 성서 구절들은 영혼의 완성으로서의 삶의 영적인 목표를 언급하는 모든 성서 구절들(여기서 열거하기에는 너무 많다)을 포함하고 있다. 희랍어 단어 **텔로스**telos에서 비롯된, 신약성서에 나오는 많은 희랍어 단어들은 이런 범주에 속하는 것이다. 우리가 전에 살펴본 대로, **텔로스**는 영혼이 움직이고 노력하는 목적이요 목표다. 예를 들어 그리스도가 "그러므로 하늘에 계신 너희 아버지께서 완전하신 것 같이, 너희도 완전하여라."(마태복음 5:48)고 말씀할 때, "완전한perfect"이라는 단어는 희랍어 **텔로스**에서 파생된 것 가운데 하나인 **텔레이오스**teleios[τέλειός]다. 그 단어는 흠이 없는 "완전한" 것을 의미하는 것이 아니라 자신의 완성 혹은 최종 상태에 이르게 되어 온전해진 것을 의미한다. 또한 신화神化라는 관념을 뒷받침해주는 것은 마침내 개인적 변환을 떠올리는 더욱더 많은 성서 구절들이 있다. 히브리서 4:12-15, 베드로후서 1:4, 누가복음 20:35-36, 로마서 8:29, 그리고 갈라디아서 4:9가 그 예들이다. 그러나 신약성서에서 변환에 대한 이 모든 가르침을 인용하는 것은 우리가 이 책의 범위를 벗어나는 것이다. 무엇보다도 신화라는 관념은 거의 모든 페이지에 그것에 대한 관념으로 가득 차 있는 제4복음에 기초하고 있다.

신화神化라는 관념은 순교자 유스티누스Justin Martyr를 필두로 해서 교부들 중 많은 대표자들에게서 발견된다. 예를 들어 알렉산드리아의 클레멘스는 영지주의자를 "잘 알고" 있던 기독교인이라는 의미로 보았고, "너희는 신들이요 가장 높은 분의 아들들이다."라고 말씀한 요한복음 10:34를 구체화한 진술에서, "이리하여, (기독교적) 영지주의자[즉 "잘 알고 있는 기독교인"]가 이미 신이 되는 것이 가능해졌다."고 선언했다.2 클레멘스의 후계자인 오리게네스는 그리스도가 사람들을 모든 지식과 진리로 인도하는 신적인 로고스라고 말하면, 그렇게 함으로써 그리스도가 새로운 생명을 주었다고 말했다. 따라서 역사학자 아돌프 하르낙Adolf Harnack의 말로 하면, "인류는 이제 그의 생명을 취했으며, 그들 스스로 신적인 본질과 관련을 맺음으로써 신이 된다."3고 볼 수 있다.

그의 훌륭한 저작 『켈수스에 대한 반론Contra Celsus』에서 오리게네스는, 신자들의 구원은 "그분으로부터, 신과의 교제로 인해 인간이 신이 될 수 있으려면 예수 안에서 만이 아니라, 예수를 믿을 뿐만 아니라 예수가 가르쳤던 삶을 살기 시작하고, 예수의 교훈을 따라 사는 모든 사람이 하나님과의 친교 및 그분과의 교제를 통해 승격되는 생명으로 들어가기도 하는 모든 사람들 안에서도, 신과의 교제에 의해 신과 인간적인 본성의 합일이 시작되었다는 것을 그들이 알게 될 때"4 시작될 것이라고 말했다.

심지어 오리게네스 이전에 이레니우스도 "예수 그리스도는 우리가 그분과 같은 존재가 되도록 하려고 우리와 같은 사람이 되었다."5라

---

2 *The Stromata* 4.23.
3 Adolf Harnack, *History of Dogma* (New York: Dover Publications, 1961), 2:368. Origen, *Contra Celsus* 3:28과 비교하라.
4 *Contra Celsus* 3.28.
5 Harnack, *History of Dogma*, 2:288. Irenaeus, *Against Heresies* v, 서문을 보라.

고 말했다. 더 나아가 이레니우스는, "비록 그분이 완전했지만, 하나님의 아들은 인간이 그분을 받아들일 수 있도록 하려고, 나머지 인류와 교감하려고 유아기를 거쳤으며, 자신의 이득을 위해서 그렇게 한 것이 아니라, 인간 실존의 유아적 단계에 참여하려고 그렇게 한 것이다."6라고 주장했다. 실제로 다른 곳에서 이레니우스는 그리스도가 이런 목적으로, 즉 삶의 모든 곳에서 우리 인간들이 신비적으로 그의 실재에 참여함으로써 변화될 수 있기 위해 인간의 삶의 **모든** 단계를 거쳤다—그가 50세까지 살았다—고 주장한다.

히폴리투스는 변환된 그리스도가 우리 안에 살았으며, 그 혹은 그녀 자신의 영혼을 알게 되는 모든 사람과 관계를 맺게 되었다는 것을 강조하는, 더 진전된 생각을 가지고 있었다.

> 당신이 하나님이 되셨기 때문에 그분은 당신이 인간으로 살 동안 당신에게 이런 고통을 겪게 하셨다. 왜냐하면 당신은 죽어야 할 존재로 만들어졌기 때문이다. 그러나 당신이 신이 되었고 불멸을 얻었기 때문에 하나님과 일치하는 것이면, 하나님은 무엇이든 이런 것을 당신에게 주기로 약속하셨다. 이것은 "너 자신을 알라," 즉 너 자신 안에서 하나님을 발견하라는 격언의 의미를 이루고 있다. 왜냐하면 그분은 그분의 형상으로 당신을 지으셨기 때문이다. 왜냐하면 자신에 대한 인식이 하나님의 인식의 대상이 되는 것과 결합되었고, 당신이 하나님 자신에 의해 부름을 받았기 때문이다.7

---

6 *Against Heresies* 4.38.
7 *Elucidations* 10.30.

신화神化에 대한 가르침은 특히 동방 교회의 기독교 사상가들 사이에서 중요했다. 사실상 모든 주요한 동방의 교부들은 인류에 대한 그리스도의 구속救贖의 신비를 설명하며 이런 말을 했다. 그래서 아타나시우스는 "우리가 신이 될 수 있었던 것은 그분이 인간이 되었기 때문이다."[8]라고 말한다. 그리고 그의 편지 중 하나에서 그는 "그분이 인간이 되었기 때문에 그분이 우리를 그 안에서 신이 될 수 있게 하신 것이다."라고 말한다. 또 다시 그는 "우리가 어떤 사람의 몸을 취함으로써 신이 된 것이 아니라, 말씀이신 그분 자신의 몸을 받음으로써 신이 된 것이다."[9]라고 말한다.

나지안주스의 그레고리우스Gregory of Nazianzen는 유사하게 "그리스도 역시 우리처럼 되었기 때문에 우리는 그리스도처럼 되었다. 즉 그분 역시 우리를 위해 인간이 되었기 때문에 우리는 그분으로 인해 신들이 되었다."[10]고 말했다. 니사의 그레고리우스도 같은 생각을 그의 훌륭한 저작 『영혼과 부활에 관하여On the Soul and the Resurrection』에서 자세히 설명했다.[11]

우리가 살펴본 대로, 신화라는 관념은 예배하는 이들이 그리스도의 몸과 피를 먹음으로써 그리스도의 모습likeness으로 변화된 신비mysteriōn로서의 초기교회의 성만찬 관념의 초석이었다. 이그나티우스는 성만

---

[8] *Incarnation of the Word* 54. "우리가 신이 될 수 있다"는 단어는 희랍어로 데오포이에소멘*theōpoiēthomen*이다.
[9] *Letters* 60.4, 61.2.
[10] *Orat* 1.5; 또한 *Orat* 40.45.
[11] 예를 들어 *On the Soul and Resurrection*, The Great Catechism 26을 보라.

찬을 "불멸의 약"(파르마오콘 아다나시아스*pharmaokōn athanasias*)12이라고 불렀다. 이런 견해는 모든 동방교회를 통해 그리고 서방교회에서는 아우구스티누스 이후에야 대단히 우세해졌다. 아돌프 하르낙의 말로 하면, "따라서 성육신에 기반을 두고 있는 모든 계약(즉 성만찬)은 신화(데오시스*theōsis*)의 신비 그 자체라는 것은 의심할 여지가 없다."13

앞에서 말한 대로, 신화라는 관념은 그 자신이 그 관념에 영향을 받았지만, 아우구스티누스 이후에 서방교회에서 줄어들었다. 서방교회에서 기독교의 구원 관념은 더 합리적이고 형식적이 되었다. 반면에, 동방교회에서 그것은 초기교회와 맞게 되었으며 요한복음과 분명히 더 어울리게 된 것 같다. 개신교가 출현하자 일부 예외를 제외하면, 기독교의 신비스런 요소는 훨씬 더 후퇴했으며, 구원론이 사실상 그리스도가 죄 많은 인류를 위해 하나님께 법적인 빚을 갚았던 십자가만의 의미로 축소되었다. 기독교가 그것의 신비스럽고 심리적인 차원을 잃을수록 그것의 좁은 형식적 사고思考가 더욱 더 극단적이 되었다. 동방교회에서 십자가의 구원의 혜택이 크게 중요하게 인정을 받은 반면, 구원 관념은 훨씬 더 폭넓어졌고, 우리가 살펴본 대로 영혼의 신화神化로 표현되었다.

오늘날까지 희랍 정교회와 다른 동방 정교회들에서 신화라는 관념이 가장 중요하며, 성만찬은 여전히 고대적인 방식으로 그리스도와 영혼의 형언할 수 없는 신비, 그에 따른 신화를 표현하는 신비*mysteriōn*로 언급되었다. 스톡톤 대학의 역사와 종교학 교수인 데메트리오스

---

[12] Harnack, *History of Dogma*, 4:286.
[13] Ibid.

J. 콘스탄텔로스Demetrios J. Constantelos는 이렇게 말한다.

> 성령의 능력은 인간이 정교회에 매우 중요한 관념인, 기독교적 삶의 궁극적 목표, 곧 인간 본성의 신화deification, theōsis를 성취하도록 인도한다. 신화는 하나님 안에서의 삶, 인간의 하나님 안에서의 작은 신a little god으로의 변환을 의미한다. 이런 관념은 성서와 완벽하게 일치한다. 전에 언급한 대로, 사람들은 그리스도에게 던지려고 돌을 집어 들었다. 예수가 왜 그들이 이렇게 하고 있었는지 물었을 때, 사람들은 그분이 자신을 하나님이라고 칭함으로써 하나님을 모독하고 있었기 때문이라고 대답했다. "너희의 율법에, '내가 너희를 신들이라고 했다'하는 말이 기록되어 있지 않으냐?"(요한복음 10:34; 시편 82:6).

따라서 예수 자신은 인간을 작은 신이라고 부른다. 이런 가르침은 교부들과 교회의 전통에 의해 이어져 왔다. 그것은 희랍 정교회의 종말론적 가르침의 중요한 요소를 이루고 있다.[14] 고대의 신화神化 교리와 융과 쿤켈에 의해 이해된 개성화 사이의 유사성이 인상적이다. 두 경우에 개개인의 영혼은 성장하기를 갈망하며, 두 경우에 말하자면 이런 성장에 대한 에너지의 원천이 무의식 속에 잠복해 있다. 초기교회의 경우에 영혼 안에는 인간을 하나님의 모습으로 변환시킬 수 있는 하나님의 형상이 있었으며, 이것은 융과 쿤켈에 의하면, 처음부터 존재하는 에너지의 원천이요 우리의 온전하고 완성된 인격으로 우리가 변환

---

[14] Demetrios J. Constantelos, *Understanding the Greek Orthodox Church* (New York : Seabury Press, 1982)

될 수 있도록 하는 인도자인, 전인全人 혹은 자기Self의 무의식 속에 있는 이미지와 비슷한 것이다. 두 경우에 변환의 작업은 그 목표를 달성하기 위해 융과 쿤켈에 의해 자기의 에너지로 상징화된 신적인 능력에 의해 도움을 받지 않으면 안 되는, 도움을 받지 않은 인간의 자아의 능력 안에 있지 않다. 두 경우에 자아의 자아중심적인 잘못은 극복되어야만 하며, 역동적인 내적 중심에 초점이 맞추어져야 한다. 두 경우에 무지의 어둠은 해제되어야 하며, 새로운 의식意識이 발달되어야 한다.

물론 거기에는 많은 차이들이 있다. 현대 심리학의 많은 관념들은 초기 기독교인들에게 알려져 있지 않았으며, 결국 그들의 심리학은 많은 점에서 우리 현대인의 귀에는 이상하게 들린다. 그러나 아마 가장 중요한 차이는, 융과 쿤켈은 그것이 그들이 필연적인 심리학적·영적 요구를 성취했다면, 공개적으로 그리스도를 믿건 믿지 않건, 모든 사람들에게 개방되어 있는 과정이었다고 말하고 싶은 반면, 초기 기독교인들은 변환의 과정이 다만 그리스도를 통해 이루어졌다는 것을 믿었다는 데 있다. 그러나 쿤켈은 그 이름이 밝혀졌건 밝혀지지 않았건, 개성화를 위한 에너지를 제공한 역동적인 내적 중심이 기독교인들이 내면의 그리스도로 알고 있는 것과 일치하는 것이라고 말할 것이다. 따라서 사도 바울이 "이제 살고 있는 것은 내가 아니라, 그리스도께서 내 안에서 살고 계십니다."(갈라디아서 2:20)라고 말했을 때, 그는 자아중심적인 자아로부터 우리 모두 안에 있는 신적인 중심으로 인격의 중심이 이동하는 것을 언급하고 있는 것이다.

제21장

죽음에서 살리심
나사로의 부활
요한복음 11장

서론에서 우리는 요한복음을 관통하고 있는 여러 주제에 대해 말했다. 이런 것 가운데 가장 중요한 것 하나는 삶과 죽음에 대한 것이다. 나사로가 죽었다가 부활한 이야기 다음에 그리스도의 부활에 관한 이야기가 나오는데, 이 중요한 주제는 요한이 언급하고 있는 가장 중요한 진술이다. 그러나 이미 요한은 삶과 죽음에 대해 많이 말한 바 있다. 이것은 이미 언급했던 이 주제에 대한 논평을 요약하는 적절한 자리다.

희랍어에는 생명을 지칭하는 분명한 두 단어, 즉 **비오스**bios와 **조에** zoē가 있으며, 후자가 삶의 살아 있는 원리를 언급하는 것이고, 영적인 삶과 관련이 있는 내적이고 신비스런 의미로 사용된 반면, 전자는 겉으로 드러나는 표현의 살아 있는 현상을 언급하는 것이다. 비오스를 가지고 있는 존재는 분명히 죽을 것이지만, **조에**를 가지고 있는 존재는 그것이 영원한, 생명을 부여하는 원리를 지니고 있기 때문에 영원한 생명을 위한 능력을 지니게 될 것이다. 따라서 **조에**가 있는 것은 요한에게 있어서 죽음과 항상 대조되는 영원한 생명에 참여하기 위한 필요한 서곡이다. 그러나 영원한 생명은 무덤 너머에 있는 존재와만 동일시되지는 않는다. 오히려 그것은 사람이 이 땅의 존재 안에서 지금 여기 참여하기 시작하는 영적 상태다. 마찬가지로 죽음이 몸의 분열을 위해 예약되어 있지 않지만, 요한복음에는 사람이 이런 현 존재 안에서 움직여질 수 있는 상태다. 어떤 주어진 순간에 그것은 우리가 영적 삶이나 영적 죽음 둘 중 하나로 움직이고 있는 것으로 설명될 수 있다. 왜냐하면 이 죽음은 몸의 죽음은 물론 영혼의 죽음과 연관되어 있기 때문이다. 영혼은 그것이 어둠 속에 살 때 죽고 만다. 이 어둠은 자연스런 어둠이 아니지만, 악에 대해 무지하고 또 악에 참여함으로써 영혼에 초래되는 어둠이다. 그에 반해, 그리스도를 통해 살게 된 삶은 의식과 양심 둘 다 강화되는 영적 깨달음을 가져다준다.[1] 따라서 영혼은 계속해서 생명-빛-의식과 죽음-어둠-죄라는 대극 사이에서 균형을 유지하며 살게 된다. 이런 것들은 함께 결합될 수 있는 대극이 아니다. 왜냐하면 그런 것들은 선택 및 분별과 관련이 있기 때문이다. 그런 것들은 푸른색과 붉은색이라고 말하는 두 가지 색깔이 아니며, 제3의 색인 보라색을 만들기 위해 섞일 수도 있지만, 여행자가 여행에서 만나는 두 가지 길이나 방향과 같은 것이다. 즉 다만 하나의 길을 택하게 되면 다른 길은 포기해야 한다. 삶의 살아 있는 원리를 취하는 사람은 살게 되지만, 악을 행하는 사람은 악하게 되고

---

[1] 예를 들어 쉬네이데시스syneidēsis라는 성서에 나오는 단어는 의식과 양심 둘 다를 언급하는 것이다. 한쪽은 다른 쪽이 없이 존재할 수 없다.

죽게 된다. 이렇게 해서, 이 세상을 두루 여행하는 여행자는 늘 판단 (크리시스*krisis*)의 현실에 직면하게 된다.

비록 요한이 그것을 새롭게 발전시켰지만, 이런 주제는 성서에서 오래된 것이다. 예를 들어 우리는 그것을 야훼가 이스라엘 백성에게 말씀하고 있는 신명기 30:19에서 접하게 된다.

> 나는 오늘 하늘과 땅을 증인으로 세우고, 생명과 사망, 복과 저주를 당신들 앞에 내놓았습니다. 당신들과 당신들의 자손이 살려거든, 생명을 택하십시오. [표준새번역]

우리는 또한 우리가 이미 살펴보았듯이, 하나님과 공존하고 그리스도 안에서 로고스로 성육신되었다고 여겨지는 하나님의 영원한 지혜인 소피아와 관련되어 있는 생각을 접하게 된다. 소피아는 우리에게 이렇게 말한다.

> 나를 얻는 사람은 생명을 얻고,
> 야훼로부터 은총을 받을 것이다.
> 그러나 나를 놓치는 사람은 자기 생명을 해치는 사람이며,
> 나를 미워하는 사람은 죽음을 사랑하는 사람이다.
> (잠언 8:35-36, [표준새번역])

우리는 또한 공관복음에서 그 생각을 접하게 된다. 예수의 부름을 받은 사람이 먼저 자신의 아버지를 장사하고 나서 따르겠다고 말한다.

그러나 예수는 그에게 "죽은 사람들을 장사하는 일은 죽은 사람들에게 맡겨두고, 너는 가서 하나님 나라를 전파하여라."(누가복음 9:60, [표준새번역])고 말한다. 이 구절과 관련하여 이레니우스는 이렇게 말한다. "그분은 그들이 사람에게 생기를 주는 영을 가지고 있지 않기 때문에 '죽은 사람들을 장사하는 일은 죽은 사람들에게 맡겨두라'고 말씀하신다."[2] 이 "영"은 우리가 요한복음 3장에서 접해본 **프뉴마**pneuma 인데, 이것은 살아 있는 생명의 영인 **조에**와 아주 밀접하게 관련되어 있는 것이다.

이제 우리는 삶과 죽음의 **신비**mysteriōn에 대한 요한의 설명에서 중심이 되는, 나사로가 다시 살아난 이야기를 계속해서 더 자세히 살펴볼 것이다.

1–3절은 다음에 이어지는 무대를 마련하여 준다. 마을의 이름과 마리아와 마르다의 이름, 그리고 마리아를 전에 예수의 발에 향유를 붓고 자신의 머리칼로 씻은 여자로 보는 역사적인 세부사항에 주목하라. 마리아는 누가복음 7:37에 나오는 죄인이었던 여자와 같은 인물인가? 학자들은 우리에게 그럴 것 같진 않지만, 결코 가능하지 않은 것도 아니라고 말한다.

4절에서 예루살렘 성서는, "이 병은 죽을병이 아니라, 오히려 하나님의 영광을 드러낼 병이다. 이것으로 말미암아 하나님의 아들이 영광을 받게 될 것이다."라고 한 예수의 말씀이 이중적 의미를 지니고 있다고 말한다. 예수가 행하게 될 기적은 그를 영광스럽게 할 것이지

---

[2] Irenaeus, *Against Heresies* 5.9.11.

만, 그 기적은 결국 예수를 더 영광스럽게 할 십자가에서 죽게도 할 것이다. 우리는 예수가 말씀하고 있는 것의 이중적 의미를 알 수 있는 위치에 있지만, 동시에 예수와 함께 있던 제자들은 혼란에 빠졌음에 틀림없다. 우리는 그들 중 한사람이 나중에 예수가 말씀했던 것을 우리의 복음서 기자에게 말한 것으로 추정하는 것이 당연하다. 그것은 또한 "하나님의 아들"이라는 표현이 희랍어로 "아들"과 "하나님" 앞에 정관사를 가지고 있다는 것은 주목할 만한 것이다. 따라서 **바로 그**the(유일한) 하나님의 **바로 그**the(유일한) 아들이 강조되고 있다.

5-7절을 보면, 예수는 나사로가 위독하다는 전갈을 받지만 떠나기 전에 이틀을 더 머문다. 이 이틀 동안 나사로는 죽어 있을 것이다. 하지만 예수는 그가 무슨 일을 하게 될지 알기 때문에 그의 지체로 인해 동요되지 않는다. 이 모든 것은 앞으로 있을 부활의 기적을 위한 무대를 한층 더 마련해준다.

8-10절에서 제자들은 그를 돌로 치려고 하는 그의 적들이 걱정되어 유대로 돌아가지 말라고 예수에게 주의를 준다. 낮은 걸어 다니기에 안전한 열두 시간이나 된다고 하는 예수의 지적은, 종종 그가 죽도록 지정된 시간이 아직 이르지 않았으므로 그가 유대로 돌아가는 것이 아직 안전하다는 사실을 언급하는 것으로 간주된다. 분명히 이것은 사실이지만, 빛에 대한 수수께끼 같은 말은 또한 더 신비스런 의미를 시사해준다. 즉 다만 세상(코스모스*kosmos*)의 빛을 가지고 있는 보통 사람은 낮에 안전하게 걸어 다닐 수 있으나 밤에는 안전하게 걸어 다닐 수 없다. 그러나 이 세상의 빛만이 아닌 하나님의 빛을 가지고

있는 사람은 낮에나 밤에나 걸려 넘어지지 않기에 죽음을 두려워하지 않는다는 함축적 의미가 있다.

11-16절을 보면, 이 이야기는 나사로가 죽었다는 것을 가능한 한 강하게 강조한다. 처음에 예수는 나사로가 죽은 것을 쉬고 있다거나 잠이 들어있다는 완곡어법을 사용하고 있다. 제자들이 이해하지 못할 때 그는 "나사로가 죽었다"(**타나토스** *thanatos*)고 하며 쉬운 말을 사용한다. 나사로가 죽었다가 다시 살아났다는 사실은 제자들의 믿음을 더 분명하게 해주는 것이다. 무엇을 믿는 것인가? 예수의 능력을 믿는 것인가? 그렇다. 하지만 그것 이상이다. 그것은 부활 신앙에 대한 확인일 것이다. 이런 믿음이 의미하는 것이 무엇인지, 예수의 부활 이야기에 이르게 될 때 더 자세히 살펴볼 것이다. 우선은 분명한 모습의 세계, 당신과 내가 대부분 몸을 담고 있는 세계, 죽음이 마지막이고 궁극적인 것처럼 보이는 세계가 마지막 현실이 아니라고만 말해두자. 초기 기독교인들의 표현으로 부활인 궁극적 현실은 더 적은 방식으로는 나사로의 부활의 기적에서, 훨씬 더 큰 방식으로는 그리스도의 부활 이야기에서 그 돌파구를 찾을 수 있을 것이다.

17-25절의 이야기는 더 확실한 역사적인 세부사항을 계속 언급하고 있다. 나사로가 무덤 속에 있은 지 나흘이 되었다는 것은 그의 육신이 부패되었으리라는 것을 확실히 말해준다. 베다니가 예루살렘으로부터 겨우 2마일 떨어져 있다는 말은 그 이야기의 사실성을 더해준다. 우리가 우리의 물리적 감각을 통해 감지하는 이 세계의 사실적인 세부사항과 부활에서 돌파될 보이지 않는 영적 세계 사이의 긴장이

고조된다. 친구들이 슬픔에 빠져 있는 마리아와 마르다를 위로하기 위해 예루살렘으로부터 온다. 마치 오늘날 그러한 목적으로 친구들이 우리에게 오듯이 말이다. 그것은 매우 인간적인 이야기요 설정이다. 예수가 오고 있다는 말이 두 자매에게 들리자 마르다는 그를 맞으러 나가지만, 마리아는 나가지 않는다. 아마 그녀는 예수가 자기 오라비를 낫게 하고 죽지 않게 할 수도 있었을 텐데 일찍 오지 않아서 상처를 받았기 때문일 것이다. 마르다도 예수에게 야속한 마음을 드러내는 것처럼 보인다. 왜냐하면 그녀가 "당신이 여기 계셨더라면, 내 오라비가 죽지 아니했을 것입니다."라고 말하고 있기 때문이다. 하지만 그녀는 "그러나 이제라도, 나는 당신이 하나님께 구하시는 것은 무엇이나 하나님께서 다 이루어주실 줄 압니다."라고 하며 믿음에서 우러나온 말을 재빨리 덧붙인다. 그녀는 "당신이 하나님께 구하시면 내 오라비가 다시 살아날 것입니다."라고 말할 수는 없었다. 그것은 여전히 그녀에게 불가능한 일임이 분명했다. 예수는 그녀를 확신시키기 위해 그리고 그녀가 곧 있을 기적을 준비하도록 이렇게 말한다. "네 오라비가 다시 살아날 것이다." 마르다는 "마지막 날 부활 때에 그가 다시 살아나리라는 것을 내가 압니다."라고 대답한다. 마르다가 한 이 논평(11:24)은 예수의 시대에 죽음 이후의 삶에 대한 일반적인 믿음이 많은 유대인들, 즉 사두개파 사람들 사이에 존재했지만, 주목할 만한 예외였다는 것을 보여준다. 죽은 자의 궁극적인 부활에 대한 이처럼 상당히 모호한 희망이 마르다를 위로해 주지 못한다. 아마 그 생각 전체는 그녀의 마음에 너무 희박하고 불확실한 것이었을 것이다.

전형적인 요한의 방식으로 보면, 마르다의 이런 말은 예수가 다음과 같은 선언을 할 수 있는 기회를 제공해 주었다.

나는 부활이요 생명이니,
나를 믿는 사람은 죽어도 살고,
살아서 나를 믿는 사람은
영원히 죽지 아니할 것이다.
네가 이것을 믿느냐? [요한복음 11:25-26, 표준새번역]

제4복음은 우리에게 단지 예수의 부활만을 믿지 말고 **부활**을 믿으라고 촉구한다. 우리가 요한복음의 끝부분에 이르기 전에 마지막으로 살펴보겠지만, 부활은 어떻게 보아도 단 하나의 사건 이상의 깜짝 놀랄만한 사건이요 확실한 존재의 상태다. 부활은 "생명the life"과 결합되어 있으며, 여기서 우리는 다시 **조에**라는 단어, 즉 생명의 살아 있는 원리로 돌아가게 된다는 것을 주목하라.

"살아서 나를 믿는 사람은 영원히 죽지 아니할 것이다."라는 말이 특히 중요하다. "in me"란 표현은 희랍어로 (**에이스 에메**eis eme[εἰς ἐμέ]라는 용법으로) 강하게 표현되어 있다. 그것은 "안에 혹은 내면에 산다live into or within"는 것을 의미한다. 이 의미는 사람이 그리스도의 형언할 수 없는 실재 안에 포함되어 있으면 죽음이 없다는 것이다. 이것은 육체가 죽지 않는다는 것을 의미하는 것이 아니라, 우리가 **조에**에 참여하면 영혼과 영적인 몸이 죽지 않는다는 것을 의미한다. 우리가 영적으로 형언할 수 없는 실재에 포함되어 있기 위해서는 그리스도 안에 신비스럽게 들어가라는 요구를 받는다. 이런 조건이 "믿음" 혹은 신앙이다. 우리가 이미 살펴본 대로, 이것은 신조에 찬동하는 문제가 아니라, 오히려 그리스도에 대한 "전이transference"에 가까운 것이다. 만일 이것에 에너지를 쏟으며 하나님을 향한 영혼의 자연스런 활동을 꾸준히 하면, 그것이 믿음이 되는 것이다. 지식에 반대하는 것은 믿음이 아니지만, 지식에 이르게 하는 것은 믿음의 특성이다. 그리스도와의 신비로운 동일시로, 우리가 전에 말했던 데오시스theōsis 혹은 신화deification에 이르게 하는 것이 이런 믿음이다. 기독교적 관점에서 볼 때, 이것이 개성화의 목표라고 할 수 있다.

27-44절에서 다시 한 번 요한은 예수의 도착에 대해 그녀에게 말해주려고 그녀의 자매에게 말하며 마르다가 사용했던 말들, 그녀가 낮은 목소리로 말했던 방식, 친구들의 현존, 마리아가 어떻게 예수의 발아래 엎드려서 일찍 오지 않은 그를 비난했는지, 그의 이야기를 계속하며 많은 세부적인 것들을 사용한다. 그러한 세부적인 것들은 역사성이라는 고리를 가지고 있으며, 독자를 그 장면으로 이끌어 가기도 하고, 우리가 아주 가까이에 있는 관찰자인 것처럼 느끼도록 만들기도 한다. 이야기꾼으로서의 요한은 달인이다.

34-35절 그리고 다시 28절에서 우리는 예수가 마리아의 고통에 깊이 공감했으며, 그의 친구 나사로의 죽음을 매우 비통해 했기에 그의 고통과 연민어린 탄식이 "진심에서 우러나왔다"는 말을 듣게 된다. 예수가 자신이 무엇을 하려고 하는지 알고 있고, 이 죽음이 다른 사람들이 생각하는 최종적인 부정이 아니라는 것을 알고 있기 때문

에 왜 이렇게 하는지 궁금하다. 이것은 가현적인 그리스도Docetic Christ 3 가 아니라, 동시에 그는 자신의 자녀들의 고통에 대해 감정과 연민을 가지고 있는 하나님인 신격Deity이긴 하지만, 모든 인간적인 정서의 폭을 지니고 있는 진정한 인간이다. 사실 삶의 비애와 고통을 통과하지 않고는, 우리가 더 큰 신비를 이해하지도 못하고 더 큰 통찰력을 발견하지도 못한다. "배우는 자는 고통을 받아야 한다. 그리고 우리가 자고 있을 때마저 잊지 못할 고통이 가슴에 한 방울씩 떨어진다. 우리의 의지와는 달리, 우리의 절망 속에서 하나님의 굉장한 은혜로 인해 지혜가 임하게 된다."4라는 말을 한 그리스의 극작가 아이스킬로스는 우리에게 비애와 고통에 대한 필요성을 이해하는데 도움을 준다.

38절에서 우리는 매장의 장소가 동굴이었다는 것을 알게 된다. 고대 세계에서 동굴은 신성하고 신비가 가득한 사건이 일어난 특별한 장소였다. 예를 들어 그리스에서 제우스는 이야기의 어떤 설명에 의하면 동굴에서 태어나서 길러진 것으로 알려져 있다. 어머니 여신인 데메테르에게 바쳐진 엘레우시스 비의秘儀 역시 동굴에서 이루어졌다. 우리가 이미 살펴본 대로, 기독교 전통은 예수가 태어난 마구간이 사실상 동굴이었다고 말한다. 그것은 또한 그리스도가 제자들에게

---

3 영지주의자들은 그리스도가 실제 인간이 아니라, 다만 인간의 몸과 모습을 가지고 있었던 것처럼 보였다고 가르쳤다. 그러므로 그는 결코 실제로 인간적인 정서를 경험하지 않았다. 이런 가르침은 "가현설Docetism"로 알려져 있다.
4 아이스퀼로스, 『아가멤논』, 두 번째 합창부. 이전에 장에서 우리가 살펴본 대로, 많은 초기 교부들은 희랍 철학자들을 로고스에 의해 영감을 받은 사람들로, 아이스킬로스를 삶의 신비에 대한 가장 깊은 그리스 주석가들 중 하나로 간주했다.

주님의 기도를 동굴에서 가르쳤고, 예수의 어머니 마리아가 동굴에 묻혔으며, 계시록이 에게 해의 파트모스 섬(오늘날도 기독교인들이 아직도 그 계시가 나타났던 것으로 믿는 이 섬에 있는 동굴로 순례를 가는)에 있는 동굴에서 계시되었다고 말한다. 어둡고 신비스런 굴 caverns이 땅속 깊은 곳에 있듯이, 동굴caves은 음yin, 즉 우리가 이전 장에서 묘사했던 의미에서 여성적 본질로 가득 차 있다. 죽어서 동굴로 돌아가는 것은 생명이 태어난 어머니인 신에게 되돌아가는 것이며, 생명이 다시 태어나기 위해 그곳으로 되돌아가는 것을 상징한다. 따라서 그것은 기독교적 신비mystērion의 장소다.

42절에서 우리는 예수의 기도에 대한 설명을 접하게 된다. 예수는 자신의 기도의 대상 및 근원과 친밀한 교제를 하며 기도한다. 다른 이들에게 아버지는 멀리 있는 알 수 없는 분이다. 왜냐하면 우리가 살펴본 대로, 요한복음에서 아버지는 형언할 수 없는, 제한된 인간의 감각과 영적 자각으로 알 수 없는 하나님이기 때문이다. 요한에 의하면, 이것은 그리스도가 이 세상에 온 중요한 이유다. 즉 그를 통해 아버지가 현실적이 될 수 있고 하나님의 궁극적 본질이 알려질 수 있기 때문이다.

이 이야기의 마지막 구절은 여전히 수의가 입혀진 상태로 깊은 동굴에서 나오는—이제 다시 살아나서—죽은 사람의 모습을 충격적인 방식으로 묘사한다. 그것은 셰익스피어의 어떤 장면, 혹은 사울을 위해 저승Sheol에서 불러올려진 사무엘의 영이 지하세계에서 나오는(사무엘기상 28장) 구약성서의 장면과 비교될만한 가치가 있는 장면이다. 전체 사건이 아주 신비스럽다. 그것은 그 사건을 바라본 사람들의 의식意識에 깊이 영향을 미쳤으며, 그 혹은 그녀가 바로 물질세계의 장막 뒤에 숨겨져 있는 보이지 않는 영적 세계의 능력과 실재의 신성력에 비슷하게 영향을 받을 수 있도록 오늘날 독자의 상상력을 자극할 의도였음이 틀림없다. 이 세상에서는 우리의 감각과 생각이 제한되어 있기 때문에 대개 인간의 의식이 접근하기 힘든데, 그 의식이 주님의 행동으로 인해 마리아와 마르다에게 부분적으로 개방되었던 것이다. 그런 방식으로 신앙이 되살아났으며, 참된 지식gnōsis이 삶에 활력을 불어넣어 주었다.

나사로의 죽음과 부활 이야기는 더 넓은 환경에 배치될 수도 있다. 즉 그것은 낡은 생명이 죽었을 때에만 새로운 생명이 나타날 수 있다고 우리에게 말해주는 이야기의 한 형태다. 새로워짐에 대한 원형적인 서곡으로서의 이 죽음을 지칭하는 라틴어 단어는 **모르티피카치오** mortificatio이며, 그것은 특히 후기 기독교의 신비스런 전통에서 중요한 단어였다.5 **죽음**mortificatio은 모든 영혼이 결국 그 제한되고 깨어진 상태를 초월하여 깨달아지고 완성되려면 통과해야만 하는 경험이었다. 이런 식으로 그것을 보면, 죽음과 매장을 통과하고 새 생명을 얻은 나사로 역시 이와 동일한 경험을 견뎌내야 하는 영혼이다. 이것이 예수가 우는 이유다. 왜냐하면 **죽음**의 경험은 당연히 회피할 수 없는 아픔, 슬픔 그리고 고통으로 가득 차 있기 때문이다. 모든 부활, 모든 영

---

5 **죽음**mortificatio에 대한 훌륭한 설명을 위해서는 Edward F. Edinger, *Anatomy of the Psyche* (La Salle, Ill.: Open Court Publishing Co., 1985), 제6장을 보라.

적인 삶, 성장 그리고 전체성으로 가는 길은 생명을 빼앗는 것처럼 보이는 어두운 어머니라는 동굴을 통과해야 하기 때문이다. 결국 우리에게 다시 새로워진 생명을 되돌려 주겠지만 말이다. 요한은 이런 영적 진리에 대해 알고 있으며, 물론 우리가 이윽고 그리스도가 십자가에서 죽고 동굴에 매장되는 **죽음** 경험의 심연을 통해 우리를 안내해 줄 것이다.

제22장

유다의 수수께끼
베다니에서의 기름부음
요한복음 11:45-12:11

이 장에서 우리의 주된 초점은 유다에 대한 것이 되겠지만, 대개 이 본문에 대한 몇몇 논평들은 제대로 되어 있다. 11:24-54는 독자에게 예수를 죽이려는 당국자들의 결정에 대해 알려준다. 어떤 사람들은 예수를 믿은 반면, 다른 이들은 믿지 않았다. 상당히 많은 사람들에게 예수가 인기가 있었으므로 불안해하고 위협을 느끼며, 그에 대한 믿음이 널리 퍼질 수도 있다는 것을 두려워한 당국자들은 어떻게 할지 결정하기 위해 회의를 소집한다. 유일한 답은 예수를 죽이는 데 있는 것처럼 보인다. 하지만 이것은 극단적 조치였다. 예수가 죽었던 그 해의 대제사장인 가야바는 그가 "… 한 사람이 백성을 위해 죽어서 민족 전체가 망하지 않는 것이 더 낫다."(50절)고 말할 때, 예수의 처형에 대한 결정을 지지하며 국면을 바꾸고 있다. 가야바가 의미하는 것은, 예수를 살려둔다면 그가 모든 나라의 종교적 신앙을 전복시킬 수도 있으며, 그런 일이 일어나는 것을 막기 위해서는 그가 죽는 것이 더 낫다는 것이다. 그러나 가야바가 말하는 방식은 예수가 실제로 모든 사람들을 위해 죽어야 할 것이라는 무의식적인 예측 가능한 예언에 해당된다. 그러나 가야바가 추정하는 방식은 예수가 죽음으로써 대대로 사람들에게 하나님의 아들로서 혜택을 베풀게 되었다는 것이 아니다.

12장은 긴장이 고조되는 것으로 시작된다. 즉 그것은 유월절이어서 명절을 지키러 시골에서 올라온 많은 사람들이 예수를 찾고 있다. 거기에는 "그가 올 것인가 안 올 것인가?"하는 말이 많았다. 역사적인 세부사항에 더하여 이 모든 것은 서술자로서의 요한의 예술적 기교의 일부로 이해될 수 있다. 즉 그는 극적인 예리한 감각을 가지고 있고, 예수의 적들의 대리인들이 이제 그를 찾고 있다는 것을 우리가 듣게 되며, 그 드라마가 강렬해 진다. 사람들이 대부분 시골에서 왔다는 것은 흥미로운 세부적인 설명이다. 그들은 태도에 있어서는 더 단순하고 신앙에 대해서는 더 개방적인가?

그 사이에 예수는 마리아, 마르다 그리고 나사로와 함께 있기 위해 예루살렘으로부터 몇 마일 떨어져 있는 베다니로 갔다. 9절에서 우리는 그가 거기에 있다는 말이 사람들 사이에 퍼져서 많은 이들이 기적을 일으키는 이 사람과, 죽었다가 다시 살아난 나사로라는 사람을 보려고 왔다는 것을 알게 된다. 바리새파 사람들이 이 이야기를 듣자 그들은 나사로 역시 죽임을 당해야 한다고 결정한다. 그래서 가야바가 "한 사람이 죽어야 한다."고 말했을 때, 몸값이 이제 한 사람에서 두 사람으로 올라가게 된다. 그래서 유혈이 시작되는 것이다. 즉 그것은 그 자신의 에너지를 가지고 있으며, 그 파괴적인 에너지가 마침내 그 자체를 소멸시키기 전에 많은 사람들이 죽을지도 모른다.

이제 예수가 이미 6:71에서 악마라고 간단히 언급되었던 유다가 그 이야기의 주목을 받게 된다. 예수에 대한 사랑으로 가득 했던 마리아는 값비싼 향유를 가져와서 예수의 발에 붓고 자기 머리털로 닦는다. 사람들이 주로 여러 날 동안 더러운 길을 걸었으므로 여주인이 여행자의 발을 씻어주려는 것은 드문 일이 아니었다. 그런데 값비싼 향유를 사용한 것은 드문 일이었다. 유다는 그런 향유를 팔아서 가난한 사람들에게 나누어주지 않는다고 불평하며 이것을 비판한다. 요한은 독자들을 위해 여담으로, 유다가 이렇게 말한 것은 가난한 사람들을 생각해서가 아니라, 공동자금을 맡아 가지고 있으며 그 돈을 훔쳐내려고 했기 때문이라고 덧붙인다. "그녀를 그대로 두어라. 그녀는 내 장사 날에 쓰려고 간직한 것을 쓴 것이다."라고 한 예수의 말씀은, 주석가들에 의해 마리아가 곧 죽어서 향유가 발라질 그의 몸을 귀하게 여기며 자신도 모르는 행위를 하고 있다는 것을 알아보는 것으로 여겨졌다. 에로스*Eros*[Ερως], 즉 개인적인 사랑에 해당되는 이 희랍어 단어는 특정한 사람들에게 관심을 보이는 것이다. 그것은 어떤 집단을 가지고 있고, 또 그 집단 안에 포함되어 있는 사람들은 사랑의 따뜻함과 풍부함을 받게 된다. 예수는 마리아의 사랑의 집단 안에 있으며, 그녀의 사랑과 애정의 따뜻함이 가난한 사람들의 끊임없는 문제들 때문에 거부되지 않는다.

물론 예수는 유다가 도둑이라는 것을 알고 있으며, 비상한 직관력으로, 그는 분명히 가난한 사람들을 먹이기 위해 향유를 팔아 돈을 얻기를 바랐던 유다의 술책에 속지 않았다. 우리가 직면하는 문제들은 다음과 같이 이중적이다. 첫째로, 사람들을 악한 삶과 행동으로 이끄는 것이 무엇인가? 둘째로, 유다가 악마였다는 것을 알고서도 예수는 왜 그를 열두 제자들 중 하나로 받아들였는가?

고대에는 사람들이 흔히 신적인 능력으로 악을 행하는 것에 영향을 받았다고 생각했다. 예를 들어 조로아스터 교도들은 두 신, 즉 빛과 선행의 신인 아후라-마즈다와 어둠과 악의 신인 아흐리만이 있었다고 말했다. 이 두 신은 인간의 영혼을 취하기 위해 서로 경쟁했으며, 아흐리만이 이기면 그 영혼은 악을 행하도록 명령을 받게 된다. 그리스 신화에서 여신 아테^{Ate}는 인간들이 파멸, 어리석은 행동, 죄에 이르는 삶을 살고 행동하도록 부추기며 땅("아테의 초원"이라고 불렀던)을 돌아다녔다. 어떤 사람이 경솔하고 어리석거나 악한 일을 했다면, 그 사람의 마음에 그런 생각을 주입시킨 것은 아테였다. 그리고 초기 기독교에서 악하고 죄가 되는 행동은 항상 존재하며 사람들을 사로잡을 준비가 되어 있고, 그들이 악을 행하도록 부추기는 악마나 악령들로부터 나온 것으로 생각되었다.

그러나 현대에는 우리가 신들이 죽었고, 악의 영적 대행자 같은 것들이 없기 때문에 더 합리적인 설명을 찾아보려는 노력을 한다. 아마 도덕적 존재에 대해 심리학자들 사이에서 가장 일반적으로 주장된 설명은 악하고 죄가 되는 행위는 비인간적인 취급을 당한 어릴 적 경험의 결과라는 이론일 것이다. 무시되고 학대받고 비인간적인 취급을 당한 어린이들이 정상적인 사랑을 할 수 없는 성인들로 자라게 될 것이고, 어린이로서 민감하고 심리적으로 취약한 시기에 그들이 받았던 부정적인 대우를 다른 사람들에게 떠넘기며 타인을 학대할 것이라는 것이다. 이런 관점의 선도적인 주창자는 앨리스 밀러다. 그녀의 책 『당신 자신을 위하여 For Your Own Good』에서 그녀는, 어린 시절에 비인간적인 취급을 당한 아이는 결국 다른 사람을 비인간적으로 대하는 성인이 될 것이라고 주장한다.[1]

이 이론의 강점은 그것이 겉보기에 단순하고 분명하다는 것이다. 학대받은 아이가 어떻게든 상처를 입을 것이라는 것은 당연하다. 그런데 아이가 받는 악이 남에게 전달될 것이라는 생각보다 더 합리적일 수 있는 것은 무엇일까? 그것은 또한 많은 예들로 증명될 수 있는 이론이다. 그러나 이 이론에는 두 가지 약점이 있다. 하나는 비인간적인 대우를 받은 모든 어린이들이 비도덕적이 되지 않는다는 것이 밝혀진 것이고, 반대로 어렸을 때 좋은 대우를 받은 많은 어린이들이 범죄자들이 되는 것으로 판명된 것이다. 이것이 범죄 심리학자 스탠튼 사메노가 그의 책 『범죄자 심리의 내부 Inside the Criminal Mind』[2]에서 말하고 있는 요점이다. 그의 논지는 어른의 범죄 행위는 반드시 어린 시절의 경험에 근거하여 예측될 수 없으며, 비인간적인 취급을 받은 어린이들이 어른이 되면 다른 사람들을 비인간적으로 취급한다는 예들이 많이 있는 반면, 그들이 어렸을 때 끔찍한 경험에 노출되었지만, 관계를 맺을 수 있는 도덕적인 어른으로 성장할 수 있다는 예도 많이 있다는 것이다. 어린 시절의 경험이 어른이 되는데 중요한 요소이긴 하지

---

[1] New York: Farrar, Straus & Giroux, 1983.
[2] New York: Random House, 1984.

만, 거기에는 다른 요소들도 작용하는 것 같다.

이 이론의 두 번째 난점은 어느 정도까지 그것이 질문을 하게 만든다는 것이다. 특정한 사람이 왜 악한 남자나 여자가 되었는지 그 이유를 이 이론이 설명해 줄 수도 있을지 모르지만, 그것은 우선 보통 말하는 그런 인간의 본성이 우선 악에 대한 성향을 가지고 있었는지에 대한 질문에 대답해 주지 못한다. 우리가 서로를 비인간적으로 취급하는 이런 문제가 어디서 시작되었는가? 자신의 아이를 학대한 첫 부모가 누구였는가? 어떤 인간이 "원죄"를 범했는가? 또 왜 그랬는가? 이 이론은 어떤 특정한 경우에 대한 훌륭한 설명이긴 하지만, 인간 본성에 너무나도 깊이 뿌리내려져 있는 것처럼 보이는 악에 대한 성향이 생기는 이유에 대한 더 폭넓은 쟁점에 답을 주지 못하는 것 같다.

많은 프로이트 학파 정신분석가들은 어린 시절의 영향이 중요하다는 것에 관해 앨리스 밀러에게 동의하지만, 아이에 대한 결정적인 영향이 노골적인 학대가 아니라, 오이디푸스 콤플렉스와 같은 더 미묘한 심리적인 콤플렉스로 인한 것일 수 있다고 주장한다. 딱 들어맞는 것이 아돌프 히틀러의 예다. 히틀러의 전기 작가들은 그가 경험한 이 같은 어린 시절의 영향에 동의하지 않는 것 같다. 앨리스 밀러는 히틀러의 아버지가 어린 히틀러를 심하게 자주 때렸고, 그가 항상 자신의 감정을 표현하지 못하게 했던 무서운 사람이었으며, 이것이 히틀러가 그처럼 악한 사람이 된 이유였다고 주장했다. 그러나 대부분의 히틀러의 전기 작가들은 히틀러의 아버지가 술꾼이었지만, 그는 역사상 그의 시대의 대부분의 독일인 아버지들보다 더 나쁜 것은 아니었다고 말한다. 많은 정신분석가들은 그들에게 동의하는 것 같으며, 히틀러의 아버지가 아니라, 오히려 그의 어머니를 주 요인으로 보는 것 같다. 왜냐하면 그녀의 아들에 대한 그녀의 행동을 보면 그가 오이디푸스 콤플렉스와 관련이 있었기 때문이다.

많은 정신분석가들의 주장은 그의 어머니의 아들에 대한 맹종적 헌신이 그를 자신에게 피할 수 없는 욕동적인 속박으로 묶어두었다는 것이다. 아돌프가 청소년이었을 때 그의 어머니가 암에 걸리게 되었는데, 우리는 그가 "그녀의 고통으로 인해 힘들어 하며, 그녀의 마지막 몇 주 동안 밤낮으로 다정하게 간호했다."[3]는 말을 듣게 된다. 그의 어머니의 의사는 유대인이었던 에두아르트 블로흐였던 것 같다. 히틀러 자신으로부터 압력을 받고 있는 의사 블로흐는 그의 환자의 병을 치료해 보려고 근본적이고 고통스러운 조치를 취했지만, 결과는 다만 오래 계속되는 극도로 괴로운 고통을 겪었을 뿐이었다. 무의식적으로, 히틀러가 독일(즉 그의 어머니)을 그녀의 적들(즉 유대인들은 모두 그의 무의식 속에 있는 악한 의사 블로흐였다)로부터 구하려고 했던, 해결되지 않은 오이디푸스 콤플렉스의 결과라고 일컬어진다. 히틀러가 수백만 명의 유대인들을 살해했고, 유럽을 전쟁에 돌입하게 만들어서 3천2백만 명이 죽었으며, 대륙이 완전히 파괴되었다는 것을 엄숙하게 우리가 확인한 것은 이런 이유에서였다.

우리가 히틀러에 대해 말하고 있긴 하지만, 우리는 또한 히틀러만

---

[3] Helm Stierlin, *Adolf Hitler: A Family Perspective* (New York: The Psychohistory Press, 1976), 38ff를 보라.

큼 악했던 스탈린에 대해 말할 수도 있겠다. 스탈린은 대부분의 러시아 아이들처럼 가난한 가정에서 태어났다. 그의 아버지는 술꾼이었던 것 같지만, 공장에서 일을 했고, 어느 정도 가족을 부양했으며, 내가 아는 한 그는 결코 그의 자녀들을 공공연하게 학대했다고 비난을 받지는 않았다. 그러나 그의 어머니는 자신의 아들이 최선의 기회를 얻을 수 있도록 대단히 노력했던, 자애롭게 보살펴주는 어머니의 모범이었고, 어린 이오시프Joseph[이오시프 스탈린을 말함.―옮긴이]가 러시아 정교회가 운영하는 학교에 입학해서 무상으로 좋은 교육을 받았고, 따뜻하고 보호받는 환경에서 자라게 되었기 때문에 그녀는 성공한 것이다. 그러나 그것은 히틀러만큼 수많은 사람들―유대인들이 포함된―을 죽이는 것을 멈추게 하지 못했다.

오늘날의 정신의학은 정신분석가들의 관점보다 더 합리적이며, 모두 어린 시절에 받은 학대 탓으로 돌리는 심리학자들의 관점보다 다소 더 폭넓은, 악한 행동의 근원에 대한 관점을 가지고 있다. "장이론field theory"이라고 부르는 것은 인간의 사회적인 행동을 사람의 도덕적 행동뿐만 아니라, 인격의 본질 그 자체도 결정하는 생물학적(유전적), 정신적(어린 시절), 그리고 사회적인 영향력의 조합 혹은 망에 의해 결정되는 것으로 본다. 그것이 개개인의 생명을 보다 폭넓은 맥락에 넣기 때문에 이런 관점은 엄밀하게 심리학적 관점보다 진전된 것처럼 보인다. 그러나 그것은 소위 인격을 형성하고 사회적 혹은 반사회적 행동을 결정하기도 하는 정신적 영향력의 가능성―긍정적이든 부정적이든―에 대해 아무 것도 말하지 않는다.

정신분석적 관점과 정신의학적 관점은 그만 얘기하고, 융 학파의 이론으로 방향을 돌려보자. 융 학파 분석가 아돌프 구겐뷜-크라익 Adolf Guggenbühl Craig은 깊은 생각이 담긴 그의 책 『목발을 짚고 있는 에로스 Eros on Crutches』에서 정신병적 행동은 에로스의 결핍, 즉 개인적 혹은 사회적 도덕성의 결핍으로 인해 사랑할 수 없는 것에서 비롯된다는 가정을 제시한다.4 에로스의 결핍은 개개인이 다른 사람의 입장에 설 수 없거나, 심지어 환경과 같은 상대적으로 비인격적 실재와 공감적 관계를 맺을 수 없는 것을 의미한다. 그는 특히 우리가 주로 자연에 대해 탐욕스럽고 냉정한 태도를 갖게 될 때 어느 정도 우리는 모두 정신병적이 되지만, 어떤 개개인들에게 있어서는 에로스가 전적으로 결핍되어 있는 것 같다고 말한다. 어떤 사람들이 정신병이 되는 이유에 관해, 구겐뷜-크라익은 그들이 유전적 성향 때문에 그렇게 될 수도 있다고 말한다. 어떤 사람들이 그들에게 유전적으로 생긴 육체적 질병(예를 들어 헌팅턴 질병이나 선천적인 당뇨병과 같은)의 짐을 지운 것처럼, 정신병리는 유전적으로 생긴 도덕적 질병일 수도 있다. 양쪽 모두 혹은 어느 한쪽으로, 그것은 자기Self(인간의 인격의 핵심)가 어떤 사람들에게 두드러지게 되는 정신병적 요소를 가지고 있을 수도 있다. 융 심리학은 인간의 인격 형성에 있어서 개인적이고 역사적인 심리적 요소를 전적으로 무시하지 않긴 하지만, 원형의 중요성을 강조한다. 원형은 정신적 에너지를 만들어내고, 두드러지게 구체화하는 정신의 타고난 형식이다. 인간 정신의 원형적인 구조를 파악하면,

---

4 Dallas: Spring Publications, 1980.

인간의 행동 및 우리의 행동은 물론 우리의 환상을 형성하는 우리 안에 있는 그러한 양식의 원천에 대한 우리의 이해가 크게 확대된다. 융 심리학은 우리가 언젠가 신들이나 여신들을 사실상 정신 안에 있는 원형적인 세력의 의인화로 생각했다는 것을 보여주었다. 따라서 삶의 모든 전형적인 양식에는 그것에 상응하는 "신격deity," 혹은 그 근원인 원형이 있는 것이다.

가장 중요한 원형의 하나가 그림자다. 자아가 발달하면서 그것은 반드시 그것과 함께 발달하는 "자아의 동반자" 혹은 "또 다른 자아"를 갖게 되며, 그것은 그림자라고 불린다. 그림자는 자아의 일부가 될 수 있었지만, 자아의 그 자체에 대한 이상理想 혹은 그것의 방어체계에 맞지 않기 때문에 거부되었던 모든 특성으로 이루어져 있다. 당연히 의식적인 자아 인격이 두려워하는 그림자는 겉보기에 품위가 있는 지킬 박사와 관계가 있는 사악한 하이드 씨와 같은 것이다.

그러면 악에 대해 책임이 있는 것이 그림자라고 볼 수 있는가? 융은 종종 사실 그렇다고 말했다. 그러나 프리츠 쿤켈은 자아가 그림자보다 더 악에 취약하다고 생각했다. 쿤켈은 자아가 맹목적으로 거짓된 삶을 살고 있었기 때문에 그림자보다 더 사악하다고 말했다. 이런 이유로, 그는 언젠가 자아가 악마라는 것이 비밀이지만, 자아와 그림자의 대결에서 신이 그림자의 편을 든다고 말한 적이 있다. 자아, 그림자, 페르소나 그리고 자기Self 사이에 존재하는 복잡한 관계는 우리를 이런 현존하는 작업의 범위 너머로 데려가지만, 자아중심적인 자아가 그것의 어두운 동반자인 그림자보다 더 두려워해야 할 것이라고 충분히 말할 수 있다.5

그러나 곳곳에서 융은 인간의 악의 근원을 그림자 그 자체가 아닌 자기Self의 탓으로 돌렸다.6 이것은 인격의 핵심인 자기가 동일하게 선하기도 하고 악하기도 하다는 주장에 이르게 한다. 이러한 심한 심리학적 이론은 삶과 우주에 대한 어떤 영속적이고 의미 있는 도덕적 질서가 있을 수 있는 가능성을 부정하는 것처럼 보인다. 그러나 이런 무서운 가능성에도 불구하고, 어떤 융 학파 사람들은 놀라울 정도로 그것을 사실로 받아들일 수 있는 것처럼 보인다.

정신의 원형 이론이 지니고 있는 강점은 그것이 인간의 악의 근원에 대한 비합리적 이론이라고 불릴 수도 있는 것에 길을 열어준다는 것이다. 악에 노출되는 원형이 있다면, 그때 그것은 우리 모두가 이런 원형이 우리 안에서 만들어내는 악에 대한 경향에 참여할 수도 있는 반면, 우리 가운데 어떤 사람들은 그들에게 원형이 더 중요한 심리적인 구성요소일 수 있기 때문에 다른 사람들보다 그런 방향에 더 기우는 경향이 있을 수도 있다. 원형이 작용하는 방식은 카드놀이를 하는 것과 비교될 수 있다. 우리가 카드놀이를 할 때, 그 놀이를 하는 모든 사람들은 52매로 된 동일한 카드를 가지고 놀이를 하지만, 각 사람은 놀이를 하되 자신의 특정한 손으로 카드를 다룬다. 따라서 카드가 모든 사람에게 같은 것이지만, 우리가 놀리는 손은 같은 것이 아니다. 원형은 그것과 비슷한 것이다. 한편으로 원형은 모든 사람에게 어느

---

5 John A. Sanford, *C. G. Jung and the Problem of Evil: The Strange Trial of Mr. Hyde* (Boston: Sigo Press, 1993)를 보라. 또한 John A. Sanford 편집, *Fritz Kunkel: Selected Writings* (Mahwah, N.J.: Paulist Press, 1984)도 보라.
6 융의 *Answer to Job* (Princeton: Princeton University Press, 1972), 그리고 내 책 *C. G. Jung and the Problem of Evil*을 보라.

곳에서나 공통된 것이지만, 다른 한편으로 각 개인은 자신의 특정한 원형의 배열을 접하게 된다. 이것은 우리 모두가 공통적인 인간 본성에 참여하지만, 거기에는 동시에 인간의 놀라운 다양성이 있다는 사실을 설명해준다. 그것은 아무도 완전히 우리를 악으로 기울어지게 하는 원형을 피할 수 없지만, 어떤 사람들은 특히 중요한 카드처럼 그들의 "손"이 악의 원형에 들어가 있다는 것을 발견한다.

내가 개인적으로 잘 알고 있는 어떤 가족을 그 한 예로 들어 보겠다.7 세 자녀 가운데 둘은 사회적으로 잘 적응할 수 있도록 성장해서 선한 도덕성과 품성을 지닌 사람이 되었다. 그러나 아주 어린 나이에 한 소년은 도둑질을 하기 시작했으며, 그것이 그 이후로 줄곧 그의 특징이 되었다. 심지어 그가 어린 소년이었을 때에도 이 친구는 훔치는 일을 했고, 심지어 그 자신의 부모들에게 어떤 처벌도 받지 않았으며, 비도덕적이고 자기 파괴적인 삶으로부터 그를 단념시킬 수 있는 어떤 상담이나 영향도 받지 않았다. 그의 부모들은 좋은 사람들이었으며, 정도를 벗어난 아들의 행동을 그들이 그를 학대한 탓으로 돌렸는데, 이것은 매우 설득력이 없는 것처럼 보인다. 그러나 어머니는 그런 문제가 언제 시작되었는지 기억하고 있었다. 그의 아들이 아직 어린 소년이었을 때 그가 끔찍한 악몽을 꾸었다고 보고했다. 그것은 아주 단순한 것이었다. 그 꿈에서 그는 자신의 방에 있었는데, 그때 한 인물이 창문에 나타났다. 그것은 강도였다. 그 강도는 창문을 통해 갑자기 그 소년에게로 들어왔다. 그 순간부터 그의 행동이 극적으로 변했고

---

7 내가 이 이야기를 하는 것을 그들이 허락해 주었다.

도둑질을 하기 시작했다. 융 학파의 용어로 표현하면, 도둑의 원형은 그것의 미리 운명 지워진 모습을 만들었으며, 그의 바로 그런 생각을 지어내고 그를 범죄생활에 빠져들게 하는 그의 인격의 살아 있는 정신적 요소가 되었던 것이다.

우리가 악에 대한 성서적 관점에 이르게 될 때 우리는 사람이 어린 시절의 파괴적이고 소외된 경험 때문에 악에 빠져들 수 있다는 생각을 전혀 발견할 수 없다. 개인적인 정신적 발달에 대한 생각은 사실상 초기 기독교인들뿐만 아니라 고대 세계에도 알려져 있지 않았다. 그러나 그것이 악의 근원에 대한 원형 이론이나 비합리적 이론에 이르게 될 때, 성서는 많은 것을 제공해 줄 수 있다.

성서에는 하나님의 의지를 무시하고, 비도덕적 삶을 살기로 단단히 결심한 것처럼 보이는 어떤 사람들이 있다는 사실을 인식하고 있는 여러 구절이 있다. 예를 들어 구약성서에는 히브리 공동체가 오늘날 초기의 정신병적 인격이라고 부를 수 있는 것을 처리하라는 요청을 받았던 예가 있다. 신명기에는 이런 말씀이 나온다.

> 어떤 사람에게, 아버지의 말이나 어머니의 말을 전혀 듣지 않고, 반항만 하며, 고집이 세어서 아무리 타일러도 듣지 않는 아들이 있거든, 그 부모는 그 아들을 붙잡아, 그 성읍의 장로들이 있는 성문 위의 회관으로 데리고 가서, 그 성읍의 장로들에게 "우리의 아들이 반항만 하고, 고집이 세어서 우리의 말을 전혀 듣지 않습니다. 방탕한데다가 술만 마십니다."하고 호소하십시오. 그러면 그 성읍의 모든 사람이 그를 돌로 쳐서 죽일 것입니다. 이렇게 해서 당신들 가

운데서 악을 뿌리 뽑아야 합니다. 그래야만 온 이스라엘이 그 일을 듣고 두려워할 것입니다. (신명기 21:18-21, [표준새번역])[8]

고대 히브리인들은 분명히 만성적인 반사회적 인격을 참고 견디는 데 많은 시간을 낭비하지 않았다. 즉 악을 처리하는 그들의 방식은 다만 범죄자를 제거하는 것이었지만, 유감스럽게도 이런 행동이 공동체에서 그 문제를 영원히 제거했다는 증거가 없다. 이런 특정한 사람이 왜 구제불능이라고 보였는지에 관해서는 설명이 없지만, 우리는 신약성서의 여러 곳에서 "마음이 완악한" 사람들에 대해 듣게 된다. 마음이 모질면 그때 그것은 볼 수 없게 된 것이고, 마음이 완악해지면, 그 때 그 사람은 하나님이 내면에 말씀하시는 것을 들을 수 없는 것이다.[9] 분명히 그것은 어떤 사람들이 다만 하나님의 도덕적 명령에 반응하지 않았고, 다른 사람들이 했던 것처럼 하기를 바란다고 인식되었다. 마음이 생각은 물론, 감정과 정서의 자리이기 때문에 우리는 에로스 혹은 다른 사람들에 대한 개인적인 감정 관계에 대한 충분한 능력이 부족한 사람들이 도덕적 삶을 살 수 없다고 추측할 수도 있다. 어떤 사람들이 마음이 완악했고, 다른 사람들이 마음이 완악하지 않았는지 하는 이유가 성서에는 설명되어 있지 않았다. 개인의 발달 심리에 대한 우리의 현대적인 생각이 부족했기 때문에 성서가 어린 시절의 경험에 근거하여 설명할 수 없었던 것이다. 사람들이 하나님에

---

[8] 아돌프 구겐뷜-크라익은 그의 책 『목발을 짚고 있는 에로스*Eros on Crutches*』, 47쪽에서 이 구절에 대한 내 주의를 환기시켜주었다.
[9] 예를 들어 마태복음 19:8; 마가복음 10:5; 16:14; 3:5; 6:52; 로마서 2:5; 에베소서 4:18; 히브리서 3:8, 13; 4:7을 보라.

대해 그리고 하나님의 도덕적 명령에 대해 마음이 완악해지는 것을 피할 수 있었다는 믿음이 부족했었던 것 같고 이것이 잘 발달되어 있지도 못했다. 대체로 성서에는 악의 존재와 마찬가지로 있는 그대로의 이야기, 즉 사실 그대로의 이야기가 있다. 그러나 마음의 완악함에 대해 말하는 것은 분명히 일단 사람을 손에 넣으면 악이 작용하는 방식에 대해 정확히 묘사하는 것이다.

성서가 분명히 하고 있는 한 가지는 악을 행하는 것이 악이 된다는 것이다. 이것은 원래 완벽한 상태에서 원죄로 알려진 상태로 아담과 이브가 타락한 이유다. 악을 "알게" 되지 않도록 그들은 선과 악을 알게 하는 나무의 열매를 먹지 말라고 하나님으로부터 경고를 받았다. 우리가 전에 언급해 본대로, "안다"에 해당하는 히브리어 단어는 그것과의 친밀한 경험을 함으로써 어떤 것을 알게 되는 것을 의미하는 희랍어 단어 **기노스코**ginōskō와 비슷한 것(**그노시스**gnōsis)이다. 그런데 악을 행함으로써 악을 "알게" 되는 것은 틀림없이 악과의 친밀한 유대 관계가 시작된다. 전자는 양심을 증진시키지만, 후자는 양심을 파괴하고 나아가 영혼을 어둡게 하고 하나님을 알 수 없게 만든다. 이것은 신약성서가 되풀이해서 악과 맞서라고 우리에게 경고하는 이유다. 왜냐하면 작은 악이라도 우리를 더 큰 악으로 이끌어갈 수도 있기 때문이다.[10]

---

[10] 이 주제에 대한 다음과 같은 공자의 논평은 적절한 것이다. "선이 쌓이지 않으면, 그것은 사람의 이름을 떨칠 만큼 충분하지 않다. 악이 쌓이지 않으면, 사람을 파괴할 만큼 강하지 않다. 그러므로 열등한 사람은 '작은 일에 선한 것은 가치가 없기에' 그것을 무시하게 된다고 스스로 생각한다. 그는 '작은 죄가 해를 끼치지 않는다.'고 생각하기에 그 죄를 포기하지 않는다. 따라서 그것이 더 이상 은폐될 수 없을 때까지 그의 죄가 쌓이게 되며, 그의 죄가 너무나 커져서 그것은 더 이상 없어질 수 없다"(『주역/ Ching』,

그러나 성서는 인간의 악의 궁극적 근원을 악마의 탓으로 돌린다. 우리가 이미 살펴본 대로 악마는 "거짓의 아비"다. 그는 악한 의도를 사람들의 마음에 집어넣으며 그들 안에 거짓을 말하는 영을 불어넣음으로써 그들이 하고 있는 것의 현실을 그들이 못 보게 만든다. 우리가 우리 자신과 우리가 하고 있는 일에 대해 거짓말을 할 때, 성서의 관점에서 보면, 우리는 악마와 악마의 악한 원리의 지배를 받게 되는 것이다. 악한 영은 하나님의 의지와는 완전히 별도로 작용하는 악마적 실체의 영역을 넓게 확산시킨다. 융 심리학과 같은 원형 심리학의 관점에서 볼 때, 거기에는 틀림없이 악의 원형이 있다. 그러므로 우리가 악을 행할 때, 그것은 반드시 우리의 이전의 삶에 영향을 받은(개인 심리) 결과가 아니다. 왜냐하면 악에 대한 충동의 저변에는 정신 그 자체에 내장된 악을 행하는 악마적인 원형적인 힘이 놓여있기 때문이다. 그러나 어떤 경우에 융은 가끔 이런 악에 대한 원형적인 에너지가 자기Self를 구성하는 요소였다고 믿는 것처럼 보였으며, 성서는 그것을 우리의 진정한 자기와 맞지 않고 그것을 파괴하는 것으로 보았다.

만일 우리의 마음이 굳어져서 우리와 같은 인간에 대한 따뜻함과 연관성relatedness이 모호해지고 타고난 양심의 본질이 작동되지 않게 되면, 자아가 악마의 마법에 걸려서 스스로에게 속게 되면 인간은 계속 타락의 길을 걷게 되고 결국 악 그 자체가 되고 만다. 그러나 성서는 악마에 의해 우리 안에 악한 경향이 생겼다는 사실에도 불구하고, 거기에는 선택의 요소가 있다고 생각한다. 그리스 사람들은 비록 아

Richard Wilhelm 옮김 [New York: Pantheon Books, 1950], 95에서).

테가 사람을 죄와 파멸의 행동을 하도록 한다고 해도, 그럼에도 불구하고 그러한 행동을 하고, 또 그런 행동을 하도록 거들었던 사람들은 책임이 있고 대가를 치렀다고 말했을 것이다. 기독교인들은 거의 동일한 말을 할 것이며, 따라서 인간 영혼이 계속해서 선택의 필연성에 직면하게 되었다고 보았다. 악마가 영향을 끼치도록 허용한 이유는, 사실상 진정한 삶을 경험하지 못하고 진정한 하나님에 대한 사랑이 생길 수 없으면 악이 생길 수 있는 선택의 경험에 필요한 것으로 보인다.

요한복음에서 우리에게 들려주는 유다의 이야기는 우리가 말해 왔던 것에 대해 많이 설명해준다. 전에 언급한 대로, 요한복음 6:70에서 우리는 유다가 예수에 의해 악마라고 알려져 있다는 말을 듣게 된다. 이것은 유다가 이미 그 성격이 그만큼 악에 기울어져 있었으며, 말하자면 마음이 완악한 사람이었다는 것을 의미할 수 있다. 12:4 하반절에서 우리는 유다가 헌금함에서 돈을 훔쳐내는 도둑이 되었다는 것을 알게 된다. 그 자체가 가증스러운 범죄는 아니지만, 그럼에도 불구하고 그것은 악한 방향으로 심각하게 기울어져 있다는 것을 보여주었다. 유다에게 생긴 악에 대한 이런 경향은 요한복음 13:2에 나타나 있으며, 거기서 우리는 악마가 예수를 배반하려는 생각을 유다의 마음속에 불어넣었다는 것을 알게 된다. 다시 말해 유다의 마음이 가난한 자들을 위해 돈을 훔쳐내는 것보다 훨씬 더 악한, 그의 주님을 배반하게 되는, 이제 거짓의 아비와 그에게 아부하는 데 열려 있고 거짓의 아비에 영향을 받고 있다. 13:27에서 우리는 사탄이 실제로 유다에게 들어갔다는 것을 듣게 된다. 유다의 마음에 교묘하게 환심을 사려는 생각을 집어넣고, 이제 악한 영이 실제로 그를 사로잡은 것은 악마의 문제가 더 이상 아니다. 일단 악에 기울여졌던 그의 의지가 이제 악에 사로잡혀 있었다. 아마 이런 이유로, 우리는 요한복음 17:12에서 유다가 이제 멸망을 받기로 스스로 선택했고, 말하자면 더 이상 구원을 받을 수 없게 되었다는 말을 듣게 된다.

이 이야기는 은 30냥이라는 아주 적은 돈을 받고 유다가 예수를 배반했다는 단호한 결론에 이르게 된다. 그 문제가 요한복음에서는 거기서 끝나지만, 마태복음에서 우리는 유다가 예수를 배반한 결과 예수가 처형을 당했으며, 유다가 극심한 회한을 느껴 자살했다는 것을 알게 된다.11 그의 회한은 일종의 의식이 생긴 것으로 여겨진다. 적합한 순간에 우리는 그가 회한을 경험하도록 충분히 괜찮은 감정을 드러냈던, 일종의 의식이 생기게 하는 이 마지막 순간이 결국 유다가 구원을 얻기에 충분했다는 희망을 가질 수 있다.

악의 근원에 대한 성서적인 생각의 약점은 그것이 개인의 발달 심리에 대해 모른다는 것이고, 항상 그 자체를 설명해 주지 않는다는 것이다. 따라서 예를 들어 우리는 유다가 악마에 의해 악에 대한 그의 도구가 되었거나, 다른 제자들이 그렇게 하지 않았을 때 악을 선택했거나 둘 중 하나였다는 사실에 대해 어떤 설명도 듣지 못했다. 그것의 강점은 그것이 정확하게 삶의 방식과 악이 작용하는 방식을 묘사하고 있다는 것이다. 인간이 행동하는 방식을 피상적으로 보아도, 이것은

---

11 다른 고대의 전통은 유다의 몸이 마차가 지나갈 수 없을 정도로 부풀어 올라서 마차가 쉽게 지나갈 수 있도록 그를 깔아뭉개고 그의 창자가 쏟아져 나왔다고 말한다. 『파피아스의 단편*Fragments of Papias*』 3을 보라.

우리가 사는 이 세상에서 악을 지지하는 악의적인 세력이 있다는 생각을 입증해주는 것처럼 보인다. 우리가 악을 신화적 실체로 생각하든지, 아니면 심리학적 실체로 생각하든지 간에, 어떤 사람들은 분명히 그런 악한 세력에 사로잡혀 있는 것처럼 행동한다. 성서는 또한 사람이 이런 세력에 굴복하게 되는 방식을 정확하게 묘사한다. 즉 작은 일에 있어서 악에 동의하게 되면, 그 파멸이 확인될 때까지 의지가 점점 더 타락하게 된다는 것이다.

상습적인 죄인의 궁극적 운명에 대해 교회는 동의할 수 없었다. 예를 들어 초기교회의 신학의 한 계통은 이 세상에서의 단 한 번의 유일한 삶에서 구원받지 못한 죄의 결과가 영속적이 되었으며, 죽을 때 우리가 영원한 벌을 받든지, 아니면 영원한 구원을 받든지 둘 중 하나라고 말했다. 그러나 신학적 사상의 다른 계통은 결국 모든 영혼이 구원받게 될 것이며, 악하게 산 사람들은 내세에서 그들이 경험하게 될 치유의 불에 의해 그들의 악이 제거될 것이라고 믿었다.[12] 어쨌든 악이 존재했던 이유에 관해 교회가 결코 공식적인 신정론theodicy(하나님과 관련이 있는 악의 근원에 대한 이론)을 발전시키지 않은 것은 주목할 만하다. 앞서 언급한 대로, 지배적 관점이, 하나님에 대한 진정한 사랑, 진정한 도덕적 삶 그리고 영적 성장의 가능성이 다만 도덕적 선택이 요구되는 틀에서만 이루어질 수 있다는 생각이었지만 말이다. 기독교 세계가 동의한 유일한 것은 하나님의 능력이 그토록 커서 아무리 악

---

[12] 테르툴리아누스는 첫 번째 관점의 전형적인 대표자로, 니사의 그레고리우스는 두 번째 관점의 대표자로 간주될 수 있다.

의 세력이 막강하다 하더라도 결코 빛을 꺼뜨릴 수 없고, 하나님이 그분의 보다 큰 목적을 위해 악 조차도 이용할 수 있었다는 것이었다.[13]

왜 사람들이 악을 행하는지에 대한 문제에서 벗어나서, 이제 우리는 "왜 예수는 유다가 도둑이라는 것을 알고도 그를 열두 제자들 중 하나로 받아들였는가?"하는 두 번째 질문에 이르게 되었다. 여러 있음직한 설명이 제시되어 왔다.

가장 분명한 대답은 예수가 그의 적들의 손에 팔아넘겨질 수 있기 위해 유다가 필요했으며, 예수가 배반을 당하고 체포되어 십자가에서 처형되고 부활함으로써 구원의 혜택을 누리게 된 신적인 계획에 도움이 되기 위해 그가 필요했다는 것처럼 보인다. 그러나 사실 겟세마네 동산에서 유다가 입을 맞추며 배반한 것은 거의 필요하지 않은 일이었다. 즉 예수의 체포는 그런 일이 없이도 일어났을 것이다. 왜냐하면 유다가 입을 맞추며 그를 지목함으로써 그들의 일을 좀 더 쉽게 만들어주지 않았을지라도, 병사들이 예수를 알아보는데 어려움이 없었을 것이기 때문이다.

이런 이론이 부적당하다는 것을 인정하며, 융은 유다가 그림자의 표본이 되기 위해 열두 제자들 중 하나가 되어야만 했다고 말했다. 우리가 살펴본 대로, 그림자는 우리가 보고 싶지 않지만, 개개인들은 물론 집단이 그림자를 가지고 있다는 것을 주목해야 하는 우리의 인격의 어둡고 억압된 측면이다. 융의 주장은 한 집단으로서의 제자들이

---

[13] 따라서 요셉은 자신을 죽이려 했으며, 자신을 노예로 팔았던 그의 형들에게 "형님들은 나를 해치려고 했지만, 하나님은 오히려 그것을 선하게 바꾸셔서, 오늘과 같이 수많은 사람의 생명을 구원하셨습니다."(창세기 50:20, [표준새번역])라고 말한다.

일방적으로 "밝은" 측면에 놓여있었으며, 필요한 정신적 균형이 이루어지기 위해서는 거기에 누군가가 있어야만 했다는 것이다. 현대 가족체계 치료와 비교하자면, 모든 가족 구성원들이 일방적으로 선하고, 그들의 어둠을 인식하지 못하는 가족의 상황이 있을 것이므로 심리적인 법칙상 불가피하게 어떤 특정한 구족 구성원이 가족의 그림자를 살아내는, 다루기 힘든 사람이 있어야 한다는 것이다. 보통 아이인 이런 사람은 가족의 희생양이 되고, 다른 가족 구성원들의 인식되지 못한 죄가 그 혹은 그녀에게 쌓여서 그런 일이 일어날 수도 있다.14 이 이론은 많은 장점을 가지고 있다. 왜냐하면 제자들과 예수는 일종의 영적인 가족 단위를 이루고 있었기 때문이다. 이 이론의 난점은 제자들의 그림자가 결코 부정되지 않았다는 것이다. 우리가 주님을 부인한 이야기를 살펴볼 때 다루어 보겠지만, 제자들은 결코 완벽한 사람들이 아니었고, 결코 그들 자신을 완벽한 사람들로 생각하지도 않았으며, 그들의 개인적 결함을 부정하도록 예수에 의해 가르침을 받거나 훈련을 받지도 않았다는 것, 즉 그 반대였다는 것이다.

어딘가 다른 곳에서 융은 예수를 배반하는 유다의 이야기는 "영웅에 대한 악의적인 배반"에 대한 전형적인 이야기라고 지적한다. 그는 비슷한 배반이 북유럽 신화의 발두르와 로키의 이야기에서 일어난다고 지적한다.15 이 이야기에서 아름답고 사랑하는 신 발두르는 악한

---

14 내가 아는 한, 아동심리학에 대한 아직도 시의 적절한 그녀의 책 *The Inner World of Childhood* (New York: Appleton-Crofts, 1927)에서 이런 현상에 대해 쓴 첫 번째 심리학자는 융 학파 분석가 프랜시스 윅스Francis Wickes였다.

15 C. G. Jung, *Symbols of Transformation*, Collected Works 5, paras. 41-42.

로키에게 배반을 당해서 신을 해치지 않겠다고 약속하지 않은 유일한 식물인, 겉으로 보기와는 달리 위험한 겨우살이에 의해 죽임을 당했다. 북유럽 신화에서 비슷한 이야기는 악의적인 하겐에 의해 아름다운 지그프리트의 살해에서 발견될 수 있다. 역사의 영역에서 시저는 그의 친구 브루투스에게 이런 식으로 배반을 당했다. 그런 이야기들은 "영웅에 대한 배반"의 원형이 있으며, 기독교의 이야기는 그것 안에 이런 원형의 요소를 가지고 있다고 말한다. 이런 원형적인 주제의 기독교적 형태와 이교적 형태 사이의 차이는 기독교적인 이야기에는 어둠의 세력이 빛의 세력을 지배하는 영원한 능력이 없다는 것이다. 발두르가 영원히 파괴된 반면, 발두르처럼 배반당하고 죽임을 당한 그리스도는 승리하며 부활한다. 그럼에도 불구하고, 인간적인 상상력과 외적 사건들 모두를 형성하는 원형의 능력을 고려해 볼 때, 그리스도에 대한 배반이 원형적인 주제라는 융의 주장은 신중히 고려해 볼 가치가 있다.

  융 학파 분석가 에딘저는 그의 통찰력 있는 책 『그리스도인의 원형 Christian Archetype』에서, 십자가 처형이 일어나려면 유다가 필요했다는 생각과, 악에게 죄 없는 그리스도가 죽임을 당할 정도로 원형적인 이야기에서 배반의 요소가 필요했다는 생각을 조화시키고 있다. 에딘저는 유다가 그것을 수행하기 위한 어떤 운명을 가지고 있었고, 충실하게 그것을 성취했다고 말한다. 그는 그리스도가 유다에게 먹을거리로 내어주듯이, 사탄을 유다의 입으로 들어가는 작은 악마로 묘사하는 어떤 중세의 그림에 우리가 관심을 갖도록 만들고 있다. 이로써 그리스도는 유다에게 자신의 부여된 운명을 "내어주었으며," 유다는 충실하게 그것을 수행했다고 그는 추론한다. 에딘저는 왜 이 배반이 입을 맞춤으로써 성취되었으며, 왜 입맞춤을 당하며 예수가 유다를 "친구"(마태복음 26:50)라고 말하고 있는지에 주목한다.

유다의 현상에 대한 다른 가능한 설명도 있다. 즉 유다가 변화를 초래하려는 예수의 평화로운 수단에 실망을 했고 혁명을 촉발시키기를 원했던 열심 당원이었다는 이론(안타깝게도 우리가 역사적 사실로 그것에 대해 알고 있는 어떤 기반도 없는)처럼, 아니면 안타깝게도 카잔차키스의 풍부한 상상력을 제외하고 지지를 받지 못하는 흥미로운 이론인, 예수와 유다가 실제로 마음속으로 어느 정도 형제였다는 카잔차키스의 설명처럼 말이다.[16]

사실 유다와 악 그 자체는 둘 다 수수께끼, 즉 정신이 완전히 해결하지 못하는 퍼즐 같은 것으로 남아 있다. 악의 역할에 대한 이런 초기 기독교적 견해와 성서적 견해의 이런 불확실성은 약점과 강점을 모두 가지고 있다. 성서적 입장의 약점은 악의 문제에 대한 깔끔하고 잘 정돈된 해결책이 없다는 것이다. 사실 초기교회는 그 이후 어떤 기독교적 신조에도 공식적인 신정론이 없었다고 인정했던 것 같다. 반면에, 궁극적 인식이 가능하지 않은 어떤 인식의 결핍을 인정하는 것은 약점의 징후가 아니라 강점의 징후다.

---

[16] Nikos Kazantzakis, *The Last Temptation of Christ* (New York: Simon and Schuster, 1960).

제23장

모습을 드러내는 자기
메시아가 예루살렘으로 들어가다
요한복음 12:12-50

12장의 가장 중요한 부분은 예수가 예루살렘으로 들어가는 이야기, 즉 종려주일 이야기로 잘 알려져 있다. 이 장의 나머지는 예수의 다양한 말씀이 섞여 있는 것으로 보인다. 이런 점에서 그것은 우리가 시작하는 이야기에서 드러나는, 잘 조직화된 담론을 발견하게 되는 요한복음의 다른 장들과 다르다. 어떤 말, 특히 24-25절은 요한의 말과 같은 것이라기보다는, 오히려 공관복음에 나오는 말과 같은 것으로 보인다. 이런 이유로, 어떤 주석가들은 12장의 많은 자료가 원래 요한 자신으로부터 온 것이 아니라, 후기의 편집자에 의해 첨가된 것이라고 믿는다. 반면에, 우리는 12장을 읽으며, 이것이 그의 독자들에게 요한이 예수의 공적인 사역에 대해 말해야 하는 마지막 기회라는 것을 염두에 둘 필요가 있다. 왜냐하면 13장이 십자가 처형과 부활에 대한 이야기로 이어지는, 예수의 제자들에 대한 사적인 사역에 초점을 맞추어 시작되기 때문이다. 요한이 "나는 여전히 내가 아직 포함시키지 않았던 주님의 어떤 말씀을 가지고 있다. 따라서 나는 이것이 그렇게 할 마지막 기회이기 때문에 여기서 그런 말씀을 넣을 것이다."와 같은 것을 생각하고 있었을 가능성이 있다. 아무리 그런 말씀이 그 이야기로 흘러들어갔다고 해도, 많은 말씀은 중요하고 또 우리의 관심을 끈다.

12-15절은 예수가 당당히 예루살렘에 입성하는 것에 대해 말한다. 물론 그를 매우 열렬하게 환영하는 군중은 그런 승리의 진정한 본질을 모른다. 그는 세속적 왕국의 정복자가 아니라 어둠의 세력을 이긴 영적 승리자로 온다. 예루살렘으로 들어가는 것은 스가랴서의 예언으로 거슬러 올라간다.

> 시온의 딸아! 크게 기뻐하라. 예루살렘 사람들아! 기쁨으로 외쳐라. 보라, 너희 왕이 너희에게 나아간다. 그는 의로우신 분이며 구원을 베푸시는 분이시다! 그가 겸손하여 나귀를 탔으니 어린 나귀, 곧 나귀 새끼이다.
>
> (스가랴서 9:9, [표준새번역])

신약성서는 종종 그리스도의 삶에 일어난 사건을 구약성서의 예언과 관련시킨다. 세속적인 역사는 왕들과 왕국들의 흥망에 대한 것이며, 영적인 역사는 이제 그리스도의 사건에 표현되어 있고, 그의 눈이 그것을 보도록 열려있고 그의 귀가 그 메시지에 열려있는 개개인들의 의식에 도달하는 신적인 계획의 전개에 대한 것이다. 심리학적 관점에서 보면, 그것은 자기Self가 인간의 삶에 등장하는 의식의 발달에 대한 것이다. 사실상 모든 성서는 처음에는 히브리인들 사이에서, 나중에는 기독교인들 사이에서 의식이 발달하는 이야기로 볼 수 있다.

예수가 초라한 나귀를 타고 예루살렘으로 들어가는 것은 그 이야기에 감동적인 측면을 가중시켜 준다. 왕들과 왕비들은 전차나 마차를 탈지도 모르지만, 의식의 방식은 항상 겸손한 방식이다. 나귀는 우리에게 발람의 이야기에 나오는 나귀를 떠오르게 한다(민수기 22장). 예언자 발람이 히브리인들에게 예언하기 위해 모압으로 가는 길에 나귀를 타고 있었다는 것을 기억할 것이다. 그러나 그의 나귀는 세 번 줄행랑을 쳤다. 마침내 발람은 그 이유를 알게 되었다. 주님의 천사가 길을 막고 서 있었고, 발람이 계속 길을 갔다면 그 천사가 그를 죽였을 것이다. 겸손한 나귀는 발람이 볼 수 없었던 것을 보았기 때문에 그의 생명을 구할 수 있었다. 따라서 동물은 신을 볼 수 있는 우리 안에 있는 것을 나타낼 수 있다. 융은 언젠가 동물만이 진정으로 신의 뜻을 행할 수 있는 참으로 훌륭한 존재(동물들은 신이 그들에게 원하는 것을 정확히 알지만, 인간들은 신의 뜻을 벗어나 있다)라고 말한 적이 있다. 동물들은 종종 그들이 전형적으로 인도하는 우리의 본능과 원형적인 양식을 나타내는 우리의 꿈에 나온다. 그들은 정신에서 긍정적 역할을 하며 어떻게 우리가 그들과 관계를 맺느냐 하는 것이 어떻게 우리가 자기Self와 관계를 맺는지 보여준다. 예수가 동물의 왕국과 관계가 있었다는 것은 마가복음에 나타나 있다. 거기서 우리는 광야에서 사탄에게 시험을 받은 후에 예수가 천사들과 들짐승들에게 시중을 받았다는 말을 듣게 된다(마가복음 1:13).

군중의 열의는 뜨겁지만 오래가지 못한다. 십자가 처형이 임박했을 때 우리가 군중에게 듣는 유일한 말은 예수를 죽이고 강도 바라바를 석방하라고 요구하는 것이다. 다정하게 보이는 것 같은 군중들도 개인적 자각을 압도하는 집단적 성향을 가지고 있다. 군중의 집단정신은 얕은 뿌리를 가지고 있으며 쉽게 동요된다. 이런 이유로, 군중들은 쉽사리 파괴적이 되고 악의 도구가 되기도 한다. 특히 군중이 자기의 이미지를 그의 이런 자아중심적인 목적을 위해 군중을 이용하고 싶어 하는 권력에 사로잡혀있는 개개인들에게 투사하면 이런 일이 일어날 확률이 크다. 이런 일이 일어날 때, 우리가 앞서 살펴본 대로, 지도자는 중심Center인 체하고 군중은 기꺼이 그에게 자유를 넘겨준다. 그런 지도자는 군중에게 신에 준하는 역할을 하며, 의식적으로 그들에게 삶의 짐을 덜어주는 대가로 아무 생각 없이 그에게 충성할 것을 요구한다. 종려주일의 경우에 군중이 예수에게 투사를 했기 때문에 그들은 아주 온순했으며, 그것으로 인해 어떤 악한 일도 일어나지 않았지만, 파괴적인 인물에게 투사하면 그 결과는 악마적이 될 수 있다. 아돌프 히틀러의 독일은 대중이 자기를 악한 사람에게 투사할 때 군중심리의 파괴성을 보여주는 좋은 예다.

   기독교는 원래 개인에게 뿌리를 두고 있던 종교였다. 예수와 접촉했던 사람들, 그리고 그리스도를 내적으로 알았던 바울과 같은 사람들은 그들의 개인적 경험에 근거한 종교적 신앙을 가지고 있었다. 개인적인 기독교적 경험이 오늘날에도 아직 살아 있긴 하지만, 그 대신에 종종 군중이 강조되고 있다. 이런 변화는 아주 초기에 기독교가 발달하며 일어났다. 분명히 4세기경에 조직화된 종교로서의 기독교는 두드러지게 변했다. 마태복음에 대한 심리학적 주석인 그의 책 『창조는 계속 된다』에서 프리츠 쿤켈은 예수를 제자들의 눈을 통해 그리고 변화시키는 경험을 통해 살펴본다. 그는 그들이 예수와의 상호작용을 통해 어떻게 변화되었으며, 그들의 고통을 통해 그들 자신이 얼마나 영적 성장을 이루었는지를 보여준다. 그러나 나중에 기독교 역사에서 초점이 개인이 아닌 군중에게 맞춰지고 교회가 지상의 부와 권력을 얻었을 때, 고대의 신앙이 단지 또 하나의 집단 운동이 될 수 있는 위험이 생겼다. 이것은 오늘날에도 살아 남아있는 위험이다.

공관복음에서 개인적 방식과 집단적 방식의 차이가 마태복음 7:13-14(누가복음 13:24도 보라)의 예수의 말씀에 나타나 있다.

> 좁은 문으로 들어가라. 멸망에 이르는 길은 크고 넓어서 그리로 가는 사람이 많지만, 생명에 이르는 문은 좁고 또 그 길이 험해서 그것을 찾는 사람이 적다.

그 차이가 분명히 언급되었으며, 넓은 고속도로에서는 많은 사람들이 빨리 그리고 한꺼번에 다닐 수 있지만, 좁은 길에서는 사람들이 혼자 혹은 작은 그룹으로 가야한다. 분명히 넓은 길은 대부분의 사람들이 택하는 길이며, 좁은 길은 개인적인 길이다. 이런 성서적 이미지가 종종 우리의 꿈에 나온다. 예를 들어 사람들은 자주 집단, 즉 생각 없이 같은 길을 가는 모든 사람이 택하는 넓은 길의 완벽한 상징인 고속도로에 있는 꿈을 꾼다. 그러나 다른 꿈에서 꿈꾸는 사람은 좁은 길에 있으며, 이것은 개인적인 길이다. 가끔 꿈에서 꿈꾸는 사람은 고속도로에서 출발하지만, 곧 길을 벗어나서 아주 좁아지는 길로 가게 되거나, 심지어 자동차를 놓아두고 걸어가야 하는 길로 접어들기도 한다. 그때 우리는 집단적인 길에서 개인적인 길로의 전환이 가능하다는 것을 알게 된다.

20-22절에서 우리는 명절에 예배하러 와서, 그들이 분명히 소문을 들었던 예수를 보고 싶다고 제자들에게 말한, 어떤 그리스인들(헬레네스 Hellenes)에 대해 듣게 된다. 현대의 주석가들은 이런 그리스 사람들이 유대교로 개종한 이방인들이라고 우리에게 말한다. 그러나 고대의 주석가들은 그들이 유대교로 개종한 사람들이 아니라, 유대인처럼 한 하나님을 믿는 유일신론자인 그리스인들이었다고 우리에게 말한다. 즉 그들은 그들과 함께 예배하러 온 유대인들을 닮은 느낌이 들기는 하지만, 보통 말하는 유대교 신앙으로 개종한 사람들이 아니었다는 것이다. 적어도 알렉산드리아의 키릴로스 Cyril of Alexandria는 요한복음 12:20에 대해 이렇게 말한다. "제물을 바치는 방식과 제1원인을 믿는 것에 관한 한, 유대인들의 관습이 그들의 관습과 크게 다르지 않다고 보는 그런 사람들[즉 그리스인들]이... 예배하러 그들과 함께 온 것이다."[1] 현대의 주석가들이 옳은가, 아니면 고대의 주석가들이 옳은가 하는 것은 말하기 어렵지만, 초기 기독교와 희랍 철학의 관련성 때문에 고대 주석가들이 맞을 가능성이 크다. 우리는 이미 초기 기독교 사상가들은 그들이 로고스가 기독교인들은 물론, 그리스인들을 가르쳤다고 믿었던 희랍 철학에서 많은 진리를 발견했다는 것을

---

[1] Cyril of Alexandria, *Catena* 307.

살펴보았다. 많은 초기 기독교 사상가들은 기독교를 완전한 세계관으로 확립하는 방식으로 희랍 철학을 이용했다. 예수를 보기 원했던 이런 사람들이 유대교로 개종한 그리스인들이었든, 아니면 동료 일신론자들(일신론이 고대 시대에는 드문 것이었다)과 함께 예배하기를 원했던 그리스인들이든 상관없이, 요한은 그 장의 나머지를 이루고 있는 예수의 말씀을 소개하기 위해 예수를 보려는 그들의 요청을 이용한다.

23-24절은 요한의 신비주의의 본질을 포함하고 있다. 예수는 "내가 진정으로 진정으로 너희에게 말한다. 밀알 하나가 땅에 떨어져서 죽지 않으면 한 알 그대로 있고, 죽으면 열매를 많이 맺는다."고 분명히 말씀한다. 말하자면 밀알 하나 안에 숨겨져 있는 것은 밀이라는 전체 식물이 될 **잠재력** *en potentia*이다. 밀알이 그대로 남아있는 한, 그것은 단지 하나의 작은 실재이지만, 밀알이 죽으면 그때 그것은 열매를 많이 맺게 되고, 그 밀에서 엄청난 열매를 맺을 수 있는 힘이 생기게 되고, 그 밀에서 미래의 많은 종자들이 맺히게 된다. 따라서 밀알 하나가 죽으면 매우 풍부한 열매를 거두게 되는 것이다. 그리스도는 이런 이미지를 그 자신의 죽음의 신비를 드러내기 위해 사용한다. 십자가에서 죽음으로써 영적 세계에 확산될 수 있는 엄청난 힘이 촉발된다. 성육신된 그리스도의 육체가 죽음으로써 우주적 그리스도, 즉 세계 도처에 퍼지게 되고 수많은 사람들의 영혼에 뿌리내리게 되는 새로운 의식意識이 나타나게 된다.

요한복음 12:23은 종종 고린도전서 15:35에 나오는 바울의 이미지와 비교되며, 사실상 어떤 학자들은 바울이 그의 이미지를 요한복음의 구절에서 가져왔다고 믿는다. 바울은 부활할 때 어떤 몸을 갖게 되는가 하는 질문에 대해 대답한다. 그는 이렇게 대답한다.

> 그대가 땅에 뿌리는 것은 무엇이든지 새 생명이 태어나기 전에 죽어야 합니다. 그리고 그대가 뿌리는 것은 장차 생겨날 것이 아닙니다. 밀이든지 그 밖에 어떤 곡식이든지, 다만 씨앗을 뿌리는 것입니다. 그러나 하나님께서는 원하시는 대로 그 씨앗에 몸을 주시고, 각 종자에게 고유한 몸을 주십니다.

언뜻 보기에, 요한의 구절과 바울의 구절이 같은 것을 말하고 있는 것 같지만 거기에는 차이가 있다. 바울에게 생명이 없는 밀알과 그것이 생장하는 식물은 거의 공통점이 없다. 따라서 방금 죽은 이승의 몸은 영광스러운 부활의 몸과 공통점이 거의 없다. 그러나 요한에게 밀알의 죽음은 통합된 방식으로 싹이 트는 식물이 되는 전체 과정의 일부인 것이다. 따라서 세속적 자아의 죽음으로 완성된 영혼이 나타나게 된다. 그리스도라는 토양에 뿌리박고 있는 개인은 죽음으로써 자아보다 훨씬 더 큰 실재를 드러내는 더 아름다운 존재로 나타나게 된다.

요한복음의 구절은 자아의 중요성과 중요하지 않은 면을 강조한다. 자아는 구원 계획의 본질적인 부분이지만, 그 계획의 요점은 아니다. 그 계획의 요점은 자아의 영속적인 구원이 아니라 풍부한 새로운 생명의 출현이다. 후기의 기독교는 부활의 신비를, 자아를 영속적으로 찬양하는 일종의 의식과 자아의 구원으로 많이 바꾸어 놓았다. 그러나 우리가 그것을 아는 대로, 자아는 단지 일시적 현상이며, 진정한 실재는 영혼, 혹은 심리학적 용어로는 자기Self의 표현이다. 자아의 과제는 의식意識을 확립하는 것이며, 때가 되면 기꺼이 죽는 것이다. 따라서 자아가 중요하지만, 가장 중요한 것은 아니다. 이것보다 적은 그 어떤 것은 종교를 다른 형태의 자아중심성으로 바꾸어 놓는다.

이런 신비 가운데 어떤 것은 개성화 과정의 결과에서 뚜렷이 드러난다. 어떤 사람이 새로운 의식을 획득하게 되면 인격의 중심이 자아에서 자기로 바뀌게 되고, 그 사람은 보이지는 않지만, 깊은 영향을 다른 사람들에게 끼치게 된다. 새로운 의식의 씨가 뿌리박혀 있는 사람들은 그들 자신의 의식이 확장되는 것을 발견하게 되고, 이것이 보이지 않게 다른 사람들에게 확산되는 효과를 불러일으킨다. 이런 사람들은 역사가들에게 알려지지 않은 겸손한 사람들이다. 우리는 아마 지혜롭고 지각이 있는 노부인의 원숙한 경지에 이르렀던, 우리의 기억 속에 영적 인도자로 살아 있는 할머니를 기억할지 모른다. 아니면 그 사람은 고통을 받음으로써 의식의 발달을 가져왔고, 그로 인해 국가에 영향을 미친 유명한 아브라함 링컨이 될 수도 있다. 앞서 유대인 여성을 쏘지 않은 독일 군인에 대한 이야기를 예로 든 적이 있다. 우리는 이 군인의 이름조차 알지 못하지만, 그의 행동은 그의 가족의 마음에 이제 살아 있고, 나에게 전해졌으며, 이제 이 책의 독자들의 마음속에 살아 있다. 그런 식으로 의식의 발달은 알려져 있건 알려져 있지 않건, 결코 죽지 않고 영적 세계 안에서 영원히 결실을 맺게 된다. 따라서 자아가 죽으면 의식의 창고가 열리고 새로운 생명이 풍부해지게 된다. 이런 이유로, 융은 언젠가 자기의 출현은 항상 자아의 죽음이며, 그것은 다만 전혀 다른 존재의 토대에서 그 생명이 다시 살아날 수도 있다고 말한 적이 있다.

 그들의 생명을 사랑하게 되면, 그것을 잃게 될 사람들에 대해 언급하고 있는 25-26절은 공관복음의 말씀과 아주 비슷한 내용으로 이루어져 있다. 예를 들어 "누구든지 자기 목숨을 구하고자 하는 사람은 잃을 것이요, 나 때문에 자기 목숨을 잃는 사람은 찾을 것이다."라고 되어 있는 마태복음 16:25(그리고 그 비슷한 것으로는 마가복음 8:35와 누가복음 9:24가 있다)와, "자기의 목숨을 사랑하는 사람은 잃을 것이요, 이 세상에서 자기의 목숨을 미워하는 사람은 영생에 이르도록 그 목숨을 보존할 것이다."라고 되어 있는 요한복음 12:25 사이에는 아주 비슷한 점이 있다. 공관복음의 말씀과 아주 비슷한 점이 요한복음에 매우 드물기 때문에 어떤 주석가들은 이런 구절이 요한으로부터 나온 것들 가운데 하나가 아니라, 후기의 편집자로부터 나온 것이라고 생각한다. 마찬가지로 12:25는 분명히 그것에 대한 요한복음의 왜곡이다. 즉 그것은 "이 세상"과 "영생"을 비교하며 언급한다. 여기서 다시 우리는 요한의 신비주의적 요소를 보게 된다. "이 세상"은 지나가는 현상이다. 비록 무지한 자아가 실재로 생각하지만, 그것은 실제로 일시적 실재에 불과하며, 그러니까 이른 봄의 따스함에 녹을 눈송이와 같다고 볼 수 있다. 그러므로 이 세상의 것들에 매달려 있는 사람들은 의식이 대단히 제한되어 있을 것이다. 그들은 이전에 논의해 보았던 의미의 "육체"의 생각을 가지고 있을 것이다. 심리학적 용어로 보면, 그들은 결코 그들의 자아의 좁은 한계를 뛰어넘지 못할 것이다. 영생은 이것과 뚜렷한 대조를 이루고 있다. 여기서 영생은 "영원히 사는 것"으로 이해되지 않는다. 오히려 영생은 완전히 새로운 실재의 차원이다. 그것은 시간 그 자체가 완전히 새로운 의미를 띠고 있는 실재의 차원일지 모른다. 왜냐하면 흔히 이해할 수 있듯이, 시간은 절대적인 것이 아니라 제한된 자아의 특별한 구조이기 때문이다. 시간은 그것 자체로 우리의 이해에서 벗어나 있다.

26절은 또한 공관복음의 말씀과 비교된다. "나를 섬기려고 하는 사람은, 누구든지 나를 따라오너라. 내가 있는 곳에는, 나를 섬기는 사람도 나와 함께 있을 것이다."라고 되어 있는 요한복음과, "누구든지 나를 따라오려거든, 자기를 부인하고, 제 십자가를 지고, 나를 따라오너라."(마태복음 16:24; 마가복음 8:34; 누가복음 9:23)라고 되어 있는 공관복음의 말씀과 비교해 보라. 그리스도를 따르는 것은 십자가를 지는 것과 같은 것이며, 십자가를 지는 것은 개성화 과정의 짐을 짊어지는 것과 같은 것이다. 의식화 과정은 우리가 우리 자신의 존재와 우리 자신의 정신의 짐을 지는 것을 필요로 한다. 다른 사람들이 그들의 인격의 본질적 요소를 다른 사람들에게 투사할 수 있는 경우, 즉 그림자를 어떤 사람에게 투사하고, 아니마나 아니무스를 다른 사람들에게 투사하고, 자기를 여전히 다른 사람들에게 투사할 경우, 의식적인 삶은 우리가 이런 투사를 철회하고, 우리 자신의 정신에 대한 책임을 떠맡을 것을 요구한다. 그것은 또한 우리가 삶에 있어서의 우리 자신의 특정한 몫 혹은 운명, 즉 우리의 특정한 실존의 피할 수 없는 조건이라는 짐을 질 것을 요구한다. 이것은 심리학적으로 보면, 십자가를 지는 것과 같은 것이다. 그러나 "내가 어디에 있든지, 내 종도 거기에 있을 것이다"라고 한 요한의 말에 주목하라. 여기서 다시 우리는 수수께끼 같은 에고 에이미, 즉 요한복음에 자주 나오는 "나는 ~이다"라는 표현을 접하게 된다. 이때 "나는 ~이다"가 통상적인 문법 구조로 간주될 수 있지만, 요한복음의 정신에서 볼 때, 그것은 영원한 "지금"에 살고 있는 신비스런 실재로서의 그리스도의 영원한 현존에 대해 말하고 있는 것이 분명하다. 이것은 우리에게 우리가 우리 자신의 짐을 지는 이런 과제에 있어서 혼자가 아니라고 말한다. 기독교적 이해를 세속적 이해와 구분하는 기독교적 입장의 본질적 요소는 자아가 그 노력에 있어서 혼자가 아니라는 것이다. 우리는 혼자 그런 입장에 서 있는 것이 아니라, 우리가 우리의 얼굴을 우리의 과제를 향해 돌리자마자 보이지 않는 존재에 의해 지지를 받게 있다. 이것은 신화神化에 대한 가르침을 더 확대한 것이다. 우리의 본성은 우리 자신의 도움이 되지 않는 노력을 통해서가 아니라, 우리 자신보다 훨씬 더 위대한 실재에 신비스럽게 참여함으로써 변화된다.

그것은 본능적으로 목표를 향해 가는 길을 찾으려고 하는, 우리 안에 생명의 흐름이 있는 것과 같다. 우리의 과제는 모든 생명의 배후와 내부에 있는 힘에 도움을 받아, 우리가 꾸준히 노력하며 이런 생명의 흐름을 따르는 것이다. 여기서는 『주역』에 나오는 다음과 같은 이미지가 적합하다. "물은 필연적으로 흘러야 하는 것이다. 샘이 솟을 때, 그것은 처음에 어디로 흘러갈지 모른다. 그러나 계속 흐르게 되면, 마침내 그것의 흐름을 막고 있는 깊은 구멍을 가득 채우는데 성공하게 된다."

신화神化의 주제는 27-28절에 계속 나온다. 요한복음의 이런 구절은 공관복음에서 겟세마네 동산에서의 그리스도의 수난과 같은 것으로 여겨져 왔다. 같은 요소가 그리스도의 괴로움("지금 내 마음이 괴로우니")과 다가오는 십자가 처형에 대한 의문("내가 '나를 구원하여 이 시간을 벗어나게 하여 주십시오'라고 말할까?") 둘 다에 들어 있다. 신화神化의 관점에서 볼 때, 그리스도의 비통함은 필수적인 것이다. 그가 어둠을 겪고 불안과 좌절을 경험하지 않을 수 없었던 것처럼, 우리도 어둠을 겪는다. 하지만 우리는 (아버지가 그와 함께 계셨기에) 그가 혼자가 아니었던 것처럼 혼자가 아니다.

28-29절에서 우리는 다가오는 그리스도의 죽음을 영광스럽게 하는 하늘에서 들려온 목소리를 이제 듣게 된다. 우리는 또한 어떤 사람들은 그 목소리를 천둥이 울린 것으로 잘못 알았고, 다른 사람들은 그 목소리를 들었으나 그 말을 알 수 없었으며, 그것을 천사가 그에게 말한 것으로 생각했다는 것을 알게 된다.

우리의 현대적인 합리주의적 관점에서 볼 때, 이 모든 것은 분명한 상상이다. 많은 현대의 성서학자들은 그런 이야기를 성서의 "신화神話"의 일부로 일축할 것이다. 그렇게 함으로써, 그들은 성서 기자들이 우리가 진지하게 다루지 않는 신화적 관점을 가지고 있었다는 것을 의미한다. 사실상 우리가 오늘날 성서의 "신화적 사고"라고 부르는 것은 바로 가시적이고 합리적이고 물리적인 세계 배후에 보이지 않는 영적이고 의미 있는 세계가 있다는 확신을 표현하는 방식이다. 공간과 시간이라는 물리적 세계와, 우리가 인과론을 따르는 것, 그리고 영적 세계와 보이지 않는 세계는 서로 밀접한 관계에 있기 때문에 그것들은 서로 뒤섞여 있다. 영적 실재는 계속해서 물리적 실재에 침투하지만, 우리의 일상적인 "육체적" 의식은 그것을 알 수 없다. 우리가 우리의 합리적 편견에 사로잡혀 있을 때, 우리는 물질적 실재를 우리가 영적 실재라고 생각하는 것의 기초라고 믿는다. 따라서 뇌를 우리가 인격이라고 부르는 것의 자리요 기원이라고 하는 것이다. 그러나 다른 관점에서 볼 때, 우리가 물리적 실재라고 간주하는 모든 것은 정신Mind의 표현이다. 그래서 초기 기독교인에게 있어서, 우리가 일반적으로 이해하는 물리적 세계는 신의 정신(로고스)의 표현이지 그 반대가 아니다.

종교 경험에서 그리고 원형적인 꿈에서 영적 세계는 우리의 의식 속으로 잠입한다. 이런 실재는 사실상 결코 멀리 떨어져 있지 않지만, 우리의 감각은 그것에 둔감해져 있다. 예수는 이 다른 실재를 알고 있지만 우리는 모른다. 그것이 바로 그가 30절에서 "이 소리가 난 것은, 나를 위해서가 아니라 너희를 위해서이다."라고 말한 이유다.

31-32절에서 우리는 다시 이 세상에 내려진 "심판"에 대해 읽게 된다. 여기서 "심판"으로 번역된 단어는 우리가 이제 친숙해진 희랍어로 크리시스*krisis*(심판)다. 앞서 살펴본 대로, 우리가 모두가 위기에 놓여 있을 때 언젠가 의식에 이를 수 있는 기회가 오는 것이다. 왜냐하면 의식에 대한 요구에 어떻게 응답할 것인지가 우리에게 중요할 것이기 때문이다.

이제 십자가 처형과 부활 사건이 가까이 다가오게 되면 "이 세상의 통치자"가 쫓겨날 수 있다. 이것이 이 세상의 영적인 지배 세력인 아르콘*archōn*이다.

32절—"나는 모든 사람을 내게로 이끌어 올 것이다"—이 특히 흥미롭다. "이끌다"라고 번역된 단어는 희랍어로 헬코*helkō*인데, 이것은 돛을 올리다, 칼을 뽑다, 오랜 가뭄에서 물이나 포도주를 마시다 등의 다양한 의미를 가지고 있지만, 우리 자신에게로 어떤 것이나 어떤 사람을 이끈다는 의미도 가지고 있다. 그런 이미지는 보이지 않는 영향처럼 보이는 것에 의해 물체를 그것 자체로 끌어당기는 자석이라는 의미를 가지고 있다. 자석은 가만히 있지만 다른 물체가 그것에 끌린다. 그래서 그리스도는 영혼을 그 자신에게로 끌어당기는 자석처럼 행동한다. 기독교 신비주의에서 십자가는 보이지 않지만, 인간의 영혼에 강력한 영향을 미치는 그러한 자석이었다. 여러 학자들은 당연히 이것이 "우리가 예수를 보고 싶다."고 한 그리스 사람들의 요구에 대한 요한복음에서 주어진 대답이라고 지적한다. 그를 보려는 사람들은 십자가와 그것이 영혼에 미치는 신비스런 영향을 보아야 한다.

34절에서는 "인자가 누구입니까?"라는 질문이 제기된다. 이것은 우리가 이미 논의해 본 질문이며, 35-36절에서 요한은 우리에게 그가 빛(의식)의 사람이라고 하며, 적어도 대답의 일부를 제공한다. 이 구절들은 발견될 수 있는 빛으로서의 그리스도의 의미에 대한 가장 아름답고 간결한 서술의 하나를 구체적으로 표현하고 있다. 그 구절들은 또한 우리에게 빛과, 어둠 속을 걷는 것을 아는 것과 모르는 것

사이의 관계를 보여준다. 왜냐하면 "어둠 속을 다니는 사람은 그가 어디로 가는지를 모르기" 때문이다. 우리는 여기 요한복음에서 다시 한 번 한쪽이 다른 쪽을 보강해 주며, 아는 것과 믿는 것, 지식과 신앙을 둘 다 강조하고 있다는 것을 알고 있다. 더 큰 자기-인식과 영적 인식에 이르는 길에서 의식의 방식을 충실히 따르게 될 때, 결과적으로 우리는 "육체"적인 우리의 존재 상태에서 "빛의 아들들[그리고 함축적으로 딸들]"의 존재 상태로 변화된다.

37-40절은 예수가 그의 신적인 기원의 증거로 많은 표징을 보여주었지만 많은 사람들이 그를 믿지 않았으며, 이것이 예언자 이사야의 예언을 성취하는 것이었다는 것을 우리에게 말해준다. 심지어 그들이 그를 믿었다고 생각했던 어떤 사람들은 그것에 대해 냉담했으며, 그들의 놀란 자아들은 그들이 바리새파 사람들이 두려워해서 그들 자신에 대한 그들의 믿음을 지키게 만들었다. "왜냐하면 그들은 하나님으로부터 비롯되는 영광 보다 인간으로부터 비롯되는 영광을 취하고 있기 때문이다." 이사야서에서 인용된 중요한 구절은 다음과 같은 것이다.

> 너는 가서 이 백성에게 "너희가 듣기는 늘 들어라.
> 그러나 깨닫지는 못한다! 너희가 보기는 늘 보아라.
> 그러나 알지는 못한다."하고 일러라.
> 너는 이 백성의 마음을 둔하게 하여라.
> 그 귀가 막히고, 그 눈이 감기게 하여라.

> 그리하여 그들이 볼 수 없고, 들을 수 없고
> 또 마음으로 깨달을 수 없게 하여라.
> 그들이 보고 듣고 깨달았다가는
> 내게로 돌이켜서 고침을 받게 될까 걱정이다.
> (이사야서 6:9-10, [표준새번역])

마음이 완악해지는 주제는 성서에 자주 나온다. 우리는 그 예를 공관복음, 사도행전 그리고 서신들에서 발견한다.[2] 성서적 관점은 영적이고 내적인 인식이 순전히 지적인 과정을 통해 나오는 것이 아니라, 우리가 정서적으로 우리의 인식의 대상과 내용을 경험하며 나온다는 것이다. 우리가 살펴본 대로, 인식에 대한 이런 이해는 인식, 즉 **그노시스**gnōsis라는 중요한 신약성서의 단어에 포함되어 있다.

현대의 심리학은 이런 입장에 동의할 것이다. 왜냐하면 자아가 완악해져서 사랑에 대한 감정과 능력이 제외되면 심리학적 통찰과 도덕적 자각이 희미해져서 소멸될 정도가 되기 때문이다. 이런 일이 우리에게 일어날 때, 그것은 마치 두껍고 단단한 껍질이 우리를 둘러싸고 있는 것 같고, 그때 그 어떤 것도 우리의 완고한 자아중심성을 관통할 수 없다. 인류의 가장 큰 선물의 하나—자유 의지—가 개인주의적 완고함으로 변질된다. 쿤켈은 그것을 멋지게 다음과 같이 표현한다. "적敵은 권력에 대한 의지 혹은 안전에 대한 의지로 변질된 우리 자신의 자유 의지의 자아중심적인 형식이다."[3]

---

[2] 예를 들어 출애굽기 4:21, 7:3; 마태복음 13:14, 19:8; 누가복음 10:5, 16:14; 사도행전 28:26-27; 로마서 2:5 등을 보라.

해독제는 사랑하고 느낄 수 있는 능력을 발휘하는 것이다. 왜냐하면 사랑은 우리가 다른 사람들의 곤경에 공감할 수 있게 함으로써 우리가 자아중심성에서 벗어나게 해 줄뿐만 아니라, 우리 영혼의 고통을 느낄 수 있는 능력에 이를 때까지 우리를 개방시켜주기도 하기 때문이다. 전체가 되는 과정에서 고통의 역할은 매우 중요하므로, 언젠가 기독교 신비가 마이스터 에크하르트는, "고통은 우리가 완전에 도달하게 해주는 빠른 말馬이다."라고 말한 적이 있다. 이사야서의 인용문에서 그것은 흐려진 눈이며 열려있지 않은 귀다. 이런 것은 물론 신체적 감각이 아니라 영적 감각이다. 우리가 앞서 주목해 살펴본 대로, 영혼 역시 감각을 가지고 있다. 하나님의 소리를 "듣고," 영적 실재를 "보고," 심지어 신의 현존을 "감지하기도 하며,"4 "맛볼 수 있는" 능력은 선과 악을 구분할 수 있게 한다. 수수께끼는 그들이 "그들의 눈이 보고 그들의 귀가 듣지" 못하도록 왜 하나님이 (분명히) 의도적으로 어떤 사람들의 마음을 닫아놓는가 하는 것이다. 어떤 주석가들은 사람의 마음을 완고하게 한 것이 하나님의 **바람**desire이 아니라, 이렇게 될 것이라고 하나님이 **예상**했기 때문에 이런 인식을 신적인 계획에 통합시킨 것이라고 주장한다.5 악의 근원을 살펴보며 우리가 주목해 본 대로, 심리학자들은 어떤 면이나 다른 면에서 대부분 불만족스러운 것으로 입증되는 더 합리적 설명을 하고 있다. 마치 자연과학에 대한 연구가 늘 대답될 수 없는 질문을 자연과학자들에게 제시하는 것

---

3 Fritz Kunkel, *Creation Continues*, 초판 (New York: Charles Scribner's Sons, 1952), 192.
4 고린도후서 2:15; 에베소서 5:2를 보라.
5 이사야서 6:10에 대한 새 예루살렘 성서의 각주를 보라.

처럼, "그런 것들이 왜 그런지?"하는 물음에 대한 답은 늘 영적인 과학spiritual science에 있어서 분명하지 않다.

    12장의 마지막 구절은 공개적인 언급("예수는 이제 공적으로 선언했다")으로 소개된다. 이것은 예수가 빛에 대한 그의 마지막 말씀을 한 뒤에 혼자 있기 위해 피했다("예수는 그들을 떠나 몸을 숨기셨다")고 한 36절과 상충하는 것 같다. 그러므로 37-50절이 그 자리에 어울리지 않으며, 아마 나중에 본문에 첨가된 것 같다고 추정하는 것은 이해할만하다. 그럼에도 불구하고, 그런 것들은 여태까지 요한복음에서 발견된 중심적인 가르침들, 즉 빛과 어둠, 이 세상과 다른 세상, 그리스도와 그를 보내신 아버지, 심판과 영생이라는 주제를 적절하게 요약해 주고 있으며, 제4복음에 드러나 있는 예수의 공적인 사역을 결론 지어주는 이 구절 안에 모두 설명되어 있다. 여기서부터 우리가 살펴보겠지만, 예수가 다가오는 십자가 처형과 부활 사건을 스스로 준비하고 아마 그들에게도 준비시키려고 그의 에너지를 제자들의 핵심층에 집중하게 되는 역점의 변화가 있다.

제24장

서로 사랑하는 것
예수가 제자들의 발을 씻기다
요한복음 13장

앞에서 말한 대로, 이것은 그의 핵심층에게 준 예수의 가르침 가운데 첫 번째 것이다. 이 가르침의 주된 주제는 우리가 서로 사랑해야 한다는 훈계에 집중되어 있는 사랑이다. 그러므로 우리는 요한이 말한 사랑이라는 주제에 집중해 보겠지만, 먼저 간단하게 본문 분석을 해 볼 것이다.

13:1은 대담하게 그 주제를 소개한다. 이 절의 마지막 단어들에 대한 예루살렘 성서의 번역은 "그들을 끝까지 사랑하셨다"라고 번역되어 있는 개정 표준판, 흠정역, J. B. 필립스역과 같은 다른 번역들, 그리고 "이제 그는 그의 사랑의 전체 범위를 보여주려는 것이었다."라고 되어 있는 새 영어 성서와 다르다. 문자적 의미는 "그가 그들을 끝까지 사랑하셨다"는 것이며, 그것이 사랑의 가장 두드러진 특징, 즉 그것의 인내, 혹은 성서적 용어로 그것의 "변함없는 인내"(**휘포모네** *hypomonē*)를 보여주고 있기 때문에 예루살렘 성서의 번역이 더 낫다.

13:2, 18:21 하반절은 모두 유다와 관련되어 있지만, 우리는 이미 이전 장에서 유다의 의미를 다루어 보았다. 13:3-11에는 예수가 모

든 관습과 기대와는 달리, 잘 알려진 발을 씻기는 장면이 나오는데, 이것은 겸손한 종의 역할을 하며 제자들의 발을 씻어주는 것이다. 이것에 대한 흥미로운 세부사항은 씻는 것에 해당하는 두 개의 희랍어 단어 **루오**^{louō}와 **닙토**^{niptō}를 구분해 보는 것이다. 우리는 날 때부터 눈먼 사람에 대한 이야기를 논의했던 장에서 이런 단어들을 접해 보았다. 거기서 우리는 **루오**가 온몸을 씻는 것을 의미하고, **닙토**가 단지 몸의 일부를 씻는 것을 의미한다는 것을 살펴보았다. 이 구절에서 사용된 단어는 **닙토**라는 단어다. 그것이 다만 발을 씻는 것과 관련된 것이기 때문이다. 그러나 10-11절에는 발을 씻는 주제에 대한 다음과 같은 미묘한 표현이 있다. "이미 목욕한 사람은 온 몸이 깨끗하니 더 씻을 필요가 없다. 너희는 깨끗하다. 그러나 다 그런 것은 아니다." 여기서 "깨끗함"은 분명히 영적인 깨끗함이다. 이것은 발을 씻는 장면이 제자들을 위한 예수의 사랑의 행위에 대한 묘사일 뿐만 아니라, 우리를 발의 심리학적 상징성으로 인도하는 내적 순수성에 대한 상징적 언급이기도 하다. 우리가 이제 그것을 살펴볼 것이다.

어떤 고대의 사본들은 10절 끝에 "발 밖에는"이란 말을 첨가하고 있다. 그러면 "이미 목욕한 사람은 온 몸이 깨끗하니 발 밖에는 더 씻을 필요가 없다."는 말이 될 것이다. 우리가 이미 예수의 발을 씻긴 마리아의 이야기를 살펴본 대로, 이스라엘의 먼지 나는 길을 다닌 여행자는 반복해서 발을 씻을 필요가 있다. 상징적으로 그 이야기는 영혼이 깨끗하게 되는 것이 중요하다는 것을 보여준다. 인생을 살아가면서, 우리는 불가피하게 얼마만큼 정신적으로 오염되는 일이 생기게 된다. 가끔 우리가 살아가면서 자기Self에 위배되는 일들을 하기 때문에 이런 일이 생기지만, 그것은 또한 아무도 정신적으로 오염되지 않고 살 수 없기 때문에 일어날 수 있다. 그러므로 몸, 특히 발을 계속 씻을 필요가 있는 것처럼 영혼도 계속 깨끗하게 할 필요가 있다. 이런 것이 중요하다는 것은 종종 우리의 꿈에 나온다. 자주 나오는 꿈의 주제는 어떤 물에서 목욕을 하거나 샤워를 하거나 수영을 하는 주제다. 그런 꿈은 대개 내적 정화와 새로워지는 것이 중요하다는 것을 말하는 것이다.[1]

발을 씻는 이야기는 우리가 우리의 꿈에서 발의 상징성을 생각해 볼 때 그 의미가 더욱 부각된다. 발은 아마 몸의 가장 보잘 것 없는 부분으로 볼 수 있다. 의학에서 발이 분명히 연구대상으로 무시되었으므로 족병학podiatry은 기본적으로 많은 별도의 전문직에서 떨어져 나오지 못했다. 그러나 자신의 발에 문제를 가지고 있던 사람이면 누구나 아는 대로, 발은 우리가 생각할 수 있는 것보다 훨씬 더 중요하다. 우리가 우리의 발에 대해 많이 생각해 보지 않고 살아갈 수 있다면, 그것은 단지 발이 제 할 일을 아주 잘하고 있기 때문이다. 많은 주자走者들이 알고 있는 대로, 몸의 문제는 종종 발에서 시작된다. 예를 들어 무릎의 문제는 종종 어떻게 발을 땅에 딛느냐 하는데서 생긴다. 즉 발을 "위로 향하든지" 그 반대로 발이 적절한 기능을 하지 못하면, 그것

---

[1] 그러나 우리가 목욕을 하거나 수영을 하고 있는 물이 오염되어 있다면, 그것은 대개 꿈꾸는 사람이 자신의 그림자에 충분히 주의를 기울이지 않고 있다는 표시다. 우리 자신의 어둠에 주목하지 않음으로써 우리는 무의식에 빠져서 우리 자신의 내적인 물을 오염시키게 된다.

은 온 몸을 뒤틀리게 해서 결과적으로 무릎이나 상체에 문제가 생길 수 있다. 꿈에서 발은 종종 성적 리비도를 나타내는 것으로 여겨졌지만, 우리의 영적 입장을 나타낼 수도 있다. 발은 우리가 서 있는 것이다. 따라서 발은 지상의 현실에 확고하고 단단하게 뿌리박고 있는 우리의 삶의 입장이다. 꿈에서 맨발로 있는 것은 독특하게 우리 자신의 확고하고 자연스런 심리학적·영적 입장을 획득할 수 있는 가능성을 상징할 수도 있는, 드물지만 두드러진 꿈의 주제다.

영이 머리가 아니라, 발을 통해 우리에게 들어오고 나간다는 고대의 전통도 있다. 왜냐하면 우리는 아직도 우리의 발 "바닥soles"(영혼souls)에 대해 얘기하기 때문이다.2 또 다른 오래된 믿음은 발을 치유의 능력과 관련시킨다. 한 전통은 태어날 때 발이 먼저 나온 아이는 특별한 치유 능력을 지니게 되고, 치유 능력을 지니고 있는 사람이 아픈 사람을 발로 밟음으로써 어떤 육체적인 상태가 치유될 수도 있다고 여겨져 왔다3. 발은 영이 어떤 사람에게 들어가는 길이었으며, 따라서 치유와도 연관되어 있었다는 널리 퍼져있는 믿음을 보여주는 한 예가 바로 수족Sioux 인디언 샤먼 블랙 엘크다. 이것과 관련하여, 그는 우리에게 자신이 어떤 작은 아이를 치유해 주라는 요청을 받았던 이야기를 해준다. 그가 세계의 영을 향하고 네 차례—각기 네 방향에서

---

2 예를 들어 조지프 캠벨은 어떤 고대인들 사이에는 생명의 호흡이 몸에 들어갔다가 빠져나가면서 발바닥, 즉 생명이라는 바람의 길을 나타내는 발바닥에 있는 "지문"으로부터 빠져나간다는 믿음이 있었다고 말한다. *Primitive Mythology* (New York: Viking Press, 1959), 204를 보라.
3 예를 들어 C. A. Meier, *Ancient Incubation and Modern Psychotherapy* (Evanston, Ill.: Northwestern University Press, 1967), 101을 보라.

―북을 치고 주문을 외우고 난 후에, 그는 우리에게 그가 "내 발에서 나오는 능력을 느낄 수 있었고, 나는 내가 그 아픈 작은 아이를 도울 수 있다는 것을 알았다."고 말한다.4

영이 몸에 들어가는 곳이 발이었다면, 특히 그 사람이 악의적인 활동에 관여되어 있다면 발은 사람이 적에게 취약한 곳이기도 했다. 따라서 고대의 민간전승에 의하면, 적의 발자국을 발견할 수 있다면 그 발자국 안에 날카로운 돌이나 깨어진 유리조각을 놓음으로써 그에게 상처를 입힐 수 있으며, 그 발자국이 있는 흙을 가져다가 그것을 솥에 넣고 끓인다면 그에게 평생 동안 상처를 입힐 수 있다는 믿음이 있다. 아직도 또 다른 믿음이 있는데, 그것은 만일 누군가의 발자국이 나 있는 흙을 가져다가 그것을 무덤에 묻으면 그 사람이 병들어 죽게 될 것이라는 것이다. 그런 이유로, 한때 적을 두려워했던 사람들이 그들의 발자국을 지웠던 것은 일반적인 일이었다.

이것은 언뜻 보기에 성서의 심상과 전연 다른 것처럼 보일 수도 있지만, 사람들의 악행이 드러날 수 있게 하는 무의식성의 범위에 대한 상징으로 발을 사용하는 구약성서의 본문들도 있다. 시편 9편은 그들이 아무리 그에게서 피하려고 발버둥 쳐도 하나님이 악한 자를 잡고 그들을 벌하는데 성공하는 방법을 다루고 있다. 15절에 보면, "저 이방 나라들은 자기가 판 함정에 스스로 빠지고, 자기가 몰래 쳐 놓은 덫에 자기 발이 먼저 걸리는구나."[표준새번역]라고 되어 있다. 여기

---

4 John G. Neihardt, *Black Elk Speaks* (Lincoln: University of Nebraska Press, 1961), 204.

서 발은 그들이 하나님의 보복하는 능력에 대해 취약하게 만드는 것을 처리하지 못했던 이방 나라의 어떤 것을 상징한다.5

흥미롭게도 성 아우구스티누스는 이 구절에 대한 주석을 썼는데, 거기서 취약한 부분으로서의 발의 관념을 단지 사랑할 수 있는 우리의 능력의 근원에 지나지 않는 "영혼의 발"이라는 관념과 서로 연결시키고 있다. 시편 9:15에 관해, 그는 "영혼의 발은 사랑이라고 잘 이해될 수 있으며, 그것이 타락하게 되면 탐욕이나 욕망으로 불리게 되지만, 그것이 바르게 되면 사랑이나 자애로 불리게 된다."6고 말한다. 같은 구절에서, 그는 우리에게 에베소서에서 바울의 에베소 사람들에게 주는 "여러분이 사랑 속에 뿌리를 박고 터를 잡아서, 모든 성도와 함께 [여러분이] 그리스도의 사랑의 너비와 길이와 높이와 깊이가 어떠한지를 깨달을 수 있게 되고, 지식을 초월하는 그리스도의 사랑을 알게 되기를 빕니다. 그리하여 하나님의 온갖 충만하심으로 여러분이 충만하여지기를 바랍니다."(3:17-19, [표준새번역])라고 한 훈계를 상기시켜준다. 이 절에서 바울은 땅과 관련된 말을 사용하고 있다. "뿌리를 박고"라고 번역된 희랍어 단어는 식물이 뿌리를 내리는 것(리조오 *rizoō* [ριζόω], 뿌리를 내리다)을 묘사하는데 사용된 것과 같은 단어이며, "터를 잡다"로 번역된 것은 "근거를 두다, 확립하다, 확고하고 흔들림이 없이 만들다"(데멜리오오 *themelioō* [θεμελιόω])를 의미한다.

물론 발이 우리의 영적 근거, 우리의 치유 능력 그리고 우리의 사랑

---

5 시편 9:15의 상징성 보다 더 많은 상징성을 알려면 시편 17:5, 77:19, 89:51, 58:10; 잠언 29:5; 아가 7:1; 이사야서 37:25 등을 보라.
6 Augustine, *On the Psalms*, Commentary on Psalm 9, v. 15

의 상징이라는 것을 요한이 알았는지 몰랐는지 우리가 아는 것은 불가능하다. 그러나 아마 그가 유대교의 성서를 잘 알고 있었고, 틀림없이 시편 9:15에 친숙해 있었으며, 발을 영적인 상징으로 사용하고 있는 다른 많은 구약성서 구절을 알고 있었을 것이기 때문에 그는 아마 우리가 생각하는 것보다 더 많이 알고 있었는지도 모른다. 아무튼 심리학적 능력의 근원과 영혼으로 들어가는 입구로서의 상징은 요한에 앞서 여러 세기 동안 존재했다. 말하자면 그것은 무의식 속에 있는 집단적 상징성의 일부로 "소문이 났으며," 의식적으로든 무의식적으로든 요한이 이런 것에 영향을 받아, 사랑에 대한 그의 위대한 설교를 준비하면서 발을 씻기는 것이 중요하다는 것을 강조하게 되었다고 추측하는 것이 안전하다.

이어서 우리는 13:23에서 "예수가 사랑한 제자," 즉 신비로운 제자를 만나게 된다. 예수가 이제 그의 제자들을 만나고 있는 다락방의 주인이었을지도 모르는 이 제자에 의해 쓰여 졌다고 하는, 제4복음의 원저자에 대한 하나의 이론이 서론을 통해 밝혀졌음을 알 수 있을 것이다. 13:33에서 예루살렘 성서의 "어린 자녀들"이라는 번역은 제자들이 순진하고 어린애 같이 아주 작은 사람을 의미하는 것이 아니라, 애정을 표현하는 말이다. 여기서 아이를 표현하기 위해 사용된 희랍어 단어(테크논 *teknon*)는 낳다 혹은 임신하다를 의미했던 **틱토** *tiktō*에서 비롯된 것이며, 이 단어는 아이들을 낳는 여인에 대해 사용되었다. 그래서 제자들은 예수에게 그가 임신해서 낳았고, 극진히 사랑하는 그의 영적인 자녀들과 같은 것이다. 베드로의 부인을 미리 말해주는

13:38은 침울한 분위기로 끝난다. 이런 것은 요한이 지니고 있는 예술적 기교의 요소다. 그 장면이 아름답고 감동적이지만, 요한은 그의 독자에게 어두운 시대가 다가온다는 것을 잊지 말라고 한다. 그러나 우리는 나중에 우리의 이야기에 나올 때까지, 그리고 나중에 숫자 3의 제4복음에서의 신비스런 의미를 논해 볼 때까지 베드로의 부인에 대한 논의 또한 남겨 둘 것이다.

이제 13장의 핵심, 즉 사랑에 대한 새로운 계명으로 돌아가 본다. 34-35절은 이러하게 되어 있다.

> 나는 너희에게 새 계명을 준다.
> 서로 사랑하여라.
> 내가 너희를 사랑한 것 같이,
> 너희도 서로 사랑하여라.
> 너희가 서로 사랑하면,
> 모든 사람이 그것으로써 너희가 내 제자인 줄을 알게 될 것이다.
> [표준새번역]

심리학적 관점에서 보면, 사랑하라는 이 계명이 의지를 가진다고 해서 가능한 것이 아니라는데 그 어려움이 있다. 의지력으로 사랑하려는 사람은 그 혹은 그녀가 사랑하고 있는 것처럼 보이지만, 그것을 부정하는 무의식 속에 감춰져 있는 그림자 측면을 가지고 있는 페르소나와 같다. 사랑이 진정한 것이 되려면 마음으로부터 우러나와야 하고, 거짓된 것이 아니어야 하며, 최선의 의지를 가지고 있다고 사랑할 수 있는 것도 아니다. 앞에서 읽은 예루살렘 성서는 "서로 사랑하라"... "너희는 서로 사랑해야 한다."는 영어의 명령형을 사용하고 있다. 그러나 희랍어는 명령형이 아닌, 가정법을 사용하고 있다 희랍어에서 가정법은 명령형의 참뜻과 함께 사용될 수 있지만, 그것은 대개 조건부와 가능성을 강조한다. 우리는 이 상황에서 가정법의 사용이 우리에게 서로 사랑하라고 훈계하지만, 또한 그 계명을 수행할 수 있는 우리의 능력의 일부가 그런 사랑을 할 수 있는 그와 같은 사람들이 되는 것을 암시한다고 말할 수 있다. 심리학적 관점에서 보면, 사랑할 수 있는 사람은 그 혹은 그녀의 자아중심성에 대처했던 사람이다. 우리는 프리츠 쿤켈의 통찰력을 참고로 이런 작용을 어떻게 사용할 것인지 자세히 알아보게 될 것이다.

쿤켈의 생각은 사랑이 자기Self로부터 자연스럽게 그리고 창조적으로 나오지만, 그것이 자아중심적인 한, 자아는 이런 사랑의 분출을 차단하거나 방해한다는 것이다. 만일 창조적 중심이 우리의 인격을 통해 작용할 수 있다면, 우리는 의도적으로 사랑할 필요가 없을 것이다. 그것은 단순히 거기 있을 것이고, 지혜로 인해 창조적으로 그리고 효과적으로 다듬어질 것이다. 과제는 중심 안에 있는 이런 사랑이 우리를 통해 가능해지게 하는 것이며, 이것은 우리의 자아중심성을 통해 해결되는 것을 의미한다.

자아중심성은 사람들이 세상에 있는 것처럼 자아중심적이 되는 방식이 많이 있기 때문에 묘사하기가 어렵다. 아직 자아중심성의 주된 유형은 네 가지 방식으로 분류될 수 있다. 쿤켈이 "거북이"라고 부른 이런 유형의 하나는 이미 베데스다의 못가에 있던 사람과 관련하여 묘사되었다. 두 번째 예는 "달라붙는 넝쿨"의 유형이다. 부모가 애지중지하며 아이를 과도하게 사랑했고, 삶의 자연스런 고난을 아이로부터 제거해 주려고 그들 자신의 준 자아중심적인$^{quasi-egocentric}$ 이유로, 그들이 할 수 있던 모든 것을 해준, 연약하거나 본래 당당하지 못한 성향의 작은 아이를 상상해 보자. 그런 영향을 받게 되면, 어릴 때 필요한 지지와 힘을 공급받기 위해 인생을 살아가는 방식이 다른 사람들이 보기에 어린아이 같고 무력하게 남아 있어야 한다는 것을 발견한 사람이 떠오르는 것은 당연한 일이다. 나무에 달라붙는 넝쿨 같아서 홀로 설 수 없는 이런 사람은 힘을 얻기 위해 다른 사람들에게 달라붙는 넝쿨이 된다.

과보호하고 응석을 다 받아주는 부모에 대한 지나친 의존으로 시작하게 되면 적대적이고 험악한 것으로 여겨지는 가정 바깥의 세상에 대해 자아중심적인 방어수단으로 발전하게 된다. 그러나 그를 기꺼이 지지하고 방어해주려는 다른 사람들을 발견하기 위해 그런 사람은 그들의 지지를 받을만한 자격을 갖추어야 한다. 이것은 매우 **요구가 많고 또 받을 자격이 있어야** 한다는 것을 의미한다. "달라붙는 넝쿨"에 몰두하는 사람은 요구가 많고, 그럴 자격이 있는 자세를 취함으로써 훌륭한 기술을 습득할 수 있으며, 실제로 그런 것을 아주 잘하게 됨으로써 그것을 확고하게 믿게 되고, 그것은 다른 사람들을 더욱 납득하게 만든다. 수치스럽게도 그는 그가 어떤 점에서 자신의 인생의 무게를 지탱할 수 없게 만드는 상처를 입게 되었다는 것을 발견하게 된다. 그는 그 어떤 것도 자신의 잘못이 아니라고 믿게 된다. 왜냐하면 그는 다른 사람들의 악의로 인한 죄 없는 피해자라고 믿기 때문이다. 그의 불운이 자신의 잘못이 아니기 때문에 그는 자신보다 더 운 좋은 사람들의 도움을 받을 자격이 있다고 믿으며, 실제로 그들이 그를 돕지 않는다면 분명히 그들이 이기적인 사람들이라고 생각한다.

그것은 자아중심성의 여러 형태 가운데 하나를 간결하게 묘사한 것이다. 이것이 그런 사람의 사랑할 수 있는 능력에 어떤 영향을 미치는가? 그런 사람 안의 그 어딘가에는 창조적 중심이 있지만, 그것은 자아중심적인 자아가 너무 왜곡되고 방어적이기 때문에 그 사람의 삶에 나타나지 않는다. 사실상 그런 경우에 자아는 은밀하게 창조적 중심을 반대하고 두려워한다. 왜냐하면 중심은 그가 그 자신의 두 발로 서고 용기 있게 그리고 창조적으로 삶에 똑바로 직면하라고 요구하기 때문이다. 그는 그의 자아중심성을 유지하기 위해 그의 가장 훌륭한 자질을 억압하고 부정해야 하며, 중심을 부정함으로써 그는 사랑할 수 있는 능력으로부터 스스로를 단절시키게 된다.

그러나 그가 사랑할 수 없는 것이 늘 다른 사람들에게 분명히 보이지 않을 수 있다. 예를 들어 당신이 그런 사람을 돕는 것, 즉 어떤 방식으로 그를 지지해줌으로써 그가 자아중심적으로 도움을 받기를 원하는 방식으로 그를 돕는다고 생각해 보라. 그는 그것에 대한 보답으로 당신을 사랑하는 것처럼 보일 것이다. 그는 당신의 자선에 대한 보답으로 당신을 찬양할 것이고, 당신에게 비위를 맞추는 것은 당연할 것이며. 당신과 그 사람 모두 이것이 정말 사랑이라고 설득 당할지도 모른다. 그러나 어느 날 당신이 이런 달라붙는 사람을 지지해주는 것에 신물이 났다고 생각해 보라. 아마 그는 당신을 멀리 밀어낼 것이고, 당신은 부담을 느끼는 것에 반감을 가지거나, 아니면 그에게 지루함을 느끼게 될 것이다. 이런 일이 쉽게 일어나는 것은 자아중심적인 사람들이 지루하기 때문이다. 놀랍게도 당신은 갑자기 퉁명스럽게 대하고, 그를 거절하며, 그에게 나가서 마음대로 하라고 말할 것이다.

당신은 이제 그의 "사랑"이 증오로 바뀐 것을 알게 될 것이다. 그는 당신에 대해 심하게 불평할 것이고, 본인들은 잘못한 것이 하나도 없는데도, 그들 자신의 방식으로 삶을 살아갈 수 없는 불우한 사람들을 학대하는, 신뢰할 수 없는 비정한 사람으로 당신을 매도할 것이다. 분명히 사랑으로 통했던 것이 다만 자아중심적인 욕망이 성취된 것이었으며, 그의 증오는 당신이 더 이상 그의 자아중심적인 욕망에 동의하지 않았기 때문에 생긴 것이다. 우리가 자아중심적인 한, 그리고 우리가 자아중심적일 경우에 모든 사람들과 모든 관계가 그것으로 인해 왜곡된다. 우리는 우리의 자아중심성에 맞는 사람들을 "사랑하고" 거기에 맞지 않는 사람들을 증오한다. 다만 삶으로 인해 우리의 자아중심성이 없어지기 시작하면 (그것이 언제나 그렇게 되면) 우리는 정말 사랑하기 시작할 수 있다. 만일 우리가 우리의 자아중심성에 대한 어떤 통찰을 갖게 되고 진정 삶의 고통의 짐을 짊어지기 시작하면, 그때 우리의 자아중심성이 줄어들기 시작하고, 이로써 진정한 중심이 나타나고 사랑하게 된다.

다른 예를 들어보자. 당신이 과보호를 받고, 전혀 그들 자신의 삶을 중시하지 않고 당신이 굉장하게 재능이 많은 소녀라는 것을 발견했던 애지중지하는 부모를 둔 아이라고 생각해 보라. 사실상 당신이 재능이 있다고 하자. 어릴 때부터 당신이 음악에 뛰어난 재능을 보였다고 하자. 당신은 쾌활한 성격을 가지고 있고, 당신이 성장하면서 아름답게 될 것이 분명하다. 당신이 학교에 가면 당신의 선생들이 당신의 쾌활한 성격, 매력 그리고 재능 때문에 당신을 좋아하게 될 것이다. 이때까지 당신은 재능 있는 가수요 매력 있는 데이트 상대로 확실히 자리 잡은 젊은 숙녀이며, 당신은 학교 연극에서 주인공 역을 하고 캠퍼스에서 가장 인기 있는 (적어도 소년들에게) 소녀가 된다. 사실상 당신은 인생의 "스타들" 중 하나이며, 그들을 위해 그들의 삶을 축복하면서, 즉 당신이 답례로 그들의 과찬을 받는 한, 다른 사람들에게 밝게 빛나기 위해 사랑한다. 그러나 사실 스타가 되는 것이 너무나 필요하기 때문에 당신이 모든 사람의 찬탄의 대상이 되지 못하면, 당신은 정말 불행하게 된다. 당신이 상상할 수 있는 가장 나쁜 것은 멸시나 비웃음을 당하는 것이고, 아니면 더 나쁘게는 당신 자신보다 멋있는 다른 스타에 의해 무시당하거나, 그런 스타가 당신의 자리를 차지하는 것이다.

행이든 불행이든, 이런 세상의 스타들이 많은 찬탄을 받는 여러 방법이 있다. 어떤 이들은 재능을, 어떤 이들은 아름다움이나 힘을, 어떤 이들은 학문적 능력을 가지고 있다. 만일 다른 모든 방법으로 안 되면 당신은 선하게 됨으로써 스타가 될 수 있다. 왜냐하면 누구나 다만 조금만 노력하면 "선해"질 수 있기 때문이다. 주일학교에 빠짐없이 출석하면 당신의 이름 뒤에 별을 모두 얻을 수 있고, 아니면 학교에서 모두 A학점을 받을 수 있고, 아니면 착한 시민 상을 받을 수 있다. 당신은 목사가 될 수도 있고, 선을 행함으로써 직업적인 성공을 얻을 수도 있다. 만일 달라붙는 넝쿨이 나타나면, 당신은 1마일 떨어진 곳에서도 그를 발견할 수 있을 것이다. 당신이 멀리 있는 그를 여기 있는 것처럼 발견할 수 있는 것이 빈곤한 자를 도움으로써 스타를 발견하는 또 다른 방식이다. 그것이 신의 이름으로 단조鍛造되는 것처럼 보이지만, 둘 다 부정한 동맹을 맺고 있는 것이다. 왜냐하면 신은 우리가 서로를 도와야 한다고 말씀하지 않았기 때문이다. 물론 사실상 우리는 서로를 돕는 것이 아니라, 소위 오늘날 다른 사람을 자아중심적인 상태에 머물게 만드는 "상호의존적인 사람"이나 "조력자"가 되는 것이다.

스타의 자아중심성이 그녀의 관계에 어떤 영향을 미치는지가 아주 분명하다. 즉 그녀는 자신을 찬양하는 사람을 "사랑하며," 자신을 찬양하지 않거나 찬양을 받으려고 자신과 경쟁하는 사람을 좋아하지 않는다. 스타가 될 때까지 그녀는 실제로 어느 누구도 사랑하지 않는다. 통찰과 고통을 통해서만 스타가 되려는 그녀의 자아중심적인 허세가 없어지고, 그녀가 사랑하기 시작할 수 있다. 왜냐하면 그때 다만 진정한 중심이 나올 수 있기 때문이다.

다른 사례의 유형을 다루어보기 위해 혹독한 환경에서 자란 소년을 생각해 보자. 당신의 부모들은 포악하고 무자비하며 어린 당신을 학대한다. 그러나 당신은 상당히 자기주장이 강하고, 그들에게 굴복하지 않는다. 당신이 그렇게 하는 것은 당신의 더 연약한 감수성 둘레에 단단한 껍질을 두름으로써 당신의 어릴 적 경험의 가혹함으로부터 당신 자신을 보호하는 것이다. 당신이 성장하면서, 당신의 삶의 규칙은 당신이 그들을 먼저 괴롭히려 하기 때문에 아무도 당신을 다시 괴롭히지 못하게 하는 것이다. 사실상 당신은 괴로움을 주는 사람이 되거나, 아니면 당신의 부모들보다 더 나쁜 폭군이 된다. 어딘가 당신의 내면 깊은 곳에 당신의 마음이 있으며, 여기서 진정한 중심이 표현하려고 애쓰긴 하지만, 거기에는 그것이 깨져서 진정한 중심이 드러날 때까지 당신의 자아 주위에는 단단한 벽이 쳐져 있다. 따라서 당신의 자아중심성이 당신의 모든 관계를 지배하고 있는 것이다. 당신의 경우에 당신이 그들로부터 호의, 즉 단지 복종과 아첨을 요구하지 않기 위해서는 누군가를 사랑하는 척할 필요가 없다. 당신은 당신에게 아첨하는 사람을 좋아하게 되고 이런 사람을 사랑하기 쉽지만, 아첨하지 않는 사람들은 당신의 적이다. 사실상 당신은 폭군, 즉 당신이 다른 사람들을 지배하기를 요구하는 자아중심적인 인격을 가진 "네로"[7]가 된다. 만일 당신이 강력한 독재자가 되어야 한다면, 그것은 이상적인 상황이 될 것이다. 그러나 만일 주위에, 아마 당신의 일터에 다른 사람이 있다면 어떻겠는가? 그때 당신은 반대로 홱 뒤집혀서 아첨하는 추종자가 되겠지만, 당신이 집에 오면 당신은 다시 되돌아가서 당신의 가족에게 폭군처럼 굴 것이다. 하나님이 당신에게 할 수 있는 가장 큰 일은 아무도 당신이 더 이상 그들을 괴롭히지 못하게 되는 상황

---

[7] 로마 황제 네로는 세상에서 가장 나쁜 폭군 중 하나였다.

을 배열하는 것이 될 것이다. (아마도 달라붙는 넝쿨이었던 참을성 있는 당신의 아내가 갑자기 진정한 중심으로부터 약간의 용기를 얻어 당신을 떠나게 될 것이다!) 그때 당신의 자아중심적인 삶에 대한 적응력이 무너지면서 위기가 찾아오게 되고, 이런 위기에 처하게 되면 당신이 죽든지, 아니면 진정으로 고통을 받기 시작하든지 둘 중 하나가 된다. 그 결과 진정한 중심이 마침내 나타나기 시작하게 되고, 그것으로 인해 오랫동안 위협을 받았던 당신 자신의 부드러운 감정이 되살아나고 사랑할 수 있게 된다.

자아중심성의 심리와 중심의 본질의 심리 그리고 그 둘의 관계는 너무나 엄청난 것이어서 여기서 더 길게 논의할 수가 없다. 서로 사랑하라는 그리스도의 계명이 우리가 우리의 자아중심적인 방어벽과 허세를 서서히 버리고, 우리의 진정한 자기Self에 이르기까지 성숙해가는 오랜 발달 과정에 있는 우리와 관련이 있다고 말하는 것으로 충분할 것이다.[8] 이것을 "개성화 과정"이라 부르든, 아니면 기독교적 성숙 과정이라 부르든, 그것은 모든 사랑의 중심에 있는 것이다.

요한복음 13장 맨 뒤에 베드로가 그리스도를 곧 부인하게 될 것을 예고하는 것이 있는데, 그것은 제자들이 그들의 사랑이 진실 된 지점에 아직 이르지 못했다는 것을 예수가 알고 있다는 것을 보여준다. 지

---

[8] 이런 주제에 관해 더 읽어보려면 *Fritz Kunkel: Selected Writings*와 *Creation Continues*, 그리고 내 책 *C. G. Jung and the Problem of Evil: The Strange Trial of Mr. Hyde* (Boston: Sigo Press, 1993), 그리고 John Sanford and George Lough, *What Men Are Like: The Psychology of Men for Men and the Women Who Live with Them* (New York: Paulist press, 1988), 제3장을 보라.

도자격인 제자 베드로 역시 그 자신의 숨겨진 자아중심성에 사로잡혀 있었으며, 십자가 처형이라는 위기가 닥칠 때, 그는 두려움에 굴복하고 주님에 대한 사랑을 부인하게 될 것이다. 그러나 이때에 이중에서 그 어느 것도 베드로에게 알려져 있지 않았다. 그는 그것을 아직 잘 모르지만, 하나님은 그를 아신다. 왜냐하면 "우리에게 알려져 있지 않은 것 중 그 어떤 것도 하나님에 대해 알 수 없기"9 때문이다.

우리는 신앙과 지식의 의미에 대한 어떤 것을 이미 탐색해 보았으며, 그 둘의 상호관련성을 알아보았다. 이제 우리는 사랑의 의미를 조금 살펴보았다. 그러나 사랑과 지식이 연관되어 있는 것처럼, 사랑은 또한 신앙과 연관되어 있으며, 지식은 사랑과 연관되어 있다. 그러나 신앙과 사랑은 영혼의 범주이며, 각기 서로에게 자양분을 공급해준다. 그리고 신앙과 사랑은 하나님에 대한 지식에 이르게 한다. 왜냐하면 하나님에 대한 지식은, 우리가 살펴본 대로, 지적인 훈련이 아니라 영혼의 훈련이기 때문이다. 그것은 경험에 의한 개인적 인식이며, 우리를 그런 경험으로 이끄는 사랑이다. 이런 이유로, 훌륭하고 지적으로 재능이 있는 사람이 그것을 얻을 수 있는 것처럼, 우리 중에서 가장 단순하고 가장 겸손한 사람이 그것을 얻을 수 있는 것이다. 이레니우스는 언젠가 그 문제를 분명히 이렇게 말한 적이 있다. "그러므로 그것이 단순하고 배우지 못한 계층에게 속한다는 것이 더 낫고, 더 유익하며, 사랑에 의해 하나님께 가까이 갈 수 있고, 이와는 다르게 그들 자신의 하나님에게 불경스러운 사람들 중에는 스스로 박식하고 능

---

9 Gregory of Nyssa, *Answer to Eunomius's Second Book*.

숙하다고 상상하는 사람들이 있다는 것이 밝혀졌다."[10] 그리고 현대의 자료에서 우리는 "다른 사람을 사랑하는 것이 바로 하나님의 얼굴을 보는 것이다."[11]라는 말을 듣게 된다. 그러나 우리가 살펴본 대로, 이것은 마음을 둘러싸고 있는 단단하고 자아중심적인 껍질이 깨져서 진정한 중심이 드러날 수 있을 때 비로소 가능하다.

---

[10] *Against Heresies* 2.25.4.
[11] 앤드류 로이드 웨버가 작곡한 오페라의 유령에 나오는 노래에서.

제25장

심리학을 넘어서
예수의 고별 설교
요한복음 14장

이 장은 성부의 본질 및 성부가 어떻게 알려질 수 있는지에 대해 더 깊이 다루고 있다. 우리는 먼저 본문 분석을 다 해본 뒤에 이 주제를 살펴볼 것이다.

1절에서 우리는 예수가 더 위협을 받는 상황이 되자, 제자들이 근심하고 있다는 것을 예수가 인식하고 있었다는 것을 알게 된다. 예수는 그들을 안심시키고 나서, 2절에서 그들에게 위대한 신비, 즉 하나님 안에 실재의 많은 차원이 있다는 것을 설명하려고 한다. 예루살렘 성서에는 "많은 방"으로, 흠정역에는 "저택"으로, 새 영어 성서에는 "거할 곳"으로 번역된, 희랍어 단어 모네^{mone}[μονή]는 거주하다 혹은 체류하다를 의미하는 희랍어 단어 메노^{meno}[μένω]와 관련이 있다. 우리의 인식^{awareness}이 우리의 감각 인식에 의해 제한되어 있는 한, 우리는 어쨌든 영혼이 이 땅의 실존과 체제를 제외하고 살 수 있다고 상상할 수 없다. 예수는 영혼이 존재할 수 있는 많은 거처가 있다고 지적한다. 즉 그는 현 상황에서는 자아가 인상과 자아의식을 감지하는 것이 제한되어 있는 육신을 가진 상태의 자아가 지각할 수 없는 실재의 영역에 있는, 그들을 위해 있을 곳을 마련하려고 그들에게 보이지 않는 영적 영역으로 제자들보다 앞서 어떻게 갈지를 말한다. 예수가 말하고 있는 이런 영적 영역은 사실상 바울이 낙원에 이끌려 올라가서, 어떤 일상적인 인간의 말로 표현될 수 없는 것들을 들었다고 말하는, 고린도후서 12:1-4에서 묘사하고 있는 경험과 같은 환영幻影 및 황홀 경험과 같은 내적 경험을 통해서만 이해될 수 있다.

우리의 의식이 우리의 육체적 감각에 의해 그리고 우리의 제한된 자아의식에 의해 우리에게 알려진 정보에 제한되어 있는 한, 우리는 우리가 혼자이고, 도움을 받지 못하기 때문에 삶의 위협과 문제에 대처할 수 없다고 느끼며 불안하게 사는 경향이 있다. 이런 불안에 대한 예수의 처방은 그를 믿는 것이며, 또한 일상적으로 우리에게 보이지 않는 다른 세계의 실재를 믿는 것을 의미한다. "희망"이라는 단어가 사용되지 않았다는 것을 주목하라. 왜냐하면 희망이 믿음에 의해 이해될 수 있는 세계에 뿌리박고 있지 않다면 그것은 기만적일 수 있기 때문이다. 상황이 이 세상에서 어떤 결말이 이루어질지에 근거한 희망은 당분간 우리를 강화시켜줄 수도 있지만, 결국 우리가 희망하는 것이 이루어지지 않는다면 영혼은 실제로 약화될 수도 있다. 이런 이유로, 희망은 "영혼의 유혹자"라고 불려왔다. T.S. 엘리엇은 언젠가 그의 시 "이스트 코커East Coker"에서, "잘못된 것을 바라지 않도록 나는 내 영혼에게 희망 없이 조용히 기다리라고 말한다."라고 읊은 적이 있다. 또한 언젠가 니코스 카잔차키스는 "희망의 여인숙이나 두려움의

지하실에 취하지 말라.... 나는 아무것도 바라지 않는다. 나는 아무것도 두려워하지 않는다. 나는 자유다."라고 말한 적이 있다. 그는 둘 중 하나와 동일시하는 것을 거부하면 영혼이 희망과 두려움 사이에 사는 지점에 이를 수 있으며, 믿음으로 살면 거기에는 눈에 띄는 것보다 더 많은 실재가 있다는 것을 말하고 있다. 이것은 예수가 27절에서, "세상이 너희에게 줄 수 없는 이런 평화는 내가 너희에게 주는 선물이다."라고 말씀한 것과 같은 것처럼 보인다.

그리스도는 또한 3절에서 제자들을 위해 있을 곳을 마련하러 갔다가 다시 돌아오는 것에 대해 말씀한다. 이런 주제는 12절, 18절 그리고 28절에서 되풀이 된다. 예수가 십자가에서 곧 죽을 것이며, 그가 부활한 후에 다시 오겠다는 것이 분명히 언급되어 있다. 예수가 제자들을 떠나는 것이 필요한 이유에 대한 더 많은 통찰력을 우리에게 주는 것이 16장에 나와 있으며, 우리는 그때 예수가 떠나가고 다시 오는 문제에 대해 더 살펴볼 것이다.

4절에서 예수는 "그 길"에 대해 말한다. 도마가 "그 길"에 대한 생각에 대해 어려움을 겪으며, "우리가 어떻게 그 길을 알 수 있겠습니까?"라고 묻는다. 공관복음에서처럼, 요한복음에서 도마는 문자주의자로 보인다. 융의 유형론으로 보면, 도마는 감각형처럼 보인다.[1] 이것은 가장 발달한 그의 심리학적 기능이 그의 감각 기능이라는 것

---

[1] 융은 사람들을 기본적인 삶의 성향으로 외향형과 내향형으로 보고, 네 기능으로 사고, 감정, 감각 그리고 직관으로 보는 유형론을 창안했다. 이런 기능 중 하나는 언제나 한쪽이 지배적이고 그 반대가 열등한 것이다.

을 의미한다. 따라서 그는 직접적인 물리적 실재를 예리하게 인식한다. 그러므로 가능하긴 하지만, 아직 여기 보이지 않는 것이나 물리적 감각으로 볼 수 없는 것을 지각하는데 어려움을 겪는다. 우리는 감각 기능과 지적 기능을 가치 있게 생각하고, 감정과 직관의 가치를 경시하는 시대에 살고 있다. 그러므로 도마가 "우리가 그 길을 어떻게 알 수 있겠습니까?"라고 물을 때, 그는 역사상 우리의 현 시대의 지배적 관점을 대변하고 있다.

도마가 감각형이라는 그 이상의 징후는 도마가 5절(우리가 그 길을 어떻게 알 수 있겠습니까?")에서 사용하는 인식knowledge에 해당하는 희랍어 단어에서 발견된다. 당신이 그것을 물리적으로 보았기 때문에, 말하자면 외적·객관적 인식을 언급하기 때문에 여기서 희랍어 단어는 이전에 살펴본 대로, 어떤 것을 아는 것을 언급하는 **오이다**oida이다. 그것은 보다, 바라보다, 혹은 지켜 보다를 의미하는 다른 희랍어 단어 **호라오** horaō [ὁράω]의 의미와 가까운 것이다. 예수가 "너희가 나를 알았더라면 내 아버지도 알았을 것이다."라고 7절에서 그에게 대답할 때, 그는 어떤 것에 대한 친밀한 경험을 통해 아는 것을 언급하는 단어, 모든 신비스런 인식을 뜻하는 단어인, 이제는 친밀한 단어 **기노스코** ginōskō [γινώσκω]를 사용하고 있다. 7절에는 요한에 의해 사용된 이런 희랍어 단어들에 대한 의도적인 작용으로 보이는 것이 있다. 아는 것에 해당하는 이 구절에서 첫 단어는 **기노스코**이고, 두 번째 단어는 **오이다**이다. 문장이 이런 것이다. "너희가 나를 알았[**기노스코** ginōskō]더라면 내 아버지도 알았[**오이다** oida]을 것이다." 첫 번째 것은 친밀한 경험을 통해 심리학적으로 혹은 신비스럽게 아는 것이 나오고, 그 다음에, 말하자면 그 사람의 눈이 열려서 하나님을 "알" 수 있는 것이다.

단어들에 대한 비슷한 작용이 8-9절에서 빌립과 교차점이 발견된다. 빌립은 아버지를 "보기"를 (문자 그대로 하면 "우리에게 아버지를 보여주기를") 원하며, 예수는 **기노스코**라는 말로 이렇게 대답한다. "내가 이렇게 오랫동안 너희와 함께 지냈는데도, 너는 나를 **알지 못하느냐?**"

6절에서 예수는 이런 말을 한다. "나는 길이요, 진리요, 생명이다. 나를 거치지 않고서는, 아무도 아버지께로 갈 사람이 없다." "진리"와 "생명"이란 단어는 이제는 친숙해진 **알레데이아**와 **조에**라는 단어다. "길"이라고 번역된 단어는 희랍어로 길, 도로 혹은 접근하는 방법을 의미하는 **호도스**hodos[ὁδός]다. 문자주의자들은 요한복음 14:6을 예수를 문자 그대로 믿는 것이 길이라는 의미로, 정해진 방식으로 "신앙고백"을 하지 않는 사람들은 구원받을 수 없다는 의미로 해석한다. 그러나 다른 사람들은 6절을 본질적으로 신비스런 표현으로 본다. 어떤 목적지로 가는 "길" 혹은 "도로"로서의 **호도스**라는 단어는 신약성서에 백 번 이상 나온다. 그것은 전통적인 의미와 신비스런 의미 둘 다로 사용되었다. 흥미롭게도, 구원을 뜻하는 대부분의 신약성서 단어들처럼, **호도스**(대개 마무리하는 단어가 남성형으로 예상되겠지만)는 희랍어로 여성형 단어다. 그것은 하나님의 길과 관련이 있는 기독교 사상은 물론 희랍 사상에서 사용되었다. 예를 들어 아이스킬로스는 제우스를, "인간을 이해의 길로 이끄는 존재"로 묘사한다.2 우리는 요한복음을 가장 문자 그대로 보지 않는 문헌이라고 상상해 볼 수 있다. 요한에게 있어서 그리스도는 (신비스런) 길이요 빛과 이해에 이르게 하는 도로다. 구원의 길은 그리스도를 따르는 길이다. 이것은 교리를 말로 옹호하는 것 보다 더 많은 것이 내포되어 있다. 왜냐하면 본질적으로 이 길은 초기교회에 의해 그리스도 안에서 구현된 것으로 간주되었던, 우리가 기억하게 될 다름 아닌 바로 소피아의 길이기 때문이다. 그것은 지혜의 길, 성장하는 의식意識의 길, 도덕적 청렴의 길 그리고 (어떤 좋은 길이 그렇게 해야 하듯이) 우리를 우리의 적절하고 의도된 영적인 목적지로 인도해주는 길이다.

거기에는 어떤 엄청난 약속이 뒤따르게 된다. 첫째로, 우리들과 같은 보통 인간인 제자들이 엄청난 힘을 가지고 살 수 있다. 사실상 그들이 구하는 것은 무엇이든지 이루어질 것이다. 그런데 그것이 그리스도의 이름으로 구해야 한다("너희가 내 이름으로 구하는 것은, 내가 무엇이든지 다 이루어 주겠다.")는 단서가 있다. 물론 이것은 우리의 요구가 자아중심성에 오염되어 있지 않아야 한다는 것을 의미한다. 즉 그것은 진정한 중심에서 비롯되는 요구여야 한다. 그렇지 않으면, 우리는 그의 이름으로 구하는 것이 아니라 우리의 이름으로 구하는 것이다. 그러므로 자아가 아니라 하나님이 영광을 받으시게 해야 하는 것이다(13절).

다른 중요한 말은 15절에 나오는데, 이것은 "너희가 나를 사랑하

---

2 *Agamemnon*, First Choral Ode, Str. gamma.

면, 내 계명을 지킬 것이다."라고 되어 있다. "너희가 지킬 것이다."라는 표현은 "너희는 내 계명을 지켜라will keep"는 명령을 의미한다고 해석되었다. 그렇지 않으면, 그것은 "그리스도를 사랑하는 사람들은 또한 특정한 방식으로 살게 될 것이다."라는 단순한 사실을 말하는 것이 될 수 있다. 여기서 "계명"으로 번역된 단어는 도덕적 계율과 관련이 있는 여성형 단어인, 희랍어 단어 엔톨레[entole[ἐντολή]다. 그러므로 그리스도를 사랑하는 사람들은 빛을 따르며 의식적으로 살 것이므로 도덕적 방식으로 살 것이라는 의미인 것 같다.

14장의 나머지는 주로 아버지와 관련이 있는 것이다. 그것이 바로 우리가 이제 살펴볼 주제다.

요한복음에서 아버지에 대한 언급이 백번 이상 나오지만, 아버지 그분 자신이 직접 나오지는 않는다. 그분은 또한 아버지와 친밀한 관계가 있는 아들이요, 심지어 아버지와 동일한 존재인 그리스도에 의해 언급되기도 했지만, 인격을 가지고 있는 아버지와 완전히 다르다고 언급되었다. 완전히 다르기는 하지만, 아버지와의 이런 동일성은 우리가 요한복음 16장을 살펴볼 때 알아보겠지만, 기독교의 삼위일체 교리의 전조다. 그리스도가 제자들과 직접적인 관계를 가지고 있었던 반면, 제자들은 아버지와 직접적인 관계가 없었다. 그러나 그들은 그리스도를 통해 아버지와 관계를 가지고 있었다. 아버지의 그리스도와의 관계의 이런 신비 그리고 아버지와 그의 인간적인 자손 사이의 직접적인 관계의 결핍을 생각하면서, 초기교회의 기독교 사상가들은 아버지가 알 수 없는 분이었다고 결론을 내렸다. 그리스도 자신은 그가 요한복음 6:46에서, "이것은 아버지를 본 사람이 있다는 뜻이 아니다. 오직 하나님에게서 온 자만 아버지를 보았다."라고 선포했을 때 같은 것을 말씀한 것이다.

우리가 요한복음에서 아버지에 대해 접하는 모습은 그분이 다만 아들을 통해서만 알려질 수 있는, 전적으로 초월적인 존재다. 특히 초기 그리스 신학자들 사이에서 발전된, 기독교의 신비 사상에서 아버지는 창조되지 않은 존재, 어떤 인간적인 범주로 알려지거나 묘사될 수 없는 순수한 존재 혹은 존재 그 자체로서의 하나님이다. 아버지로서의 하나님은 고대인들이 이해할 수 있는 것과 지각할 수 있는 것으로 나누었던 창조된 질서를 창조했으며, 지각할 수 있는 질서는 창조된 물리적 질서이고, 이해할 수 있는 질서는 인간의 영혼뿐만 아니라 천사, 공국, 세력 그리고 영적 존재의 다른 모든 현현으로도 구성되어 있는 영적 질서다. 창조된 질서의 창조자와 지탱자이긴 하지만, 하나님은 창조된 질서와 동일한 존재가 아니다. 기독교의 신비 사상에는 범신론이 없다. 왜냐하면 하나님의 정신Mind(로고스Logos)이 창조된 질서 안에서 발견될 수도 있지만, 창조된 질서 그 자체가 하나님은 아니기 때문이다.

하나님이 창조된 질서와 같은 존재가 아니기 때문에 신은 공간과 시간의 범주를 뛰어 넘어 있는 존재이기도 하다. 왜냐하면 시간은 시간의 흐름의 척도지만, 아버지 안에는 사건도 존재하지 않고 따라서 시간도 존재하지 않기 때문이다. 이런 이유로, 시간은 인간에 의해 경험된 창조된 질서의 범주이지만, 창조된 질서의 창조자에 대해 묘사하는 범주가 아니다. 신은 대략 시간이 흘러가는 시작도 끝도 없는 대양처럼 여겨질 수도 있지만, 신 그 자체는 시간과도 공간과도 관련이 없다. 니사의 그레고리우스는 이런 말을 한다.

> 사건 안에서의 모든 질서와 시간의 연속성은 다만 이런 창조의 시기에서만 감지될 수 있다. 그러나 그러한 시대보다 선재하는 본질(아버지로서의 하나님)은 이전과 이후의 모든 구분을 벗어나 있다.... (그러므로) 거기에는 우리가 신적인 것과 축복받은 생명을 측정할 수 있는 것이 아무 것도 없다. 그것은 시간 속에 존재하지 않지만, 시간은 그것으로부터 흐른다. 즉 분명한 시작으로부터 출발하는 창조는 시공을 통해 그 적절한 종말을 향해 이동한다.... 그러나 최고의 그리고 축복받은 생명은 그 과정을 동반하는 시간의 연장이 없기 때문에 기간도 없고 길이도 없다.3

아버지로서의 하나님이 인간의 이해력 혹은 묘사력을 초월해 있다는 결론이 나온다. 거기에는 신의 초월적 측면을 묘사하는 형용사가 없다. 그러므로 신은 단지 부정적으로만 묘사될 수 있다. 즉 신은 창조된 것이 아니고, 시간의 한계를 넘어서 있고, 한계가 없으며, 시대의 전개에 의해 측정될 수 없다.4 오히려 "그 초월적이고 축복받은 힘 안

---

3 Gregory of Nyssa, *Against Eunomius*, book 1
4 이것이 동방 정교회에서는 하나님이 다만 부정적으로만 묘사될 수 있다는 것을 의미하는, "부정적인apophatic" 신비로운 전통[하나님은 본질적으로 인간의 이해력으로 완전히 이해할 수 없고 인간의 언어로 다 묘사하실 수 없는 초월적인 분이시기에 다만 부정적인 표현으로 서술될 수밖에 없다고 생각하는 사상.—옮긴이]으로 알려져 있다. 이런 점에서 아버지의 관념은 힌두 사상에서 "이것도 아니고... 저것도 아니다"라고 부정적으로만 묘사되는 브라만의 관념과 어느 정도 비슷하다.

에서 모든 것들은 순식간에 존재하는 것과 똑같이 존재한다. 즉 과거와 미래는 그 전체의 지배 안에 그리고 그 포괄적 관점 안에 있다."⁵ 따라서 초월적 존재로서의 신은 어떤 개념적 명칭을 초월해 있고(**아카탈레프톤** *akatalēpton*[ἀκατάληπτον]), 이름이 없고(**아노니모스***anōnymos*[ἀνώνυμος]), 창조되지 않고 스스로 생겨났다(**아겐네토스***agennētos*[ἀγέννητος]). 여기서 그레고리우스를 다시 인용해 보면 이런 것이다. "그러나 우리가 신적인 본질[**테스 데이아스 우시아스***tēs theias ousias*]에 대한 해석이나 묘사나 설명을 요구하면, 우리는 우리가 정통하지 않은 이런 과학으로 그것을 비난해서는 안 될 것이다.… 왜냐하면 거기에는 말의 체계로 표현할 수 없는 것을 이해하는 방식이 없기 때문이요, 신은 이름으로 표현되기에는 너무나 숭고하고 고귀하기 때문이다. 따라서 우리는 이성과 사고를 초월하여 침묵으로 신을 공경하는 것을 배웠다."⁶ 또 다시 그는 이렇게 말한다. "이것은 사도들의 말씀(사도행전 17:28; 골로새서 1:17)을 사용하자면, 만물이 그 안에서 만들어진 존재Being[**우시아** *ousia*, οὐσία]다. 따라서 우리는 우리의 개인적 실존을 공유하면서, 살고 움직이며 우리의 존재를 경험한다. 그것은 태초보다 먼저 존재하며, 그것의 내밀한 본질의 어떤 흔적도 보여주지 않는다. 즉 그것은 다만 그것을 인식할 수 없는 것 안에서만 알려질 수 있다. 그것은 실제로 그것의 가장 특별한 특징이며, 그것의 본질은 어떤 독특한 특성에 비해 너무나 고귀하다."⁷

---

⁵ Gregory of Nyssa, *Against Eunomius*, 10.
⁶ Ibid., book 1.

루돌프 오토가 이 시점에서 우리에게 도움이 된다. 그의 책 『동양과 서양의 신비주의*Mysticism East and West*』에서 말하고 있는 평범한 예배자와 신비가의 차이는 신비가가 하나님과 다른 관계를 가지고 있다는 것이 아니라, 오히려 평범한 예배자나 조직신학자와 다른 하나님을 관상觀想하고 있다는 사실에 있다. 평범한 예배자는 "단순한 유신론"의 하나님, 즉 우리가 인간의 말로 묘사하고 강하고 멋진 인간과 관계를 맺는 것처럼 하나님과 관계를 맺는다. 조직신학자는 그가 그때 어떤 형용사를 사용해서 묘사하는 하나님에 대한 어떤 인식에 도달하기 위해 이성과 논리로 하나님을 발견하기 위해 찾는다. 이것의 대표적인 예가 이성과 논리를 사용해서 신의 심연을 헤아리려고 했던 중세의 스콜라 철학일 것이다. 그러나 신비 신학자는 우리의 단순한 유신론적 관점에 존재하는 하나님의 형상 너머에 그리고 신학자의 합리적 범주 너머에 요한이 "아버지"라고 부르고, 그레고리우스가 아무 것도 알려질 수 없고, 어떤 인간적인 범주도 적용될 수 없는 신으로 묘사하는 영역이 있다는 것을 인정한다. 이는 자신, 즉 다만 황홀하고 신비로운 경험으로 영혼에 의해 알려질 수 없지만, 지성에 의해 전용될 수 없는 신이라기보다는 "전적 타자"로서의 신이다. 오토는 이렇게 말한다.

> 그것은 **형태가 없는 신***Deus sine modis*을 찾는 그리고 영혼 안에서 그분을 소중을 여기는 신비주의의 어떤 유형의 특징이다. "신"은

---
7 Ibid.

그때 결합의 행동 안에서 경험된다. 그러나 인간은 그가 이런 신의 관념을 지니게 되자마자, 신비주의 안에서 쉽게 일어날 수 있는 결합의 요소가 약해지거나 강조되지 않은 채 남아 있게 될 때조차도 신비가가 된다. 그것은 신비가가 되게 하는 단순한 유신론의 친밀하고, 인격적이고, 수정된 신으로부터 벗어난 이런 신 관념의 전적으로 비합리적 특징이다. 신비주의는 무엇보다도 결합의 행동이 아니라, 대개 이런 "전적 타자"인 신에 대한 "인식"으로 사는 삶이다.... 신비주의는 종교적 감정이 그것의 합리적 내용을 능가하는 정도로, 즉 내가 다른 곳에서 말했던 것처럼, 그것의 숨겨지고, 비합리적이고, 신성한 요소가 정서적 삶을 지배하고 결정할 정도로 종교 경험에 빠져든다.[8]

전적으로 초월적인 신의 본질에 대한 이런 사고방식은 오늘날 일반적인 신에 대한 태도와 상반되며, 또한 대부분의 서양 기독교 교회의 신학적 사고를 지배하는 합리적 신학에 대한 태도와 상반된다. 인간의 본성을 그것의 궁극적이고 완전한 본성으로 격상시키는 대신에, 신과 더 친밀하게 되고, 신을 우리의 인간적인 규모로 격하시키고, 그분을 우리가 늘 갖고 싶었던 우리의 큰 형님이나 부모인 것처럼 대하는 것은 오늘날 흔히 있는 일이다. 더 많은 공식적인 서양 신학에서는 신의 본질이 인간의 이성에 의해 추론될 수 있고(스콜라 철학), 우리의 신학 논문이 진실로 신의 본질을 묘사하고 있다고 생각된다. 요한

---

[8] Rudolf Otto, *Mysticism East and West* (New York: Collier Books, 1962), 158-159.

에게 있어서 이런 초월적 존재로서의 신에 대한 인식은 분명히 불가능하다. 형언할 수 없는, 어떤 인간적인 이해력을 초월해 있는 신의 엄청난 창조력의 작은 피조물인 우리는 누구인가? 이것이 요한이 취했던 입장이며, 초기교회에 존재했었고, 오늘날 (동방) 정교회 사이에도 존재하고 있고, 실제로 진정한 신비스런 정신이 널리 퍼져 있는 곳에서는 어디에나 있는 태도다.

이것은 우리가 제4복음 및 전반적으로 기독교의 종교적 인식론(인식에 대한 이론)의 문제에 이르게 한다. 만일 성부가 알려 질 수 없고, 상상될 수 없고, 묘사될 수 없다면 어떻게 하나님이 알려질 수 있는가? 우리가 이전 장에서 살펴본 대로, 그 답은 요한복음에 분명히 이렇게 언급되어 있다. 하나님은 아들을 통해 알려질 수 있다고. 왜냐하면 아버지가 알려질 수 없는 반면, 아들은 알려질 수 있으며 아들을 아는 것이 아버지를 아는 것이기 때문이다("너희가 나를 알았더라면 내 아버지도 알았을 것이다").

우리가 살펴본 대로, 아들은 하나님의 말씀Logos이요, 로고스 혹은 하나님의 말씀으로부터 세상을 창조한 신적인 에너지가 나오며 이 세상에 내재한다. 그러므로 하늘의 광활한 지역을 관상하는 것은 하나님의 말씀을 관상하는 것이다. 원자의 세계나 천체의 움직임을 연구하고, 피조물이 살아가고 움직이는 법칙과 원리를 이해하기 시작하는 과학자는, 말하자면 피조물 안에 표현된 하나님의 정신을 탐색하고 있는 것이다.

더욱이 로고스 혹은 아들을 통한 이런 하나님에 대한 표현은 또한 하나님의 피조물의 일부이기도한 인간의 영혼 안에도 나타나 있다. 따라서 아들 혹은 로고스 안에서 작용하고 있는 신적인 에너지는 바로 인간의 마음 안에서도 작용하고 있다. 이런 이유로, 그리스도는 요한복음 14:23에서 하나님을 사랑하는 자에게 올 것이며, 그와 함께 있을 그의 집을 마련할 것이라고 말씀하고 있는 것이다. 실제로 우리가 1장에서 살펴본 대로, 영혼은 특히 로고스가 살고 있는 장소다. 로고스는 **하나님의 형상**imago dei으로서의 영혼 안에 살고 있다. 따라서 영혼은 하나님에 대해 자연스럽게 증언하고 있는 것이다. 실제로 하나님에 대한 인식은 영혼의 자연스런 유산이다. 이런 이유로, 니사의 그레고리우스는 언젠가 이런 말을 한 적이 있다.

> 하나님이 영혼 안에 있다는] 이런 진리는 복음서에서 배울 수 있다. 그 때 우리 주님은 지혜가 신비 아래에서 말하는 것을 들을 수 있는 사람들에게 "하나님의 나라는 너희 안에 있다."(누가복음 17:21)고 말씀하셨다. 실제로 말씀(즉 로고스)은 신적인 말씀이 우리의 본성과 떨어져 있는 것이 아니며, 그것을 찾으려는 의지를 가지고 있는 사람들과 멀리 떨어져 있지 않다는 사실을 지적한다. 그것이 삶의 염려와 쾌락 아래 억압되어 있는 동안, 그것은 실제로 무시되었고 간과되었지만, 우리가 우리의 의식적인 사고력을 그것을 향해 집중할 수 있을 때마다 사실상 우리 각자 안에서 다시 발견된다.[9]

---

[9] Gregory of Nyssa, *On Virginity* 12.

그레고리우스와 다른 초기 기독교 신비 신학자들이 묘사하고 있는 것은 하나님의 이미지나 흔적이 영혼 안에 있기 때문에 우리가 하나님을 알 수 있다는 종교적 인식론에 대한 심리학적 접근법이다. 이런 가르침은 내면에 있는 그리스도(예컨대 갈라디아서 2:20) 혹은 성령의 내주하는 능력(예컨대 에베소서 3:16; 고린도전서 3:16)에 대해 언급하는 구절이 들어 있는 신약성서에 그 뿌리를 두고 있다. 그러나 그것은 자아에 제한되어 있는 심리학이 아니라, 종종 의식에 알려지지 않았으나, 언제나 하나님에게는 알려져 있는(데살로니가전서 2:4), 우리가 오늘날 "무의식", "마음속의 생각"(고린도전서 4:5)을 지니고 있는 우리 안에 있는 영역이라 부르는 것에 해당하는 "마음" 혹은 영혼의 존재를 추정하는 심리학이다. 그레고리우스는 우리의 의식적인 관심, 즉 우리의 자아의 초점이 "이 세상의 염려와 쾌락"(성서적 용어로 "육신의 일")에 맞추어져 있는 한, 우리는 영혼의 내적 생명을 인식하지 못하겠지만, 그것은 정확히 로고스의 실재 혹은 하나님의 말씀이 살고 있는 영혼 안에 있으며, 그것을 통해 하나님이 알려질 수 있다고 지적한다.

이런 고대의 기독교적 인식론은 거의 완전히 현대의 심리학에 결핍되어 있다. 이 같은 심리학은 사람이 인격에 대한 연구에 접근하는 철학적 전제에 크게 의존하고 있다고 주장한다. 사실상 합리적이거나 물질적이지 않은 것이 존재할 수 있는 것이 아무 것도 없다는 전제를 가지고 시작하는 합리주의자나 물질주의자는 인격을 몸의 부수현상과 동일시하기 마련이다. 즉 "영혼"은 그때 뇌의 기능에 지나지 않는다. 정신을 프로이트 심리학의 관점을 가지고 접근하는 사람들은, 우리가 하나님이라고 생각하는 것이 정신 안에 있는 아버지와 같은 도덕적인 규칙적 기능과 어린 시절이래 부모 및 다른 권위적인 영향력에 의해 우리에게 내재되어온 "초자아"의 투사에 지나지 않다고 말할 것이며, 그렇지 않으면 하나님에 대한 믿음을 단순한 원망願望 충족으로 볼 것이다. 다만 프리츠 쿤켈, C. G. 융 그리고 어떤 그의 추종자들은 합리주의적·물질주의적 편견으로부터 충분히 벗어나 있었으므로 인간의 영혼 안에 있는 실재들은 단순히 생리적 기능에 의해 이해되지 않으며, 개인적인 심리학적 경험의 잔여물이 아니라, 우리 모두 안에 존재하는 보편적인 마음이나 정신으로부터 나오는 것으로 본다. 따라서 물질주의적 편견으로부터 벗어나 있는 이런 심리학자들은 영혼이 그 자체로 거의 신적인 실재라는 것을 볼 수 있었다.

융이 이런 자유로운 관점을 가지고 있었기 때문에 그는 우리를 전체적이고 완성된 존재의 상태에 이르게 해주는 우리의 바로 그 심연으로부터 우리 안에 시작된 과정을 보고 묘사할 수 있었다. 우리는 이미 융이 이것을 개성화 과정이라고 불렀으며, 그것이 신과 비슷한 모습으로의 신화神化(데오시스 *theōsis*) 혹은 구제되지 못한 평범한 인간적인 인격의 변환이라는 고대의 관념과 비교될 수 있다는 것을 살펴보았다. 더욱이 융은 그가 신상 *imago dei*에 비유한 더 큰 중심이 영혼의 무의식적 심층에 있다(자아는 더 작은 중심이다)는 것을 알았다. 인격에 두 번째 중심이 있다는 관념은 성서에 그 뿌리를 두고 있으며(예컨대 갈라디아서 2:20), 테르툴리아누스와 니사의 그레고리우스 같은 초기 기독교 사상가들의 심리학에서 더욱 구체화되었다. 그러나 그들에게 있어서 이 두 번째 중심은 우리의 바로 그 심층으로부터 기능하는 하나님의 로고스와 같은 것이었다.

그러나 이것이 우리가 융의 관점이 초기 기독교인들의 관점과 정확히 같은 것이라는 것은 아니다. 예를 들어 거기에는 영혼 안에 있는 하나님의 형상에 예시되어 있는 일종의 하나님에 대한 쟁점이 있다. 여기서 그 쟁점은 악과 하나님(혹은 심리학적 용어로는 자기Self)과의 관계의 문제를 중심으로 다루어진다. 기독교인에게 있어서 하나님은 우리가 일반적으로 그것을 생각하기에 악을 넘어서 있다. 하나님은 의식적이고 거룩한 삶에 대한 요구의 출처였지만, 악을 행하려는 인간의 마음속에 있는 충동은 적대적인 악한 영에서 비롯된 것이다. 반면에, 융은 예를 들어 그의 책 「욥에의 응답」에서 악이 자기Self로부터 비롯되었다는 것, 즉 영혼 안에 있는 신의 형상이 선을 행하려는 충동은 물론, 악을 행하려는 충동을 포함하고 있다고 주장할 준비가 되어 있는 것 같다.[10]

두 번째 쟁점은, 영혼 안에 있는 신의 형상에 대한 인식이 영혼 너머에 있는 신적인 실재에 대한 인식에 이르게 할 수 있느냐 없느냐 하는 문제를 중심으로 다루어진다. 가끔 융은 이런 쟁점을 여러모로 논의했다. 융의 더 공식적인 입장으로 불릴 수 있는 것은, 영혼 안에 있

---

[10] 이 주제에 대해 더 완전하게 다루어 보기 위해서는 내 책 *C. G. Jung and the Problem of Evil: The Strange Trial of Mr. Hyde* (Boston: Sigo Press, 1993)를 보라.

는 신의 형상이 의식 안에 신의 관념이 생기게 했지만, 우리는 정신의 범위 바깥에 있는 신적인 질서의 실존existence이나 존재Being를 확인하기 위해 그것을 넘어설 수 없다는 것이었다. 인식론적으로 융은 정신이 경험을 어떻게 저장하여 형성했으며, 또한 자아가 그 경험을 체계화함으로써 그 관념을 형성했던 어떤 구조를 갖게 되었다고 믿었던 칸트의 이론을 따르는 사람이었다. 최적의 정신적 기능을 위한 중요한 관념인 신의 관념은 이렇게 하여 내면에 있는 신의 형상 혹은 자기의 이미지에 의해 형성되었지만, 이것은 결과적으로 신의 관념이 형이상학적 사실로 간주될 수 있다는 것을 의미하지 않았다. 융은 언젠가 "우리는 우리의 선천적 구조로 말미암아 엄격히 제한되어 있으므로 우리의 전 존재와 사고를 가지고 이 우리의 세계와 맺어져 있는 것이다."라고 말한 적이 있다. 그가 분명히 덧붙여 말하길, "신화적 인간은… '그 너머로 나가는 것'을 요구하지만, 학문적인 인간은 이것을 허락할 수 없다."고 했다.11 그리고 다른 곳에서 그는 "마음의 구조는 우리가 형이상학적 문제에 대해 주장할 수도 있는 어떤 것에 책임이 있다."12고 분명히 말했다. 그러므로 융은 무의식을 종교 경험이 엄습할 것처럼 보였던 매체로 간주했지만, 그는 또한 이런 주의를 주었다. "그런 경험의 더 많은 원인이 어떤 것일지에 대한 답은 인간적인 인식의 범위 너머에 있다. 신에 대한 인식은 초월적인 문제다."

---

11 C. G. Jung, *Memories, Dreams, Reflections*, Aniela Jaffé 편집, (New York: Pantheon, 1963).
12 C. G. Jung, "On the Tibetan Book of Great Liberation," *Collected Works 9*, 특히 paras. 766-767.

그러므로 융에게 있어서, 그가 학문적인 인간으로서 말할 때, 인간의 정신은 말하자면 그 자신의 의식 안에 존재하는 그런 관념 밖에 있는 어떤 실재에 대한 확실한 인식에 도달할 수 없는 그 자신의 상자에 갇혀있다. 이런 관념은 부분적으로 감각 인상에 의해 형성되고 부분적으로 정신의 구조적인 부분인 선천적 범주 혹은 원형에 의해 형성되며, 신의 관념과 같은 우리의 가장 중요한 관념을 산출하고 형성한다. 그러나 융이 "신화적 인간"이라고 말할 때, 즉 그의 마음과 영혼으로 말할 때 그는 종종 그가 정신 밖에 존재했던 신을 믿었던 것처럼, 신학자들이 말하고 있고 "보통 사람"이 이해하는 동일한 신이 아마 내면에 있는 실재이지만, 분명히 그 자신 밖에 있을 것이라고 말한다. 가끔 그는 당혹해 하며 화가 난 듯이 이렇게 말한다. 예를 들어 「욥에의 응답」에서 그는 우선 자신의 책에서 말하는 어떤 것이 외적 실재와 같은 신에 대해 말하는 것으로 이해되지만, 그가 그것을 정확히 말하고 있는 것처럼 신에 대해 계속 말하고 있는 것이라고 단호하게 말한다.[13] 그의 자서전 『회상, 꿈, 사상』에서 융은 심지어 더 나아가서, 그가 마음속으로 정신 너머에 있는 신을 믿었다고 우리를 믿게 하는 방식으로 형이상학적 쟁점을 논하고 있다.

어떤 종교적 인식론에는 고려되어야 하는 또 하나의 요소가 있으며, 이것은 신성한 요소다. 우리가 앞서 논의해 본 대로, 우리가 신성한 어떤 것을 대면할 때 우리 안에는 경이감, 경외감 그리고 무언가

---

[13] 만일 융이 실제로 그의 「욥에의 응답」에서 분명하고 학문적이 되기를 원했다면, 그는 "자기Self"라는 용어를 하나님으로 대체했을 것이고, 그렇게 함으로써 큰 혼란을 피할 수 있었을 것이다.

거룩한 느낌이 일어나게 된다. 그러므로 신성한 것은 우리로 하여금 일상적 경험과 합리적 이해 모두를 넘어서는 실재를 믿게 만든다. 그 때 신성력은 자기Self의 측면이므로 어떤 심층에 있는 자기에 대한 경험이 우리로 하여금 합리적인 것을 넘어서는 믿음에 이르도록 우리에게 영향을 준다. 그러나 이것은 정신이 또한 신성한 것에 영향을 받느냐 안 받느냐 하는 질문에 답을 주지 않는다. 정신과는 별도의 신성한 실재가 있는가? 정신에는 정신의 범위를 넘어서 있는 더 큰 실재의 신성한 측면이 있는가? 초기 기독교인들은 분명히 그렇게 생각했다. 왜냐하면 그들은 내면에 있는 하나님을 믿었을 뿐만 아니라, 어떤 단순히 인간 실존을 초월해 있는 하나님을 믿기도 했기 때문이다. 실제로 그것은 모든 인간이 멸망하게 되어 있다면 하나님도 존재하기를 멈출 것인가 하는 질문이다. 어떤 사람들은 그들이 우주의 바로 그 존재 자체가 그것을 의식하는 인간에게 의존하고 있다고 말하는 인간적인 의식意識에 높은 가치를 둘 것이다. 물론 이것은 엄청난 오만hybris, 즉 건방진 인간의 오만에 해당된다.

신성력에 대한 인식은 자기에 대한 인식과 같은 내적 이미지에서 비롯될 수 있을 뿐만 아니라, 정신에 대한 외적 실재에서 비롯될 수도 있다. 뜨거운 석탄에 몸이 닿으면 우리는 고통을 느낀다. 영적 실재가 우리 마음에 닿으면 우리는 신성력을 느낀다. 그렇게 되면, 신성한 느낌은 단지 내면에 있는 신상imago dei에서 나왔을 뿐만 아니라, 정신 밖에 있는 영적 실재로부터 받은 인상의 결과이기도 하다. 그러나 (엄밀히 말해) 그 실재는 과학적으로 알려지지 않은 것일 수 있다. 만일 우리가 눈부시게 아름다운 맑은 밤에 광활한 하늘을 바라보거나, 아니면 우리가 깊이 알고 있는 사람의 사랑의 깊이에 감탄한다면, 그런 신성한 경험은 우리로 하여금 합리적 고려에 기초해 있는 것이 아니라, 그 자신의 인식 방식을 발견하려는 마음을 움직였던 우리 자신 밖에 있는 실재에 대한 경험에 기초해 있는 하나님에 대한 믿음에 이르게 하는 경이감과 경외감을 우리에게 일으킬 수 있는 것이 아닌가? 사람이 그런 질문에 대답할 수 있는 방법은 대부분 종교적 인식에 대한 그 사람의 능력에 따라 결정된다.

우리가 이전에 논의해 본, "목적격적 소유격"이라고 불리는 희랍어의 흥미 있는 문법 구조에 의해 이 문제가 어느 정도 밝혀졌다. 이런 구문에서 주격의 한 명사는 소유격의 두 번째 명사와 어떤 관계가 있고, 이것이 첫 번째 명사의 에너지 혹은 정서가 두 번째 명사에 전해지기도 하고, 두 번째 명사로 인해 생겨나기도 한다는 것을 보여주고 있다는 것을 기억할 것이다. "하나님의 사랑"을 나타내는 희랍어의 성서적 표현은 목적격적 소유격의 한 예로 볼 수 있다. 이런 표현에서 **아가페** 혹은 사랑이라는 말은 주격으로 쓰였고, **데오스**^{Theos} 혹은 하나님이란 단어는 소유격으로 쓰였다. 따라서 하나님에 대해 쓰고 있는 사랑은 하나님 자신의 바로 그 신성력에 의해 비롯된 것이다.

제26장

신비로운 합일
참 포도나무
요한복음 15:1-16:5

요한복음 15장은 요한이 상징적 언어를 사용하고 있는 두드러진 예로 볼 수 있다. 우리는 포도나무로서의 그리스도가 자연스럽게 그것의 출처, 즉 그 안에 있는 하나님의 말씀과 교제하고 있던 요한의 의식意識에 나타났던 것이라고 상상할 수 있다. 그것은 하나님과의 합일을 통한 영혼의 변환이라는 신비와 관련이 있는 순수한 신비주의이며, 신화神化라는 관념을 나타내는 성서에 나오는 가장 중요한 구절 중 하나다. 우리는 먼저 포도나무의 상징이 하나님 혹은 하나님의 행동과 관련해서 사용되었던 성서의 다른 곳에 주목하며 접근해 볼 것이다. 그때 우리는 이 상징을 더 자세히 살펴보고, 그 심상을 개성화의 심리학과 비교해 볼 것이다. 마지막으로, 우리는 다른 종교에서 포도나무의 상징이 포도나무에 관한 기독교의 심상처럼 두드러진 방식으로 어떻게 나타났는지 주목해 볼 것이다.

포도나무가 상징으로 사용된 구약성서의 가장 중요한 곳 중 두 곳은 예레미야서와 이사야서에 나온다. 예레미야서 2:21에서 이스라엘은 하나님이 심어 놓은 포도나무와 같은 것이지만, 이스라엘은 그것을 심어놓은 분을 외면하고, 하나님과 맞지 않는 열매를 맺었다.

> 내가 너를 순전한 참 종자
> 곧 귀한 포도나무로 심었는데,
> 어째서 너는 내게 대해 이방 포도나무의 악한 가지가 되었느냐?
> (NJB)

이사야서 5:1 하반절은 좋은 농부와 같은 하나님이 좋은 열매를 맺게 되리라는 당연한 기대를 가지고 비옥한 땅에 포도나무를 심지만, 땅이 생산하는 모든 것이 하등품의 들 포도라는 비슷한 이미지를 말하고 있다. 그런 이유로, 하나님은 더 이상 그것을 보호하지 않는다. 즉 그분은 그것을 못 쓰게 만들고, 가지치기를 하지 않고, 가시나무가 무성하게 내버려두고, 구름에게 명하여 그 위에 비를 내리지 못하게 할 것이다. 이사야가 우리에게 말해주듯이, 이 포도원은 하나님이 소중이 여기며 가꾸었지만, 하나님을 버리고 병든 열매를 맺은 이스라엘이다. 비슷한 이미지가 구약성서의 다른 여러 곳에 비슷한 상징적 의미로 나온다.[1] 이런 구약성서의 이미지는 요한의 이미지가 그렇듯이, 생산된 열매가 온전하게 되리라는 기대를 담고 있는 한에 있어서 요한복음 15장의 포도나무 심상과 닮아 있다. 그러나 그런 이미지는 요한복음 15장의 이미지와 다르다. 왜냐하면 요한복음 15장에서 그

---

[1] 구약성서에서 포도나무에 대한 다른 언급은 호세아서 10:1; 예레미야서 5:10, 6:9, 12:10; 에스겔서 15:1-8, 17:3-10, 19:10-14; 시편 80:8-18에 나와 있다.

리스도가 포도나무를 심는 자가 아니라 바로 포도나무인*is the vine* 반면, 구약성서에서 하나님 자신이 포도나무가 아니라 다만 포도나무를 심는 분이기 때문이다.

요한복음의 정신에 가까운 것은 아가雅歌에 나오는 포도나무의 이미지를 사용하는 것이다. 이 아름다운 사랑의 노래 8장에서 사랑하는 자는 그의 연인을 그 자신의 소유인 포도원에 비유하며, 그녀는 자신이 듣고 싶어 하는 "동산 안에 사는 자"의 목소리로 그에게 응답한다. 구약성서의 이런 사랑의 발라드의 성애적인 이미지는 오랫동안 신비로운 기독교 문학에서 그리스도와 영혼 사이의 사랑에 대한 묘사로 간주되어 왔으며, 그 둘의 합일은 사랑하는 정원사와 그의 사랑을 받는 포도원의 합일과 비슷한 것이다.

신약성서의 다른 곳에서 우리는 바울에 의해 사용된 돌 올리브 가지라는 비슷한 심상을 발견한다(로마서 11:16ff). 여기서 바울은 기독교인들을 한때 이스라엘이었던 뿌리에 접목된 새로운 민족과 비교한다. 그러나 그것이 회복될 수도 있겠지만, 이스라엘은 그 본래의 근원을 떠났던 것이다. 그는 그들이 뿌리(근원)도 아니고 뿌리를 지탱하는 것도 아니라, 뿌리가 그들을 지탱한다는 것을 그들에게 상기시키면서, 자신의 기독교인 제자들에게 우리가 팽창된 태도라고 부르는 것에 맞서라고 주의를 준다. 왜냐하면 그들의 생명의 근원은 하나님에게 놓여 있기 때문이다. 여기서 바울의 심상은 구약성서의 심상보다는 요한의 심상에 가까운 것이다. 왜냐하면 요한과 마찬가지로 바울에게 하나님은 심는 자일뿐만 아니라 나무의 뿌리, 즉 그들이 그것과 연결되어 있는 한, 그를 따르는 자들의 생명이 흐르는 원천이기도 하기 때문이다.

이제 요한복음의 심상으로 돌아가서, 그 근원이 아버지 안에 있는 포도나무로서의 그리스도(1절)의 두드러진 심상을 살펴보자. 포도나무와 밀접하게 연결되어 있는 모든 가지는 튼튼하게 자라서 열매를 맺을 것이다. 왜냐하면 그리스도는 그들의 생명과 힘의 원천(5절)이기 때문이다. 그러나 열매를 맺지 못하는 가지는 포도나무에서 단절되어 있는 것이다. 그때 그런 가지는 말라 죽어서 불에 던져지게 된다(7절). 왜냐하면 열매를 맺지 못하는 가지는 하나님에 의해 가지치기가 된 것이고, 이렇게 함으로써 그 가지가 더 튼튼하게 되고 더 많은 열매를 맺게 되기 때문이다.

이런 심상은 자아와 중심의 관계와 비교될 수 있다. 자아는 그 자체의 활력이 넘치는 생명을 거의 가지고 있지 않다. 그 활력과 창조성의 원천은 중심에 놓여 있으며, 그것이 이런 중심과 연관되어 있는 한, 그것은 잘 자라게 하여 의미심장한 삶의 열매를 생산한다. 제대로 이해하면, 영적인 삶은 물론, 정신치료의 과제는 자아와 중심 사이의 관계를 수립하는 것이다. 우리가 살펴본 대로, 이런 관계는 자아-자기의 축ego-Self axis으로 불려왔으며 정신 건강의 원천이다. 기껏해야 기독교의 성례전적 삶과 종교적 삶은 자아와 중심의 이런 관계를 강화해 준다. 꿈을 기억하는 것은 또한 이런 자아-자기의 축 혹은 우리의 살아 있는 중심과의 관계를 구축하는 데 도움이 된다. 그러나 만일 자아가 그 중심으로부터 단절되면, 그것은 마치 가지가 나무와 단절될 때에 죽는 것처럼 죽게 된다. 우리의 자아중심성은 자기로부터 실질적으로 우리를 단절시키고, 영적 죽음에 이르게 한다. 우울은 가끔 이런 상태의 증상이며, 그것은 아마 강박적 갈망이 또한 중심 안에 있는 그것의 깊은 내적 원천과의 관계를 위한 영혼의 무의식적 갈망의 표현일지도 모른다.

포도나무가 건강할 때 생산된 포도나무의 열매는 개성화의 삶의 열매, 즉 자아와 무의식 사이의 살아 있는 관계를 가지고 의식적으로 사는 삶과 비슷하다. 포도나무의 이미지는 개성화 과정의 긍정적이고 즐거운 측면에 대한 묘사로 이해될 수 있다. 우리는 종종 개인적 성장의 어려움, 그것의 고통스런 측면, 우리가 경험해야만 하는 어려운 시기에 대해 듣게 되는데, 이 모든 것은 사실이다. 그러나 거기에는 긍정적 측면도 있고 즐거운 측면도 있다. 왜냐하면 결국 개성화의 열매는 그 어려움보다 더 크고, 그것으로부터 이해력, 창조성 그리고 사랑할 수 있는 능력이 나오기 때문이다. 이것은 삶이 우리에게 쉬울 것이라는 것을 의미하지도 않고, 삶의 어려움이 대단한 것이 아니라는 것을 의미하지도 않는다. 하나님이 우리에게 고통을 주지 않고, 우리가 삶의 어려움에 영향을 받지 않을 것이라고 믿는 종교적 신앙은 자아중심적인 신앙이다. 그것이 의미하는 것은 상황이 나빠진다 하더라도, 우리는 우리의 경험을 통해 창조적으로 살아갈 힘을 갖게 될 것이고, 그런 과정에서 성장할 것이라는 것이다.

그러나 요한의 포도나무의 심상에는 가지가 열매를 맺지 못하면, 그것은 잘라져서 버려질 것이라는 경고도 들어있다. 이것은 하나님이 자신이 심어놓은 열매를 맺지 않는 포도원을 파괴할 것이라는 구약성서의 심상과 비슷하다. 우리는 또한 비슷한 심상을 "... 좋은 열매를 맺지 않는 나무는 다 찍어서 불 속에 던지신다."는 누가복음 3:9(누가복음 3:17과 비교하라)의 말씀에서 발견한다. 이런 쓸모없는 가지의 파괴는 요한복음에서 아버지의 행동으로 나타나 있다. 우리는 이것을 사람의 어떤 단위가 그 의도된 목적을 성취하지 못할 때, 그것이 파괴된다는 영적 법칙이 있다는 것을 의미한다고 이해할 수 있다. 우리가 전에 살펴본 대로, 자연 세계에서 그런 것처럼 영적 세계에도 어떤 무자비함이 있다. 진정한 종교에는 하나님에 관한 어떤 감상적인 관념을 위한 여지가 전혀 없다. 하나님은 그의 자녀의 유치함과 자아중심성을 참을 수 있는 아주 관대한 부모가 아니라 우리에게서 창조성을 기대하는 창조주다.

신의 이런 측면은 "하나님의 어두운 측면"이라 불릴 수 있는 것이다. 하나님의 어두운 측면은 존재하기에 적합하지 않은 우리 안에 있는 모든 것을 파괴한다. 그것은 쓸모없는 병든 가지를 잘라내고 그것을 불에 던지는 농부처럼 단호하며, 우리 안에 있는 창조적 과정을 방해하는 성격, 자아중심성 그리고 무의식성의 모든 요소를 찾아내서 파괴하는 무의식의 능력과 비교된다. 그러나 이런 하나님의 어두운 측면은 악한 것이 아니다. 왜냐하면 그것은 궁극적으로 창조적 목적에 이바지하기 때문이다. 하나님의 어두운 측면은 존재하기에 적합하지 않은 것을 파괴하며, 반면에 악은 건강하고 온전한 것을 파괴하려고 한다. 하나님의 어두운 측면 때문에 하나님은 바울에 의해 "멸망시키는 자"2로 불린다(고린도전서 10:10). 그러므로 하나님은 거룩한 두려움을 지니고 있는, 두려워해야 할 존재다. 그러나 하나님은 우리가 악을 두려워하는 것처럼 두려워해야 할 존재가 아니다. 왜냐하면 하나님이 다만 영혼에 어울리지 않는 것만을 파괴하는 반면, 악은 영혼을 파괴할 힘을 가지고 있기 때문이다.3

이런 이유로, 우리는 우리 안에서 계속되는 살아있는 과정을 소중히 여겨야 한다. 선한 정원사가 정원의 흙을 경작하고 식물을 돌보는 것처럼, 우리도 영혼의 흙을 경작하고 내면의 삶을 돌보아야 한다. 우리가 전에 **데라퓨오**$^{therapeu\bar{o}}$[θεραπεύω]라는 단어의 세 가지 의미를 살펴보았던 것이 생각난다. 즉 그것은 치유하거나 치료하는 것, 하나님께 봉사하는 것 그리고 흙을 경작하는 것이다. 우리는 영혼의 치료에 착수하라는 요청을 받았으며, 이것은 정원사가 정원을 돌보듯이 영혼을 돌보는 것과 관련이 있다.

수세기 전에 알렉산드리아의 클레멘스는 우리가 살펴보고 있는 바로 이 구절에 대한 논평을 할 때, 영혼을 돌보는 정원사의 이런 이미지를 사용했다. 그가 말하길, 맹목적 신앙으로는 충분치 않으며, 과제는 부지런한 내면 작업을 요구하기도 한다고 한다. 그는 이렇게 말한다.

---

2 희랍어 단어는 멸망시키는 자인 올로드류테스$^{olothreut\bar{e}s}$[ὀλοθρευτής]이며 히브리서 12:27과 비교해 하라.
3 이런 구분에 대한 더 많은 논의를 보려면 내 책 *C. G. Jung and the Problem of Evil: The Strange Trial of Mr. Hyde* (Boston: Sigo Press, 1993) 제9장을 보라.

그들 스스로 천부적 재능이 있다고 생각하는 어떤 사람들은 철학이나 논리학 둘 중 하나에 손을 대고 싶어 하지 않을 뿐만 아니라, 자연과학을 배우고 싶어 하지도 않는다. 그들은 마치 그들이 원했던 것처럼 단순한 믿음만 강요하며, 포도나무에 대한 어떤 관심도 기울이지 않고, 즉시 포도나무에서 포도송이를 거두려고 한다. 말씀에 의하면, 주님은 비유적으로 농사의 수고와 기술로 열매가 거두어지는 포도나무로 묘사된다.

우리는 가지를 잘라주고, 땅을 파고, 묶어주며, 다른 작업을 한다. 먹을 만한 열매를 생산할 수 있으려면, 전지용 칼과 곡괭이와 다른 농기구가 포도재배를 위해 필요할 것이다. 농사의 경우와 같이 의학도 마찬가지다. 즉 경작하고 치료할 수 있기 위해서는 목적을 가지고 다양한 것들을 배워야 하는 것이다. 따라서 여기서도, 나는 진실과 관련을 맺기 위해 모든 것을 제공해주는 사람을 진정으로 배운 사람이라고 부른다. 그러므로 그는 기하학과 음악과 문법과 철학 그 자체로부터 얻은 유용한 것을 가려내며 비난에 맞서 믿음을 지킨다.[4]

요한복음 15장의 포도나무의 상징성과 포도나무의 이미지가 다른 심리학적이고 종교적인 전통에 나오는 방식을 몇 가지 비교해 보는 것이 남아 있다. 먼저 포도나무가 정규적으로 우리의 꿈에 상징으로 나오는 것이 주목할 만하다. 여기서 그것은 나무와 거의 같은 역할을 한다. 즉 그것은 자연스럽지만, 또한 꽃을 피우거나 열매를 맺는데 이

---

[4] *The Stromata* 1.9.

르게 하는 신비로운 성장과정으로서의 개성화 과정을 나타낸다. 포도나무 역시 가끔 민담에 나온다. 가장 잘 알려진 예는 "잭과 콩나무"다. "콩나무"는 실제로 거인과 그의 부인이 살고 있으며, 잭이 결국 황금 알을 낳는 거위를 발견하게 되는 하늘까지 자라는 거대한 포도나무다. 여기서 포도나무는 한편으로 의식 세계와, 다른 한편으로 무의식에 있는 숨겨진 보물 사이를 잇는 연결 고리의 상징이다. 마찬가지로 요한복음에서 포도나무는 그리스도를 따르는 사람들의 의식意識과 그들의 활력 있는 삶의 위대한 원천인 그리스도를 연결하고 묶어주는 고리다.

융이 개성화 과정에 대한 상징의 보고寶庫로 보았던 연금술의 상징성에서 포도나무(나무와 마찬가지로)는 연금술의 증류기 안에 있는 이미지로 자주 나타나는 것으로 언급되었다. 연금술사들은 그것이 연금술의 용기容器에서 일어나는 활력 있는 변환 과정의 생명을 상징했기 때문에 그것이 자라서 꽃을 피울 수 있는 포도나무의 이미지에 대해 명상하고 기도하도록 촉구했다. 융은 이런 포도나무의 연금술적인 이미지가 결국 개성화 작업의 성공에 대한 상징으로서의 열매 맺는 나무에 대한 널리 퍼져있는 구비설화에 속하는, 요한복음 15장의 포도나무로서의 그리스도의 이미지에 영향을 받았다고 믿었다.[5]

그러나 가장 두드러진 비교는 고대 그리스의 디오니소스 종교에 나오는 나무의 상징에서 발견된다. 디오니소스는 그리스의 포도주와 황홀경의 신이었으며, 그의 예배는 결국 예배하는 자에게 변환과 불

---

[5] 융의 『전집 13권』에 들어 있는 "철학의 나무The Philosophical Tree"를 보라.

멸을 제공해준 신비의식으로 진화했다. 포도나무는 포도의 중요성 때문에 디오니소스 의식에서 중요한 상징이었으며, 머지않아 신비로운 의미를 갖게 되었다. 디오니소스는, 디오니소스와 술 취함 사이의 관계 때문에 기독교 세계에서 의심스러운 평판을 얻게 되었다. 그러나 디오니소스의 본질은 그 단어의 근원적 의미에서 볼 때, 저속한(천한) 술 취함이 아니라 황홀경이었다. "황홀경"이란 단어는 자신과 거리를 두는 것, 혹은 자신을 넘어서 있는 것을 의미하는 희랍어 단어 **엑스타시스** *extasis*[ἔκστασις]에서 비롯된 것이다. 황홀경의 순간을 인식하는 것은 자아에게 아주 중요하다. 그렇지 않으면 자아는 "자아라는 상자"에 제한되고 갇히게 된다. 이 자아라는 상자는 다만 삶에 대한 합리적 태도에 의해 그리고 정보와 자극에 대한 감각 인상에 전적으로 의지함으로써 만들어진 것이다. 이런 일이 일어날 때, 그 사람은 그 이점을 가지고 있는 합리적이고 감각적이고 사실적이지만, 이것이 영혼에 대해 열려진 유일한 경험이라면, 그것은 결국 참을 수 없게 되는 정신 상태에 이르게 된다. 그때 영혼은 감옥이 되었던 것에서 벗어나고 신과 융합되기를 갈망한다. 이처럼 "자신에서 벗어나는 것"이 **엑스타시스** 혹은 황홀경이며, 이것에 도달하기 위한 건강한 방식을 발견하는 것이 영혼의 활력과 깨달음에 중요하다. 이런 디오니소스 의식이 그 추종자들에게 행해졌다.

동시에 그것은 사람들이 진정한 황홀경을 발견하는데 도움을 주기 위한, 즉 사람이 당분간 우리가 대부분 한정되어 있는 보통의 경계와 구조를 떠날 수 있는 방식을 제공하기 위한 종교의 주된 기능 중 하나였다. 그래서 우리는 황홀경을 통해 우리 안에 있는 창조력과, 변환시키고 생기를 불어넣어주는 관계를 발견할 수 있다. 그러나 오늘날 우리의 종교에 대한 많은 표현은 우리 시대의 합리적·물질적·도덕적 태도에 압도당해서, 그 추종자들에게 영혼을 위한 황홀한 해방감이라고 할 만한 것을 거의 제공하지 못한다. 그러나 영적 황홀경에 대한 영혼의 의식되지 못한 요구가 남아 있으며, 상당히 많은 알코올 중독, 마약 중독, 성 중독이 그 결과일 수 있다. 소위 의식을 변환시키는 이런 약물의 섭취에 더해서 우리는 자아가 이와 같은 다양한 방법을 통해 일시적 해방감을 얻을 수 있을지도 모르지만, 그것은 끔찍한 대가를 지불해야 한다는 것을 알 수 있다. 왜냐하면 황홀경을 얻는 이런 방법은 의식의 발달이 아니라, 그 반대로 의식의 저하에 이르게 하기 때문이다. 진정한 황홀경은 우리가 언급해 본 대로, 하나님과의 합일을 통해 발견될 수 있고, 이것이 기독교인들에게는 그리스도와의 합일을 통해 가능해지며, 이런 합일은 모든 진정한 신비로운 노력의 실질적 목표다. "진정한 디오니소스"로서의 그리스도는 그의 추종자들이 좁은 "복종의 윤리"(베르쟈예프의 용어로)를 초월하여, "창조성의 윤리"로 발을 들여놓을 수 있게 해 주었다. 심리학적 용어로 표현하면, 그리스도와의 합일에서 우리는 더 이상 자아의 한계에 갇혀 살지 않고, 오히려 내면의 중심이라는 끊임없는 창조성과 관계를 갖게 된다.

요한복음이 보여주는 원래의 기독교에서 그리스도는 영혼에게 황홀경을 통해 하나님에 대한 더 높은 지식에 이르는 길을 제시했다. 이런 이유로, 초기교회에서 그리스도에 대한 예배는 "비의Mysteries"의 축하를 통한 것이었다. 그리스도 자신은 우리가 이미 살펴본 대로. 다만 직접적이고 개인적인 경험을 통해서만 얻을 수 있는 지식에 이르는 길인, **미스테리온**이라는 의미의 신비였다. 예배자는 신비스럽게 그리스도의 죽음과 부활에 참여함으로써, 그리고 포도나무에 붙어 있는 가지로서 그리스도의 생명에 접목됨으로써, 황홀경을 통해 하나님에 대한 지식에 도달했다. 이런 경험에서 낡고 지치고 완고한 자아가 해소되고, 내면으로부터 창조력이 고조됨으로써 새로운 자아가 형성될 수 있다.

그리스도와 디오니소스 사이에 직접적인 관계는 없지만, 그들이 상징하는 것과 관련하여 그 둘 사이에는 어떤 유사성이 있다. 이런 유사성은 십자가상에서의 그의 승리를 통해 제한시키는 이 세상의 통치자들과 권력자들의 무장을 해제시켰을 때, 그리스도의 개선 행진에 대해 언급하기 위해 특별한 희랍어 단어를 사용하고 있는 신약성서에 나온다. 그래서 우리는 골로새서 2:14-15에서 이런 말씀을 접하게 된다.

> 하나님께서는 우리에게 불리한 조문들이 들어 있는 빚 문서를 지워 버리시고, 그것을 십자가에 못 박으셔서, 우리 가운데서 제거해버리셨습니다. 그리고 모든 통치자들과 권력자들의 무장을 해제시키시고, 그들을 그리스도의 개선 행진에 포로로 내세우셔서, 뭇 사람의 구경거리로 삼으셨습니다. [표준새번역]

그리고 고린도후서 2:14는 이렇게 되어 있다.

그리스도의 개선 행렬에 언제나 우리를 참가시키시고, 그리스도를 아는 지식의 향기를 어디에서나 우리를 통해 풍기게 하시는 하나님께 감사를 드립니다. [표준새번역]

이 두 구절에서 핵심 단어는 "승리를 축하하다"를 의미하는 희랍어 단어 **스리암뷰오** *thriambeuō* [θριαμβεύω]다. 이 단어는 적을 쳐부수고 나서 이제 비참하게 쇠사슬에 묶여 그를 따르는, 그가 쳐부순 적들을 데리고 위풍당당하게 거리 행진을 하는 장군과 관련하여 사용된 것이다. 그것은 또한 죽음을 이기고 승리했기 때문에 축제 행렬에서 그의 추종자들을 이끌고 있는 디오니소스의 개선행진을 묘사하기 위해 그리스 사람들에 의해 사용된 것이다.

오리게네스로부터 비롯된 다음 구절은 포도나무의 강력한 상징성에 대해 우리가 살펴보았던 것을 많이 압축해서 보여준다. 이 구절에서 오리게네스는 빵으로서의 그리스도의 이미지를 포도나무로서의 그리스도의 이미지와 비교하며 이렇게 말한다.

사람들이 말한 것에 어떻게 아들이 참 포도나무인지가 추가되어야 한다. "사람의 마음을 즐겁게 하는 포도주"(시편 104;15)라고 말하는 예언적 은총을 가치 있는 태도로 이해하는 사람들은 이것을 이해하는데 어려움이 없을 것이다. 왜냐하면 만일 마음이 지적(즉 영적) 요소요, 모든 것 중에서 우리를 인간적인 것들에서 벗어나게 하고, 우리가 스스로 영감을 받았다고 느끼게 만들고, 내 생각에 요셉이 자신의 형제들을 즐겁게 했던, 비합리적인 것이 아니라, 신적인 것에 취하게 하는 것을 마시는 모든 것 중에서 가장 즐거운 것이 말씀이라면, 그때 그것은 어떻게 인간의 마음을 즐겁게 하려고 포도주를 가져다주는 그분이 참 포도나무임이 매우 분명하기 때문이다. 그는 그가 맺는 포도가 진리이기 때문에 참 포도나무이고, 제자들은 가지이며, 그들은 또한 그들의 열매인 진리를 생산한다. 포도나무와 빵의 차이를 보여주는 것은 다소 어렵다. 왜냐하면 그분이 포도나무일 뿐만 아니라, 생명의 빵이기도 하다고 말씀하기 때문이다. 빵은 영양분을 공급하고 강하게 하고 인간의 마음을 강화해준다고 말할 수도 있을지 모르지만, 그와 반대로 포도주는 그를 즐겁게 해주고, 기쁘게 해주고, 그의 감정을 누그러지게 해준다. 따라서 그런 것을 가르쳐주고 실행하게 해주며, 그에게 생명을 가져다주는 윤리학은 생명의 빵이지만, 포도나무의 열매라고 제대로 불릴 수 없다. 마음을 기쁘게 해주고, 그런 것을 섭취하는 사람에게 영감을 받게 해주고, 영양분을 공급해줄 뿐만 아니라 행복하게 해주기도 하는, 주님을 즐거워하는 사람들에게 영감을 주는, 은밀하고 신비로운 생각이긴 하지만, 그 생각이 그것으로부터 흘러나오기 때문에 참 포도나무의 주스라고 불린다.[6]

---

[6] *Commentary on John* 33.

제27장

보다 깊은 신비
보혜사의 도래
요한복음 16:5-33

요한복음 16:5는 그가 제자들에게 "보혜사"를 보낼 것이라는 예수의 선포와 함께 시작된다. 그는 그들에게 그가 그들과 함께 있었기 때문에 이것이 전에 필요하지 않았다고 말하지만, 이제 그가 아버지께로 가기 때문에 보혜사가 올 것이라고 말한다. 그러나 이 보혜사의 도래는 단순히 예수를 대신하는 것이 아니다. 왜냐하면 그것이 보혜사가 올 것이라는 것을 의미하기에, 우리가 16:7에서 발견하는 대로, 예수가 떠나는 것이 제자들에게 확실히 유익하기 때문이다. 이것이 제자들에게 긍정적 단계라는 것을 우리가 곧 고려해 보겠지만, 우선 우리는 이런 신비로운 보혜사가 무엇인지 살펴볼 필요가 있다.

희랍어에서 "보혜사"라는 단어는 파라클레토스 *paraklētos* [παράκλητος]다. 이 단어의 본질적 의미는 "다른 이를 지원하기 위해 부름을 받거나 보냄을 받은 자"다. 이것으로부터 변호인 혹은 상담자라는 의미가 비롯된다. 우리는 사탄이 그를 고소하며, 여호수아의 오른쪽에 서 있는 스가랴서 3장에 나오는 이야기를 상기하게 되지만, 주님의 천사는 여호수아의 편을 들며, 여호수아에게서 더러운 옷을 벗기고 새 옷을 입히며, 그의 죄가 없어졌고, 사탄의 권세를 무효화하여 그 옆에 서 있다는 것을 선언한다. 그런 식으로 보혜사는 우리가 악의 세력에 맞설 수 있게 해주고, 우리의 대의를 변호해 주며, 우리 옆에 서 있다.

요한복음의 다른 곳에서 보혜사는 우리의 선생으로 묘사되었다(요한복음 14:26). 선생은 우리의 지식과 의식이 성장하는 편에 서 있다. 좋은 선생은 알기를 원하는 모든 사람들의 친구이며, 우리가 우리의 무지뿐만 아니라, 부족한 느낌과 좌절감도 극복하도록 돕는 자다. 15:26에서 보혜사는 그리스도를 위해 증언할 영으로 묘사되기도 했다. 따라서 보혜사는 그리스도에 이르는 길을 가르쳐 준다. 만일 그리스도가 구원에 이르는 길(요한복음 14:6)이라면, 보혜사는 우리에게 그 길을 찾는 길을 보여주며 그 존재를 증언해주는 분이다.

그러나 무엇보다도 보혜사는 진리의 영(요한복음 14:16, 15:26, 16:7)이며, 일종의 "환영幻影의 무의식성" 속에서 살고 있고 **진정한** 세계를 모르는 "이 세상"에 역행하는 자이기도 하다. 진리의 영인 보혜사는 우리를 "완전한 진리"로 인도할 것이다. 여기서 그것이 성서가 말하는 일반적 진리가 아니라, **바로 그 진리**the truth라는 것을 주목하라. 보혜사는 **바로 그 진리의 바로 그 영**the Spirit of the Truth(**토 프뉴마 테스 알레데이아스**to pneuma tēs alētheias[τὸ πνεῦμα τῆς ἀληθείας])다. 독자는 **알레데이아**alētheia가 본질적 진리를 의미하며, 이 관사의 존재가 진리 그 자체의 본질과 관련되어 있음을 나타낸다는 것을 기억할 것이다. "인도할 것이다"라는 단어가 인도하다 혹은 으뜸이 된다는 의미의 희

랍어 단어(헤게오마이|hēgeomai[ἡγέομαι])뿐만 아니라, 호도스hodos로 이루어진 희랍어 단어 호데게오hodēgeō[ὁδηγέω]라는 것이 흥미롭기도 하다. (우리는 이미 요한복음 14:6에서 호도스라는 단어를 접해 보았다.) 따라서 보혜사는 우리를 길the Way, 그리고 거짓의 영인 악마와 대조되는 위치에 있는, 진리를 완성하는 인도자로서의 그리스도에게로 인도하는 영이다. 그때 보혜사가 바로 그 영the Spirit일뿐만 아니라, 거룩한 영the Holy Spirit이기도 하다는 것은 당연하다.

성령의 기능은 심리학적으로 인식가능하다. 즉 진리가 승리하거나 승리하고자 하는 곳에는 어디에나 성령이 존재한다는 것이다. 우리가 종종 그것을 인식하지 못한다 하더라도 우리 안에 작용하고 있는 실재가 있으며, 그것은 우리에게 진리, 즉 우리의 세계에 대한 진리, 우리 자신에 대한 진리, 하나님과 삶의 목적에 대한 진리를 가지다 주려고 한다. 그것은 실제로 인간의 정신 안에 있는 요소처럼 보이기도 하는, 악에 대한 원형적인 경향, 즉 자아중심적인 자아의 측면이 지니고 있는 악에 대한 경향의 대극이다. 우리의 정신 안에 있는 에너지의 이런 양극성은 우리가 그 둘을 모두 섬길 수 없는, 마태복음 6:24의 두 주인과 같은 것이다.

그러므로 사악한 비밀을 밝히는 것은 성령이다. 어떤 사람이나 어떤 집단이 도덕적인 어둠의 상황을 숨기는 것이 극히 어렵다는 것은 심리학적 사실이다. 조만간 진리는 드러나게 될 것이다. 왜냐하면 사악한 비밀은 강력한 정신력에 의해 알려지게 될 것이기 때문이다. 사악한 비밀이 결코 다른 사람들에 의해 드러나지 않는다고 해도, 그것이 드러나지 않게 하려면 많은 정신적 에너지가 필요하다. 반면에, 거룩한 비밀은 간직될 수 있다. 왜냐하면 사악한 비밀을 의식하게 만드는 동일한 진리의 영이 거룩한 비밀을 간직하도록 우리를 돕기 때문이다.

사악한 비밀의 한 예는 범죄, 혹은 우리의 아내나 남편과의 관계를 손상시키는 사회통념에 어긋나는 연애, 혹은 어떤 종류의 자아중심적인 음모일 것이다. 그러나 우리가 2차 세계대전 시기에 살았으며, 자유의 전사들의 신원을 알았다고 상상해 보자. 그것 역시 비밀이겠지만, 그것은 거룩한 비밀이며, 진리의 영은 그것이 일반적으로 인식되도록 만들기 보다는 우리가 그것을 간직하도록 도울 것이다.

성령은 또한 우리가 꾸는 꿈을 보내는 분이라고 볼 수 있다. 꿈의 특유한 기능은 우리에게 우리의 내적 상황을 있는 그대로 정확하게 보여주는 것이다. 프로이트는 본래 꿈이 표면 아래에 있는 진실을 가장한다고 생각했지만, 실제로는 그 정반대다. 만일 우리가 무서운 꿈을 꾼, 예컨대 어두운 세력이나 무서운 사람이 나타나는 꿈을 꾼다면, 우리는 이것이 우리 자신에 대한 진정한 일부임을 인정해야만 하다. 혹 우리가 격려와 힘으로 가득 찬 꿈을 꾼다면, 우리는 이것이 또한 우리의 내적 진실의 일부임을 알 필요가 있다. 이것은 꿈의 분석이 적절하게 이루어질 때, 정신치료와 영적 지도 모두에 매우 가치 있는 것이 될 수 있는 이유다.

동시성 현상 또한 성령에 의한 것으로 볼 수 있다. 동시성은 겉보기에 이질적인 사건들의 의미 있는 일치다. 서로 직접적인 관련이 없는 것처럼 보이는 사건 A와 사건 B가, 그럼에도 불구하고 그 둘이 모두 동일한 정신적 혹은 원형적 의미에 관여되어 있다면 무의식을 통해 관련될 수 있다. 따라서 나중에 우리의 삶에 중요하다고 입증되는 누군가와의 만남이 우연하게 표면에 나타날 수도 있지만, 보다 깊은 관점에서 볼 때, 나중에 서로에게 매우 큰 가치가 있고 중요하다고 입증되는 두 사람의 만남이 동시성을 통해 작동되는 성령에 의해 인도된 것으로 볼 수 있다.

우리는 이제 요한복음 16장에서 그리스도가 떠나서 다시 돌아온다는 것을 중요하게 강조하는 것으로 돌아가 본다. 예수는 16:1-7에서 그가 떠났다가 제자들에게 다시 돌아온다고 말하고 있고, 다시 16:20-21에서 우선 그가 떠나는 것이 제자들에게는 슬픈 일이겠지만, 그들의 슬픔이 곧 기쁨으로 변할 것임을 분명히 하고 있다. 21절에는 이런 경험의 깊이가 처음에 고통스러워 하지만, 해산할 때가 와서 아이가 세상에 태어나면 크게 기뻐하는, 아이를 낳는 여자에 대한 아름다운 이미지로 표현되어 있다. 이것은 심리학적으로 중요한 이미지다. 왜냐하면 개성화 과정은 내적인 아이를 낳는 것에 비유될 수 있기 때문이다. 실제로 그것은 종종 꿈에 신비로운 여자가 임신을 하는 꿈, 혹은 놀라운 아이가 마침내 태어나는 꿈에 그렇게 묘사된다.

프리츠 쿤켈은 요한복음의 이 부분에 대해 흥미로운 관점을 가지고 있다. 만일 예수가 제자들을 떠나지 않았다면, 그는 그들이 우상숭배 상태에 남아 있었을 것이라고 말한다. 당신은 쿤켈이 우상숭배를 중심이 다른 사람에게 투사될 때 일어나는 것으로 간주했다는 것을 기억할 것이다. 예수가 그들과 함께 있는 한, 제자들은 중심을 그에게 투사했을 수 있지만, 예수가 그들을 떠났을 때, 그들은 중심을 그들 자신 안에서 발견해야만 했다. 종교적 용어로 표현하면, 그리스도가 몸으로 그들과 함께 있는 한, 제자들은 더 큰 신비, 즉 그들 안에 있는 성령이 그들을 영혼 안에 살고 있는 그리스도로 인도해 줄 것이며, 그로부터 그들이 결코 분리될 수 없다는 것을 발견하지 못했을 것이다. 그리스도가 십자가에서 처형되고 그들을 떠났을 때 제자들이 견뎌내야만 했던 고난과 고통은, 쿤켈이 믿기에 그들의 의식이 성장하는데 절대적으로 필수적인 부분이었다.

우리는 이것과 같은 일이 종종 정신치료 혹은 영적 지도에 나타난다는 것을 지적할 수 있다. 내담자가 처음 치료받으러 올 때, 그는 자주 중심을 치료자에게 투사한다. 전에 살펴본 대로, 이것은 전이의 일부가 된다. 그러나 결국 이런 투사는 내담자가 중심을 그 자신 안에서 발견할 수 있도록 철회되어야 한다. 치료자는 대개 의식적으로 그리고 무의식적으로 이런 변화를 돕는다. 의식적으로 치료자는 치료의 적절한 시점에 자신이 중심이 아니라는 것을 분명히 하려고 노력한다. 무의식적으로 치료자는 실수를 할 수도 있고, 아니면 고통스럽게 자신의 무의식성의 범위를 드러내기도 한다. 내담자는 그때 이 치료자가 결국 그저 인간이며, 진정한 중심이 자신 안에 있다는 것을 인식할 수도 있다.

그들의 주님의 육체적 실존의 죽음과 다가오는 십자가 처형은 입문의 두 번째 단계를 이루고 있다. 이전 장에서 우리는 기독교적 입문

세 단계를 언급해 보았으며, 주임사제 알란 존스가 의미 있는 위기라고 불렀던 첫 단계를 묘사해 보았다. 그리스도의 죽음은 존스 주임사제가 배반의 위기라고 불렀던 두 번째 단계를 배정한다. 물론 그것이 다만 배반으로 보일 뿐이지 진정한 배반은 아니지만, 제자들은 그들이 예수로부터 그들의 투사를 철회하고 내면에 있는 진정한 그리스도를 발견함으로써 그들 자신에게로 되돌아가기 위해서는 그 배반이 현실적인 것처럼 그 경험을 해야 한다. 제자들이 아직 그들의 두 번째 발달 단계에 입문하지 못했다는 사실은 "지금까지는 너희가 아무것도 내 이름으로 구하지 않았다."(16:24)는 말씀을 통해 알게 된다. 이 구절에 대한 일반적인 해석은 그가 아직 영광을 받지 않았기 때문에 제자들이 아직 예수의 이름으로 기도하지 않았다는 것이지만, 가능한 다른 의미는 그들의 자아중심성이 아직 없어지지 않았기 때문에 아직 그리스도의 이름으로 기도하지 않았다는 것이다. 이런 일이 일어나려면 입문의 두 번째 단계가 필요하며, 그때 그들의 기도의 강도가 깊어질 수 있다.

요한복음 16장과 기독교의 삼위일체 교리의 관계에 대한 논평이 여전히 남아 있다. 하나님의 삼위일체적인 본질에 대한 교리 같은 것이 신약성서에서 발견되지 않지만, 그것의 요소가 거기에 있으며, 요한복음 16장이 좋은 예다. 왜냐하면 여기서 우리는 성부, 성자(그리스도) 그리고 성령으로서의 하나님에 대한 언급을 발견하기 때문이다. 그런 성서 본문과 기독교적 신비 경험과 성찰로부터 중심적인 기독교 교리, 즉 삼위일체 교리가 생겼다. 이 교리에서 성부, 성자 그리고 성령은 세 "위격"(**프로소폰**_prosōpon_[πρόσωπον])으로 간주되었지만, 이런 위격은 각각 전체적인 신성神性이기도 하다. 세 위격은 각각 신성의 어떤 부분이나 특정한 현현을 나타내는 것이 아니라, 오히려 각 위격은 전체적인 신성이다. 세 위격과 각 위격 그리고 통일체로서의 신성과의 관계는 삼위일체의 기독교적 **신비**_mystērion_를 이루고 있었으며, 초기교회의 가장 위대한 인물이 해결하려고 열심히 노력했던 신학적인 수수께끼였다. 이런 세 위격이 또한 어떻게 하나의 "존재Being"(**우시아**_ousia_)를 이루고 있을 수 있는가? 각 위격이 뚜렷이 구별되었지만, 그들은 통일성을 이루고 있었을 뿐만 아니라, 각기 하나님의 충만함을 표현하기도 했다는 것을 보여주어야만 했다.

하나님의 삼위일체적인 본질을 입증할 수 있으려면, 기독교의 계시와 유대교의 보다 단순한 유일신론을 구분할 수 있어야 한다. 반면에, 하나님의 통일성은 신성에서 나오는 많은 "이온aeons"이 기독교인들에게 형이상학적으로 가장된 다른 많은 "신들"과 같았던, 기독교와 고대 세계에 아주 많았던 다신론적인 종교들 사이를, 또한 기독교와 영지주의 사이를 구분하기 위한 것이었다. 그러나 신학적 위험은 도처에 놓여 있었다. 즉 세 위격을 지나치게 구분하게 되면, 삼신론의 위험에 떨어지거나 삼위일체의 한 위격이 다른 위격에 부득이 종속될 수밖에 없었다. 반면에, 조심스럽게 구분하기 시작하면 삼위일체의 신비를 부정하게 되었다. 예를 들어 만일 성부가 다른 것에 의해 창조되지 않았으며, 영원한 존재이지만, 성자가 창조되었다고 말하면, 그때 성자는 성부보다 열등한 존재가 된다. 이것은 그리스도가 성부와 동일한 본질이 아니라, 말하자면 신성으로 "승격되었다"고 한 아리우스주의Arianism라는 이단에 이르게 된다.

　기독교의 삼위일체 교리의 복잡한 내용에 대해, 혹은 그것으로부터 생긴 교리적 논쟁에 대해 자세하게 살펴보는 것은 이 책의 범위를 벗어나는 것일 것이다. 초기교회, 특히 동방교회의 신학적 사고방식이 현대의 사고방식으로는 거의 이해할 수 없는 것처럼 보일 정도로 고대인의 마음을 사로잡았다고 말하는 것으로 충분할 것이다. 오늘날 대부분의 사람들은 삼위일체에 대한 고대의 주장을 고루한 궤변으로 간주하며, 삼위일체 관념을 다만 주로 오늘날 기독교 회중에게 알려지지 않은, 현대인에게 아주 많은 신학적 공룡[거대해 다루기 힘든 것.—옮긴이]과 같은 인상을 주는 "아주 오래된" 신조(니케아 신조와 같은)로 존중할 뿐이다.1

　그러나 특히 동방교회의 초기 기독교인들에게 삼위일체의 본질은 매력적이었을 뿐만 아니라, 실질적인 영향을 주기도 한 것은 사실이다. 우리는 이미 초기 기독교에서 영혼의 신화神化 관념의 중요성에 대해 말한 바 있고, 하나님의 말씀Logos이 인간성 안에서 그리스도로 성육신됨으로써, 그 타락하고 부패한 상태로부터 인간성을 되찾게 되었다는 사실이 없으면 이것이 이루어질 수 없었다는 것을 살펴보았다. 만일 이 말씀이 전적이고 참된 하나님이 아니었다면, 그때 인간성에 대한 이런 구속救贖이 일어나지 않았을 것이고, 결과적으로 신화神化

---

1 주된 예외는 삼위일체가 아직도 하나님의 중요한 이미지이고, 그것의 신화神化 이론에 필수적인 동방 정교회의 신비주의다.

도 가능하지 않았을 것이다.

마찬가지로 성령이 신성 그 자체도 아니었다면, 그때 신화의 과정은 중단되었을 것이고, 따라서 성령이 성부와 성자로부터가 아니라 성부로부터만 나온다는 동방교회의 생각도 중요시되지 않았을 것이다. 그러므로 삼위일체의 관념 배후에는 어떻게 인간성이 변할 수 있고, 새로워질 수 있고, 구원될 수 있고, 그 궁극적인 목적지에 이를 수 있는가 하는 실질적 문제가 놓여있다. 더욱이 기독교의 삼위일체는 영혼이 항상 그 신화神化와 하나님과의 궁극적 합일에까지 이르게 하는 신비스런 관상의 대상이었다. 삼위일체의 충만한 신비는 철학적 성찰 혹은 합리적 사고로 도달된 것이 아니라, 황홀한 신비경험과 변환경험의 계시로 받아들여졌다. 거기에는 또한 삼위일체의 원형이 인간의 정신 안에 있었다는 초기교회의 관념이 있었다. 예를 들어 니사의 그레고리우스는 인간이 영혼(프시케 psyche), 말씀(로고스 logos) 그리고 이성(누스 nous) 안에서 구현된 삼위일체적인 본질을 가지고 있었다고 주장했다. 그레고리우스는 인간의 정신 안에 있는 이런 삼위일체로부터 삼위일체 하나님의 본질이 추론될 수 있었다고 믿었다.[2]

삼위일체 교리가 지니고 있는 어려움은 그것이 실제로 그 주장을 이해할 수 있는 사람들이 거의 없는, 그러한 난해한 신학적 주장과 관련되어 있다는 것이다. 거기에는 심지어 이슬람이 북아프리카와 동쪽의 지중해 세계의 일부에서 기독교를 대체했던 하나의 주된 이유라고 믿을만한 어떤 이유가 있다. 즉 기독교에 비해 이슬람의 단순성이

---

[2] 그의 논문 *On the Soul and Resurrection*을 보라.

많은 사람들에게 매력적이 있으며, 기독교인들 사이의 신학적 분열이 이슬람의 종교적 열정에 직면하여 약화되었던 것이다.

19세기경 대부분의 기독교인들은 니케야 신조를 암송함으로써 삼위일체 관념을 존중하긴 했지만, 그것의 복잡한 신학적 의미에 대한 이해가 거의 없거나 아예 없었으며, 그 문제를 훈련받은 신학자들에게 남겨두고 그것을 이해하려는 노력을 포기했다. 우리가 전에 살펴본 대로, 이것은 C. G. 융이 그의 삶의 초기에 교회에 등을 돌린 주된 이유로 판명되었다. 그의 자서전 『회상, 꿈, 사상』에서 젊은 융이 이 신비로운 삼위일체 교리가 흥미로웠고, 그것을 이해하기를 원했기 때문에 성직자인 아버지로부터 받게 될 입교식 교육을 그가 얼마나 간절히 기다렸는지 융은 우리에게 말한다. 그러나 지적인 거인이 아니었던 그의 아버지는 그것이 이해될 수 없고 의심하지 않고 받아들여야 하는 대단한 신비라고 말하며 그 문제를 빨리 묵살하고 말았다. 그것은 융으로 하여금 바로 그 시점에서 교회를 떠나게 만들었다. 왜냐하면 어떤 것을 알았든지 몰랐었는지 간에, 그리고 몰랐다고 하더라도 그것을 "의심하지 않고" 그것을 믿어서는 안 된다는 것을 융이 믿었기 때문이다.

아마 그것은 그의 아버지와 교회에 대해 융에게 실망을 안겨주었으며, 그의 인생 대부분에 걸쳐 명백했던 숫자 3에 대한 어떤 편견을 그에게 주었을 것이다. 융은 그것의 상징적 가치에 관심을 두었던 한에 있어서, 숫자 3을 일종의 훼손된 숫자 4에 불과한 것으로 간주했었던 것 같다. 융에게 있어서 숫자 4는 사위성의 숫자였으므로 전체성의 숫자였다. 4는 사각형의 네 모서리처럼 뭔가 전체를 포함하고 있었지만, 숫자 3은 부족한 것으로 믿었다. 그래서 그것이 삼위일체에 이르렀을 때, 융은 그것이 하나님의 전체성의 표현으로 부족한 것이라고 믿었다. 융은 기독교의 삼위일체적인 신-이미지에 빠져 있는 것이 여성적인 것이라고 믿었으며, 아니면 그는 그것이 악의 원리라고 말했다. 숫자 4 대신에 숫자 3에 관련된 그것의 신 이미지에 근거하여, 융은 기독교가 없어서는 안 될 요소를 배제시켰기 때문에 자기Self의 완전한 상징을 나타내는데 실패했다고 믿었다.

그러나 요한복음에 관한 한, 하나님의 여러 위격은 남성적인 것도 여성적인 것도 아니었으며, 오히려 그들이 남성적인 것과 여성적인 것을 모두 포함하고 있었다고 말할 수 있다. 예컨대 성령은 중성이다. 다시 말해 희랍어로 성령hagion pneuma[ἅγιον πνευμα]은 중성 관사를 지니고 있다. 우리가 전에 살펴본 대로, 성부는 성적인 명칭이 아니라 창조되지 않았고, 전적으로 초월적이고 초월자로서의 하나님의 본질에는 성적인 구분이 없는 것으로 명시되었다. 우리가 살펴본 대로, 성자는 초기교회의 정신에서 여성적인 명칭을 지니고 있는 소피아 혹은 신적인 지혜와 같은 하나님의 말씀Logos이다. 따라서 그것은 신적인 본질의 삼위일체적인 묘사가 단지 남성적 요소를 선호하고 있고, 여성적인 것을 무시하고 있다고 말하는 것은 정확한 것이 아니다. 더욱이 앞서 살펴본 대로, 기독교 신비 신학에서 하나님은 **모든** 인간적인 사고의 범주 너머에 있다. 성적인 식별에 의해 신성을 묘사하는 것은 모든 이해, 모든 묘사, 그리고 모든 개념화 너머에 있는 실재에 단지 인간적인 범주를 적용하는 것이다. 악에 대해 말하자면, 요한복음이 악의 실재를 잘 인식하고 있지만, 요한은 본질^{ousia}을 악의 탓으로 돌리지 않는다. 말하자면 악은 본질적으로 존재가 없다는 것이다. 악은 궁극적 실재가 아니라 일시적 실재다. 그러므로 그것은 우리의 인간적인 경험의 일부처럼 현실적이긴 하지만, 신성의 일부처럼 현실적인 것이 아니다.

물론 이것은 하나님이 어두운 면을 가지고 있다는 것을 부정하는 것이 아니지만, 우리가 이미 관찰해 본 대로, 악이 존재하기에 적합한 것을 파괴하고자 하는 반면, 하나님의 어두운 면은 존재하기에 적합하지 않은 것을 파괴한다.

삼위일체의 의미에 접근하는 더 나은 길은 숫자 3이 그 자신의 상징적 통합성을 갖도록 허용하는 것이다. 수비학—숫자에 대한 영적 특성과 상징적 의미를 할당하는—이 초기교회에서 아주 중요했으며, 사실상 성서에서는 모든 숫자가 산술적 의미는 물론 신비로운 의미를 지니고 있는 것으로 간주되었다는 것을 서론에서 살펴본 것을 기억할 것이다. 따라서 초기 기독교인들에게 그리고 대개 성서에서 숫자 3은 단지 훼손된 4가 아니라, 그 자체의 특별한 의미와 통합성을 지니고 있었다. 다시 말해 그것은 계시의 완성이나 과정의 완성 둘 중의 하나를 상징했다.

계시와 관련하여, 그것은 대개 원형의 충분한 표현이 세 가지 측면을 지니고 있다고 말할 수 있다. 예를 들어 그리스 신화에서 여신들은 거의 언제나 세 집단(세 명의 고르곤, 세 운명의 여신, 아홉 뮤즈 등)

을 이루고 있다. 성서에서 이런 예들은 다음과 같은 것들을 포함하고 있다. 즉 창세기에서 우리는 아브라함이 처음에 이런 남자들이 실제로 천사인 줄 모르고 세 남자를 대접했다는 것을 알게 된다. 마가복음 9:5에서 변모했을 때 기념으로 초막 셋을 짓자고 제안했다. 요한계시록 16:19에서 큰 도시 바벨론이 천사에 의해 세 부분으로 갈라졌다. 이런 경험은 모두 거룩한 의미를 지니고 있는 어떤 실재, 즉 어떤 철학적 혹은 합리적 성찰을 통해서가 아닌, 계시를 통해서만, 말하자면 황홀한 신비 경험을 통해서만 알려질 수 있는 어떤 실재의 현현 혹은 계시와 관련이 되어 있다.

변화가 일어나는 숫자process number로서의 숫자 3은 훨씬 더 나주 나온다. 예를 들어 민담에서 문을 세 번 두드리면 그것이 열린다. 야구 시합에서 타자가 삼진을 당하면 아웃되고, 삼진 아웃을 당한 팀은 다른 팀에게 공격을 내어주게 된다. 성서에서 우리는 이처럼 숫자 3이 나오는 것을 알게 된다. 민수기 22장을 보면, 발람의 나귀는 발람의 눈이 열려 그의 길에 화염검을 들고 있는 천사를 보기 전에 길에서 세 번 달아난다. 요나서에서 예언자는 삼일 동안 고래 뱃속에 있게 되며, 그리스도 역시 십자가에서 처형된 후 죽음의 영역에 삼일 동안 있게 된다. 사무엘상에서 우리는 야훼가 소년 사무엘의 이름을 세 번 불렀으며, 늙은 제사장 엘리가 세 번째 부르신 후에 주님께 대답하라고 사무엘에게 명한 것을 알게 된다. 전도서에서 우리는 가장 강한 줄은 삼겹줄이라는 것을 알게 된다. 사도행전 11:1 이하에서, 바울은 황홀경 가운데서 하나님이 그를 세 번 부르시는 소리를 듣는다. 공관복음에서, 우리는 그리스도가 광야에서 사탄에게 세 번 시험을 받았으며, 겟세마네 동산에서 그가 제자들에게 그와 함께 깨어서 주시하라고 세 번 타일렀다(세 번 그렇게 한 후에 그는 그들을 단념했다)는 것을 듣게 된다. 예수가 심문을 받고 채찍질을 당하는 동안, 우리는 베드로가 주님을 세 번 부인했으며, 그때 감정을 주체하지 못하고 목 놓아 울었다는 것을 듣게 된다. 물론 그리스도는 죽은 지 삼일 만에 부활했으며, 요한복음의 마지막 장에서, 우리는 예수가 베드로에게 사랑에 대해 세 번 이야기 한 것을 발견하게 된다.

그러나 이것은 숫자 4가 무시되었다고 말하는 것이 아니다. 성서에서 그리고 초기 기독교인들에게 숫자 4는 그것이 융에게 전체성totality을 의미했던 것과 꼭 같은 것을 상징했다. 이런 이유로, 예언자 에스겔은 그 후에 계시록에 되풀이 되었던 네 가지 환영幻影을 보았으며, 이런 이유로 네 복음서가 있게 된 것이고, 이레니우스는 이 숫자가 필요했던 것은 숫자 4가 완성을 나타냈기 때문이라고 말했다.[3]

숫자 3과 숫자 4 사이에는 또한 흥미로운 관련이 있다. 예를 들어 다니엘서를 보면 불타는 용광로 속에 있던 세 사람이 신비로운 네 번째 존재와 합류한다. 계시록에는 천상의 예루살렘은 네 면으로 나 있지만, 각각에 세 개의 대문이 있다. 네 복음서는 비슷한 세 복음서(공관복음)가 있고, 네 번째 복음이라 불리는 다른 것(요한복음)을 포함하고 있다. 안디옥의 데오빌로는 창조의 첫 사흘은 삼위일체, 곧 하나님, 하나님의 말씀 그리고 하나님의 지혜를 말하는 것이었지만, 네 번

---

[3] Irenaeus, *Against Heresies* 3.11.8.

째 날은 삼위일체적인 본질이 몸, 혼 그리고 영으로 체화된 사람이었다고 말했다.4

그러므로 융이 의미했던 것처럼, 숫자 3이 가치가 없다는 것이 아니다. 오히려 두 개의 성스러운 숫자 3과 4는 서로 관련이 있다. 왜냐하면 둘을 합하면 7이 되는데, 이것은 기독교의 수비학에서 거룩한 숫자였으며, 둘을 곱하면 12가 되는데, 이것은 "큰 무리great round"였으며, 아마 모든 것 중에서 가장 거룩한 숫자였을 것이기 때문이다(예컨대 이스라엘의 12지파, 그리고 나중에 12제자).

따라서 초기 기독교인들은 숫자 3의 상징적이고 영적인 특성에 매료되었으며, 하나님의 풍부한 계시가 신적인 통일성, 즉 삼위일체의 각 구성요소에서 역설적으로, 완전히 내재되어 있는 통일성의 세 가지 표현을 필요로 했다고 믿었다. 이런 믿음이 역동적인 신비 경험이었지, 단순한 신학적인 추상적 개념이 아니었다는 것이 초기교회의 신학자요 신비가인 나지안주스의 그레고리우스의 삼위일체에 대한 다음과 같은 논평에 어느 정도 암시되어 있다.

> 내가 한 분에 대해 생각하자마자 나는 세 분의 광채에 의해 빛을 받게 되었고, 내가 그들을 구분하자마자 나는 한 분에게로 돌아오게 되었다. 내가 세 분 가운데 어떤 한 분을 생각할 때, 나는 그를 전체로 생각하게 되고, 내 눈이 충만하게 되며, 내가 생각하고 있는 것 대부분이 나에게서 벗어나게 된다. 나는 더 큰 위대함을

---

4 *Theophilus to Autolycus* 2.15.

나머지에게 돌리기 위해 그 한 분의 위대함을 파악할 수 없다. 내가 세 분을 함께 관상할 때, 나는 단 하나의 횃불을 보게 되고, 나누어지지 않은 빛을 구분하거나 측정할 수 없다.[5]

그러나 오늘날 시대가 바뀌었고, 사람들은 신비스럽기보다는 더 실질적이고 과학적이다. 따라서 그들이 영혼의 운명에 대한 실질적 결과를 믿게 되었기 때문에 초기 기독교인들을 매료시켰고, 그런 열정을 일으켰던 오래된 형이상학적 문제는 더 이상 우리의 상상력을 사로잡지 않는다. 그럼에도 불구하고, 영혼의 운명에 대한 그 쟁점을 가지고 있는 고대의 신학은 아직 정신 안에 살아 있으며, 우리의 꿈에서 숫자 3은 여전히 그 오래된, 변환시키는 의미를 전해주고 있다. 이런 것은 아마 융이 아버지가 인식했을지도 모르는, 결코 합리적으로 설명될 수 없고, 다만 영적 실재와 직접 접촉하는 사람들에게 드러날 수 있는 의미인 것이다.

---

[5] Gregory of Nazienzen, *Oratio* XL, 41; Vladimir's Lossky, *The Mystical Theology of the Eastern Church* (Crestwood, N.Y.: St. Vladimir's Seminary Press, 1976) 에서 인용. 이 책은 초기교회의 신비로운 전통을 더 탐구하고 싶은 독자에게 매우 권장된다. 그 가운데 많은 것이 아직 동방 정교회에 살아 있다.

제28장

우리가 하나 될 수 있는 것
그리스도의 제사장적 기도
요한복음 17장

요한복음 17장은 대제사장의 기도로 알려진 예수에 의한 긴 독백으로 구성되어 있다. 우리는 본문 분석부터 시작할 것이다.

1절: "영광되게 하다"로 번역된 희랍어 단어는 대개 이 본문에서 "빛나게 하다"를 의미한다. 우리는 이 기도가 아들인 그리스도에게 똑같이 부여될, 아버지의 신성력에 관한 언급으로 시작하고 있다고 말할 수 있다.

2절: 이 기도는 하나님께 속한 사람들에게 영생을 주게 하려는 것이다. 이것은 자아의 실존을 단순히 영구화하는 것과 혼동되어서는 안 되며, 다만 요한복음의 전체성과 일치하여 영생 그 자체에 참여하는 것을 의미한다. 만일 어떤 사람이 강에서 목욕을 한다면, 그 사람은 곧 강이 아니라 강에 참여하는 것이다. 따라서 충실한 사람은 영생(조엔 아이오니온 *zōēn aiōnion*[ζωὴν αἰώνιον])에 참여하게 된다. 말하자면 그것과 하나가 된다.

3절: 이런 생명의 본질적 특성은 하나님에 관한 지식에 있다. 우리가 추정할 수 있듯이, 이런 지식을 나타내는 단어는 이제 친숙해진 그 **노시스**_gnōsis_, 즉 경험으로 얻은 신비로운 지식이다. 우리가 이런 지식을 소유물처럼 가지고 있는 것이 전혀 아니라, 오히려 그것에 참여하는 것이다. 이렇게 하여 우리의 작은 인식은 하나님에 대한 **바로 그 인식**_the awareness_과 하나가 된다. 따라서 하나님을 **아는** 것은 전적으로 새로운 의식意識을 획득하는 것이다.

4절: 그리스도는 "일을 완성했다." "'완성했다'(**텔레이오오** _teleioō_ [τελειόω])로 번역된 단어는, 우리가 살펴본 대로 완성, 달성된 목적, 성취 혹은 실현을 의미하는 희랍어 단어 **텔로스**에서 비롯된 신약성서에 나오는 단어 가운데 하나다. 그것은 중요한 단어다. 왜냐하면 기독교의 관념은 우리 가운데서 하나님의 일이 그리스도에 의해 시작되었고, 인간 영혼의 신화神化 및 전 우주의 궁극적 완성에서 이루어진 과정이기 때문이다. 그것은 또한 개별적 인간의 삶을 어떤 목적이나 실현을 위해 부름을 받은 것으로 보는 개성화의 심리학에서도 중요한 단어다. 요한복음의 비전은 소위 역사의 드라마에서 이루어졌고, 처음부터 하나님의 마음속에 존재했던, 그리고 각 개인이 그 드라마에서 자신의 작은 역할을 수행하는 거대한 우주적인 계획에 대한 것이다.

5절: 이 절은 다가오는 그리스도의 십자가 처형과 부활에 대한 언급이다. 이런 사건은 매우 신성한 것이다. 마태복음에서 이런 신성력은 그리스도가 십자가에서 죽는 바로 그 순간에 지진으로 나타났다(마태복음 28:2). 성서에서 지진은 신성한 사건을 나타내는 것이고, 하나님의 권능의 활동을 알리는 것이다.[1] 이것과 관련하여, 꿈에서 지진이 개인 심리의 차원에서 비슷한 사건을 나타내는 것에 주목하는 것은 흥미로운 일이다. 즉 꿈에서 지진은 인격이 강하지 않은 모든 것을 흔들어 놓게 될 자기Self의 신성력이 나타나는 것이다. 요한이 마태복음에 의해 인용된 지진을 언급하진 않고 있지만, 두 복음서 기자들에게 그리스도의 죽음과 관련된 사건이 신성한 특성을 띠고 있는 것은 분명하다.

6절: 아버지의 이름이 알려지는 것은 그리스도를 통해 신성하고 전적으로 초월적인 아버지를 이제 알고 있는 사람들의 정신과 마음에서 의식이 크게 확장되도록 한다. 당연히 그런 확장된 의식은 그것을 소유하고 있는 사람들을 그들의 의식이 다만 "이 세상"에 의해 형성된 집단적 사고방식과 제한된 인식에서 벗어나게 해준다.

7-8절: 이제 마침내 제자들은 그리스도 안에 있는 실재가 아버지로부터 비롯된 것임을 알게 된다. 우리는 여기서 창조되고 보이는 세계가 인간의 일상적인 이해 너머에 있는 현실 세계의 표현이지만, 전적으로 새로운 의식을 생기게 하는 심오하고 내적인 실현, 신비로운 통찰에 의해 알려질 수 있는 실재의 신비로운 모형을 접하게 된다. 그리스도가 제자들에게 가르쳐 준 것은 바로 이런 이해력이며, 제자들은 그것의 작은 부분에 참여했고, 스스로 그렇게 했지만, 아직 십자가 처형과 관련된 사건을 분명히 인식하지는 못했다.

9-10절: 그리스도가 세상을 위해 기도하지 않고, 다만 작은 제자

---

[1] 예를 들어 마태복음 27:5ff, 24:7; 마가복음 13:8; 누가복음 21:11; 사도행전 16:26; 요한계시록 6:12 (또한 요한계시록의 다른 많은 곳); 그리고 히브리서 12:26을 보라.

들 집단을 위해 기도하고 있다는 것이 이상하게 보일지 모른다. 여기서 "세상"은 또 다시 "무의식성과 무지라는 이 세상"으로 이해될 수도 있다. 십자가에서 그리스도는 온 세상을 위해 죽었지만, 여기서 그의 기도는 특히 새로운 의식에 접근하고 있는 소수의 사람들, 즉 그의 제자들을 위해 드려졌다. "이 세상"에 관해 로버트 존슨은 언젠가 "세상은 일을 하기 위해 있는 것이 아니라 개별적 의식의 진보를 위한 영역을 제공해준다."[2]고 논평한 적이 있다. 강조점은 자질에 있는 것 같다. 그들의 성공을 개종자들의 수로 계산하는 현대의 많은 종교 지도자들과는 달리, 이 장에서 중요한 것은 수와 양이 아니라, 다만 개개인들 안에서 일어나는 의식의 자질이 변화하는 것이다. 물론 그것은 다만 "이 세상"의 일반적인 의식이 변화될 수 있는 개개인들의 의식의 변화를 통해서만 가능하다.

우리는 또한 9절에서 "기도하다"("나는 세상을 위해 기도하는 것이 아니다")라고 번역된 희랍어 단어의 용법에서 특이한 점을 발견한다. 여기서 그리고 또한 9:15와 9:20에서 사용된 희랍어 단어는 **에로타오** *erōtaō* [ἐρωτάω]이며, 그것은 요한복음에서 그리스도가 아버지께 기도하는 것과 관련하여 사용되었다. 제자들의 기도가 언급되었을 때, 다른 희랍어 단어(**아이테오** *aiteō* [αἰτέω])가 사용되었다. 그리스도의 기도와 제자들의 기도가 다른 단어로 사용된 것은 그리스도와 아버지와의

---

[2] *He: Understanding Masculine Psychology* (New York: HarperCollins, 1989), *She: Understanding Feminine Psychology* (New York: HarperCollins, 1989) 그리고 다른 많은 책의 저자인 Robert A. Johnson과의 사적인 대화에서.

관계와 제자들과 아버지와의 관계 사이의 질적 차이를 표현한 것일 수도 있다.

11절: "거룩하신 아버지." 우리가 이미 살펴본 대로, 여기서는 "~에서 분리하다"를 의미하는 하기오스 hagios라는 단어가 사용되었다. 따라서 아버지는 전적으로 "이 세상의 사고思考"로부터 분리되어 있다.

12절: "선택한 사람은 하나도 잃지 않았다"는 언급은, 문자 그대로의 희랍어로 하면 "멸망의 자식 외에는"(호 휘오스 테스 아폴레이아스 ho huios tēs apōleias[ὁ υἱὸς τῆς ἀπωλείας])으로 되어 있다. 따라서 흠정역과 개정 표준판에는 그렇게 번역되어 있다. 예루살렘 성서가 이 경우에 더 자세히 희랍어를 따라가지 않은 이유가 분명하지 않다. 유다에 대해 탐색하면서 우리가 이미 말한 대로, 틀림없이 유다에 대한 언급이 있을 것이다. 멸망의 자식이라는 이미지는 그리스의 아테 여신의 이미지와 비슷하다. 우리가 살펴본 대로, 아테는 인간들이 죄, 파멸, 어리석은 행동을 하도록 선동하며 땅을 떠돌아 다녔다. 그들 자신을 아테에 의해 영향을 받도록 허용한 사람들은 도덕적·정신적으로 타락하고, 결국 세속적 파멸에 이르고 말았다. 아테가 그들의 행동을 부추겼다고 하더라도, 결국 개개인이 자신의 의지를 아테에게 떠넘겨버린 것이므로 개개인들이 도덕적으로 책임이 있는 것이다. 이와 똑같은 방식으로, 요한은 악령이 그의 유도를 따르도록 인간들을 유혹하며 땅을 떠돌아다니고 있으며, 그렇게 하는 사람들은 스스로 "멸망의 자식들"이 된다고 믿는다.

13-19절: 이 절들은 한편으로 그리스도가 이제 가고 있는 전적으

로 다른 현실을 보여주고 있고, 다른 한 편으로 하나님에 대한 지식에 의해 생긴 깨달음을 거부하는 "이 세상"의 어둠과 무의식성을 나타내고 있다. 그러나 기도는 제자들이 세상에서 벗어나게 하는 것이 아니다. 앞서 살펴 본 대로, 세상은 의식이 발달할 수 있는 영역과 같은 곳이며, 영적인 일이 이루어지는 큰 장과 같은 곳이지만, 그들의 영혼이 세상에 있을 동안 "악한 자"로부터 보호를 받게 해주는 것이 기도다.

여기서 다시금 우리는 우리가 살펴본 대로, "악" 혹은 "악한 자" 둘 중의 하나를 의미할 수 있지만, 언제나 악을 영적 세력 혹은 대리자로 언급하는 **포네로스**poneros[πονηρός]라는 단어 앞에 나오는 희랍어 정관사를 접하게 된다. 따라서 그리스도는 병, 어려움, 유혹 등으로부터 제자들을 지켜달라는 것을 포함될 수 있는, 대개 악으로부터 지켜달라고 하나님께 기도하는 것이 아니라, 영혼을 파괴할 수 있는 치명적인 악령에게서 그들을 지켜달라고 하나님께 기도하고 있다. 마찬가지로 기도는 그들이 대개 진리로 거룩하게 되도록 (문자 그대로는 "떼어놓다") 하는 것이 아니라, **로고스** 혹은 하나님의 말씀에서 비롯된 **바로 그** 진리the truth로 거룩하게 되도록 하는 것이다.

20절: 이 절은 제자들의 말(**로고스**logos)을 통해 그리스도를 믿게 될 아직 눈에 보이지 않는 많은 사람들에 대한 언급이다. 제자들의 의식이 증대됨에 따라, 그들은 다른 사람들에게 영향을 주게 된다. 다른 사람들에게 영향을 주게 될 것은 제자들의 일상적인 말이 아니라, 그들의 **로고스**, 즉 그들의 정신과 이해력이다. 행동—지향적인 우리 문화에서 실제로 다른 사람들의 마음과 정신을 변화시키는 것이 행동

그 자체가 아니라, 오로지 계몽된 의식을 가지고 있는 사람들에게서 나오는 행동이라고 믿는 것은 어려운 일이다.

21-23절: 이 절들은 하나가 되는 관념 혹은 이미지에 집중되어 있다. 그 표현이 대단히 신비스럽다. 제자들은 아버지와 아들이 서로 관통하고 서로 하나이듯이, 아버지와 아들 안에서 하나가 된다. 이런 신비로운 상호침투는 또한 완전히 하나가 될 제자들 스스로에게 까지 연장된다. 왜냐하면 아버지가 아들 안에 있듯이, 아들도 그들 안에 있을 것이기 때문이다(23절). 세상에 사는 사람들의 일상적인 의식을 감동시켜서 믿게 할 것은 이런 하나 됨이다. 알렉산드리아의 클레멘스는, "따라서 피타고라스의 말이 우리를 존중하며, '그 사람은 하나가 되어야 한다.'라고 신비스럽게 언급되었다. 왜냐하면 대제사장 자신은 하나, 즉 선한 것들의 끊임없는 흐름의 불변의 상태에서 하나가 되는 하나님이며… 또한 오직 열정이 없는 상태로 신화神化될 때 인간이 통일체가 되기 때문이다."3라는 이 구절을 설명하기 위해 하나One의 신비로운 특성이라는 피타고라스의 관념을 사용한다.

하나 됨은 강력한 이미지다. 우리는 이미 그리스도에 대한 상징으로서의 하나라는 이미지를 접해 보았다. 개성화의 목표는 또한 하나 됨이라는 이미지에 의해 표현되었다. 즉 우리의 존재를 이루고 있는 많은 요소들은 다양성을 구성하고 있는 통일체 안에서 결합되었다. 우리가 전에 살펴본 대로, 초기 심층심리학자인 니사의 그레고리우스는 한 인격 안에 있는 영혼이 "나머지와 대단히 다르게… 일종의

---

3 Clement of Alexandria, *The Stromata* 4.23.

다수의 영혼들이 각기 함께 모여 있는 것"으로 보았다. 이런 다수의 영혼들은 꿈에 나타나는 많은 사람들로 우리의 꿈속에 반영된다. 그레고리우스가 계속해서 말하길, 놀라운 것은 "그들 모두로 구성되어 있는 통일체, 즉 많은 것들이 하나가 되도록 서로 상반되는(평범한) 것들을 혼합하고 조화를 이루는 통일체가 있다"4는 것이다.

이런 하나 됨에 대한 기독교적 묘사는 우리의 교회와 성당의 장미창에서 발견된다. 장미창은 원으로 둘러싸여 있고 중심 주위에 무리지어 있는 많은 색깔과 상징으로 구성되어 있는, 대개 중심 안에 그리스도의 형상 혹은 그리스도에 대한 상징이 있는 동심원 무늬로 만들어진 스테인드글라스다. 융이 보여준 대로, 이런 만다라는 개성화 과정의 결과인 인격의 통합을 표현한다. 실제로 융은 언젠가 요한복음 17:20 하반절의 의미에 대해, 이 구절의 비밀이 "당신 자신의 그러한 모든 이질적인 부분들이 전체로 통합된 것에 있다."5고 말한 적이 있다.

그러나 요한복음에 대한 신비스런 사고에서 이런 하나 됨은 개개인의 전체성과 관련이 있을 뿐만 아니라, 하나님께 속해 있는 모든 사람들의 공동체의 전체성과도 관련이 있다. 융의 개성화 개념은 집단적인 무리에 비해서 개인의 전체성을 강조한다. 사실상 융은 집단과의 동일성을 전체성이 아니라, 개인이 일종의 단체적인 자아가 형성되도록 집단을 위해 자신의 독특성과 의식意識을 잃어버린 "신비적 참여"로 보았다. 그런 심리적 상태는 대개 의식의 축소와 집단적 의지에

---

4 Gregory of Nyssa, *Answer to Eunomius's Second Book*.
5 Jung, *Letters 2*, 145-146.

비해 개인의 양심의 포기를 야기한다. 그런 심리적 상태는 분명히 존재하며—나치 독일이 그 대표적인 사례이다—두려움의 대상이지만, 이것은 요한복음이 염두에 두고 있는 것이 아니다. 요한복음에서 개인의 전체성은 고립된 단일체로서의 개인 안에서 발견되는 것이 아니라, 다른 사람들과 창조적이고 의식적인 관계 안에서 사는 전인全人에게서 발견된다. 사실상 우리의 개인적 실재는 다른 사람들과 우리의 관계를 떠나서 존재하지 않는다. 왜냐하면 결국 우리는 마침내 전 우주를 포괄하는 창조적인 하나 됨과 밀접하게 연관된 작은 단일체이기 때문이다.

이런 점에서 쿤켈이 아마 융보다 요한복음에 더 가깝다고 할 수 있다. 왜냐하면 쿤켈은 중심이 우리 안에 있는 실재일 뿐만 아니라 우리와, 우리가 관계를 맺고 있는 다른 사람, 그리고 우리 가운데서와 창조적인 "우리We" 집단을 형성하고 있는 사람들 사이에 있는 실재이기도 하다고 믿었기 때문이다. 그런 창조적 집단은 융이 그렇게도 정당화하는 것을 우려했던 집단적인 무리와 다른 것이다. 왜냐하면 전자에서는 개인의 자각과 양심이 더 큰 집단에 의해 강화되고 양육되는 반면, 후자에서 개인의 자각과 양심이 집단에 굴복해야 하기 때문이다. 역설적으로 우리는 우리의 내적 동일성을 발견함으로써만이 아니라, 우리와 다른 사람들과의 교제 그리고 궁극적으로 모든 본성 및 하나님과의 교제를 발견함으로써도 독특한 우리 자신이 되기 때문이다.

24-26절: 이것은 보다 깊은 요한의 신비 신학이다. 24절에서 언급된 "영광"을 생각해 보라. "영광"(**독사**_doxa_[δόξα])이라는 단어는, 그

것이 1절에서 그랬던 것처럼, 이 본문에서 장엄함의 가능한 최고의 단계, 신성한 실재의 표현을 나타낸다. 또한 아버지가 "창세전부터" 그를 사랑하셨다고 그리스도가 말씀할 때, 그것은 말하는 단순한 방식이 아니다. 그는 창세전에, 시간이 시작되기도 전에(아버지는 시간을 초월해 있는 분이므로) 그, 즉 아들이 존재했으며 아버지에게 사랑을 받았다고 말하고 있는 것이다. 25절에서 우리는 세상이 아버지를 알지 못했다는 말을 다시 듣게 된다. 세상이 아버지를 알 수 없는 이유는 그분이 이미 우리에게 알려졌기 때문이다. 그분은 아들에 의해서만 알려질 수 있으며, 다만 아들을 아는 사람들은 (간접적으로) 아버지를 알 수 있다.

26절에서 아버지는 "이름으로" 알려진다. "이름"은 고대에 단순한 명칭이 아니라, 그 사람의 본질 혹은 그 이름을 지니고 있는 존재를 표현해 주었다. 따라서 그리스도는 제자들에게 아버지의 본질을 드러내는 어떤 존재로 알려졌다. 이 절은 최종적인 말로 다음과 같이 끝맺고 있다. "당신이 나를 사랑하신 그 사랑이 그들 안에 있게 하고, 나도 그들 안에 있게 하려는 것입니다." 여기서 "사랑"이라는 단어는 우리가 이미 살펴 본 대로, 모든 사랑의 형태 중에서 가장 고상한 것을 표현하는 단어인 **아가페**다. 그 의미는 아버지라는 중심에 사랑이 있다는 것이다. 그것은 어떤 면에서 인간적인 이해를 벗어나는 것, 전적으로 실재의 바로 그 가장 깊은 중심에서 사랑을 방출하는 것을 역설하는 것이다. 요한 자신이 그것을 경험하지 않는다면 이런 계시를 받을 수 없었을 것이다.

제29장

그림자와의 대면
체포된 예수
요한복음 18:1-27

요한복음 18장의 첫 부분은 그리스도의 이야기일 뿐만 아니라 베드로의 이야기이기도 하며, 간접적으로 우리의 이야기이기도 하다. 사실상 18장에는 적어도 세 요소, 즉 첫 째는 역사적 요소, 둘째는 신비스런 요소, 셋째는 베드로의 주님에 대한 부인이라는 요소가 있다.

우리가 서론에서 살펴본 대로, 요한복음이 모든 복음서 중에서 가장 신비스러운 것인 반면, 그것은 또한 역사의 고리를 가지고 있다. 18장은 역사적 사실과 세부사항으로 가득 차 있기 때문에 이런 것의 좋은 예다. 그리스도가 체포된 기드론 골짜기 건너편에 동산이 있었고, 다만 요한이 우리에게 말해주는 대단히 흥미로운 세부사항, 즉 그 사람의 이름이 그에게 알려져 있기 때문에 그 이야기의 의미를 거의 덧붙이고 있지는 않지만, 우리의 복음서 기자에 의해 분명히 기록되지 않은 세부사항은 성미가 급한 베드로가 칼로 그의 귀를 자른 사람의 이름이 말고라는 것이다. 이런 역사적인 세부사항과 밀접하게 관련이 있는 것은 그의 예수와의 관계에 대해 어려운 질문을 하는 사람들 중 하나가 말고의 친척이라는 26절의 언급이다. 만일 그것이 사실이 아니었다면, 어떤 이유로 이런 세부사항에 대한 언급이 기록되어 있는 것일까? 예수가 체포된 후에, 우리는 안나스와 가야바에 대해 세부적인 것을 듣게 된다. 우리가 알기에 안나스는 가야바의 장인이었고, 가야바는 그 해의 대제사장이었으며, 우리의 이야기에서 이전에 예수의 적들에게 "한 사람이 백성을 위해 죽는 것이 더 났다."고 말했던 사람과 같은 사람이었다.

그러나 가장 흥미로운 역사적인 세부사항은 15절에 나오는 예수가 재판을 받는 중에 베드로와 함께 예수를 따라갔던 "다른 제자"에 대한 언급이다. 우리는 이 다른 제자가 대제사장을 잘 알고 있었고, 문지기 하녀에게 말하고, 베드로를 안쪽 방으로 데리고 들어갈 수 있었던 바로 이 제자였다는 것을 듣게 된다. 분명히 이 다른 제자는 예루살렘의 내부 현장에 친숙해 있었으며, 중요한 사람들에게 알려져 있던 사람이었다. 그것은 18장에서 언급된 다른 제자가, 예수가 사랑했던 제자로 언급된 제자로 요한복음 20:2에 언급된 사람과 같은 사람이라는 것은 거의 분명한 것 같다. 우리가 서론에서 살펴본 대로, 하나의 이론은 12제자 중 하나는 아니었지만, 아마 요한복음을 썼거나, 아니면 그것을 위한 기본적인 정보의 출처였던 다락방의 소유자였던 바로 이 제자였을 것이라는 것이다.

18장의 신비로운 요소는 예수가 체포된 동산의 문제로 시작된다. 틀림없이 그 체포가 기드론 골짜기 건너편의 동산에서 일어난 것은 역사적 사실이지만, 동산은 종교적 전승에서 특별한 장소이기도 하다. 동산은 사람들이 특산품을 생산하려고 자연과 긴밀한 관계를 가지고 일했던 지정된 장소다. 우리는 이미 고대의 사고방식에서 하나님께 대한 봉사, 치유 그리고 동산의 경작이라는 관념이 모두 이 모든 활동을 나타내기 위해 사용된 데라퓨오$^{therapeu\bar{o}}$라는 단어와 밀접하게 연관되어 있다는 것을 치유를 뜻하는 희랍어 단어에 대한 연구에서 살펴보았다. 그리스 신화에서 동산은 사랑의 여신 아프로디테에게 신성한 곳이었다. 기독교 전승에서 동산은 명상과 회심의 장소였다. 예를 들어 성 아우구스티누스는 우리에게 그의 회심 경험이 동산에서 일어났다고 말한다. 무의식의 상징에서 동산에 대한 꿈은 꿈꾸는 사람이 영혼을 보살피는 일을 시작했을 때 나타난다. 왜냐하면 동산처럼 영혼은 그것이 신중하고 애정 어린 보살핌과 관심을 받을 때 잘 자라기 때문이다. 동산의 신성함을 고려해 볼 때, 우리가 요한복음 19:41에서 예수가 동산에 묻혔다는 것을 듣게 되는 것은 놀랄 일이 아니다.

그러나 이 장의 가장 중요하고 신비로운 요소는 에고 에이미$^{eg\bar{o}\ eimi}$라는 희랍어 표현이 5절, 6절 그리고 8절에서 사용된 것이다. 이전에 우리는 에고 에이미라는 표현의 문법적 의미를 논의해 보았으며, 그것이 세 가지 용법을 가지고 있다는 것을 살펴보았다. 첫째로 그것은 영어로, 예를 들어 우리가 "나는 사람이다" 혹은 "나는 의사다" 혹은 "나는 여자다"라고 말하는 것처럼 술어와 함께 사용되었다. 이것은 표현의 일반적인 용법이며 어떤 특별한 종교적 의미를 가지고 있지 않다. 두 번째 용법은 에고 에이미가 표현된 술어를 가지고 있지 않고 함축된 술어를 가지고 있을 때 나온다. 이런 예를 우리는 요한복음 4:26을 연구해 보면서 살펴보았다. 여기서 사마리아 여자는 메시아가 올 것을 안다고 말하고 있고, 예수는 명백히 진술된 술어가 아닌 함축된 표현으로 "내가 그다"(네가 기다리는 사람)라는 의미의 에고 에이미라고 말하고 있다. 그러나 어떤 학자들은, 거기에는 또한 어떤 명백히 진술된 술어나 함축된 술어가 없이 나오는 에고 에이미의 세 번째 용법이 있다고 믿는다. 이런 용법은 "절대적인 에고 에이미"라고 불리며, 단순히 "나는 ~다"라고 번역되어야 할 것이다.

그것이 공관복음에는 드물게 나오지만, 요한복음은 이런 표현을 자주 사용한다. 그러므로 요한에게 있어서 우리는 에고 에이미라는 표현이 특별한 중요성을 가지고 있다고 추정할 수 있다. 다만 하나나 둘의 경우에 있어서 요한은 명백히 진술되었거나 분명히 함축된 술어를 지닌 표현을 사용한다. 이런 질문에 대한 답은 중요하다. 왜냐하면 요한이 절대적인 에고 에이미를 사용하고 있다면, 그때 그는 그것을 신비로운 방식으로 사용하고 있는 것이기 때문이다.

그것이 요한복음에 나올 때마다, 대부분 그런 것은 아니더라도, 현대의 많은 학자들은 에고 에이미라는 표현이 항상 함축된 술어를 지니고 사용되었다고 믿는 것을 선호하는 것 같다. 예를 들어 필립 하르너는, 아마 현대의 가장 영향력 있는 성서학자인 루돌프 불트만이 모든 에고 에이미라는 표현을 명백히 진술된 혹은 함축된 술어를 지니고 있는 에고 에이미의 변형으로 간주하고 있다고 본다.[1] 물론 이런

---

[1] Philip Harner, *The "I Am" of the Fourth Gospel* (Philadelphia: Fortress Press,

해석은 불트만이 성서 해석에서 대체로 매우 싫어해서 강경하게 삭제하려고 했던 신비스런 표현이나 신화적 요소를 배제시킨다.

그러나 거기에는 어떤 술어가 언급되었고, 함축된 술어를 제시하는 것이 어려운 구절이 많이 있다. 이런 구절은 8:24, 28 그리고 58, 13:19가 포함되어 있으며, 이런 세 구절은 이미 요한복음 18장에 인용되어 있다.[2] 신비스런 방식이 아닌 인습적 방식으로 에고 에이미를 해석하려는 경향은 요한복음 18:5, 6, 8에 나오는 에고 에이미에 대한 현대의 번역본을 읽을 때 분명해진다. 개정 표준판, 필립스역, 새 영어 성서, 새 예루살렘 성서 그리고 새 개정 표준판에는 그 표현이 "내가 그 사람이다"라고 번역되었다. 따라서 예를 들어 요한복음 18:5에서 관리들이 그를 체포하러 왔을 때, 예수는 그들에게 "너희는 누구를 찾느냐?"고 말한다. 그들이 "나사렛 사람 예수요"라고 대답하자 예수는 에고 에이미라고 대답한다. 위의 성서 번역본들에서 이것은 "내가 그 사람이다"(즉 너희가 찾고 있는 사람이다)라고 번역되었다. 다만 흠정역은 "he"를 이탤릭체로 표현함으로써 (이 단어가 원본에 나오는 것이 아니라 번역자가 만든 단어라는 것을 의미하는) 이 번

1946), 58을 보라. 내가 이 장에서 요한복음에 나오는 에고 에이미의 의미에 대해 많은 통찰을 얻은 것은 하르너 박사 덕분이다.

[2] 날 때부터 눈먼 사람이 치유된 요한복음 9:9도 있으며, 그가 실제로 날 때부터 눈이 멀었었는지 아닌지에 대한 그의 이웃에 대한 대답에서 "에고 에이미"가 사용되었다. 하르너가 지적한 대로, 이것은 예수로부터 비롯되지 않은 에고 에이미라는 표현이 유일하게 요한복음에 나오는 것이다. 그것은 함축된 술어를 지니고 있는 에고 에이미에 대한 용법의 예가 분명한 것 같다. 치유된 사람은 "내가 그다"(당신이 언젠가 눈이 멀었던 사람으로 알고 있던 그 사람이다)라고 말한다. Harner, *The "I Am" of the Fourth Gospel*, 2를 보라.

역을 적합하게 만든다. 그러나 흠정역 이외의 다른 번역본들의 독자는 요한에 의해 사용된 희랍어의 고의적인 모호함을 인식하지 못하고, 희랍어 본문이 "맞다, 나는 너희가 찾고 있는 그 사람이다."라는 일상적 표현에 지나지 않는 것을 말하고 있다고 상상할 것이다.

만일 요한복음 18장의 에고 에이미가 절대적인 에고 에이미라면, 그때 성서해석을 위한 결과는 고려해 볼만한 것이다. 왜냐하면 우리가 제9장에서 살펴본 대로, 독자적인 에고 에이미는 출애굽기의 "나는 곧 나다"라는 위대한 진술과 같은 것이기 때문이다. 이스라엘 자손들은 그들이 따르게 될, 이 새로운 하나님의 이름을 모세에게 물었다. 모세가 이스라엘 자손들에게 하나님의 이름을 무엇이라고 말해주어야 하느냐고 물을 때, 하나님은 그에게 "내가 곧 그다"(NJB)라고 말해주라고 한다. 그러므로 하나님은 "스스로 존재하는 am" 위대한 분이다. 거의 같은 것이 이사야서 44:6에 되풀이 되어 있다. 거기서 야훼는, "나는 처음이요 마지막이다."(NJB)라고 선언한다. "스스로 존재하는" 하나님은 시작도 끝도 없는 하나님이요, 시간의 범주에 속하지 않는, 시간을 초월해 있는 분이요, 그분 안에 우리가 과거, 현재, 미래라고 부르는 것이 모두 포함되어 있는 하나님이요, 플라톤이 "모든 것의 시작과 끝 그리고 중간이 포함되어 있다."[3]고 말한 하나님다. 이것은 요한이 "아버지"라고 부르는 하나님, 즉 신비로운 관상, 계시, 혹은 신적인 영감의 시대에 말로 표현하기 어렵고, 다만 모든 신비로

---

[3] 순교자 유스티누스가 그의 *Address to the Greeks* 25에서 인용한 것. 유스티누스가 인용한 이 모든 부분은 "나는 ~다 am"라는 성서적 표현에 대한 이해와 관련하여 가장 명쾌한 것이다.

운 관상을 통해 부분적으로 알 수 있는 신다.

예수가 에고 에이미라는 표현을 사용했을 때, 그는 자신을 히브리인들과 플라톤에게 알려졌던, "스스로 존재하는" 하나님과 동일시했다고 볼 수 있는가? 아니면, 적어도 독자가 그 혹은 그녀 자신에 대해 그가 "내가 곧 그다" 혹은 "나는 곧 나다"를 뜻하는 것으로 추정하도록 일부러 모호한 방식으로 그런 표현을 그가 사용한 것일까? 요한이 의도적으로 "나는 스스로 있다"와 동일한 것으로 이해하도록 그런 표현을 한 것은 두 가지 사실로 인해 강력히 암시되었다. 첫째로, 그 표현이 요한복음 8:58에 사용되었을 때, 우리가 전에 살펴본 대로, 유대인들은 화가 나서 돌을 들어 그를 치려고 했다. 이것은 그들이 예수가 그 표현을 절대적인 의미로 사용하고 있었다고 인식했음을 보여준다. 요한복음 18:5와 6에는 같은 용법이 함축되어 있는 것처럼 보인다. 왜냐하면 병사들이 예수가 에고 에이미라고 말하는 것을 듣자 그들은 즉시 땅에 쓰러졌기 때문이다! 만일 그들이 예수가 단지 "너희가 찾고 있는 그 사람이 나다."라고 말하고 있다고 생각했다면, 땅에 쓰러질 필요가 없었을 것이다, 하지만 그들이 "내가 그 사람이다!"라는 말의 신성력을 인식했다면, 그때 그들은 분명히 경외감과 두려움에 사로잡혔을 것이다.

고대의 작가들은 이 점에 주목했다. 그래서 니사의 그레고리우스는 요한복음 18:5과 관련하여 이렇게 말한다. "칼과 막대기로 무장한 사람들이 그의 수난일 전날 밤 그에게 가까이 왔을 때, 그는 그들에게 '내가 그다 am He'(신을 의미하는 대문자 *H*가 사용된 것)라고 말씀하면서 뒤로 물러나게 하셨다." 아우구스티누스가 비슷한 말을 했다. 그는 병사들이 땅에 쓰러졌다는 사실은 거기에 "최고의 능력"4이 있었음을 보여준다고 말한다.

심리학적 관점에서 보면, 예수가 에고 에이미라는 용법을 사용한 것은 신약성서가 거리낌skandalon[σκανδαλον](이 말에서 "scandalous"가 나온)이라고 부르는 것다. 거리낌은 자아에 직면하고 자아를 어리둥절하게 만들며, 자아의 통상적인 기대를 뒤엎어 놓고 믿음을 뒤집어 놓으며, 우리의 모든 인습적 기대에 어긋나게 하는 너무나 충격적인 신적 책략다. 그러나 그런 신비로운 과정에서 일어나는 그런 충격적인 통찰이 없이는 개성화가 일어나지 않는다. 자아가 인습적인 것, 집단적 사고방식에 전적으로 갇혀 있는 세계관과 관점에 사로잡혀 있는 한, 심리적인 발달은 일어날 수 없다. 시초부터 기독교는 유대인들에게 거리낌skandalon이고, 불쾌한 것이었으며, 그리스인들에게는 어리석은 것이었다(고린도전서 1:23; 갈라디아서 5:11). 이제 종교 운동으로서의 기독교는, 그것이 인습적인 것에 꼼짝없이 빠져들고, 복음서의 강력하고 신성한 영향력이 우리 시대의 합리적·물질주의적 사고방식에 의해 무력화됨에 따라 그 활력을 잃게 될 위험에 처하여 있다.

요한복음 18장의 세 번째 요소는 베드로의 부인에 대한 이야기다. 요한은 능숙하게 그 이야기를 하고 있다. 우선 그는 예수에게 "주

---

4 Gregory of Nyssa, *Against Eunomius* 2.11. Augustine, *On the Gospel of John* 31.8; 28:2; 37.9와 비교하라.

목"(12-14절)하고 있으며, 그 다음에 베드로에게 관심을 둔다(16-18절). 그 후에 다시 예수에게로 관심을 돌리고(19-24절), 그 다음에 또 다시 베드로에 대해 언급한다(25-27절). 이런 예술적·문학적 장치에 의해 긴장감이 만들어 지고, 우리 독자들은 베드로와 그리스도 사이의 차이를 더 분명히 보게 된다. 그리스도는 그가 무엇을 하고 있는지 알고 있다. 그의 목적과 운명에 대해 충분히 의식하면서, 그는 변함없는 인내와 침착한 용기를 가지고 자신의 적들과 대면한다. 그에 반해 베드로는 자신의 어둠의 영역에 빠지게 된다. 그가 인식하지 못하는 그 자신의 그런 부분들은 그를 따라잡고 혼란과 두려움에 빠뜨린다. 이런 어두운 모형으로 인해 그가 부인하게 되고, 비통한 고뇌에 이르게 된다. 그로 하여금 자신 안에 있는 모든 어둠을 의식하게 만드는, 그 자신의 개성화라는 이런 십자가에서 베드로는 심리적으로 십자가에 못 박히게 된다.

    심리학적 관점에서 보면, 베드로는 그의 자아중심적인 자아와 그의 진정한 자기 사이에서 고투하고 있다. 마음 깊이에서 그는 주님을 사랑하며 주님에게 헌신한다. 요한복음 13:36에서 그가 예수를 위해 목숨을 버리겠다고 말했을 때, 그는 그의 가장 깊은 중심에서 말했으며, 사실상 전통에 따르면, 베드로는 결국 그리스도를 믿는 믿음을 위해 죽었다. 그러나 그가 그리스도를 위한 자신의 사랑에 대한 맹세를 했을 때, 그는 그의 그림자를 인정하는데 실패했다. 그의 낡은 자아는 아직 죽지 않았다. 그것은 그 자신을 보호하려는 욕망과 그것의 생명을 포기하는데 따르는 두려움을 가지고 살았으며, 예수가 체포되는 이런 위기 속에서 그것은 그 자신을 다시 주장했다. 베드로는 그의 낡은 자아가 변했다고 생각했거나, 아니면 그가 결코 그의 자아중심성의 깊이를 인식하지 못했을 가능성이 많다. 따라서 그것은 그에게 어두운 그림자를 계속 드리우게 되었던 것이다. 결과적으로 베드로는 예수를 배반했을 뿐만 아니라, 그의 가장 깊은 자기his deepest Self, 즉 내면에 있는 그리스도를 배반하기도 했다.

물론 우리도 베드로와 같다. 쿤켈이 그의 책 『창조는 계속 된다』에서 지적한 대로, 예수의 이야기는 제자들의 이야기이기도 하며, 제자들에게서 우리는 우리 자신의 모습을 다시 보게 된다. 베드로가 그랬던 것처럼, 다만 우리가 시험을 받게 될 때 의식의 빛에 드러나는 것은 우리의 그림자의 가장 깊숙이 자리 잡고 있는 부분이다. 이런 고통스런 경험을 하게 되면, 주님의 기도에서 우리가 "우리를 시험에 들지 말게 하소서."라고 기도하게 되는 것은 조금도 이상한 일이 아니다. 바른 마음을 가지고 있는 사람이 어떻게 그런 어둡고 끔찍한 경험을 자초하는 것일까? 그러나 이런 경험에는 우리의 구원의 씨가 들어 있다. 왜냐하면 그림자와의 대면 없이 의식이 발달할 수도 없고, 진정한 자기Real Self가 나타날 수도 없기 때문이다.

("당신도 이 사람의 제자 중 하나가 아니요?")라는 도전적인 질문을 하여 베드로가 첫 번째 부인을 하게 한 것은 문지기 하녀였다. 하나님은 신적인 목적이 있는 부지중의 도구로 그녀를 사용하셨다. 왜냐하면 그녀의 질문은 그때까지 심리적인 무지의 어둠 속에 머물러 있던 베드로 안에 있는 모든 것이 마침내 의식화되지 않을 수 없게 만

든 과정이 일어났기 때문이다. 다른 사람이 베드로에게 비슷한 질문("당신도 그의 제자 중 하나가 아니요?")을 하자 베드로는 그의 주님을 두 번째 부인한다. 그 다음에 베드로에게 귀를 잘린 사람의 친척이 베드로에게 "당신이 동산에 있는 것을 내가 보지 않았소?"라고 묻는다. 베드로는 주님을 세 번째 부인한다. 우리가 전에 살펴본 대로, 숫자 3은 어떤 과정의 완성을 위한 수다. 세 번째 부인함으로써 베드로는 "삼진을 당했다"는 것을 알게 된다. 누가복음에 따르면, 베드로가 수치스러워 했고, 자신에게 대단히 실망하여 바깥으로 나가서 몹시 울었다는 것을 우리는 의심할 수 없다.

우리는 우리의 유다에 대한 연구에서 유다 역시 예수에 대한 그의 배반의 비열한 성격을 인식했을 때 수치를 경험했다는 것을 기억할 것이다. 유다의 반응은 자살을 한 것이었다. 베드로 역시 자살을 하려고 했을지는 우리도 모른다. 그러나 그는 그렇게 하지 않았다. 베드로는 그에게 지워지고, 그가 피할 수 없었던 개성화라는 십자가의 일부로서의 수치를 참을 수 있었다. 결국 베드로의 고통은 그의 영혼을 정화해 주었다. 그의 고통으로 수치가 사라졌으며, 눈물로 낡은 자아가 녹아서 없어졌다.

베드로가 그의 시련에서 살아남고 구원받을 수 있었고, 유다가 파괴된 이유는 그들의 삶의 차이로 설명될 수 있다. 유다는 도둑질에 빠져 있었으며, 예수를 배반하고 돈을 얻었다. 그는 도를 넘어 악과 무의식성에 빠져 있었다. 삶에는 어떤 "경계"가 있으며, 우리가 어떤 경계를 넘게 되면, 그때 우리는 도를 넘게 되고 되돌아 올 수 없을지도 모른다. 우리는 다만 치명적인 질병과 같은 우리의 악이 우리를 붙잡고, 우리를 파괴하기 전에 도를 넘어 악한 쪽으로 갈 수 있다. 이런 일이 일어날 때, 다만 우리는 유다가 자신을 분리시켰던 하나님의 특별한 은총의 도움을 받을 수 있다. 그러나 베드로는 그 경계를 아직 넘지 않았으며 그의 어둠, 그의 진심어린 눈물, 그리고 결코 약해지지 않았던 그를 위한 하나님의 사랑을 용기 있게 직면함으로써 구원을 받을 수 있었다. 베드로에게는 언제나 희망이 있었으며, 이것은 우리가 우리를 위한 희망도 있다는 것을 알게 해준다.

제30장

"진리가 무엇인가?"
십자가 처형과 본디오 빌라도의 딜레마
요한복음 18:28-19:42

요한복음 18장의 끝과 19장의 첫 부분은 예수와 본디오 빌라도의 만남에 초점을 맞추고 있다. 우리는 요한복음에서 이목이 예수로부터 복음서 이야기에 나오는 다른 인물들 중 하나로 자주 바뀐다는 것을 살펴보았다. 그것은 제자들에게, 예수의 적들에게, 날 때부터 눈먼 사람에게, 사마리아 여자에게, 베데스다 못가에 있던 사람에게, 유다에게, 베드로에게 그리고 이제는 본디오 빌라도에게 쏠렸다. 그것은 그리스도가 다른 사람들에게 미쳤던 영향을 보여줌으로써 더 분명하게 예수를 묘사하려는 요한의 예술적 기교의 일부다. 복음서의 메시지와 관련이 있는 인간적인 상황은 그를 만나는 인간들에 대한 요한의 묘사에 의해 두드러지게 부각되었다. 따라서 요한에게 중요한 것은 주된 초점이 십자가 처형에 맞춰져 있을 때, 그의 이야기의 절정에 이른 지금도, 그럼에도 불구하고 그가 먼저 빌라도에게 이목이 집중되는 것을 허용하는 그리스도와 사람들의 상호작용이다. 그렇게 함으로써 요한은 한 번 더 그가 예리한 심리학자라는 것을 보여준다. 왜냐하면 그는 딜레마에 빠져 있는 사람의 심리뿐만 아니라, 그의 의식이 이 세상의 집단적 사고에 제한되어 있는 사람이 되는 것을 의미하기도 한다는 것을 우리에게 보여주는데 성공하기 때문이다. 그러나 요한은 또한 우리 독자들에게 한편으로 구체적인 역사적 실재의 세상과, 다른 한편으로 영적 혹은 원형적인 실재의 세상 사이의 살아 있는 대면을 한 번 더 보여주기 위해 예수와 빌라도 사이의 대화를 사용하고 있다.

요한은 빌라도를 완전히 나쁜 사람으로 묘사하지 않는다. 오히려 그는 로마의 법을 집행하고 평화를 지키기 위해 임명된 실제적인 사람이다. 우리는 전반적으로 빌라도가 이런 일을 있는 그대로의 방식으로, 그러나 공평한 방식으로 하려고 한다는 인상을 받는다. 빌라도에 앞서 예수 이야기의 시작부터 우리는 빌라도가 예수를 죄 없는 사람으로 보았고, 그가 그를 놓아줄 방법을 찾으려고 했다는 인상을 받는다. 그는 심지어 그가 그에게 무죄를 선고할 명분을 갖기 위해 예수에게 바른 말을 하라고 "지시"하려고 한다. 그를 저주할 것을 강요받은 이 사람의 기이한 힘으로 인해 생긴 그 만남이 끝날 무렵에 빌라도는 그가 그를 석방할 수 있는 그런 방법을 찾기 위해 그에 대한 혐의를 부정할 것을 예수에게 거의 간청하고 있다. 요한이 이 이야기를 하는 예술적 기교는 **실제로** 재판을 받고 있는 사람이 예수가 아니라 빌라도 자신이며, 간접적으로 지금 그 이야기를 읽고 있는 우리 모두라는 것을 독자가 인식하도록 내버려 두는 것이다.

빌라도의 딜레마는 19:1–11에서 그 절정에 이르게 된다. 여기서 빌라도는 대체로 예수에게 악감정이 없는 공평한 사람으로 묘사되었다.

그러나 그를 만나는, 복음서에 나오는 다른 모든 사람들처럼 빌라도에게 있어서 예수와의 만남은 그 자신과의 대면이기도 하며, 빌라도는 이런 상황에서 그 자신의 진실에 직면하지 않을 수 없었다. 그가 군중을 만족시키고, 로마의 법의 세부적인 내용을 이행하기 위해 그가 죄 없다고 믿는 사람을 죽게 할 것인가? 그가 예수를 기꺼이 놓아주겠지만, 이렇게 하기 위해 그는 그가 죽는 것을 거부할 근거를 그에게 줄 무언가를 예수로부터 필요로 한다. 예수를 십자가에 못 박아 죽이지 않을 수 있는 구실을 찾으면서 빌라도는, "당신은 어디서 왔소?… 나에게 말을 하지 않을 작정이오?"라고 묻는다. 그러나 그가 (아버지로부터) 왔다는 것을 빌라도가 이해할 수 없을 것이므로 예수는 대답하지 않는다.

이 구절에서 "빌라도가 이 말을 듣고, 더욱 두려워했다."는 요한의 말을 우리가 듣게 된다는 것에 주목하라. 그것은 어떤 두려움인가? 예수에 대한 두려움인가? 아니다, 오히려 자신에 대한 두려움이다. 빌라도는 이 예수가 하나님의 아들이라고 주장했다고 군중이 말하는 것을 들었다. 이제 빌라도는 그가 영적 실재를 믿지 않았다고 생각했을 수도 있지만, 그 자신 안에 있는 어딘가에 그가 하나님에 대한 충분한 감각을 가지고 있었기에, 선고를 내려야 하는 이 사람이 어쩌면 **바로** 하나님의 아들일지도 모른다는 의미를 접하고 두려워했을 것이다. 빌라도는 자신의 내부 깊은데서 "그래, 네 앞에 있는 바로 이 사람이 하나님의 아들일지도 모른다. 그러면 어떻게 되는 건가?"라고 말하는 작은 목소리를 듣는다. 그것은 예수가 재판을 받고 있는 것 같지만, 실제로 빌라도가 재판을 받고 있는 것이며, 이 재판에서 그는 막

의식화하기 시작할 수도 있다. 그러나 이것은 다만 그 안에 있는 작은 목소리로 남아 있을 뿐이고, 빌라도는 아직 그의 내면의 목소리를 듣는 것이 얼마나 중요한지를 알지 못했다. 그의 "구태의연한 자아old self"가 승리하게 되고, 오랜 세월동안 그 자신과 관련을 가지고 있던 구태의연한 빌라도는 이것이 그의 유일한 자아라고 생각하며, 결국 예수에게 사형선고를 내린다.

그렇게 함으로써, 빌라도는 자신에게도 사형선고를 내린 것일까? 우리가 살펴본 대로, 거기에는 몸의 죽음보다 훨씬 더 나쁜 영혼에 대한 영적인 죽음이 있다. 빌라도는 이런 영적인 죽음을 자초한 것인가? 요한은 어떻든 간에 우리에게 분명히 말하지 않는다. 유다에게 있어서 그가 영적인 죽음을 자초한 것은 분명하지만, 빌라도에게는 문제가 다르다. 그래서 빌라도가 예수에게 "나에게 말을 하지 않을 작정이오? 나에게는 당신을 놓아줄 권한도 있고, 십자가에 처형할 권한도 있다는 것을 모르시오?"라고 말하자 예수는 "위에서 주지 않으셨더라면, 당신에게는 나를 어찌할 아무런 권한도 없을 것이오. 그러므로 나를 당신에게 넘겨준 사람의 죄는 더 크다 할 것이오."라고 대답한다. 빌라도의 죄는 그가 그 상황의 영적인 진실을 대면하지 않고, 그 자신의 내적 갈등을 직면하지 않는 것이지만, 우리는 그의 죄가 그리 크지 않기 때문에 결국 그의 영혼이 아직 구원을 얻을 수도 있다는 느낌을 받는다.

예수와 빌라도의 만남의 절정은 진리의 문제에 이르게 된다. 예수는 "나는 이것, 곧 진리를 증언하기 위해 세상에 왔소."라고 말한다. 그러자 빌라도가 "진리? 진리가 무엇이오?"라고 묻는다. 어떤 목소리의 어조로 빌라도가 "진리? 그것이 무엇이오?"라고 말한다. 그가 회의적으로, 비웃는 마음으로, 혹은 어쩌면 절망이 되어 이렇게 말했을까? 빌라도가 자신이 한 일이 무엇인지 말했다는 사실은 그의 존재의 어떤 단계에서 아마 오랫동안 거기에 어떤 궁극적 진리가 있는지 자문했을 것이고, 답을 찾아낼 수 없었다는 것을 암시한다. 아마 그는 이런 질문에 대한 답을 지금까지 찾느라고 절망에 빠져 있었을 것이다. 십중팔구는 그가 그의 무의식 속에 살아 있는 매우 중요한 질문을 충분히 의식화하지 못하고 있었을 것이다. 그것은 마치 그 자신의 내적 존재 안에서 제기되어왔던, "빌라도, 진리가 무엇인가?"라는 질문인 것 같다. 그러나 빌라도는 그것을 뛰어들어 찾기보다는 의심이나 절망이라는 그의 방어적인 겉치레로 그것을 밀쳐놓고 말았다. 하지만 이제 그의 영적 무기력이 결국 그의 발목을 잡고 있다. 더 이상 진리가 있느냐 없느냐 하는 것이 문제가 아니라, 오히려 진리와 대면하게 될 때 무엇을 하겠는가 하는 것이 문제다.

빌라도의 문제는 그에게 어떤 도덕성이 결핍되어 있다는 것이 아니라, 그의 의식이 이 세상의 일들에 전적으로 제한되어 있다는 것이다. 빌라도에게 이 세상은 마치 어떤 사람의 실재에 대한 관념이 물리적 감각과 그의 시대의 만연해 있는 집단적 관념으로 얻은 정보에 제한되어 있는 것처럼 보인다. 빌라도는 "이 세상"에 속해 있다. 그러나 "이 세상"은, 요한이 우리에게 그렇게 자주 보여주었듯이, 진정한 세계가 아니라 거의 환상에 가까운 것이다. 반면에, 예수는 내적 환영幻影과 확장된 의식을 가진 사람들에게 감지될 수 있고 인식될 수 있는 진정한 세계—영적인 혹은 원형적인 세계—로부터 그리고 진정한 세계에 대해 말한다. 예수가 빌라도에게 "내 나라는 이 세상에 속한 것이 아니오."라고 말할 때, 이 둘 사이의 차이가 분명히 드러난다. 그러나 빌라도는 다만 그의 말을 구체적으로 받아들일 수 있을 뿐이며, "그러면 당신은 왕이오?"라고 묻는다.

빌라도가 나오는 장면은 19:12-16에서 신속한 결론에 도달하게 된다. 빌라도는 이제 예수를 놓아주려고 애쓴다. 그는 정의감으로 인해서 뿐만 아니라, 그가 예수를 사형시킨다면 그에게 그것이 어떤 의미를 가질 것인지 하는 그 자신의 불안으로 인해서도 자극을 받았다. 사실은 이런 불안이 그에게 전적으로 의식되지 않았으며, 이것은 그를 불분명한 감정이 아니라 불안을 조성하는 두려움으로 가득 채우게 된다. 그러나 더 큰 의식적인 두려움은 로마 당국에 대한 그의 두려움이다. 빌라도는 여기서 정의와 법을 집행하고 평화를 유지하기 위한 두 가지 이유를 든다. 만일 이 두 가지 목표 사이에 대립이 있다면, 로마 당국은 평화를 유지하는 것을 택할 것이다. 군중은 이것을 알고 있다. 예수를 십자가에 처형하도록 빌라도를 설득할 그들의 마지막 방법은 예수의 죄를 다투는 것이 아니라, 로마 당국이 그에게 개입하게 된다면 그가 위험에 처하게 될 것이라고 빌라도에게 지적하는 것이다. 그래서 그들은 그에게 "이 사람을 놓아주면, 당신은 황제 폐하의 충신이 아닙니다. 자기를 가리켜서 왕이라고 하는 사람은 누구나 황제 폐하를 반역하는 자입니다."라고 소리친다. 이것은 빌라도에게 효과가 있다. 왜냐하면 그가 황제와 문제를 일으키지 않기를 바라고 그들이 꼭 하려고 한다면, 이 적대적인 군중이 그에게 문제를 일으킬 것임을 인식하고 있기 때문이다. 이 시점에서 빌라도는 자신의 생명을 걱정하기 시작했을 것이고, 예수의 생명과 자신의 생명 사이에서 선택을 해야 한다면 그가 어떻게 할지 알고 있다. 그래서 그의 마지막 행동은 예수를 죽게 하는 것이다. 그러나 빌라도는 한계를 가지고 있었다. 왜냐하면 우리가 21절에서 읽을 때, 그리스도가 십자가에 처형당한 후에 대제사장들이 빌라도에게 십자가 위 명패에 "유대인의 왕"이라고 쓰지 말고 "자칭 유대인의 왕"이라고 써야한다고 했지만, 빌라도는 "나는 쓸 것을 썼다"고 도전적으로 선언했기 때문이다.

이야기가 이제 십자가로 바뀐다. 우리는 십자가형으로 인한 죽음이 그 당시 로마제국에서 범죄자들을 처형하는 일반적인 방법이었다는 것을 알고 있다. 그것은 오랫동안 고통과 수치를 당하다가 죽는 것이고, 이미 피를 다 흘려서 죽는 것이 아니라고 해도 결국 질식사하는 것이었다. 그가 두 강도 사이에서 십자가에 달렸다는 사실에 의해 강조된, 그리스도가 일반적인 범죄자로 죽었다는 사실은 초기 기독교인들에게 그리스도가 악한 세상에 사는 것에, 즉 우리 보통 사람들이 또한 살아야 하는 전체 현실을 자각하는 것에 동의했다는 것을 보여주었다.

본래 처형 수단이었던 이런 흔한 십자가는 기독교 세계에게는 신비스런 상징이 되었다. 초기 기독교인들은 십자가를 그들 주위 어디서나, 즉 날아가는 새들에게서, 배의 항해에서, 두 팔을 뻗은 사람들에게서, 천체의 배열에서 보았다. 그들에게 십자가는 그것을 볼 수 있는 눈이 있는 사람들에게 창조된 질서 속에 있는 모든 곳에 나타나 있는 형언할 수 없는 현실을 가리켰다.

십자가는 기독교적 심상에서 만다라, 즉 네 개의 동심원의 형태다. 십자가의 네 갈래가 합류되는 곳이 중심인 반면, 그것 위에 펼쳐진 그리스도의 두 팔은 그리스도에 의해 받아들여진 만유를 상징한다. 융이 말한 대로, 물론 어디에나 생명이 전체성과 완성에 이르려고 노력하는 것을 암시하는 세계 도처의 종교에는 많은 만다라가 발견된다. 융이 또한 그의 많은 저작에서 말한 대로,[1] 거기에는 또한 십자가의 상징이 중요한 역할을 하는 다른 많은 종교도 있다. 그러나 기독교의 십자가는 좀 다르다. 왜냐하면 그것은 땅속에 박혀있기 때문이다. 십자가의 길이가 다른 쪽보다 긴 이유는 그것이 땅에 박혀 있기 때문이다. 기독교의 십자가가 땅속에 박혀 있는 것은 그것이 인간의 삶속에 뿌리박고 있는 것과 관련이 있다. 그리고 나서야 비로소 신비가 현실화되었다. 어떤 사람이 **신비**|*mystērion*를 경험하고 나서야, 십자가의 숨겨진 의미로 신비로운 입문을 하고 나서야 십자가가 현실적이 된다. 다시 말해 그것이 현실적인 인간 실존에 뿌리박게 된다. 니사의 그레고리우스는 그것을 이렇게 표현한다.

> 만물에 스며들고, 모든 부분 안에 있는 실존의 본질의 길이와 넓이를 통해 그 자체를 확장하는 것이 신성의 특성이다… 또한 이런 실존이 적절하게 그리고 원래 존재하는 것은 신적인 존재다… 그리고 우리가 십자가의 형상으로부터 배우는 것은 바로 이것이다. 그것은 네 부분으로 나뉘어져 있다. 그러므로 거기에는 전체

---

[1] 예컨대 융의 *Dream Analysis*, 340ff를 보라.

가 그 자체에 모이는 중심점으로부터 모두 네 영상projections이 있다. 미리 마련된 죽음의 순간에, 그분은 두 팔을 펼쳤기 때문에 만물을 그분 자신 안에서 결합시키셨으며, 그분 혼자서 현실적인 실존의 다양한 본질을 하나로 조화롭게 통합시키셨다.[2]

25-27절에서 우리는 다시 한 번 요한복음에서 여성과 숫자 3의 중요성을 접하게 된다. 왜냐하면 요한은 십자가 곁에 세 여자, 곧 막달라 사람 마리아, 우리가 요한복음 2장에서 만났던 예수의 어머니, 그리고 예수의 어머니의 자매인 글로바의 아내 마리아가 있었다고 말하기 때문이다. 제자들은 어디에 있었는가? 우리는 그들이 거기 있는 것을 두려워했거나, 아니면 아마 그가 죽는 것을 바라보는 것이 너무나 괴로웠기 때문일 것이라고 추정할 수밖에 없다. 오로지 여자들만이 두려워하지 않았거나, 아니면 아마 우리는 그들의 사랑이 그들의 두려움을 극복할 수 있을 만큼 강했으며, 그들이 사랑했던 사람이 고통 받는 것을 바라보는 괴로움을 견딜 수 있을 만큼 강했을 것이라고 말할 수 있다. 그러므로 결국 그리스도는 단지 세 여자와, 우리가 또한 복음서 이야기의 해설자인 "요한" 자신이라고 믿을만한 근거가 있는, 예수가 사랑한 미지의 제자가 곁에 있는 가운데 죽었다.

28-30절에서 우리는 어떤 과정의 완성을 더 강조하는 것을 보게 된다. "이제 모든 것이 완성되었다는 것을 아신 예수는… '다 이루었다'고 말씀했다." 다시 한 번 우리는 요한복음에서 오래된 신적인 계획, 즉 **목적**telos—최종 상태—을 이루고자 하는 하나님의 역사役事를

---
[2] *The Great Catechism* 32.

강조하고 있다는 것을 보게 된다. 그러나 그 역사는 이제 영혼이 신비스럽게 참여하고 있는 그리스도의 권능을 통해, 또한 의도된 **목적**에 이르게 되어야 하는 인간의 영혼 안에서 계속된다.

예수는 "다 이루었다"고 말한 후에 죽는다. 본문은 "그의 영spirit이 떠나갔다"고 말한다. 복음서가 "그의 영혼soul이 떠나갔다"고 말하지 않는 것이 흥미롭다. 대개 영혼은 몸을 활기 있게 하는 원리나 실체로 간주되었으며, 죽을 때 영혼이 마지막 숨을 몰아쉬고 몸을 떠나거나, 아니면 그 반대로 표현하면, 영혼이 몸을 떠날 때 몸이 죽는다고 믿었다. 그러나 여기서 그리스도의 몸을 떠나는 것으로 말한 것은 영혼(프시케psyche)이 아니라 영(프뉴마pneuma)이다. 우리가 전에 살펴본 대로, 성서적 사고에서 영은 영혼보다 더 유전적인 것이다. 영혼은 개인적인 것이다. 방 안에 있는 사람들의 수를 세어보면, 당신은 얼마나 많은 영혼들이 거기 있는지 알게 된다. 그러나 영은 많은 사람들 사이와 많은 사람들 안에서 움직이는 생명의 원리에 오히려 더 가까운 것이다. 따라서 우리가 영에 의해 활기를 얻을 수 있는 영혼들이라고 할지라도, 우리는 영들이 아니라 영혼들이다. 왜냐하면 그리스도가 죽을 때 그의 **영**spirit이 떠나가도록 한 것은 이제 그리스도의 영이 보편적인 것이 되었다는 것을 암시하기 때문이다. 그의 죽음과 더불어 그것은 세상을 돌아다니며 우리의 영혼을 활기 있게 할 수 있다.

그리스도가 죽자 병사들이 그의 시신을 치우게 된다. 그들은 그리스도의 다리를 꺾으려고 한다. 그렇게 하는 것은 그 사람이 실제로 죽었는지 확인하거나, 아니면 완전히 죽은 것이 아니고, 죽음이 임박했다면 죽음을 재촉하기 위한 관례적인 방법이었다고 학자들은 우리에게 말해준다. 예수의 경우에 그의 발은 두 가지 이유, 즉 하나는 평범한 이유로, 다른 하나는 영적인 이유로 꺾이지 않았다. 요한이 전하는 평범한 이유는 병사들이 그가 이미 죽었다고 인식했기 때문이었다. 영적인 이유는 36절에 나와 있다. "일이 이렇게 된 것은, '그의 뼈가 하나도 부러지지 않을 것이다'라고 한 성경 말씀이 이루어지게 하려는 것이었다."(지혜서 2:18-20; 이사야서 53장을 보라)고 한 것이다.

그들이 그가 이미 죽은 것으로 알았기 때문에 그리스도의 다리를 꺾지 않았다면 그들 가운데 하나가 창으로 그의 옆구리를 찔렀다는 사실이 더욱 수수께끼 같게 만든다. 예수가 이미 죽은 것이 명백한데 병사들이 이렇게 한 이유가 분명하지 않다. 아마 한 병사가 온전히 만족하지 못했거나, 아니면 아마 그 앞에 있는 많은 병사처럼 단지 그의 무기를 사용해 보고 싶었기 때문이었는지도 모른다. 그러나 우리의 복음서의 관점에서 그리스도의 옆구리를 창으로 찌른 것은 예술적으로 그리고 영적으로 중요하다. 왜냐하면 그의 옆구리에서 피(예상했던)와 물(예상하지 못했던)이 흘러나왔기 때문이다. 물은 씻는 것을 상징한다. 따라서 그리스도의 옆구리에서 흘러나온 물은 요한복음 4장의 사마리아 우물가의 여자 이야기에서 논의되었던, 그리고 우리를 무의식성이라는 근본적인 죄로부터 씻어주는 생명수를 상징한다.

이제 요한복음에 아리마대 요셉이라는 새로운 인물이 나온다. 마태복음 27:57에서 우리는 아리마대 요셉이 부자였다는 말을 듣는다. 그는 이제 그리스도의 시신을 위해 사용될 수 있었던 무덤을 소유하고 있었던 것이 틀림없다. 왜냐하면 다만 부유한 사람만이 그런 정성들여 만들어진 매장용 무덤을 살 수 있었기 때문이다. 예루살렘 공동체에서 그의 중요성은 또한 그가 빌라도에게 접근할 수 있었고, 예수의 시신을 인도받을 수 있는 허락을 받았다는 사실에 의해 암시되었다. 따라서 그렇게도 자주 영적인 발달에 큰 적인 부는, 그들의 부를 창조적으로 사용하기 위한 충분한 의식意識과 통합성을 가지고 있는 극소수의 사람들에게 맡겨지게 되면 인류에게 유용한 것이 될 수 있고, 그렇지 않으면 성취될 수 없는 어떤 일들이 성취될 수 있게 해준다. 아리마대 요셉이 네 복음서에서 모두 언급될 정도로 중요한 사람이긴 했지만, 그의 역할은 상대적으로 무덤을 제공한 사소한 것에 불과한 것처럼 보인다.

그러나 후대의 기독교적 전통은 아리마대 요셉을 성배의 전설에서 중심인물로 만들었다. 이 이야기에 따르면, 아리마대 요셉은 최후의 만찬에서 그리스도에 의해 사용된 잔을 소유하게 되었으며, 그가 이제 약간의 그리스도의 피를 받곤 했던 것은 바로 이 잔이었다. 나중에 요셉은 그 성배를 영국으로 가져갔으며, 거기서 대중들의 불신앙으로 인해 그것이 사라졌고, 이후의 세기에서 많은 기사들이 찾는 신성한 대상이 되었다고 한다. 우리의 목적을 위해 우리는 이런 말로 잔의 상징성을 알 수 있다. 말하자면 정신적인 내용이나 영적인 내용이 땅에 쏟아져서 없어지지 않고 의식에 의해 보존되기 위해서는 그것을 "받기" 위한 것이 필요하다. 만일 우리가 어떤 것의 상징적 의미나 영적 의미를 이해할 수 있는 방법을 가지고 있다면 이것이 이루어질 수 있다. 우리가 이해할 수 있게 해주고 영적인 중요성의 문제를 고수할 수 있게 해주는 이런 상징과 관념의 네트워크는 액체를 받고 보존해 주는 잔과 같은 것이다. 이것은 종교적 이미지와 정신적 관념이 그렇게도 중요할 수 있는 하나의 이유이며, 그런 것들은 그렇지 않으면 없어지게 될 의미를 우리가 보존할 수 있게 해준다.

우리는 또한 니고데모가 와서 예수의 장례를 도왔다는 말을 듣게 된다. 이것은 밤에 와서 예수에게 어떻게 사람이 다시 태어날 수 있는지 물었던, 우리가 요한복음 3장에서 만났던 니고데모와 같은 사람이다. 이것은 예수가 그날 밤은 그에게 말한 것이 그 사람 속에 뿌리를 내리고 자랐던 씨와 같은 것이었다는 분명한 증거다. 그 결과 아리마대 요셉처럼, 니고데모는 예수의 은밀한 제자 가운데 하나가 되었다.

그리하여 예수는 무덤에 장사되었다. 예수의 죽음과 매장은 **죽음** mortificatio의 일반적인 상징성의 일부다. 즉 어떤 새로운 것이 태어나기에 앞서 먼저 어떤 것이 죽어야 하며, 낡은 것이 죽으면 새로운 것이 나타나게 된다. 그것은 연금술 전통에서 발견되며, C. G. 융과 에드워드 에딘저가 개성화 과정의 심오한 심리학적 의미를 지니고 있는 것으로 보았던 상징성의 보편적 방식이다.[3] 우리는 또한 그것을 요한복음 12장 앞부분에서 풍부한 수확을 얻기 위해서는 땅에 떨어져서 죽어야 하는 밀알의 이미지를 발견한다. 따라서 그리스도가 죽어서 묻혔지만, 사흘 후에 부활한 그리스도는 새로운 의식과 하나님의 은총이 엄청나게 많이 쏟아져 나오게 해주었다.

---

[3] Edward F. Edinger, *Anatomy of the Psyche* (La Salle,Ill.: Open Court Publishing Co., 1985), 제6장을 보라.

제31장

기독교적 구원의 신비
십자가와 부활
요한복음 20장

우리는 요한복음 20장에 대한 간단한 본문 분석으로 시작할 것이며, 그 다음에 중요한 기독교적인 사건과 상징인 그리스도의 죽음과 부활의 의미를 좀 더 깊이 있게 생각해 볼 것이다. 1절에서 우리는 그리스도의 부활이 그 주의 첫날 일어났다는 것을 알게 된다. 이것은 인류의 삶에서 새 날이 밝아오는 것을 상징한다. 왜냐하면 그리스도의 부활과 더불어 새로운 의식이 세상에 태어나기 때문이다. 그 주의 첫 날은 또한 초기교회에서는 여덟째 날로 간주되었다. 즉 지난주의 7일에다 새로운 주의 첫 날을 합하면 8일이 된다. 따라서 8은 기독교인들 사이에서 그리스도의 부활과 인류의 전체성을 상징하는 신성한 숫자 가운데 하나가 되었다.

우리가 전에 살펴본 대로, 요한복음에서 여성적인 것의 중요성 중 하나의 표시는 막달라 마리아가 부활한 그리스도를 본 첫 번째 사람은 물론, 그리스도의 무덤에 도착한 첫 번째 사람이었다는 사실이다. 무덤이 비어 있는 것을 보고 놀란 그녀는, 베드로와 다른 제자(즉 우리 복음서의 저자)에게 달려가서 그들에게 그녀가 본 것을 전한다. 베드로와 다른 제자는 무덤으로 뛰어가지만, 다른 제자는 먼저 무덤에 이르러 땅에 누워있던 예수의 시신을 쌌던 삼베 수의를 본다. 그는 베드로의 명성을 존중하는 행동을 취하며 베드로를 기다리다가, 그를 무덤에 먼저 들어가게 한 것이 분명하다. 베드로가 들어간 후에 다른 제자도 들어가 빈 무덤을 보고 믿게 되었다. 이것은 아마 자서전적 진술일 것이다. 학자들이 우리에게 말해주는 것처럼, 그때까지 제자들이 성서를 이해하지 못하고 있었다는 지적은 시편 16:8-11과 시편 2:7과 같은 구약성서의 구절에 대해 말하는 것이다.

제자들은 그들의 고향으로 돌아가지만, 막달라 마리아는 울며 무덤 곁에 머문다. 그녀의 사랑의 힘으로 거기를 지켰던 것이다. 그러므로 그녀는 예수의 시신이 있었던 곳에 두 천사가 앉아 있는 것을 보았지만 그들이 분명히 사람이라고 추측했다.[1] 그녀가 천사와 말을 하고 돌아설 때, 그녀는 예수가 거기 서 있는 것을 보고 그가 동산지기라고 생각한다. 그러나 예수가 "마리아"라고 부르자 그녀는 그를 알아본다. 마리아는 히브리말로 "라부니" 하고 소리친다. 학자들은 그것이 "랍비"보다 더 근엄한 표현양식이라고 전해주며, 종종 하나님과 관련해서 사용되었다. 그렇기 때문에 마리아의 외침은 베드로의 고백(마태복음 16:16)과 함께 그리스도가 실제로 하나님이었다는 기독교 신앙의 첫 번째 선언으로 이해될 수 있다. 주님은 그때 "내게 손을 대지

---

[1] 천사들이 처음에 보통 사람들로 오인 받는 일은 성서에서 자주 일어났다. 창세기 18장에서 아브라함이 천사들과 만난 것을 보라.

말라"고 하며 그를 만지지 말라고 한다. 왜냐하면 우리가 살펴보겠지만, 부활한 그리스도의 몸에 대해서는 특별한 무언가가 있기 때문이다. 그의 명령을 따르면서, 그녀는 이제 그녀가 부활한 그리스도를 보았다고 제자들에게 전하려고 달려간다.

예수는 이제 우선 그의 놀랍고 신비로운 모습을 제자들에게 드러낸다. 제자들은 주간의 첫날 저녁에 함께 모여 있었다. 요한은 그들이 모여 있던 방의 문을 모두 닫아걸고 있었다는 사실을 특별히 언급한다. 그때 예수가 닫힌 문을 바로 통과하여 들어가 그들 가운데 섰다! 제자들은 경외감과 기쁨에 가득차서 예수로부터 성령, 즉 그리스도에 의해 그들의 개인적 권한을 받는다. 그러나 제자들의 이런 권한은 그들의 세속적 지위가 아니라, 그들의 개인적 의식에 기초한 것이다. 그들은 의식화되었기 때문에 영적 권위를 갖게 되지만, 그것은 교회의 매체나 정치적 지위를 통해 전달될 수 있는 권위가 아니다.

그러나 예수가 그들에게 왔을 때 도마는 다른 사람들과 같이 있지 않았다. 다른 열 제자들(유다가 빠진)은 도마에게 어떤 일이 일어났는지 전해주지만, 도마는 예수의 손에 난 못 자국을 보고, 그의 손가락을 그 못 자국에 넣어보고, 그의 옆구리에 난 상처에 그의 손가락을 넣어보아야 한다고 한다.[2] 여드레 뒤에 제자들은 다시 방에 모였는

---

[2] 도마는 융 심리학으로 보면, 소위 감각형인 것 같다. 융의 유형론에 의하면, 어떤 사람들은 외적·물리적 실재와 사실에 매우 익숙해 있다. 이런 사람들을 "감각형"이라고 한다. 그들은 현실적인 것을 직관적 과정을 통해 지각하는 직관형과 대조가 된다. 도마는 초기교회에서 중요한 사도가 되었다. 전통은 그가 인도와 중국으로 가서 그런 먼 나라에서 기독교 공동체를 세웠다고 말한다. 오늘날까지도 인도에는 그 기원이 그에게서 비롯되었다고 주장하는 기독교 교회들이 있다. 인도에서의 도마의 모험에

데, 이때는 도마도 그들과 함께 있었다. 한 번 더 요한은 분명히 문이 잠겨있었으나, 예수가 갑자기 그들과 함께 거기 있었다고 말한다. 도마가 믿기를 바라기 때문에 그는 그의 손에 난 상처에 그의 손가락을 넣어보고, 그의 옆구리에 난 상처를 느껴보라고 요청한다. 도마는 그렇게 하고 믿게 된다. 이것은 예수에게 요한복음을 끝내는 것처럼 보이는 말을 할 기회를 준다. 요한은 분명히 우리의 유익을 위해 의도적으로 이런 말씀을 한다.

너는 나를 보았기 때문에 믿느냐?
나를 보지 않고도 믿는 사람은 복이 있다.

우리가 요한복음 20장의 본문을 벗어나기 전에, 우리는 그의 부활 후의 예수가 어떤 몸이었는지 그 의미를 숙고해 볼 필요가 있다. 우리가 살펴본 대로, 요한은 예수의 몸이 문이 닫혀 있었지만, 제자들이 있는 방으로 들어갔다고 아주 분명히 말했다. 듣기로는 그때 부활한 후의 그의 몸은 우리가 고체라고 생각하는 것을 빠져 나갈 수 있는 독특한 특성을 가지고 있었다. 요한은 또한 도마가 예수의 몸을 만져보고 그의 상처를 느껴보았으므로 부활한 후의 예수의 몸이 혼령이 아니라, 아무튼 분명히 실재하는 육체적 실체였다고 조심스럽게 설명했다.

오늘날 많은 사람들의 관점에서 볼 때, 이런 육체적인 모습은 요한의 상상력의 산물이며, 그의 부활한 이후에 예수의 몸에 대한 이야기

대한 상상적인 이야기에 대해서는 *Ante-Nicene Fathers*, 8:535ff에 들어 있는 묵시적인 저작인 *Acts of the Holy Apostle Thomas*를 보라.

가 진지하게 받아들여진 것이 아니라, 우리가 이제 성숙한 신앙에 도달하기 위해 행해야 하는 비과학적인 마술적 사고 혹은 신화적 사고를 분명히 보여주는 것으로 여겨졌다. 그러나 초기교회의 관점에서 볼 때, 그런 것들은 영이나 신비체의 실재에 대한 증거들이다. 그런 영적인 몸에 대한 언급은 서신들에 나오며, 그런 믿음은 분명히 요한에게 속하는 것이었다. 그것은 몸 없는 영혼이 유령과 같은 육신을 떠난 영혼이었다는 관념이다. 즉 완전한 혹은 진정한 인간은 몸을 가지고 있어야만 했다. 따라서 기독교 신앙은 사람이 죽은 다음에는 영적인 몸으로 산다고 보았다. 그것은 영적이었지만, 천상의 것이 아니었다. 즉 그것은 사실적이고 분명히 실재하는 것이었지만, 지상의 육체적인 몸과 같은 특성을 지닌 것이 아니었다.

오늘날 우리들 가운데 많은 이들에게 공상적인 것처럼 보일 수 있는 이런 사고방식은 문자 그대로 사실일지 모른다. 예를 들어 임상적으로 죽었다가 그들의 이야기를 하기 위해 이승으로 돌아온 사람들의 이야기(육체적인 몸에서 **빠져나간** 것을 의미하는 소위 유체이탈 체험)는 그들이 지상의 몸 밖에서 살았던 그 시간에 다른 종류의 몸으로 살았다는 분명한 인상을 남긴다. 왜냐하면 그들은 그들 자신을 "순수한 영"이 아니라, 형태와 범위*extension*를 가지고 있는 몸이 있는 영혼으로 경험했기 때문이다.

그리스도의 십자가 처형과 부활은 복음서 이야기의 장엄한 최종점이다. 요한복음에서 제기되었던 모든 것은 이 위대한 사건을 지적해 왔다. 그것은 전체 이야기가 이동해 왔던 **텔로스***telos*—목표 혹은 목적

―였다. 그리스도의 성육신과 그의 십자가 처형과 부활의 의미를 이해하는 것은 기독교의 핵심을 이해하는 것이다. 그러나 거기에는 십자가 사건의 단 하나의 의미가 있는 것이 아니라, 이미 전체를 완전하게 하는 많은 의미가 있을지 모른다. 우리는 그리스도의 십자가의 구원하는 은혜에 대한 여러 해석 가운데 일부와 요한복음에 의해 제시된, 좀 더 신비스런 해석과 함께 좀 더 문자적 해석의 차이를 살펴볼 것이다.

　십자가에 대한 첫 번째 해석은 인간이 하나님께 진 빚을 그리스도가 갚았기 때문에 우리 인간이 우리의 죄로부터 벗어날 수 있었고, 그리스도가 우리를 위해 벌을 받았으므로 그들의 죄를 구속救贖받지 못하고 죽는 사람들에게 닥쳐올 벌을 면하게 되었다는 것이다. 신학에서 형벌 대속이론으로 알려진 이런 해석은 십자가를 구원이 불가능한 우리의 죄를 위한 필요한 지불로 간주한다. 이런 교리는 근본주의자들과 복음주의적인 교회 사이에 널리 퍼져있으며, 또한 로마 가톨릭 교회에서 중요하다. 그것은 적어도 "주류" 개신교가 주장하는 입에 발린 말이다. 반면에, 오늘날 많은 사람들은 이런 이론 이면의 논리를 이해하기가 어려우며, 이런 이론의 의미가 심지어 어떤 사람들에게는 역겹기조차 한 것이다. 나는 십자가의 이런 속죄하는 효능이론의 극단적 형태가 매력을 주는 만큼, 사람들이 기독교를 외면하게 할 수도 있다고 생각한다. 이제 우리는 십자가에서 그리스도에 의해 제공된 이런 구속 관념의 이면에 있는 논리가 가지고 있는 강점과 약점을 더 자세히 살펴볼 것이다.

아마 다른 어떤 종교 이상으로, 기독교와 그 모체인 유대교는 죄, 즉 악한 행동을 저지르고 악한 삶을 살려는 인간의 성향에 관심이 있을 것이다. 인간의 악과 죄의 문제가 고대 그리스인들에게 관심이 있었지만, 그것은 전체적으로 그리스 종교의 가장 중요한 특징이 아니었으며, 그것이 불교와 힌두교와 같은 동양 종교에서 중요한 역할을 하지만, 그것은 동양의 종교 체계의 중심적인 종교적 문제가 아니다.

초기 유대인들과 기독교인들은 인류가 악으로 가득 차 있다고 보았다. 그들은 그들 주변의 악행을 예리하게 의식했으며, 인간이 드러낼 수 있는 악의 심연을 자각했다. 동시에 그들은 공정한 하나님을 믿었으며, 또한 그가 창조한 사람들에게 공정한 삶을 요구했던 하나님을 믿었다. 따라서 사람들이 살았던 삶과 하나님이 그들에게 살기를 바랐던 삶 사이에는 현격한 차이가 있었다. 이 둘 사이의 이런 차이는 죄책감의 원인이 되었다. 그것은 또한 하나님이 그의 바람과 법을 저버렸던 그런 죄인들을 거부할 수 있게 만든 원인이었다.

거짓말을 하고, 속이고, 훔치고, 살해하고, 자신을 속이는 인간의 이런 경향은 하나님으로부터 비롯된 것이 아니라고 여겨진다. 따라서 사람들이 악을 행하는 한 하나님과의 관계가 깨어진다. 고대의 유대인들은 유일신이 인간의 죄와 죄를 행한 사람들을 거부했다는 것을 절실하게 의식한 것은 물론 죄에 대한 이런 경향을 절실하게 의식했다.

유대인들과 기독교인들은 하나님이 첫 번째 사람들을 선하게 창조했다고 믿었다. 그들의 본래적인 선으로부터의 타락은 "원죄"라고 불려졌다. 첫 번째 인간들은 그들이 그렇게 함으로써 하나님을 외면하는 것은 뭔가 잘못된 것이 틀림없다고 알려져 있다. 선악을 알게 하는 나무의 열매를 먹지 말라는 하나님의 명령을 거역하는 에덴동산의 아담과 하와 이야기는 악에 거의 치명적으로 끌려서 인류가 짓게 된 원죄로 간주되었다. 이런 원죄 때문에 어떤 방법이 그들의 하나님과의 깨어진 관계를 회복될 수 있도록 제공되어야만 했으며, 그렇게 함으로써 그들의 삶을 바르게 그리고 하나님의 은혜로 살 수 있는 것이다.

오늘날 많은 사람들은 그들이 너무나 세련돼서 그런 신화적 사고에 빠지는 것이라고 상상할지도 모르지만, 에덴동산에서의 타락 이야기는 나름대로 인간의 정황을 정확히 묘사한다. 분명히 인류 안에는 악에 대한 뚜렷한 경향이 있다. 사람들이 그들 자신을 악에 빠질 때 (심리학적으로 말하자면) 창조적 중심과의 관계가 깨지며, (신학적으로 말하자면) 하나님과의 관계가 파괴된다. 따라서 인간의 죄에 대한 관념과 전체성에 대한 회복의 필요성은 그것에 대한 심리학적 타당성을 가지고 있으며, 타락에 대한 성서적 용어가 현대인의 귀에 낯설게 들릴지도 모르지만, 그것은 그렇게 빨리 무시될 것은 아니다. 나는 경험적으로 증명될 수 있는 기독교의 유일한 교리가 원죄의 교리이며, 사람들이 항상 없애버리고 하는 것이 이것이라고 언젠가 농담을 한 적이 있는 사람이 G. K. 체스터턴이었다고 믿는다.

자금까지 유대인의 관점과 기독교인의 관점이 일치하지만, 하나님과의 관계 회복이 어떻게 이루어질 수 있는지에 관해서는 불일치가 생긴다. 고대의 히브리인들에게 속죄(하나님과의 재결합)는 올바른 희생 제물에 의해 이루어졌다. 올바른 희생 제물의 한 예가 출애굽기

12:5에 나온다. 거기서 이스라엘 백성들은 모세와 아론에 의해 어린 짐승을 희생하되, "흠이 없는 일 년 된 수컷으로 하되, 양이나 염소 가운데서 골라라."는 지시를 받았다. 이런 순수한 흠이 없는 짐승은 야훼가 받아들일 수 있는 제물이라고 보는 짐승일 것이며, 그 희생은 하나님과 그의 백성들과의 깨어진 관계를 회복시켜줄 것이다. 율법이 생기게 되자 하나님과의 관계는 더 개인적인 것이 되었다. 왜냐하면 그때 죄로 인해 하나님과의 관계를 회복하지 않을 수 없었던 것은 이스라엘 나라뿐만 아니라, 개인도 역시 마찬가지였기 때문이다.

바울이 그 가장 중요한 본보기가 되었지만, 첫 번째 기독교인들이 되었던 유대인들은 이런 해결책이 그들에게 가능하지 않았다는 것을 발견했다. 왜냐하면 아무도 율법을 완전히 지킬 수 없었기 때문이다. 율법에 의해 구원을 받았다는 느낌보다는, 바울과 같은 민감한 영혼들은 그것 때문에 더욱더 책망 받는 느낌이 들었다. 여기서 그리스도의 속죄가 중요해졌다. 다시 말해 속죄를 위해서는 빚을 갚는 것이 요구되었다. 인간은 율법을 준수함으로써 빚을 갚을 수 없었다. 따라서 그리스도가 십자가에서 인간을 위해 빚을 갚은 것이다. 그는 하나님이 제물로 요구한 순수한 희생양이었으며, 그의 피를 통해[3] 참회하는 인간이 다시 한 번 하나님과의 관계를 수립할 수 있었다.

에덴동산 이야기에서처럼 십자가에서의 그리스도의 구원 행위에

---

[3] 몸에 생기를 불어넣어 주고, 그것을 온몸에 두루 전해주는 영혼이 피 속에 산다는 고대의 믿음이 있다. 이것은 그리스도의 피가 구원해준다는 관념의 기원에 속할 수도 있다. 왜냐하면 그것은 우리의 삶을 새롭게 하기 위해 우리에게 주어진 그리스도의 생명의 본질을 보여주었기 때문이다.

서도 많은 사람들은 그것을 문자 그대로 다루는 것이 어렵다는 것을 발견한다. 그러나 이런 가르침의 본질은 하나님의 은혜가 우리가 스스로 헤어날 수 없는 정신적인 도덕적 상황에서 우리를 구원할 수 있다는 것이다. 그리스도가 우리 죄를 위해 십자가에서 죽었다는 관념은 하나님의 은혜에 대한 강력한 표현이다. 거기서 우리를 우리 자신으로 회복시키고, 우리의 하나님과의 관계를 회복시키는 영적 영역에서 자유롭게 주어진 능력, 즉 선물로 받게 되는 것이지, 노력으로 얻지 않아도 되는, 영혼을 치유하는 능력이 작용한다고 그것은 말한다. 그러한 하나님의 은혜의 선물이, 그녀가 팽창에 굴복하지 않았다면 그녀가 내담자를 치료할 수 있는 것이 얼마나 적은지 충분히 알지만, 또한 어떤 인간도 치료할 수 없는 것을 치료할 수 있는 더 큰 능력에서 비롯되는 능력—은혜—이 있다는 것도 알고 있는 정신치료자에게는 잘 보인다.

반면에, 기독교의 가르침이 너무 완고하게 그리고 문자 그대로 받아들여진다면, 그것은 파괴적일 수 있다. 예를 들어 어떤 언어적 형식에 따라 죄의 공개적인 고백과 예수의 용납과 같은 것 외에도 값없이 주시는 하나님의 은혜를 받는 어떤 조건이 있다고 한다면, 그때 자유와 치유의 은혜와 용서는 축소될 수도 있다. 극단으로 치우지면, 이런 접근은 어떤 이유로든 어떤 분명한 언어적 형식을 사용하여 구두로 그리고 문자 그대로 십자가에서의 그리스도의 구원의 행위를 받아들이지 않는 모든 사람들에 대한 구원을 부정할 것이다. 많은 사람들은 그들이 구원을 위한 이런 조건을 접해보지 않았기 때문에 어떤 사람들이 영원히 저주받을 수도 있다는 것을 역겹게 생각하며, 그들이 주님에게 고백하지 않았거나 제대로 된 세례를 받지 않았기 때문에 어린 자녀들을 지옥으로 보내는 신을 예배하는 것을 거부할 수도 있다. 기독교의 구원의 은혜가 문자주의에 의해 다른 형식의 율법으로 바뀔 때, 은혜로운 하나님은 다시 한 번 잊혀 지게 되고, 그것이 치료하고자 했던 것과 같은 영적 완고함이라는 새로운 형식이 생기게 된다.

그러므로 요한복음에 이런 특이한 속죄론과 관련이 있는 말이 거의 없다는 것에 주목하는 것은 흥미롭다. 요한에게 있어서, 십자가의 의미는 다른 것이다. 요한복음에는 분명히 하나님의 은혜가 있지만, 그의 복음에는 문자주의도 없고, "너희가 이렇게 해야 한다. 그렇지 않으면 벌을 받을 것이다."라는 말도 없다. 왜냐하면 요한복음은 다른 종류의 영으로 호흡하고 있기 때문이다.

요한복음의 관점에서 볼 때, 십자가는 우리가 변화의 과정과 의식의 갱신을 통과하면서, 하나님과 닮은 어떤 것에 상응하는 것으로 파악되고 이해되는 "신비," 즉 **미스테리온**으로 가장 잘 이해될 수 있다. 이것은 우리가 요한복음의 여러 구절에서 살펴본 신화神化다. 그것은 우리가 그리스도와의 깊은 합일에 의해 신비스럽게 변환되었다고 말하는 신비로운 가르침이다. 우리가 신비스럽게 그리스도의 몸과 피를 먹고 마시는 성만찬은 의례에서 성례전으로 경험된 십자가의 신비의 한 예로 여겨진다. "신비"를 통해 변환되는 것은 매우 체험적인 것이다. 그것은 신앙에 대한 정확한 언어적인 공언을 중심으로 이루어지는 것이 아니라, 생명을 주는 자신의 존재와 의식의 변화를 통해 일어난다. 그것은 본질적으로 각자가 자신의 방식으로 변환시키는 그리스도의 신비를 통과해야하기 때문에 우리가 논의했던 형식적인 신학보다 묘사하기가 훨씬 더 어렵고 미묘하다. 이런 변환 과정을 묘사하기 위한 가장 좋은 방법은 신비로운 혹은 심리학적 표현을 통해 가능하며, 우리가 살펴본 대로, 이것이 요한의 표현 방식이다. 그러나 십자가가 그런 신비와 어떤 관련이 있는가? 그 답은 아주 많이 있다.

십자가는 우리의 인간성의 풍부한 발전과 진보 및 하나님과의 합일과 같은 가장 중요한 기독교의 신비를 말한다. 그런데 이 두 과정은 분리될 수 없는 것이다. 우리가 살펴본 대로, 네 갈래로 되어 있는 십자가는 전체성의 상징인 만다라다. 그것의 네 부분은 위와 아래, 땅과 하늘, 왼쪽과 오른쪽을 포괄하고 결속하고 있기 때문에 다양성에 의해 통일이 이루어진다. 그것이 땅에 뿌리박고 있는 것은 이런 변환 과정이 천상의 관념이 아니라, 실제 인간의 삶의 현실에 근거를 두고 있는 과정이라는 것을 의미한다. 십자가에 못 박힌 그리스도는 우리가 가야하는 길, 즉 우리가 피할 수도 없고 우리가 피하려고 해서도 안 되는, 우리 자신의 창조적 변화의 과정에 못 박힌 것을 우리에게 보여준다. 실제로 예수가 "자기 십자가를 지고 나를 따르지 않는 사람도 내게 적합하지 않다. 자기 목숨을 얻으려는 사람은 잃을 것이요, 나를 위해 자기 목숨을 잃는 사람은 목숨을 얻을 것이다."(마태복음 10:38; 마가복음 8:34; 누가복음 9:23과 비교하라)라고 선언했던, 우리 자신의 개성화의 상징으로서의 십자가의 이미지는 매우 중요하다.

십자가 처형의 고통과 고문은 정신적·영적 변환 과정의 어려움과 아픔을 나타낸다. 십자가의 고통을 참아 내거나 십자가를 질 필요는, 이것이 아무도 우리를 위해 완성할 수 없는 과정이라는 현실을 표현한다. 즉 각자는 자신의 정신적인 짐, 즉 자신의 고통의 짐을 져야만 한다. 그 어떤 다른 사람도, 그 어떤 기관도, 그 어떤 종교적 "구원체계"도 우리를 위해 이런 일을 할 수 없으며, 우리는 우리 자신의 과정과 의식화하는 우리 자신의 정신적인 짐을 짊어져야 한다.

사랑이 고통을 당해야 하는 것은 십자가의 본질이기도 하다. 그리스도는 사랑했기 때문에 고통을 당했다. 우리가 얻으려고 애쓰는 이런 의식과 성장은 지적으로 얻을 수 있는 것이 아니라 열정적으로 얻을 수 있는 것이다. 그것은 단지 배움으로써 혹은 심리학화 함으로써 이루어지는 것이 아니라 사랑함으로써 이루어지는 것이다. 왜냐하면 아름답기도 하고 고통스럽기도 한 것이 사랑이요, 우리로 하여금 더 큰 의식에 대해 마음을 열게 하고, 마침내 영혼을 기품 있게 하기 위해 신적인 사랑과 융합시키는 것이 사랑이기 때문이다.

부활과 관련하여 부활을 뜻하는 희랍어 단어 아나스타시스 $anastasis$ [ἀνάστασις]가 죽음에서 생명으로의 회복이라는 좁은 의미로 뿐만 아니라, 그 모든 차원에서의 일반적인 영적 각성과 삶의 갱신이라는 넓은 의미로도 이해되어야 한다는 것을 주목해 보아야 한다. 만일 심리학적으로 우리가 우리 자신의 십자가를 짊으로써 모방하라는 초대를 받은 십자가에서의 그리스도의 죽음이 우리의 낡은 자아중심적인 인격의 죽음이라면, 부활은 우리 안에 있는 창조적 중심에 뿌리를 둔 새로운 의식이 우리 안에서 나오는 것이다. 위대한 기독교의 신비의 일부는 자아보다 훨씬 더 큰 인격에 참여함으로써 옛 사람이 죽고 새 사람이 살게 되는, 깊은 내적 변환의 이런 신비에 대한 것이다.

따라서 십자가는 이런 변환 과정을 나타내는 상징으로 이해될 수 있지만, 그것은 상징 이상이며 그 과정 자체이기도 하다. 그것은 단지 첫 성 금요일에 일어났던 역사적 사건일 뿐만 아니라, 그들이 그들 자신의 고통의 과정을 참아내고, 결과적으로 그들 자신 안에 있는 보다 깊은 중심을 발견하게 되며, 그들의 의식이 변환될 때마다, 지금 여기 인간의 삶에서 언제나 일어나고 있는 계속적인 사건이기도 하다.

그러나 십자가 처형과 부활을 오로지 심리학적 과정과 동일시하는 것은 실수다. 왜냐하면 십자가 처형과 부활은 우주적 과정이기도 하기 때문이다. 요한복음이 관심을 두는 한, 그 복음서는 그것이 시작했던 말로 결론을 내린다. 요한복음 1:4에서 우리는 그리스도의 도래에 대한 다음과 같은 말씀을 읽게 된다. "그에게서 생명을 얻었으니, 그 생명은 사람의 빛이었다. 그 빛이 어둠속에서 비치니, **어둠이 그 빛을 이기지 못했다**"(요한복음 1:4-5; 진한 글씨는 지은이가 강조한 것). 십자가 위에서 어둠의 권세들은 하나님의 빛을 없애버리려고 모든 짓을 다했지만, 그 빛은 없어지지 않고 다시 살아났다. 내 생각에 이것은 이 세상에서 만사가 잘 이루어질 것이기 때문이 아니라, 그 어떤 것도 우리를 하나님의 사랑과 빛으로부터 떼어놓을 수 없기 때문에 그것을 가장 희망적인 신앙으로 만드는 요한복음의 중심 메시지이며 기독교에 대한 근본적인 의미다. 십자가에서의 그리스도의 빛을 없애버리려고 별 짓을 다했던 악이 그 빛을 없앨 수는 없었다. 왜냐하면 빛의 힘이 다시 살아났기 때문이다.

악의 세력은 신약성서에서, 우리가 제17장에서 간단히 논의해 보았던, 이 세상의 "통치자"(아르콘테스*archontes*), "권세"(뒤나메이스*dynameis*) 그리고 "당국"(엑수시아이*exousiai*)으로 나타나 있다. 게르트 타이센과 월터 윙크는 그들의 훌륭한 책에서, 초기부터 기독교 사상가들은 세상의 모든 악을 에덴동산에서 아담과 하와가 지은 첫 번째 죄의 탓으로 돌릴 수 없다는 것을 인정했다고 지적했다. 이 "원죄"가 인류를 악의 영향을 받도록 내버려 두었을 수도 있지만, 그것은 세상에 악이 존재하는 이유를 모두 설명해 주지 못했다. 그 대신에 세상에서 작용하고 있는 보이지 않는 영적 세력이 너무나 강해서, 인간의 노력이 그런 세력을 극복할 정도로 충분히 도움이 되지 않았다. 십자가에 대한 가장 오래된 관점은 십자가 위에서 그리스도가 이런 세력을 쳐부수고 우주적 승리를 얻었다는 것이다. 그런 세력은 최악의 행동을 했지만, 그가 다시 살아났기 때문에 그를 파괴할 수 없었다. "그 빛이 어둠속에서 비치니, 어둠이 그 빛을 이기지 못했다"(요한복음 1:5). 악은 세력은 우리가 이미 묘사해 보았던 신화神化의 과정을 통해 그리스도의 능력 및 십자가와 연합된 어떤 개인의 영혼도 파괴하지 못했다.

아무리 못해도, 십자가의 의미에 대한 기독교적 진술은 인류의 영적인 민간전승에서 가장 희망에 찬 진술이다. 그것은 어둠이 아무리 짙더라도, 무분별한 파괴 세력이 아무리 강하더라도, 하늘이나 땅에 있는 세력이 파괴할 수 없는 삶의 핵심에 본질적인 신성神性이 있는 기독교를 궁극적으로 희망에 찬 종교적 신앙으로 만든다.

세상이 지금까지 알고 있던 가장 의식적인 사람이 십자가에 매달렸다. 그 안에서 하나님의 마음이 나타나고 드러났다. 단 한 사람의 의식이 증진될 때, 그것은 인류의 일반적인 의식에 영향을 미친다. 신비스럽게 그리고 심리학적으로 보면, 그리스도의 희생은 새로운 의식이 세계 도처에 전파될 수 있고 영적 어둠에 빛의 능력이 나타나서 완전하게 될 수 있도록 하기 위한 십자가에서의 그의 죽음이었다. 이것은 "내가 진정으로 너희에게 말한다. 밀알 하나가 땅에 떨어져 죽지 않으면 한 알 그대로 있고, 죽으면 많은 열매를 맺는다."는 요한복음 12:24에 나오는 그리스도의 말씀의 신비스런 의미가 될 것이다. 십자가에서 죽음으로써 그리스도 안에 있는 의식이라는 밀알이 인류의 마음에 뿌려진 것이다. 이로써 새로운 질서가 시작되었고, 어디서나 새로운 발달이 인간의 삶을 위해 가능해졌다.

대략적인 비유가 야구 시합에서 "희생"의 관념으로 이루어질 수도 있다. 만일 1루에 주자가 있고, 타자가 공을 번트하면 타자는 1루에서 쉽게 퇴장당하지만, 1루에 있던 주자는 2루로 진출하고, 그런 위치에서 그는 보다 쉽게 득점할 수 있게 된다. 이런 경기는 타자가 그런 방식으로 공을 신중하게 치기 때문에 그가 아마 퇴장 당하겠지만, 그의 팀 동료는 진출하게 될 것이다. 그런 방식으로 십자가에서의 그리스도의 죽음이 인류의 의식을 진전시켰던 것이다.

이 모든 것은 신학적 추론보다 낫다. 만일 종족 중에서 단 한 사람이 새로운 자각에 이르거나 적응을 잘하게 되면, 그들이 그것을 성취한 첫 번째 개인과 직접적인 접촉이 없다고 하더라도 이런 새로운 자각이 그 종족의 다른 구성원들에게 쉽게 활용 가능해진다. "M"효과로 알려진 이런 주목할 만한 사실은 미세한 것으로부터 인간까지 이르는 삶의 많은 수준에 존재하는 것으로 드러났다.4 일부 그런 방식으로 그리스도의 의식이 영적인 세계 도처로 확산되었을지도 모른다. 그 결과 우리 자신의 의식이 증진되고 하나님과의 관계가 확대될 가능성이 생기게 되는 것이다.

---

4 Michael Talbot, *Beyond the Quantum* (New York: Bantam Books, 1987)을 보라.

제32장

예수의 마지막 출현
내가 올 때까지 기다리라
요한복음 21장

요한복음 21장은 신비로운 장이며, 우리는 그것이 왜 여기에 있는지 전혀 모른다. 왜냐하면 20장의 마지막 절들이 요한복음에 대한 확실한 결론인 것처럼 보이기 때문이다. 그러므로 학자들은 당연히 요한복음 21장이 후대에 원래의 복음서에 첨가된 것, 즉 아마도 요한 자신이 아닌 누군가에 의해 추가된 부록일 것이라고 결론을 내린다. 이런 첨가에 대한 일반적인 설명은 어떤 문제가 베드로의 권위와 관련하여 초대교회에서 일어났으며, 이 장이 교회 훈련과 교리 문제에서 베드로의 권위를 강화하기 위해 추가되었다는 것이다. 이런 설명이 아마 가치가 있겠지만, 그것은 그 이야기의 미묘하지만 매우 중요한 상징성을 고려하지 않고 있다. 그것은 전형적으로 요한복음의 어법같이 보이는 상징적인 내용이다. 이것을 이제 우리가 살펴볼 것이다.

 요한은 제자들의 물고기 잡는 이야기로 시작한다. 그는 이것에 대해 놀랍게도 분명하게 말한다. 제자들 가운데 다섯 사람의 이름이 나와 있고 두 사람이 더 언급되었는데, 그들 중 한 사람은 예수가 사랑하시는 제자라고 밝혀져 있다(7절). 따라서 제자들의 수는 모두 일곱 명이다. 제자들의 이름을 특정함으로써 그것에 대한 역사성이 느껴진다. 그러므로 베드로가 거의 벌거벗고 있었다고 한 것은 사실이다(7절). 우리가 요한복음을 읽으며 기대했던 대로, 그의 복음서가 모든 복음서 중에서 가장 상징적이고 신비스럽긴 하지만, 그것은 또한 분명한 세부적인 역사적 사실들로 채워져 있다. 이런 세부적인 사실들이 포함되어 있는 것은, 비록 그것이 나중에 추가되었다고 하더라도, 21장이 그 복음서의 나머지처럼 같은 저자에 의해 쓰여 졌을 수도 있다. 그것이 이 이야기에서 예수를 처음으로 알아본 사람이 예수가 사랑했던 바로 이 제자였다는 것을 주목해 보는 것도 가치가 있다.

이 이야기의 상징적인 내용에 관해, 첫째로 우리는 여기서 다시 예수와 베드로 사이의 대화에 나오는 신비로운 숫자 3을 접하게 된다는 것을 주목해 볼 수 있다(15-17절). 이 대화에서 예수는 베드로에게 세 번 묻고 있다. 우리가 살펴본 대로, 성서에서 숫자 3은 대개 역동적 과정의 완성을 나타내는 숫자다.[1]

두 번째는 그 이야기가 물고기에 중점을 두고 있다는 사실이다. 물고기는 복음서에 매우 자주 나오며, 사실상 그리스도가 초기교회에서 물고기라고 불렸기 때문에 신약성서의 동물로 불려왔다. 물고기는 우리의 꿈에 자주 나온다. 거기서 물고기는 대개 말하자면 물고기처럼 마음의 심연에서 헤엄치고 있지만, "잡힐" 수 있고 의식에 "나타

---

[1] *Classic Greek Dictionary* (New York: Hinds and Noble Publishers, 1901), 346을 보라.

날" 수 있는 무의식의 내용을 상징한다. 거기서 그것은 "먹힐" 수도 있고, 아니면 통합될 수도 있다. 그러나 자신의 꿈을 따르는 사람이 무의식 속에 있는 것을 잡아야 하는 것처럼 물고기는 잡혀야 한다. 따라서 요한복음 21장에서 물고기를 잡는 상징은 적절히 무의식의 영적 혹은 정신적 내용을 의식화하는 것을 상징한다.

이와 관련하여, (1) 자주색의 물고기를 찾다, (2) 자신의 마음의 심연에서 찾다, 혹은 깊이 생각하다, 두 가지를 의미하는 흥미로운 희랍어 단어 칼카이노*kalchainō*[καλχαινω]가 있다. 이런 특이한 단어 배후에는 고대 그리스에 그리스인들이 특별한 자주색 염료를 만들었던 연체동물이 존재했다는 이야기가 있다. 잠수부들은 대단히 귀하게 여겨진 이런 조개류를 찾으러 해저로 내려간다. 이것은 자신의 마음의 심연을 헤아리기 위한 은유적 표현이 되었다. 따라서 물고기를 찾는 것, 바다의 심연을 탐색하는 것, 자신의 무의식의 내용을 발견하는 것, 내적인 마음을 탐구하는 것은 모두 이미지와 관념과 관련되어 있다.

더욱이 제자들이 해변에 이르자 그들은 예수가 물고기를 굽는 것을 발견한다. 우리가 군중을 먹인 이야기에서 보았듯이, 무언가를 먹을 때 무의식의 용어로 그것은 동화되도록 준비가 되어 있는 무의식의 내용이 있다는 것을 의미한다. 물론 이것은 우리가 전에 살펴보았던 성찬식의 상징성의 일부다. 그것은 우리가 빵과 포도주를 먹음으로써, 우리는 상징적으로 그리스도의 본질을 우리 자신에 통합하는 것이다. 아마 이이야기에서 거의 먹을 준비가 되어 있는 물고기는 이제 인간의 의식에 동화될 준비가 되어 있는 그리스도 자신을 의미하는 것이다.

그러나 여기서는 물고기의 수를 무분별하게 말하지 않고, 그와 반대로 거기에는 딱 153마리가 있다고 한다. 성 아우구스티누스에 따르면, 숫자 7은 시간의 완성은 물론 성령을 의미했다. "지금껏 7일 내에 대변혁이 일어났기 때문이다." 그는 또한 "이것은 위대한 요한복음의 위대한 신비다."[2]라고 하며 숫자 153에 대해 말했다. 정교한 수치 과정을 따라가며, 아우구스티누스는 153이 신비롭게 구원받게 될 사람들의 풍부한 수를 의미했다는 결론에 도달했다. 우리는 그 수가 외적으로 보면 하나님의 풍부한 구원을 의미할 수도 있고, 내적으로 보면 그것이 무의식적 내용을 의식적 인격으로 통합하는 것을 의미할 수도 있다고 말할 수 있다. 인식되어야 하는 것은 숫자 153이 성 아우구스티누스가 지적한 대로, 우연히 나온 것이 아니라는 것이다. 즉 그것이 어떤 목적으로 복음서 이야기에 나온다는 것이다.

이제 이야기는 예수와 베드로 사이의 대화로 바뀐다(15-20절). 예수는 그를 사랑하는지 베드로에게 세 번 물으며 베드로는 그렇다고 세 번 단언한다. 질문과 대답이 반복된 것은 어떤 것을 최종 확인하기 위해 세 번 반복할 필요가 있었다는 것으로 어느 정도 설명된다. 그러나 거기에는 또한 희랍어 단어들의 유희가 있다. 예수가 베드로에게 그를 사랑하는지 묻자 처음 두 번은 그가 희랍어 단어 아가파오^{agapaō}를 사용하지만, 세 번째는 필레오$^{phileō[φιλέω]}$를 사용한다. 아가페는

---

[2] *On the Gospel of St. John*, Tractate 122.

교우관계의 사랑에 사용되었다. 요한이 이런 단어들을 교대해서 사용한다는 의미인가? 아니면 그가 **아가파오**를 먼저 사용하고, 그 다음에 **필레오**를 사용하는 것이 습관인가? 요점은 베드로가 예수의 질문의 수준에 이르지 못했을 수도 있다는 것이다. 왜냐하면 예수가 베드로에게 그를 사랑―**아가파오**―하는지 묻자 베드로는 덜 중요한 말―**필레오**―로 대답하기 때문이다.

우리는 이제 요한복음에 대한 신비로운 "두 번째" 결론, 즉 알려지지 않은 제자에 대한 베드로와 예수 사이의 논의(요한복음 21:19-23)를 다루게 된다.3 우리가 이제 이 구절에 대해 논의해 보게 될 것이 독자에게 지나치게 기술적이 되는 것으로 보일지 모르지만, 다음과 같은 주장을 꾸준히 하는 사람은 초기교회의 사고에서 가치 있는 통찰을 발견하지도 모른다. 질문은 왜 예수와 베드로가 알려지지 않은 제자의 미래에 대해 논의하고 있는가 하는 것이다. 학자들 사이에서 지배적인 믿음은 이런 것이다. 즉 마가복음 9:1에서 예수는 그의 제자들에게 "내가 진정으로 너희에게 말한다. 여기에 서 있는 사람들 가운데는, 죽기 전에 하나님의 나라가 권능을 떨치며 와 있는 것을 볼 사람들도 있다."고 말한다. 즉 그들이 그리스도의 재림이 있기 전에 죽지 않는다는 것이다. 우리가 이제 생각해 보고 있는 관점은, 마가복음

---

3 물론 첫 번째 결론은 요한복음 20:30-31이다. 나는 산디에고 주립대학의 철학과 종교 명예 교수인 앨런 앤더슨Allan Anderson에게 크게 빚을 졌다. 다음과 같은 통찰을 그에게서 얻었기 때문이다. 앤더슨 교수는, 우선 나에게 요한복음 21:22, 23의 오역에 대해 지적해 주었으며, 뒤따르는 주장의 주요 문제점을 제시해 주었다. 그러나 거기에 어떤 오류가 있다면 그것은 전적으로 내 책임이다.

9:1에서 예수가 특별히 염두에 두고 있던 제자가 세베대의 아들 요한 (열두 제자 중 하나인)이었다. 많은 학자들은 요한복음 21장을 쓴 사람이 이 복음서의 처음 20장의 저자가 아닌 편집자이며, 이 사람이 세베대의 아들 요한과 예수가 사랑했던 사람을 같은 인물로 보았다고 생각한다. 이 제자가 결국 죽자, 그것은 "진정으로 내가 너희에게 말한다. 여기 서 있는 사람 어떤 이들은 하나님의 나라가 권능으로 오는 것을 보기 전에 죽음을 맛보지 않을 것이다."(RSV)라고 한 마가복음 9:1의 예수의 말씀을 무가치하게 만들었던 것처럼 보인다. 우리가 지금 생각해보고 있는 이 구절의 요점은 이 제자가 결코 죽지 않을 것이라고 절대적인 약속을 한 것이 아니었다는 것이다. 즉 예수가 마가복음 9:1에서 한 약속은 절대적인 것이 아니라 조건적인 것이었고, 그리스도의 계속적인 의지에 달려 있었던 것이다. 이것은 편집자가 "그러나 예수께서 베드로에게 '내가 올 때까지 그가 머무는 것을 내가 바란다고 할지라도 그것이 네게 무슨 상관이냐?'고 말씀하신 것이 아니었다."고 지적하는 22절에 나온다.

이런 결론적인 구절에 대한 대안적인 설명은 예수가 두 제자가 그들의 주님을 따르는 다른 방식을 가지고 있기 때문에 그가 베드로에 대해 말씀하시는 것과는 다르게 그가 사랑했던 제자에 대해 말씀하시는 것이다. 중요한 절은 예루살렘 성서에 "**내가 올 때까지 그가 머무는 것을 내가 바란다고 할지라도 그것이 네게 무슨 상관이냐?**"라고 번역된 22절과 23절이다. 나는 이것이 핵심적인 표현이기 때문에 "내가 올 때까지"를 강조했다. "내가 올 때까지"는 희랍어 **헤오스 에**

르코마이 heōs erchomai[ἕως ἔρχομαι]를 번역한 것이다. "내가 올 때까지"라는 번역은 거의 모든 현대 번역본에서 발견된다. 그러나 희랍어 표현은 "내가 올 때까지"가 아니라, "내가 오고 있는 동안에"를 의미한다. 기술적인 측면은 다음과 같다. 희랍어의 문법 구조에서 헤오스 heōs라는 접속사가 불변화사 particle 안 an[ἄν]과, 가정법 동사와 결합할 때는 "~까지 until"를 의미한다. 에오스 eōs[ἕως]가 안 an없이 그리고 직설법 동사와 함께 나올 때, 그것은 "… 하는 동안에"라고 번역된다.[4] 문법적인 차이가 아주 분명한 것처럼 보일 것이며, 사실상 21:22(안 an이 없고, 직설법으로 되어 있는 헤오스)와 비슷한 구조를 가지고 있는 요한복음 9:4에서 그것은 "낮 동안에"라고 번역되어 있다. 그때 희랍어를 보면 예수가, "내가 올 때까지 그가 머무는 것을 내가 바란다고 할지라도"가 아니라, "내가 오고 있는 동안에 그가 머무는 것을 내가 바란다 할지라도"라고 말씀하는 것으로 볼 수 있을 것 같다.

21:22, 23에 대한 적절한 번역(혹은 적어도 더 좋은 번역)이 "내가 오고 있는 동안에"일 것이라는 사실을 감안해 볼 때, 우리가 그것을 그런 식으로 번역을 했다는 것을 찾아내지 못한 것이 놀랍다. 그 이유는 "내가 오고 있는 동안에"가 그리스도의 재림의 신비로운 관점을 의미하기 때문일지도 모른다. 그리스도 어떤 분명한 시점에 오는 것이 아니라 언제나 오고 있다. 그것은 또한 사랑하는 제자에게는 베드로와는 다른 제자도의 양식이 있었음을 의미한다. 베드로는 활동가다.

---

[4] H. W. Smyth, *Greek Grammar* (Cambridge, Mass.: Harvard University Press, 1920)에서 2422, 2423, 2425, 2426 구절들을 보라. 스미스에 의하면, an이 없이 직설법으로 되어 있는 heōs는 분명한 현재나 과거와 관련되어 있을 경우에 단지 "~까지"를 의미할 수도 있다.

그는 그리스도의 양떼를 돌보고 먹이라는 말씀을 들은 사람이다. 사랑하는 제자는 단지 그리스도가 오시는 동안 기다리려는 사람이다. 그는 "아무 것도" 하지 않고 머무르고(메노 menō [μένω]) 있지만, 그리스도가 사람들의 마음과 영혼으로 돌아감으로써 신비로운 방법으로 돌아오는 동안 매우 발달된 의식상태에 있다.

정확히 말하면, 그들의 동기화된 활동으로 세상을 변화시키는 어떤 사람들이 있다. 또한 어떤 의식의 특성을 성취하고, 그것을 유지함으로써 세상을 변화시키는 어떤 사람들이 있다. 앨런 앤더슨은 언젠가 "그런 사람이 아무 것도 하지 않지만 모든 것이 이루어진다."5고 말한 적이 있다. 활동가적인 삶을 지향하는 우리 서구 세계에서 모든 변화는 행동하는 사람들 자신들이 자아중심적일지라도 직접적인 행동에서 비롯된다고 여겨진다. 그러나 더 영적이고, 신비롭거나 정신적인 전통에서 효과적인 변화는 무의식을 통해 이루어진다. 즉 어떤 직접적인 행동도 하지 않는다 할지라도, 한 사람의 우수한 의식이 눈에 보이지 않게 다른 사람들에게 영향을 미치고 그들을 변화시킨다. 이것이 요한의 방식인 것처럼 보인다.

그 다음에 요한복음 21:25에 다음과 같은 매우 적절한 마지막 말이 나온다. "이 밖에도 많이 있어서, 그것이 낱낱이 기록된다면, 기록된 책은 이 세상이라도 그 기록된 책들을 다 담아 두기에 부족할 것이라고 생각한다." 이것은 그의 복음서를 끝내려는 요한의 역할에 대한 단순한 미사여구인가? 니사의 그레고리우스는 그렇게 생각하지 않았

---

5 개인적인 대화에서.

다. 그는 이 끝맺는 절이 거기에 있다고 주장했다. 왜냐하면 사실상 신의 마음이 너무나 광대해 우리의 세계와 우리의 세속적 의식은 그것을 담을 수 없기 때문이다. 지금까지 로고스는 우리가 알고 있듯이, 온 세상이 하나님의 마음에 대한 책으로 가득 차 있었다면, 거기에 아직 접하지 못했던 무한함의 의미가 있을 것이라는 인간적인 이해를 능가한다. 다음과 같은 그레고리우스의 말로 우리는 우리의 주석을 끝맺을 것이다.

> 당신의 마음으로 온 세상을 껴안고, 당신이 초현세적(신적) 본질을 알게 되었을 때 이런 것들이 "낱낱이 기록되었다면"... 세상 그 자체가 세상 그 자체에 대한 그리스도의 가르침의 풍부함을 담을 수 없는, 육신을 가진 당신을 위해 머물렀던 그분의 진정한 업적이라는 것을 알라. 왜냐하면 하나님이 만물을 지혜로 만드셨고, 그분의 지혜에는 제한이 없으므로... 그 자체의 한계에 얽매여 있는 세상은 그 자체 안에 무한한 지혜의 이야기를 담을 수 없기 때문이다.[6]

---

[6] *Answer to Eunomius's Second Book*.

희랍어 용어사전

주석: 각 희랍어 단어는 비슷한 영어의 의미에 따른 것이다. 숫자는 각 희랍어 단어가 처음으로 설명된 페이지를 말한다.

agapē: 사랑 173
agennētos: 창조되지 않은 443
agnoēma: 무지의 죄 323
aiteō: 기도하다, 청하다 489
akatalēpton: 이해할 수 없는 443
alētheia: 진리 177
angelos: 전달자, 천사 312
anōthen: 위로부터 134
anthrōpos: 사람, 인간 132
archōn: 통치자 310

baptein: 담그다, 세례를 주다 70
baros: 무게 혹은 압력 338
blepo: 보다 51

diabolos: 적대자, 악마 321
doxa: 영광 494
dynameis: 세력들 311

egō eimi: 나는 곧 나다 196
ek: ~에서 떨어져서 67
entolē: 계명 440
erōtaō: 기도하다 489
exousia: 권위 311

extasis: 황홀경 464

ginōskō: 안다 55
gnōsis: 지식 34

hagios: 거룩한, 구별하다 268
hamartanō: 과녁을 빗나가다, 죄를 짓다 224
helkō: 이끌다, 끌다 411
heōs: ~하는 동안, ~까지 544
hodos: 길, 도로 438
horaō: 알다 437
hybris: 고의적 오만 251
hygiēs: 건전한, 건강한 223
hypakouō: 복종하다 107
hypomonē: 변함없는 인내 416
hypotassō: ~에게 복종하다 107

iaomai: 치료하다 210

kainos: 새로운 (실질적으로) 149
kalchainō: 자신의 마음의 심연을 탐구하다 540
kephalē: 머리 106

kleptēs: 도둑 345
kosmos: 세상 156
krisis: 위기 299
kryptos: 비밀스런, 숨겨져 있는 137

lēstēs: 강도 345
logos: 말씀 30
louō: (몸 전체를) 씻다 70

menō: 거주하다 434
moira: 운명, 몫 337
monē: 거할 곳 434
mystērion: 신비 45

niptō: (몸의 일부를) 씻다 336

oida: 보다, 알다 141
olothreutēs: 멸망시키는 자 461
orgē: 진노 127
ou mē: 이중부정 260
ousia: 존재 443

paraklētos: 보혜사 469
parakouō: 잘못 듣다 265
parorgismos: 자극받은 분노 123
pēgē: 샘 183
phōs: 빛 168
phortion: 넘겨질 수 없는 짐 338
phrear: 우물 182
pisteuō: 믿다 303
pistis: 신앙 208

plerōma: 충만 216
plēroō: 성취하다 287
plynō: 옷을 씻다 336
pneuma: 바람, 영 31
poieō/prassō: 하다 177
prosōpon: 위격 476

rēma: 말 37
rizoō: 뿌리를 내리게 하다 421

sarx: 육신 30
skandalon: 거리낌 503
skotia: 어둠 168
sōzō: 구원하다 211
sphragizō: 도장을 찍다, 날인하다 256
stoicheia: 기본적 원리 312

teleiōsis: 완성 237
telos: 목표 68
thelō: 바라다, 원하다 221
theōreō: 바라보다 51
theosis: 신화神化 352
therapeuō: 치료하다 210
thriambeuō: 승리를 축하하다 467
thymos: 충동, 격정, 영혼 124

zēteō: 구하다 52
zōē: 본질적 생명 181

찾아보기

ㄱ

가부장제
  그리스 문화에서의 — 99
  기독교 교부들 사이에서의 — 115
  —와 예수 시대의 문화 82, 87, 95
  바울과 — 117
개성화
  —와 구약성서 193-194
  —와 기독교적 성숙 431
  —와 베드로 504
  —와 세례의 상징성 71-72
  —와 신약성서 139
  —와 신화神化의 비교 359, 449
  —와 십자가 515
  —와 의식의 빛 172
  —의 심리학 69, 81, 119, 139, 160, 171-172, 193, 200, 232, 455, 487, 558
고통
  —에 대한 아이스킬로스의 견해 370
  —에 대한 에크하르트의 견해 414
공자 226, 388
꿈
  —과 동물들 399
  —과 먹는 것의 상징성 270
  —과 씻는 것/목욕하는 것의 상징성 418

  —과 좁은 길 401-402
  —에 나오는 양식 254
그레고리우스, 나지안주스의 357, 484
  —와 신화神化 357
  숫자 3에 대한 —의 견해 485
그레고리우스, 니사의
  —의 그리스도에 대한 견해 166
  —의 에고 에이미에 대한 견해 502-503
  —의 영혼에 대한 견해 139
그리스도의 몸 35, 248, 357, 517, 523, 531
그리스도의 상징 49
그리스도의 피 519, 529
그림자
  —를 직면하기 190
  —와의 대면 696
  —와 자아 176-177
  베드로와 — 504
  유다와 — 390
기도
  —에 대한 희랍어 단어들 489
  예수의 — 486
기쁨
  —과 소피아 43

찾아보기 | 549

개성화의 산물로서의 — 79

길

　—로서의 그리스도 436

ㄷ

도마

　"감각형"으로서의 — 436

동굴 22, 47, 136-137, 305, 370-371, 373

동물들

　꿈에서의 —의 역할 399

　예수와 — 399

동방 기독교 353

동시성과 성령 472-473

ㅁ

만다라

　—로서의 십자가 515, 532

무의식

　—과 영적 실재 291

　—과 예수 167

문의 상징 347

물

　—과 치유 219

　성서에서 지혜로서의 — 182

　제4복음에서의 — 336

물고기

　—로 상징된 그리스도 48

　신약성서에서의 —의 중요성 538

ㅂ

바람 Wind

　—과 양 yang 147

　—과 영 145

　니고데모 이야기에서의 — 143

바울

　여성들과 여성성에 대한 —의 태도 104-105

베드로

　—에 대한 예수의 질문 539

　—의 신앙고백 268

　유다의 배반과 —의 배반의 비교 503-506

베르쟈예프, 니콜라스 465

뱀

　—으로서의 그리스도 46

　모세의 — 158

　치유의 상징으로서의 — 158

보르쉬, 프레데릭 164-166

보혜사 18, 469-471

복종의 윤리/창조성 465

블랙 엘크 138, 419

빛/어둠 18, 36, 68, 129, 153, 160, 168-177

　—과 부활 238

　—과 의식 176

　—에 대한 융의 견해 171

　그리스도와 — 411

ㅅ

사랑
　—과 개성화 533
　—과 막달라 마리아 521-522
　—과 영혼 421
　—에 대한 희랍어 단어들 541-542
성배 159, 264
　아리마대 요셉의 — 519
성육신
　—과 구원과 신화神化 352
성찬식/성찬식의 상징성 540
　—과 큰 무리를 먹이는 것 245
생수 18, 22, 179, 181-182, 184
세례 66, 67, 70-72, 74-75, 117, 145, 185, 352, 531
숫자의 상징
　—에 대한 아우구스티누스의 견해 13, 541
　초기교회에서의 — 14
숫자 4
　—에 대한 이레니우스의 견해 483
　십자가와 — 515
신비Mystery(mystērion) 45, 59, 60, 74, 139, 188, 233, 271
　—와 신화神化 353
　—와 제자들 58-59
신앙
　알렉산드리아의 클레멘스의 —에 대한 견해 216-217
　융의 —에 대한 견해 205
신화神化 352, 354, 357-359, 369, 408-409, 449, 455, 477, 478, 487, 492, 531, 535
　—와 개성화 369
　—와 마리아 90
　—와 믿음 369
　—와 삼위일체 477
　—와 십자가 531
　—와 알렉산드리아의 클레멘스 354-355
　—와 요한복음 12:27-28 409
　—와 우주 487
　기독교적 신비로서의 — 353
심판
　—에 대한 희랍어 단어 299, 410

ㅇ

아스클레피오스 158, 185
아우구스티누스 12, 13, 48, 49, 113, 115, 116, 173, 218, 258, 358, 421, 498, 503, 541
아이스킬로스 370
아인슈타인, 알버트 199, 248, 292
아테Atē 377, 490
악
　—과 십자가 526
　—과 영혼 362

—과 의지 263
　　—과 진리의 영 472
　　—과 하나님의 어두운 측면과의 비교
　　　460-461
　　—에 대한 융의 입장 383-384
　　—에 대한 쿤켈의 입장 383
　　어둠속에 있는 — 177
　　자연 —과 도덕적 — 321
　　적극적인 원리로서의 — 175
여성성 77-120
　　물(음)로 상징된 — 86
　　삼위일체 안에서의 — 480
　　—과 개성화 119
　　—과 동굴의 상징 371
　　하나님 안에 있는 — 42
연금술 72-74, 247, 270, 463, 520
영적 실재 13-14, 25, 38, 141, 145,
　　　259, 273, 291, 293, 316, 410,
　　　414, 453, 485, 510
　　—와 예수의 가르침 291
　　—와 육신 410
　　—와 집단적 무의식 291
　　종교 경험에서의 — 191
　　물질세계에서의 — 191
영생 17, 129, 141, 183, 199, 255, 324,
　　　406-407, 415, 486
영지주의 17, 25, 102, 117, 187-188,
　　　476

　　—와 요한복음 17
앤더슨, 엘런 542, 545
오리게네스
　　선한 목자의 비유에 대한 —의 견해
　　　346
　　신화神化에 대한 —의 견해 355
　　양羊의 상징에 대한 —의 견해 346
　　영적 실재에 대한 —의 견해 272-273
　　포도나무의 의미에 대한 —의 견해
　　　467-468
오토, 루돌프 249, 251, 444
용해solutio 73-74
　　—의 정의 73-74
　　세례와 — 74
우울증 189
육신flesh 30, 34, 45, 266, 299
　　—의 다섯 가지 의미 30, 266
융, 칼
　　동물에 대한 —의 견해 399
　　신성력에 대한 —의 견해 252-253
　　악의 문제에 대한 —의 견해 384, 450
　　어둠을 의식화하는 것에 대한 —의
　　　견해 172, 176
　　—과 신앙 206
　　—과 악 244
　　—의 네 가지 유형에 대한 견해 436
　　자기/중심에 대한 —의 견해 139
에고 에이미ego eimi 196
　　—와 물위를 걷는 것 251

—와 생명의 빵 260
　　그리스도의 영원한 현존의 — 408
에딘저, 에드워드
　　그리스도에 대한 유다의 배신에 대해
　　　　—가 한 말 395-396
　　꿈에서의 먹는 것의 상징에 대해 —가
　　　　한 말 254
　　연금술과 증대 multiplicatio에 대한 —의
　　　　견해 247
　　요한복음에서의 — 498
　　죽음 mortificatio에 대해 —가 한 말 520
에세네파 17, 79, 241
　　—와 예수의 비교 79
　　—와 제4복음 17
에크하르트, 마이스터 414
엘리엇, T. S. 435
예수
　　—와 여성적인 것 80
　　—와 질병 329
와일드, 오스카 327
원죄 116, 379, 388, 527-528, 535
원형적인 세계 38, 310, 513
위기 61, 65, 299, 410, 431-432, 475,
　　　505
윙크, 월터 535
의식意識
　　—과 개성화 298
　　낡은 —과 새로운 — 297, 304, 328
음과 양, 물과 바람의 상징 86

이그나티우스 357
　　—의 성만찬에 대한 견해 357-358
　　—의 신화神化에 대한 견해 358
이레니우스 1 2, 204, 205, 355, 356,
　　　364, 483
인자 Son of Man 30, 56-57, 153,
　　　160-167, 255, 411
　　—와 원형 164, 165, 167
　　니사의 그레고리우스의 —에 대한
　　　　견해 166
　　빛의 사람으로서의 — 411

ㅈ
자기 Self
　　인격의 진정한 중심으로서의 — 139
　　—와 성부/성자의 비교 232
　　—와 자아-자기의 축 458
　　—와 질병 334
　　—와 포도나무의 상징 458-459
　　—의 신성력 453
자아
　　—와 중심 280-281
　　—의 악마적 측면 308
　　베드로와 — 504-505
　　사랑과 — 413
자유
　　—와 진리 319
　　그리스도와 — 283
적극적 명상 21, 22, 24, 293

전이 64, 212-213, 369, 474
정교회Orthodox Church 353, 358-359, 446
　—의 신화神化 교리 358-359
재생 59, 139, 352
죽음mortificatio 372, 520
　—과 예수의 매장 520
　—에 대한 정의 372
죽음 이후의 삶 238, 367
중심Center
　—으로서의 그리스도 360
존슨, 로버트 489
죄
　오만의 — 453
　—에 대한 희랍어 단어들 224-226
　—와 질병 219
죄책감 113, 221, 332, 334, 527
지진
　꿈에서의 — 488
　성서에서의 — 487
지혜 (소피아) 42, 84, 102, 150, 187, 314, 363, 439, 480
　구약성서에서의 — 42-43
　물로 상징된 — 182
진리
　—와 본디오 빌라도 508
　—와 악 318
　—와 자유 319
　—와 지혜와 로고스 43

　—의 영 470
질병
　—과 죄 329
　—에 대한 신학적 견해 332
집단의식 156, 300

ㅊ

창조적 자아의 반응 278, 281

ㅋ

카잔차키스, 니코스 45, 435
커쉬, 제임스
　—의 예수에 대한 견해 167
콘스탄텔로스, 데메트리오스 359
쿤켈, 프리츠
　사랑의 심리학에 대한 —의 견해 424
　악마로서의 악에 대한 —의 견해 383
　의식의 진화에 대한 —의 견해 57-58
　제자들을 떠나는 예수에 대한 —의 견해 473
　중심과 그리스도에 대한 —의 견해 139, 360
　중심의 창조성에 대한 —의 견해 281
　창조적 자아의 반응에 대한 —의 견해 281
키릴로스, 알렉산드리아의 402

ㅌ

타이센, 게르트 310, 313, 315-316,

320, 535
투사
　—에 대한 쿤켈의 견해 347
　예수에 대한 — 400
　정신치료에서의 —의 의미 64
테르툴리아누스 43, 46, 113, 116, 246, 449
　여성들에게 대한 —의 견해 113-114
　큰 무리를 먹인 것에 대한 —의 견해 246

ㅍ
포도나무의 상징 455-456
페이걸스, 일레인 96

ㅎ
하나님
　—과 정신치료 531
　—의 어두운 측면 460
하나님의 은혜
　요한복음에서의 — 531
　정신치료에서의 — 530
합일, 하나님과의 465, 532
환생 332
황홀경 23, 463-466, 482
헬러, 스티븐 204

| 옮긴이의 말 |

    이 책은 John Sanford, *Mystical Christianity: A Psychological Commentary on the Gospel of John* (New York: Crossroad, 1993)을 우리말로 옮긴 것입니다. 존 샌포드는 미국 캘리포니아 주 샌디에고에서 성공회 사제로 20여년 목회를 했으며, 융 학파 분석가가 된 후에는 분석가로만 살았던 사람입니다. 옮긴이가 처음 이 책을 접한 것은 약 30년 전에 미국에서 유학할 때였는데, 당시 이 책을 읽으며 성서에 대한 새로운 관점을 갖게 되었으므로, 언젠가는 한국 독자들에게 소개해야겠다고 생각해 오다가 이제야 세상에 내 놓게 되니 묵은 숙제를 한 느낌이 듭니다.

    요한복음은 공관복음共觀福音이라고 불리는 마태, 마가, 누가복음과는 달리 영적인 복음 또는 제4복음이라고 합니다. 공관복음은 대부분 공통된 이야기들을 공유하고 있고, 예수의 생애에 대한 동일한 연대기로 되어 있는 반면, 요한복음은 가르치려는 목적으로 각각의 이야기를 훨씬 더 많이 사용하고 있고, 인간 예수보다 신적인 그리스도를 묘사하고 있으며, 하나님의 나라/하늘나라 대신에 영생에 관해 많이 이야기하고 있습니다. 무엇보다도 이런 이유로 공관복음이 더 역사적이라면, 제4복음은 더 신학적이라고 볼 수 있습니다. 요한복음은 헬레니즘과 플라톤 철학의 영향을 받았으며, 아마도 영지주의와 에세네파의 영향도 있었을 것으로 보입니다.

이 책에서 샌포드는 요한복음의 내용을 "신비," 즉 미스테리온 mystērion으로 가장 잘 이해될 수 있다고 말합니다. 오늘날 종교, 특히 기독교가 이런 "신비"를 잃어버리고 세속화되어 버린 현상을 목도하면서 이 신비, 즉 **신성력**numinosum을 회복하는 것이 무엇보다도 중요하다는 생각이 듭니다. "내 작업의 주된 관심은 노이로제 치료에 있는 것이 아니라, 신성력에 대한 접근에 있다. 그러나 사실 신성력에 대한 접근이 진정한 치료이며, 당신이 신성한 경험에 도달하는 만큼, 당신은 병의 저주에서 해방될 것입니다."(C. G. Jung Letters, vol. 1, p. 377)라고 한 융의 말을 상기해 보는 것이 필요한 시대를 우리는 지금 살고 있습니다.

무엇보다도 샌포드가 이 책에서, 요한복음이 신화神化, deification를 말하고 있다고 본 것에 주목할 필요가 있습니다. 동방 정교회 신학에서 중요시되는 신화는, 우리가 그리스도와의 깊은 합일에 의해 신비스럽게 변환되었다고 말하는 신비로운 가르침이요 기독교인의 삶의 궁극적 목표이기도 합니다. 이것은 온전하고 성숙한 사람, 진정한 자기 자신이 되고자 하는 개성화의 목표와 비슷한 것입니다. 왜냐하면 그리스도는 개성화의 모델이기 때문입니다. 이런 의미에서 그리스도를 닮는 것imitatio Christi, 또는 완전한 성화entire sanctification는 개성화에 이르는 것, 즉 온전한 사람이 되는 것으로 볼 수 있습니다.

지은이는 이 책에서 융의 심리학—개성화의 심리학—을 통해 요한복음을 희랍어 원어를 가지고 자세히 풀어나가고, 동시에 심층심리학적으로 해석하고 있습니다. 그러기에 이 책은 요한복음을 깊이 이해하고 싶은 사람들은 물론이고, 심층심리학적 관점에서 성서를 읽는데 관심이 있는 이들에게도 값진 자료가 될 것입니다. 바라기는 독자 여러분이 이 책을 읽으면서 삶의 "신비"를 발견하고, 내면이 깊어지는 경험을 할 수 있었으면 합니다.

　이 책에서는 "요한의 복음$^{Gospel\ of\ John}$"이란 표현을 썼는데, 편의상 그냥 "요한복음"이라고 옮겼으며, 희랍어와 히브리어를 음으로 표기해 놓았는데, 될 수 있는 한 원어를 찾아 [　　] 안에 표기했습니다. 끝으로, 이 책의 출판 비용을 지원해준 융 심리학 재단$^{Stiftung\ für\ Jung'sche\ Psychologie}$에 감사를 표합니다.

2018년 12월 10일
심 상 영